*Albert von Holleben*

# Die Pariser Kommune 1871 unter den Augen der deutschen Truppen

*Albert von Holleben*

**Die Pariser Kommune 1871 unter den Augen der deutschen Truppen**

*ISBN/EAN: 9783955641450*

*Auflage: 1*

*Erscheinungsjahr: 2013*

*Erscheinungsort: Bremen, Deutschland*

EHV
HISTORY

# Die
# Pariser Kommune 1871
## unter den Augen der Deutschen Truppen.

Von

**Albert von Holleben,**
General der Infanterie und Gouverneur von Mainz.

Berlin 1897.
Ernst Siegfried Mittler und Sohn
Königliche Hofbuchhandlung
Kochstraße 68—71.

# Vorwort.

Die nachstehende Arbeit schildert die Ereignisse des Frühjahrs 1871, wie sich dieselben vor den Augen der deutschen Truppen vor Paris, im Besonderen derer in St. Denis abspielten. Sie ist keine Geschichte der Kommune, sie giebt im Wesentlichen nur unsere, durch den Kommuneaufstand hervorgerufenen Eindrücke, die durch die Kommune veranlaßten Maßnahmen der deutschen Armee und Regierung, sowie deren Verkehr mit der Regierung zu Versailles und der Kommune in Paris wieder.

Diese für uns Augenzeugen unvergeßlichen Vorgänge mußten dazu auffordern, auch Schriftsteller über dieselbe kennen zu lernen, welche den Vorgängen in Paris persönlich gefolgt waren oder doch uns unzugängliche Quellen für ihre Schilderungen benutzt hatten. Wurden doch oft erst durch Vergleiche mit diesen Darstellungen unsere eigenen Wahrnehmungen erklärt. Diese Schriftsteller lehrten auch manche Vorgänge in Paris, sowie Einzelheiten der Kämpfe zwischen Versailles und der Kommune kennen, welche sich damals unserer Beobachtung entzogen hatten und uns auch durch Zeitungen aus Paris und Versailles nicht bekannt geworden waren. Auf Grund dieser Werke konnte hier eine zusammenhängende Schilderung der Ereignisse geboten werden. Insbesondere waren die Schriften von Maxime du Camp „Les convulsions de Paris“, von Ducrot „La défense de Paris“, Cluseret „Mémoires“, Vinoy „L'armistice et la Commune“, sowie die Werke des derzeitigen Ministers Jules Simon über jene Zeit von besonderem Werth.

Kriegsakten, Tagebücher, Depeschen, Briefe einzelner höherer Offiziere, welche damals der deutschen Dritten Armee angehörten, nebst Briefen des Verfassers selbst, sowie Sammlungen von französischen Zeitungen und anderen Zeitungsnotizen boten jedoch das wichtigste Material. Französische amtliche Quellen flossen bisher nur spärlich. Ob man jemals in Frankreich von maßgebender Stelle aus zu einer Veröffentlichung der noch großen Zahl an fehlenden authentischen Angaben, insbesondere über Vorgänge bei den Kämpfen in Paris, die Verluste, die Exekutionen an Ort und Stelle rc. schreiten wird, ist sehr zweifelhaft. Die Brände in Paris mögen Manches vernichtet haben, was für eine Geschichte der Kommune wissenswerth gewesen sein würde. Auch hat man wohl nicht die Zeit gehabt, über alle Vorgänge schriftliche Meldungen oder Berichte anzufertigen, sich vielmehr mit mündlicher Erledigung kurzer Hand begnügen müssen. Schließlich hat man auch in einem sehr richtigen und durchaus anzuerkennenden Gefühl über Begebenheiten den Schleier nicht gern lüften mögen, deren amtliche Mittheilung keinen Vortheil bieten, das geschichtliche Bild des Kommuneaufstandes nicht richtiger stellen, mithin nur die Scham und den Schmerz über jenen Zeitabschnitt in den Herzen aller Franzosen wieder wachrufen mußte.

Mögen diese Erlebnisse auch Anderen zur Belehrung, der täglich sich mindernden Zahl derer aber, welche als Zuschauer jenen eigenartigen Vorgängen beiwohnten, zur Erinnerung an diese hochinteressante Epoche unserer Anwesenheit in Frankreich dienen.

Mainz, im Oktober 1897.

**Der Verfasser.**

# Inhaltsverzeichniß.

## Berichtigungen.

S. 7 Anmerkung ** ist die Ziffer 53 zu streichen und unter Anmerkung † an Stelle der Ziffern 44, 45 zu setzen.

S. 39 Anmerkung muß heißen:
Jules Simon, „Le gouvernement de la défense nationale", S. 115.

S. 45 Anmerkung muß heißen:
Jules Simon, „Le gouvernement de M. Thiers", S. 175.

# Erstes Kapitel.

## Die Regierung des 4. September und die ersten aufständischen Bewegungen für eine Kommune in Paris.

Die Deutschen hatten bei Sedan gesiegt, die Kapitulation der französischen Armee war am 2. September in Frénois vollzogen worden. Am 3. September verließ Kaiser Napoleon das Schloß Bellevue, um, von preußischen Husaren begleitet, die belgische Grenze zu erreichen.

Ein an Geist und Körper gebrochener Mann, schied er von Frankreich, welches er nicht wiedersehen sollte, während sein Gegner, der bald 74jährige König Wilhelm, die deutschen Armeen gegen die feindliche Hauptstadt in Marsch setzte.

In Paris verbreitete sich am 2. September das Gerücht, daß in der Gegend von Sedan ein heftiger und blutiger Kampf der Armee des Marschalls Mac Mahon mit den Deutschen stattfände, dessen Ausgang noch unentschieden sei. Hatte schon der Abmarsch der Armee von Châlons auf Verdun die Pariser in Aufregung versetzt, so steigerte sich dieselbe infolge dieses Gerüchtes. Die Boulevards waren mit Menschen bedeckt, welche Nachrichten einzuziehen hofften, aber die Regierung schwieg, obgleich sie bereits seit dem vorhergehenden Abend durch eine in Mézières von General Vinoy abgeschickte Depesche davon unterrichtet war, daß die Verbindung desselben mit Sedan durch starke feindliche Kräfte vollständig unterbrochen sei.

In der Frühe des 3. September nahmen die Gerüchte eine bestimmte Form dahin an, daß Mac Mahon gefallen, der Kaiser und die Armee gefangen seien; am Nachmittag erhielt der

Minister des Innern ein Telegramm von Kaiser Napoleon, daß die Armee bei Sedan eine Niederlage erlitten habe und er selbst mit der Armee in Kriegsgefangenschaft gerathen sei.

Und noch schwieg die Regierung.*)

Aber die Wahrheit über die Katastrophe bei Sedan lief trotzdessen wie ein Lauffeuer durch die Massen der Bevölkerung, die Erregung stieg zum Paroxysmus, Paris glich einem vom Sturm aufgewühlten Meere, immer lauter und drohender ertönte der Ruf: „Absetzung!"

Die Widersacher des Kaiserthums nutzten die Nachricht über die Niederlage sofort aus, Zusammenstöße mit der Polizei fanden an verschiedenen Stellen statt, Mitglieder des gesetzgebenden Körpers forderten die Berufung zu einer außerordentlichen Sitzung noch für die kommende Nacht. Zwischen Paris und dem Feinde befand sich nur noch ein einziges Armeekorps, es lag also die Dringlichkeit, sofort zu handeln, auf der Hand.

Um 1 Uhr morgens wurde die Sitzung eröffnet. Der Kriegsminister, Graf Palikao, theilte der Kammer mit, die Armee sei trotz heldenmüthiger Anstrengungen nach Sedan hineingeworfen und durch eine so große Uebermacht eingeschlossen worden, daß ein jeder weitere Widerstand unmöglich gewesen sei. Der Vorschlag des Grafen, die Besprechung bis auf den anderen Tag zu verschieben, wurde zwar angenommen, Jules Favre brachte aber noch vor Schluß der Sitzung den Antrag ein:

Artikel 1. Louis Napoleon Bonaparte und seine Dynastie werden der Gewalt, welche ihnen durch die Verfassung zugesprochen ist, für verlustig erklärt.

Artikel 2. Der gesetzgebende Körper ernennt eine Kommission, welcher die volle Regierungsgewalt übertragen wird und welche die besondere Aufgabe hat, dem feindlichen Einfall mit allen Kräften bis auf das Aeußerste Widerstand zu leisten und den Feind aus dem Lande zu verjagen.

Artikel 3. General Trochu wird in seiner Stellung als Gouverneur der Stadt Paris bestätigt.

*) A. Duquet, „Paris", S. 10 u. ff. sowie Jules Simon, „Souvenirs du quatre septembre", S. 338 u. ff.

Um 1½ Uhr mittags des 4. September wurde die Sitzung wieder eröffnet. General Palikao, im Namen der Regierung, und Thiers brachten weitere Gesetzentwürfe ein. Beide schlugen die Einsetzung einer Kommission der nationalen Vertheidigung vor; die Regierung wünschte Palikao an die Spitze der Kommission als Statthalter zu stellen, während Thiers die Berufung einer Konstituante beantragte, ein Verlangen, welches der Forderung um Absetzung der Dynastie Bonaparte gleichkam. Die Kammer beschloß die Anträge Favre, Palikao und Thiers einer Kommission zur sofortigen Berathung zu überreichen, die Sitzung sollte wieder fortgesetzt werden, sobald die Kommission ihre Arbeit beendigt habe.

Während dieser Berathung dringen Menschenmassen in den Hof, in die Wandelgänge und auf die Treppen des Palais Bourbon, besetzen die Tribünen unter dem Geschrei: „Absetzung! Es lebe die Republik!“ — Vergeblich sind die Bemühungen des Präsidenten Schneider und anderer Deputirter, Ruhe herzustellen; auch Gambetta wendet sich an die Tribünen, um Ordnung zu schaffen. Der Antrag Thiers erhält in der Kommission die Majorität, gelangt aber nicht mehr zur Abstimmung in der Kammer. Neue Gruppen dringen auf die Tribünen, eine dreifarbige Fahne mit der Inschrift: „73. Bataillon, 6. Kompagnie“ zeigt sich, eine große Zahl von Nationalgarden betritt den Sitzungssaal, eine lärmende und erregte Menschenmasse dringt nach und füllt die leeren Bänke unter erneuten Rufen: „Absetzung! Es lebe die Republik!“*)

Der größte Theil der Deputirten verläßt den Saal, Graf Palikao und der Präsident Schneider folgen ihnen; ins Freie gelangt, werden diese Beiden von tobenden und drohenden Volkshaufen insultirt und nur mit Mühe gelingt es ihnen, sich denselben zu entziehen. Im Sitzungssaal halten Lärm und Erregung an. Der Präsidentenstuhl wird von einem der eingedrungenen Meuterer besetzt, die Gefahr wächst, daß der Pöbel die Zügel der Regierung ergreift. Gambetta, kurz entschlossen,

*) d'Heylli, „Journal du Siège de Paris“, I, 14.

erklärt die Absetzung Napoleons und seiner Dynastie, anhaltender, lärmender Beifall folgt seinen Worten.

Aber die Menge ist hiermit noch nicht zufriedengestellt, sie fordert, daß hier am Sitz des gesetzgebenden Körpers die Republik erklärt werden müsse.

Gambetta und Favre verlassen den Saal mit dem Ruf: „Ja, es lebe die Republik, laßt sie uns im Stadthaus proklamiren; wir müssen eine provisorische Regierung einsetzen!“ — Schon hatten die Zukunftsführer der Kommune, Millière, Delescluze und Pyat, von dem Stadthause Besitz ergriffen, um Männer ihrer Gesinnungen, Revolutionäre der äußersten Richtung, an das Ruder zu bringen, der aus dem Gefängniß befreite Rochefort sollte zum Maire von Paris ernannt werden. Der Mangel jeglicher Disziplin auf Seiten der Revolutionäre läßt die Beredsamkeit Gambettas jedoch siegen, die Republik wird erklärt, die Regierung aus Deputirten der Stadt Paris gebildet.

Und dies Beides geschieht ohne Beschluß einer gesetzgebenden Körperschaft, ohne Rücksicht auf die von jenen Usurpatoren sonst zu allen Zeiten verkündeten „Rechte des Volkes“!

Der General Trochu wurde zum Vorsitzenden der Regierung ernannt und mit den umfassendsten Vollmachten für die Vertheidigung der Stadt ausgerüstet; der gesetzgebende Körper wurde aufgelöst, der Senat abgeschafft; eine Amnestie für alle wegen politischer oder Preßvergehen zwischen dem 3. Dezember 1852 und 3. September 1870 Verurtheilten ausgesprochen.

Die Kaiserin Eugenie verließ Paris am nächsten Tage, um sich nach England zu begeben. Noch am Abend des 4. September hatten die Arbeiter von Paris, angefeuert durch Anhänger der Internationale, eine Adresse an die deutschen Arbeiter abgesandt.

Im Eingang der am 5. September durch die neue Regierung an die Franzosen gerichteten Bekanntmachung heißt es: „Das Volk ist der Kammer, welche zögerte, zuvorgekommen; um das Vaterland zu retten, hat es die Republik gefordert.“ Es ist dies bezeichnend für die Urheberschaft der ganzen Bewegung! Schon hatten die Wortführer in den Klubs, die zukünftigen Kommunards, ihre Stimme erhoben, die Erregung in der Bevölkerung geschürt, den Sturm auf das Palais Bourbon zweifellos geleitet und, wenn auch von der Theilnehmerschaft der Regierung ausgeschlossen, an Einfluß auf die Masse der Bevölkerung gewonnen. Schon hatte die Nationalgarde ihre Unbotmäßigkeit erwiesen und die in ihr ruhende Gefahr erkennen lassen, hatte ein zum Schutz der Kammer bestimmtes Linien-Bataillon auf die Zurufe der Nationalgarde: „Es lebe die Linie!" zum Zeichen der Verbrüderung die Kolben der Gewehre in die Höhe genommen.*)

Und die neue Regierung schmeichelte der Nationalgarde in einer besonders an sie gerichteten Adresse, in welcher sie ihr nachrühmte, ihrer Entschlossenheit sei der Sieg zu danken, sie habe Frankreich die Freiheit wiedergegeben.

Hieß das nicht die Ueberhebung fördern, das Gefühl der Unersetzbarkeit und der gleichsam natürlichen Berechtigung, an der Regierung theilzunehmen, hervorrufen?

Am 6. September fanden auf Anordnung des neuen Ministers des Innern, Gambetta, die Wahlen der Unteroffiziere und Offiziere für die Nationalgarden durch diese statt.

Dieses System wurde Mitte des Monats auch auf die Mobilgarde ausgedehnt.

Es erschien das bekannte Rundschreiben des neuen Ministers der auswärtigen Angelegenheiten, Jules Favre, an die Vertreter Frankreichs im Auslande vom 6. September: „Wir werden nicht einen Zoll breit Erde unseres Landes, nicht einen Stein unserer Festungen abtreten; ein schimpflicher Friede wird nur ein auf kurze Zeit aufgeschobener Krieg sein!" Es ist gewiß richtig und zweckmäßig, in schweren Zeiten durch begeisterte Worte und zündende Reden ein Volk zu stärken; gefährlich sind jedoch schön klingende leere Redensarten, unerfüllbare Versprechen einer vertrauensseligen Bevölkerung gegenüber. Diese wird einem steuerlosen Schiffe gleichen, sobald das Vertrauen schwindet, der Glaube an die Führer, an die Männer am Ruder, verloren geht. Die Pariser lasen jene Adresse und machten Jules Favre den Vorwurf, daß der Ton in derselben ein noch viel zu bescheidener sei.

*) Jules Simon, a. a. O., S. 386.

Und Trochu, ein alter Soldat, der vermöge seiner langen Dienstzeit sich über den Werth der ihm zu Gebote stehenden Truppen klar sein mußte, wandelte den gleichen gefahrdrohenden Weg. Noch vor dem Erscheinen der Deutschen rief er der Nationalgarde zu: „Wenn der Feind infolge eines überaus starken Angriffs, einer Ueberraschung oder einer Breschlegung über die Umwallung von Paris vordringt, wird er Barrikaden finden, deren Bau vorbereitet ist, und seine Kolonnen werden durch die sich aufeinander folgenden Angriffe von zehn staffelweise aufgestellten Reserven zurückgeworfen werden. Habt volles Vertrauen, die mit Ausdauer und durch 300 000 Gewehre vertheidigte Umwallung ist uneinnehmbar! Bereitet Euch vor, alle Leiden mit Standhaftigkeit zu tragen, dann werdet Ihr siegen!"

Victor Hugo aber rief dem französischen Volke in einer flammenden Proklamation zu, Frankreich habe, wie vormals Rom und Griechenland, das Vorrecht, daß eine demselben drohende Gefahr nur bei einem niedrigen Standpunkt der Civilisation überhaupt möglich, ein Unterliegen ausgeschlossen sei, da die Größe der Niederlage nur zeigen könne, wie tief das Menschengeschlecht gesunken sei.

Solche Worte mußten Hochmuth zum Größenwahn steigern. Der Wunsch Victor Hugos, alle Männer möchten Camille Desmoulins, alle Frauen Théroignes, alle Jünglinge Barras sein, schuf in zwei Königsmördern und einer Kourtisane eigenthümliche Vorbilder. Der Ausruf: „Paris hat seine Forts, Wälle, Gräben, Kanonen, Barrikaden, seine Kanäle, welche als Laufgräben dienen können, sein Pulver, sein Petroleum, sein Nitroglycerin" sollte in den Maitagen des folgenden Jahres eine wenn auch von Victor Hugo unbeabsichtigte, so doch nicht unverschuldete Nutzanwendung finden.

Indessen rückten die feindlichen Armeen immer näher, die Einschließung der Stadt und die hierdurch bedingte Abschließung der Regierung von dem übrigen Frankreich war unausbleiblich, und so sah diese sich genöthigt, drei ihrer Mitglieder nach Tours abzuordnen, um von dort aus die Provinzen zu verwalten. Trotz des Protestes Gambettas verblieb der übrige Theil in Paris; man hoffte auf eine nahe Niederlage Deutschlands.

Die Berufung eines neuen gesetzgebenden Körpers kam in Frage. War die Ausführung angesichts des deutschen Einfalls möglich, war sie zweckmäßig, konnte die Verwirrung nicht dadurch vermehrt, der Widerstand gegen den Feind nicht abgeschwächt werden? Durfte die Regierung des 4. September es wagen, die Wahlen durch die allerorts noch im Amt befindlichen Männer des Kaiserthums vornehmen zu lassen?*) Der Erfolg erschien mindestens zweifelhaft. Am 6. September theilte das „Journal officiel" mit, daß die Regierung ihr Mandat dem Volke zurückgeben und die Wahlen für eine Konstituante ansetzen würde, sobald Paris seine Pflicht gethan, das heißt über die Deutschen gesiegt haben würde. Am 8. September wurden sie für den 16. Oktober festgesetzt, später jedoch infolge des niederschlagenden Eindruckes, welchen der Ausgang des Gefechts bei Châtillon am 19. September hervorrief, bis auf Weiteres vertagt, „weil die unter den Geschützen stattfindenden Wahlen eine Gefahr für das Vaterland sein würden".**)

Ganz Paris beherrschte der eine Gedanke, die Stadt mit allen Kräften, unter Aufgebot aller Mittel zu vertheidigen; er einte die verschiedenen Parteien, selbst die Revolutionsmänner der äußersten Linken, die Anhänger der Internationale, die sozialistische Partei waren gewillt, unbedingt die Regierung zu stützen.***)

Die Delegirten zu Tours berichteten über die günstige Stimmung in der Provinz, ihre Proklamationen endeten stets mit den Worten: „Guerre à outrance!"†)

Paris wollte sich also bis auf das Aeußerste vertheidigen. Betrachtet man die Zahl der zu Gebote stehenden Kämpfer und die Ausrüstung der Stadt mit Kampfmitteln, so mußten die Verhältnisse, unter denen Paris in den Kampf zu treten hatte, als nicht ungünstig erscheinen. Einschließlich der Marinesoldaten, Gendarmen, Zollwächter, Förster und Polizeisoldaten belief sich

*) Jules Simon, „Le gouvernement de la défense nationale", S. 44, 45. — **) Ebenda S. 47, 53. — ***) Lissagaray, „Geschichte der Kommune von 1871", S. 13. — †) Jules Simon, a. a. O., S. 44, 45.

die Zahl der Truppen auf 80 000 Mann Linie und 115 000 Mobilgarden, hierzu traten 130 Bataillone Nationalgarden, welche Zahl sich im Laufe der Einschließung auf 283 Bataillone mit 124 Batterien erhöhte. An der Verstärkung der Befestigungen war fleißig gearbeitet worden; 2627 schwere Geschütze, von denen 100 zur sofortigen Verwendung an bedrohten Punkten bespannt waren, und genügende Munition standen zur Verfügung. Dem gegenüber befanden sich die Feinde, die Deutschen, beim Beginn der Einschließung in einer Minderzahl von 150 000 Mann und 620 Feldgeschützen, welche erst allmählich bis auf 200 000 Mann und 1100 Geschütze verstärkt wurde.

Gute und reichliche Verpflegungsmittel waren in Paris vorhanden.

Als weniger günstig mußte jedoch die Lage der Vertheidigung erkannt werden, wenn man den Grad der Ausbildung und den Geist der Truppen in Erwägung zog.

Die neuaufgestellten Marsch-Regimenter, lockere Gefüge aus verschiedenen in Paris befindlichen Depots, Freiwilligen und eingezogenen Rekruten, gewannen auch im Laufe der Einschließung nicht die nothwendige Zuverlässigkeit und den erforderlichen inneren Halt, wenn es auch an guten Soldaten, die sich brav schlugen, nicht fehlte.

Unter den Mobilgarden, welche General Ducrot „nur halbe Soldaten“ nannte, machten sich insbesondere die Mobilen der Seine durch Ungehorsam bemerklich. Stets zu Exzessen geneigt, hatten sie bereits im Lager von Châlons gegen den Kaiser und Canrobert ungestraft Beleidigungen ausgestoßen, weigerten sie sich am 17. September, einen vorgeschobenen Posten zu besetzen, weil derselbe ihnen gegen Wind und Wetter nicht genügend geschützt erschien, verließen sie einige Tage später ohne Erlaubniß oder Befehl den Mont Valérien, während die der Besatzung von St. Denis sich in Civilkleidern in Paris herumtrieben.*) Die Mobilgarden, welche aus der Provinz gekommen waren, zeigten sich pflichttreuer und im Allgemeinen auch gehorsamer. Für sie

*) Chuquet, „La guerre 1870—71“, S. 252.

wurde aber Paris mit seinen Verführungen unheilvoll, Ducrot theilt mit, daß Trunkenheit und andere Ausschweifungen ihnen größere Verluste als das deutsche Feuer beigebracht haben.

Die Pariser Nationalgarde, diese Schöpfung der Revolution von 1789, hatte im Laufe der Zeiten nie diesen ihren Ursprung verleugnen können. Schon wiederholt hatte sie sich an Aufständen betheiligt, war 1827 wegen ihrer oppositionellen Haltung aufgelöst, 1830 jedoch wieder ins Leben gerufen worden und hatte 1852 unter Napoleon III. eine neue Organisation erhalten, um sie von den vielen revolutionären Elementen zu reinigen. Sie hatte die bei Ausbruch des Krieges gefallenen Worte Jules Favres, daß der Bürger mit der Waffe in der Hand sein Vaterland und seine bürgerlichen Rechte vertheidigen könne, nicht vergessen. Die 60 ältesten Bataillone der Nationalgarde erwiesen sich als zuverlässig, auch die Gardisten der neugebildeten Bataillone zeigten im Anfang Eifer. Das genügte aber nicht, um aus ihnen Soldaten zu machen.

Trotzdessen wurde ihnen fast täglich vorgehalten, welche vortrefflichen Soldaten sie seien. Als späterhin nun Mißerfolge auf Mißerfolge eintraten, suchten sie nicht den Fehler in sich selbst, sondern nannten die Mitglieder der Regierung und die Generale „Verräther“. Der Dienst für die Nationalgarde war wenig beschwerlich, der Ruhestunden gab es viele. Spiel und Trunksucht rissen ein und machten vor Allem die Leute unfähig, später wieder mit Fleiß und Lust an ihre bürgerliche Arbeit zu gehen. Als Bataillone mobilisirt wurden, welche auch außerhalb der Wälle zur Verwendung kommen sollten, trat die volle Werthlosigkeit der Nationalgarden für den Kampf hervor, der innere Halt, die „valeur militaire“*) fehlte ihnen, wenn auch rühmliche Ausnahmen vorkamen. Sie gaben aber vor Allem auf den Straßen in der Stadt sowohl wie im Felde vor den Wällen den Linientruppen und Mobilgarden ein schlechtes Beispiel. Unter den Freikorps zeichneten sich einige während der Belagerung aus; die übrigen waren nur Menschen in mehr oder minder prunken-

*) Ducrot, „La défense de Paris“, IV, 164.

den Uniformen, „die nach eigenem Belieben Krieg führten und wenig Gutes thaten“.*)

Die Wahl der Offiziere bei der Nationalgarde und Mobilgarde,**) „welche fast täglich Veranlassung zu Streit und Intriguen gab, sollte von dem unheilvollsten Einfluß auf die Disziplin, den Geist und die Haltung der Truppe im Kampfe sein“. Wenn auch anfänglich bei vielen Bataillonen die alten Offiziere beibehalten wurden, auch einzelne gute, tüchtige Männer neben einem Haufen von Schwätzern und unlauteren Subjekten gewählt wurden, so verschlechterten sich die Ergebnisse der Wahlen mit der Zeit mehr und mehr. Bei der sich steigernden Unbotmäßigkeit wurden beispielsweise Leute zu Offizieren ernannt, nur weil sie ihre Vorgesetzten beleidigt hatten, allgemein bekannte Trunkenbolde wurden gewählt, Schwächlinge an die Stellen von Männern gestellt, deren festes Auftreten im Dienst das Mißvergnügen ihrer Untergebenen hervorgerufen hatte.

So bildete die Nationalgarde zwar keine Truppe, aber immerhin eine bewaffnete Macht, mit der gerechnet werden mußte, in welcher Keime der gefährlichsten Art ruhten, aus denen durch die Länge der Belagerung, die später eintretenden Entbehrungen der Bevölkerung und durch die Haltung der Regierung wahre Giftpflanzen emporwuchern sollten.

Es erübrigt noch, einen Blick auf die Persönlichkeit des Mannes zu werfen, dem die Führung der Vertheidigung der Stadt oblag, auf den General Trochu.

Ein vornehmer Mann von großem Verstande und vielen Kenntnissen, strenggläubiger Katholik, hatte Trochu sich in Afrika besonders ausgezeichnet und galt bei dem Ausbruch des Krieges für einen der besten Generale. Für die Stellung in Paris war er nicht geeignet. Zweifellos ein braver Soldat, fürchtete er, durch kräftiges Einschreiten gegen die unbotmäßigen Rädelsführer einen Bürgerkrieg hervorzurufen, glaubte mehr durch Rede und Proklamationen als durch energische Mittel auf die Pariser einwirken zu können. Der Vorwurf, gegen die Unruhestifter nicht

*) Chuquet, a. a. O., S. 254. — **) Ducrot, a. a. O., I, 94, 95.

kräftig genug eingeschritten zu sein, sie nicht mit Gewalt niedergehalten zu haben, ist ein gerechtfertigter, trifft aber mit Trochu die gesammte Regierung des 4. September.

Wir deutschen Offiziere vor den Thoren von Paris haben diese Schwäche fast aus täglichen Ereignissen empfunden und, soweit es uns als Feinden möglich war, mit einer Art von Bedauern, menschlich betrachtet, erkannt. Die Entschuldigung, es hätte der Regierung die physische Gewalt, Polizei, Gendarmen und reguläre Truppen, gefehlt, ist unzutreffend; es waren genügende Kräfte, auch in dem ordnungsliebenden Theile der Bürgerschaft, vorhanden, welche der Regierung bei festem Auftreten, zielbewußtem Handeln zweifellos eine sichere Stütze geworden sein würden. Die Schwäche des Auftretens und Unterlassungssünden aller Art haben neben dem unglücklichen Verlauf der Vertheidigung den Männern der Kommune die Wege geebnet und die nicht gesammelten Kräfte der die Ordnung liebenden Partei in Hülflosigkeit zurücksinken lassen.

Ob es Trochu hätte gelingen können, aus der Nationalgarde ein brauchbares Werkzeug für die Vertheidigung zu schaffen, ist fraglich, obgleich Vieles dafür spricht, daß mehr aus derselben hätte gemacht werden können. Es fehlte in der Nationalgarde nicht an gutem Willen, Vaterlandsliebe und Bravour. Aus diesem großen Haufen die Spreu vom Weizen scheiden, diesen Kern in Disziplin bringen und ihn den revolutionären Bewegungen der Kommunards entziehen — das vermochte er. Und Stützen konnte er sich durch sachgemäße Auswahl der Offiziere sichern. Als gelernter Soldat durfte er das Unding der Offizierwahl nicht dulden. Zu spät, gegen Schluß des Jahres 1870, erkannte die Regierung die hierin liegende Gefahr und ordnete am 18. Dezember an, daß die Ernennung der Offiziere aller Grade der mobilen Bataillone nur durch sie zu erfolgen habe.

General Ducrot, welcher am 11. September in Pont à Mousson sich der weiteren Kriegsgefangenschaft entzogen hatte, traf am 15. September in Paris ein und wurde mit dem Oberbefehl über die Truppen betraut.

Am 19. September fand im Süden von Paris bei Châtillon

das erste Gefecht statt. Ein Regiment Zuaven floh bei dem Einschlagen der ersten Granaten und trug, mit dem Ruf: „Wir sind verrathen!“ den Schrecken bis in die Stadt hinein. Auch ein Theil der anderen Truppen war in großer Unordnung zurückgegangen, eine Division hatte sich sogar ohne Befehl, aus eigenem Antriebe, bis nach Paris hinein zurückgezogen. Das wichtige Plateau von Châtillon fiel durch den Kampf in die Hände des II. bayerischen Armeekorps.

„Auf den Boulevards wogten seit dem Morgen Menschenmassen, die abenteuerlichsten Gerüchte schwirrten durch die Luft. Gegen Mittag betraten Flüchtlinge barhäuptig und ohne Waffen die Straßen, sie wurden unter dem Beifallsgeschrei der Zuschauer verhaftet. Aber auch die neue Regierung schweigt, nicht daran denkend, daß selbst die schlimmsten Nachrichten keinen so entmuthigenden Eindruck auf eine Bevölkerung, die den Lärm des Kampfes hört, von einzelnen hochgelegenen Punkten das Gefecht sieht, auszuüben vermag wie Schweigen. Als endlich eine amtliche Mittheilung erscheint, in welcher der Mobilgarde die Ehre des Tages zugesprochen wird, schimpfen die Pariser auf die Linie und erheben die Mobilgarde in den Himmel. Harmlose Spaziergänger werden als preußische Spione bezeichnet; man macht Jagd auf sie, die Brauerei Dreher wird auf das Gerücht hin gestürmt, daß von deren Fenstern aus Signale mit den Deutschen gewechselt seien, das Widersinnigste wird geglaubt, die Erregung ist maßlos!*)

„Der Tag war nicht wieder gut zu machen, das Vertrauen schwand.“**) Es war die erste schwere Erschütterung der Stellung der Regierung, weitere sollten ihr folgen und den Boden für die Kommune vorbereiten.

Die Nachricht über die Abreise Jules Favres zu Verhandlungen mit dem Fürsten Bismarck warf neuen Zündstoff in die Massen. Es gab viele verständige Leute in Paris, welche die Lage Frankreichs, seine Ohnmacht zur Fortsetzung eines Krieges

---

*) d'Heylli, a. a. O., I, 459, und Labouchère, „Tagebuch während der Belagerung von Paris“, S. 12. — **) A. Chuquet, a. a. O., S. 250.

erkannten und den Frieden wünschten. Die äußerste Linke der Revolutionäre, die Führer der späteren Kommune, verlangten aber, wie ihre Zeitungen predigten, „den Krieg bis aufs Messer". Schon unmittelbar nach den Vorgängen am 4. September war in jedem Stadtviertel ein Aufsichtskomitee zur Ueberwachung der Maires ins Leben getreten. Nur Leute der äußersten Richtung waren gewählt worden. Je vier Mitglieder dieser 20 Komitees bildeten das Centralkomitee. Dasselbe nahm seinen Sitz an der Place de la Corderie, woselbst bereits die Mitglieder der internationalen Arbeitervereinigung und die Syndikatskammern der Arbeiter in einem gemeinsamen Klub tagten.*)

Dieses Komitee forderte am 20. September die Wahlen für eine Pariser Kommune und das Abbrechen aller Friedensverhandlungen mit den Deutschen. Die Regierung war so schwach, diese Leute anzuhören, anstatt sich jeden Rath oder gar Forderungen von ihrer Seite zu verbitten, sie zeigte noch größere Schwäche darin, daß sie versprach, jene Wahlen in der nächsten Zeit stattfinden zu lassen, und beging dann schließlich die Unklugheit, diese Wahlen durch einen Erlaß zu verschieben. Ein solches Verfahren mußte die Massen erregen und verbittern.

Aber das war ja der Fluch der bösen That, daß ein Jeder dieser Revolutionäre mitgeholfen hatte, die neue Regierung einzusetzen, und sich nun auch für berechtigt und vor Allem befähigt fühlte, mitzuregieren. Der Fehler, daß die Regierung in Paris mit eingeschlossen war und ihr keine Stütze in einer gesetzmäßig gewählten Körperschaft zur Seite stand, trat um so schärfer hervor.

Auch seitens der Nationalgarden erfolgen Kundgebungen über die Friedensverhandlungen. Offiziere betreten gleichzeitig mit jenen Abgesandten des Centralkomitees das Stadthaus, geben ihrer Unzufriedenheit mit der Haltung der Regierung Ausdruck und betheiligen sich an der Forderung von Gemeindewahlen. „Nationalgarden ziehen mit Blumen an ihren Gewehren nach der Place de la Concorde, um vor der Bildsäule der Stadt Straßburg, als Demonstration gegen die Deutschen, Kränze niederzulegen; lärmend, die Marseillaise singend, folgen ihnen

*) Lissagaray, a. a. O., S. 14, 15.

Volkshaufen und rufen auf dem Platz angelangt: »Kein Friede!«"*)

Zweitausend Nationalgarden erscheinen auf dem Platz vor dem Stadthause, protestiren gegen die „unverschämten" Forderungen Bismarcks bei den Friedensverhandlungen, Favre ruft ihnen zu: „Wir sind eine Regierung der Vertheidigung, aber nicht der Unterwerfung!" und Rochefort erklärt, sofort mit dem Bau der Barrikaden beginnen zu wollen.**)

Und neben diesem wachsenden Selbstgefühl die sich weiter lockernde Disziplin! Der an die Spitze der Polizei gestellte Deputirte Kératry sieht sich infolge wüster Zechgelage trunkener Mobilgarden genöthigt, den Verkauf von Branntwein an Soldaten, welche bereits zu viel getrunken, unter Androhung von Strafen zu verbieten. Vorgesetzte zanken sich mit ihren Untergebenen; die revolutionäre Presse fordert Offiziere, welche ungehorsamen Leuten energisch entgegengetreten sind, vor ihre Schranken, um ihr Benehmen zu rechtfertigen, und — das Schlimmste — jene Offiziere versuchen, sich öffentlich in den Zeitungen zu vertheidigen. Am 21. September erinnert eine Proklamation Gambettas an den Jahrestag der Begründung der Republik von 1792, und seine zündenden Worte heben den schon gesunkenen Muth der Bevölkerung.

Auf- und absteigend bleibt die Stimmung des Parisers in der folgenden Zeit. Heute voll Hoffnung, siegesbewußt, stolz und sich als Vaterlandsvertheidiger erhaben dünkend, seine Uniform, wenn er der Nationalgarde angehört, auf den Boulevards spazieren führend;*) morgen tief niedergedrückt, entmuthigt, überall Gefahr, ja Verrath witternd, Spione suchend,**) ein Fieberzustand bedenklichster Art!

Die Flucht vieler reicher Leute macht böses Blut, das Elend klopft, wenn auch noch leise, bei den steigenden Preisen an die Thüren der Armen; Männer, Frauen und Kinder schleichen sich durch die Vorposten, plündern und verwüsten verlassene Häuser. Die Zeitungen bringen die wunderlichsten Nachrichten,

---

*) Labouchère, a. a. O., S. 20, 24. — **) d'Heylli, a. a. O., I, 462, 460.

10 000 Preußen seien in den Wald bei Villejuif getrieben und dort verbrannt, auf einem anderen Punkte 20 000 Feinde gefangen worden; die Preußen seien am Verhungern, ihre Bekleidung sei eine mangelhafte,*) der gemeine Soldat fordere immer stürmischer die Rückkehr nach Deutschland.

Und Paris glaubt diese Lügen, während der Fall von Toul und Straßburg, als völlig unmöglich, nicht geglaubt wird.

Die Regierung thut nichts, um jenen Lügen zu steuern, sie schweigt und erkennt nicht die Gefahr des Rückschlages, welcher eintreten muß, sobald die Wahrheit nicht nur gehört, sondern auch geglaubt wird.

Und neben der Lüge die Gotteslästerung, Paris selbst sei göttlich, mithin unsterblich! wenn es besiegt würde, so könne es keine Vorsehung mehr geben!*)

Unter den Führern der Nationalgarde, welche sich zwar der Regierung unterstellt hatten, jedoch die Errichtung der Kommune unverrückt im Auge behielten, befand sich der Schriftsteller Gustave Flourens, welchen Ducrot als einen gefährlichen Narren mit der Manie zu meutern bezeichnet. Abgöttisch von den Bewohnern der Vorstadt Belleville verehrt, befehligte er fünf Bataillone, welche er je nach eigenem Belieben durch Generalmarsch versammelte.**)

Am 5. Oktober erscheint Flourens an der Spitze von 10 Bataillonen vor dem Stadthause und verlangt die sofortigen Anordnungen für Gemeindewahlen, sowie einen Wechsel in dem von ihm als reaktionär bezeichneten Verwaltungspersonal. Die Regierung widersteht dieser Zumuthung, Flourens verläßt das Stadthaus, indem er seinen Offizieren zuruft: „Um Paris zu retten, sehe ich ein, müssen wir mit diesen Leuten erst einmal handgemein geworden sein.“ Die Bataillone empfangen ihn mit dem Ruf: „Es lebe die Kommune!“***)

Aehnliche Kundgebungen anderer Bataillonsführer folgen; ein Regierungsmitglied, Jules Simon, versichert, daß es noth-

*) Labouchère, a. a. O., S. 32, 46. — **) Chuquet, a. a. O., S. 253. — ***) Jules Simon, a. a. O., S. 118.

wendig gewesen sei, sich ständig im Sitzungssaal der Regierung aufzuhalten, um alle jene Führer zu empfangen und anzuhören.

Die am 7. Oktober mit Ballon erfolgte Abreise Gambettas bringt große Bewegung hervor, er oder die zurückgebliebenen Mitglieder der Regierung seien Verräther.*)

Große Anschlagszettel an den Mauern und Bekanntmachungen in den Zeitungen forderten die Nationalgarden und die Bürgerschaft auf, sich am 8. Oktober vor dem Stadthause zu versammeln, um von der Regierung die Kommune zu verlangen.**) Eine große Volksmenge, untermischt mit mehreren Tausend Nationalgarden, füllt am 8. Oktober gegen Mittag den Platz vor dem Stadthause unter dem Rufe: „La Commune, la Commune!" Die Regierungsmitglieder sind von den Tumultuanten längere Zeit eingeschlossen, einige gut gesinnte Nationalgarden-Bataillone erscheinen und treiben die Ruhestörer mit dem Gegenruf: „A bas la Commune!" zurück. Die Uneinigkeit zwischen den nur aus der besser gestellten Bürgerschaft im Mittelpunkt der Stadt sich rekrutirenden Bataillonen mit den Arbeiter-Bataillonen der Vorstädte tritt immer schärfer hervor;***) noch war die Zahl der zur Regierung stehenden die überwiegende.

Der Ruf „La Commune" wurde mehr und mehr das Losungswort für das Volk.

In geschickter Weise werden die Gemeindewahlen als die Rettung für Paris, ja ganz Frankreich, hingestellt; die Kommune würde die Mittel bieten, um die Deutschen zu vertreiben, Frieden zu schaffen; was war natürlicher, als daß der unverständige Haufe, die große Masse in Gemeinschaft mit den Jakobinern und Sozialisten, nach der Kommune schrie!†)

Die Männer der Ordnung waren über diese fortgesetzten revolutionären Kundgebungen, mit dem Feind vor den Thoren, empört und forderten energische Maßregeln. Aber erst auf die Meldung des Polizeipräfekten Kératry hin, daß in einer durch Flourens und Blanqui geleiteten Versammlung von Chefs mehrerer Nationalgarden-Bataillone die Vertreibung der Regierung zu

*) Jules Simon, a. a. O., S. 119. — **) d'Heylli, a. a. O., II, 69. — ***) Labouchère, a. a. O., S. 89. — †) Ducrot, a. a. O., II, 32.

Gunsten einer Kommune verabredet worden sei, wird die Verhaftung von Flourens und Blanqui beschlossen, aber — man wagte nicht, sie auszuführen!*)

Am 28. Oktober fiel das von den preußischen Garden nur schwach besetzte Dorf Le Bourget östlich St. Denis in französische Hände, mußte jedoch am 30., nach muthiger und hartnäckiger Vertheidigung, wieder geräumt werden. Dieser Verlust wurde in Paris gleichzeitig mit der Nachricht über den Fall von Metz und neuen durch Thiers eingeleiteten Unterhandlungen über einen Waffenstillstand bekannt. Die Stadt, welche in der letzten Zeit verhältnißmäßige Ruhe gezeigt hatte, durchlief eine tiefe Bewegung des Zornes und der Bestürzung. Die revolutionären Führer, welche nur auf einen neuen Anstoß gewartet hatten, erkannten die Vortheile, die aus dieser Stimmung der Bevölkerung zu ziehen waren; der Sturm des Stadthauses, die Absetzung der Regierung und sofortige Einsetzung der Kommune wird durch die Delegirten der 20 Stadtbezirke, jenes Centralkomitee, beschlossen.*)

Unverstand und Nachlässigkeit werden der Regierung vorgeworfen, welche noch vor 48 Stunden Le Bourget als einen der wichtigsten Punkte bezeichnet und trotzdessen nicht genügend besetzt sowie während des Kampfes nicht unterstützt habe. Wiederum ertönt erst vereinzelt, dann tausendfach der Ruf: „Vive la Commune“, untermischt mit Drohungen „nieder mit Trochu“ — „Waffen, Waffen“, „keinen Waffenstillstand, nach Versailles!“**)

Wiederum drängt sich eine erregte Volksmenge nach dem Stadthause, in welchem die stellvertretenden Maires der Bezirke versammelt sind und sich gegen Mittag die Mitglieder der Regierung eingefunden hatten. Die Letzteren versuchen, die Menge zu beruhigen, ein vergebliches Bemühen. Die zur Wiederherstellung der Ordnung herangezogenen Nationalgarden-Bataillone haben sich unter die meuternden Massen gemischt oder halten zum Zeichen ihres Einverständnisses mit dem Aufruhr die Kolben der Gewehre in die Höhe. Nur auf drei Kompagnien Mobilgarde, welche das Stadthaus bewachen, ist zu rechnen, sie haben den

---

*) Ducrot, a. a. O., II, 33, 34, 39. — **) d'Heylli, a. a. O., S. 675, 677.

Befehl, sich einem Angriff zu widersetzen, jedoch ohne zu schießen;*) die Thüren des Stadthauses werden von der immer mehr anwachsenden Menge eingedrückt, Trochu befiehlt den Mobilgarden, zur Vermeidung eines Kampfes sich zurückzuziehen.*)

„Die Maires verlangen die Gemeindewahlen, die Kommune, die Regierung nimmt den Antrag an. In den Nachmittagsstunden stürmt Flourens mit den Tirailleuren von Belleville die Thüre des Sitzungssaales, Trochu, Favre und die übrigen Regierungsmitglieder werden umringt; an die Fensterbrüstungen gedrängt, beschimpft, mit dem Tode bedroht, weigern sie sich muthig, ihr Amt niederzulegen. Unter großem Tumult wird die Absetzung Trochus und seiner Amtsgenossen erklärt, Flourens verkündet die Namen der neuen Regierungsmitglieder, die Gemeindewahlen sollen am nächsten Tage stattfinden.“**)

Der Aufruhr ist Herr des Stadthauses. Aber das gut gesinnte 106. Bataillon befreit Trochu. Auf den Vorschlag des Generals Ducrot, mit seinen Truppen, welche zuverlässig seien, den Aufruhr niederzuschlagen, die noch gefangen gehaltenen Regierungsmitglieder zu befreien, geht Trochu nicht ein. Die Nationalgarde allein solle die Ordnung wieder herstellen, ist seine Antwort.*) In der That gelingt es, gegen Abend auch jene Gefangenen zu befreien; aber auch alle während des Aufstandes durch die gutgesinnten Nationalgarden verhafteten Personen werden in Freiheit gesetzt, eine Schwäche, welche unverantwortlich war. Erst am 2. November, als neue Unruhen drohten, wird die Verhaftung der Rädelsführer vom 31. Oktober angeordnet. Blanqui und Flourens entzogen sich derselben; bezeichnend ist, daß einer der Verhafteten, Ranvier, welcher später in der Kommunezeit eine Rolle spielen sollte, äußerte: „Que le gouvernement n'avait pas le courage de le fusiller, mais qu'il aurait, lui, le courage de fusiller le gouvernement.“*)

Die Regierung hielt es angesichts der Ereignisse vom 31. Oktober für nothwendig, ihr Verbleiben im Amt von dem Ergebniß eines Plebiscites abhängig zu machen. Dasselbe fand am

*) Ducrot, a. a. O., II, 40, 42, 59, 71. — **) Chuquet, a. a. O., S. 263.

3. November statt, 557 996 Stimmen gegen 62 638 sprachen den Männern des 4. September ihr Vertrauen aus.

Es folgten die von den Maires gewünschten Gemeindewahlen; man hoffte, daß die zum größten Theil der Ordnungspartei angehörenden Maires die Regierung unterstützen würden und hierdurch das Gespenst der revolutionären Kommune, welche nicht nur die Verwaltung der Stadt Paris, sondern auch die Regierung des Landes an sich reißen wollte, zu bannen sei. Ein Dekret der Regierung vom 1. November bestimmte, daß jedes Nationalgarden-Bataillon, welches ohne Befehl in Waffen ausrücken würde, aufgelöst und entwaffnet, jeder Bataillonsführer, welcher ohne höhere Anordnung sein Bataillon zusammenriefe, vor ein Kriegsgericht gestellt werden sollte; 14 Bataillonsführer, unter ihnen Flourens, wurden sofort ihres Amtes enthoben. Der General Clément Thomas, ein energischer Offizier, erhielt den Oberbefehl über die Nationalgarden.

In den ersten Tagen des Monats November fanden wiederum Verhandlungen über einen Waffenstillstand zwischen Thiers und Bismarck statt, jedoch auch dieses Mal wurden die deutschen Bedingungen französischerseits zurückgewiesen. Thiers erkannte zwar die Nutzlosigkeit eines weiteren Kampfes sowie die aus der Verlängerung des Kriegszustandes sich nothwendigerweise ergebende Verschärfung der Friedensbedingungen, stieß jedoch mit seinen Ansichten, besonders bei den Generalen in Paris, auf hartnäckigen Widerstand.

Am 14. November lief durch eine Depesche Gambettas die Nachricht über den Ausfall des Kampfes bei Coulmiers ein, es wurde beschlossen, einen Durchbruchsversuch nach Süden zu machen, um der Loire-Armee die Hand zu reichen. Derselbe führte zu den Kämpfen vom 29. November bis 3. Dezember.

Vergeblich waren die heldenmüthigen Anstrengungen der aus Linie und Mobilgarde bestehenden französischen II. Armee unter Ducrot, am 30. November in der Schlacht von Villiers die deutschen Linien zu durchbrechen. Paris jedoch sah in dem Zurückweichen der deutschen Vorposten, der Räumung von Champigny und dem Verbleiben der Truppen Ducrots jenseits der Marne

2*

in der Nacht zum 1. Dezember einen Sieg. „Aber es fehlte der Armee an Munition, ein Theil der Geschütze hatte die Bespannung verloren, 4000 Mann lagen todt oder verwundet auf dem Schlachtfelde, die Nächte zum 1. und 2. Dezember waren eisig kalt, die Offiziere ohne Gepäck, die Soldaten ohne Zelte, ohne Decken und meist ohne warme Nahrung. In der Nähe der deutschen Vorposten wagte man es nicht, Nachtfeuer anzuzünden; so litten die Franzosen unbeschreiblich.“*)

Der 1. Dezember verlief ohne Gefecht; ein mehrstündiger Waffenstillstand wurde zur Bergung der Todten und Verwundeten benutzt. Nach neuen harten Kämpfen am 2. Dezember und schweren Verlusten mußte Ducrot am 3. Dezember, nachdem man von Stunde zu Stunde vergeblich auf das Erscheinen der Loire-Armee gehofft hatte, seine bis zum Tode erschöpften Truppen über die Marne zurückführen.

Aber noch weiter hoffte Paris auf das Erscheinen einer Entsatz-Armee; eine Brieftaube hatte am 3. Dezember noch die Nachricht Bourbakis gebracht, daß er auf Paris vorgehe. Obgleich Moltke in einem Brief vom 5. Dezember die Niederlage der Loire-Armee und die Wiederbesetzung von Orléans durch deutsche Truppen mittheilte, wurde ein neuer Durchbruch, und zwar nach Norden, geplant. Trochu fürchtete die Stimmung in Paris, glaubte durch Verhandlungen über eine Kapitulation einen Aufstand hervorzurufen.

General Ducrot, dessen Entschlossenheit und Bravour, trotz seines von den Parisern oft bespöttelten Ausspruchs,**) feststeht, war der Ansicht, daß man jetzt in Ehren mit den Deutschen in Unterhandlung treten könne. Er theilt mit,***) daß die Berathungen in den Sitzungen der Regierungsmitglieder ohne bestimmtes Ziel, ohne jeden höheren Standpunkt gewesen, aber durch die Furcht vor der öffentlichen Meinung in unglücklicher Weise beeinflußt worden seien. Zu dieser Zeit würde der Friede die Franzosen vor den Schrecken und Gemeinheiten der Kommune bewahrt haben, durch welche Frankreich für längere Zeit dem Bann ganz

*) Chuquet, a. a. O., S. 277. — **) „Je ne rentrerai dans Paris que mort ou victorieux.“ — ***) Ducrot, a. a. O., III, 126, 131.

Europas verfallen wäre und für alle Zeiten den Nutzen der schmerzlichen Opfer und glorreichen Anstrengungen verloren habe.

Man hielt also an der Fortsetzung des Kampfes fest; am 21. Dezember scheiterte in dem Gefecht bei Le Bourget aber auch der Versuch, im Norden durchzubrechen; der Beschluß, gegen jenen Ort mit Laufgräben vorzugehen, zeigte sich als unausführbar, da die französischen Truppen bei dieser Arbeit zu schwer unter der strengen Kälte litten; aus ihren Reihen ertönte der Ruf: „Friede, Friede!"

Der 21. Dezember wurde als der Anfang einer Reihe von Bewegungen bezeichnet; erst am 26. Dezember entschloß sich Trochu, der aus Sorge um die öffentliche Meinung es nicht gewagt hatte, die Armee zurückzuziehen, diese ihre Quartiere wieder beziehen zu lassen.*)

Am 27. Dezember schlug zum ersten Mal der Donner feindlicher schwerer Belagerungsgeschütze an das Ohr der Pariser, die Beschießung des Mont Avron im Nordosten der Stadt hatte begonnen; in der Nacht vom 28. zum 29. Dezember räumten die Franzosen diese Stellung.

Die Stimmung, welche in Paris nach dem Aufstande am 31. Oktober herrschte, ließ erkennen, daß zu dieser Zeit die Partei der Ordnung noch die Oberhand besaß; die Entrüstung über die Vorgänge jenes Tages, die Freude über die Haltung eines Theils der Nationalgarde fand lauten Ausdruck. Die Wahlen der Maires für die Stadtbezirke und die ihrer Beigeordneten waren am 5. und 7. November in vollkommener Ruhe vor sich gegangen. Nur war die Wirkung kaum wahrnehmbar, eine gewisse Müdigkeit und Abspannung hatte Paris im Monat November nach den vielfachen Aufregungen ergriffen; nur die Hoffnung auf Hülfe durch die Provinzen belebte die Gemüther, je mehr die Aussichten auf einen baldigen Frieden schwanden.

Die Nachrichten über den Kampf bei Coulmiers wurden daher mit stürmischer Freude aufgenommen; aber wiederum verband sich die Lüge mit der Wahrheit, denn auch zwei Siege bei Chartres und Amiens sollten erstritten sein. In die Ausbrüche

*) Chuquet, a. a. O., S. 284.

der Freude mischten sich Schmähungen über die Grausamkeit der „Prussiens", durch welche marodirende Pariser, die sich zu nahe an die feindlichen Vorposten herangewagt hatten, mit Gewehrschüssen vertrieben worden waren.

Die Requisitionen von Rindvieh und Pferden, das Verbot, Futter zu verkaufen, die Beschlagnahme von Kohlen und Koks, die Festsetzung der Preise für Pferde- und Eselfleisch, die Anlage von Verkaufsstellen für geschlachtete Hunde und Ratten werfen ein grelles Licht auf die Verhältnisse der Ernährung; der Preis einer Ratte schwankte zwischen 40 und 50 Centimes.*)

Die Ziffer der Todesfälle, ungerechnet der durch die Gefechte hervorgerufenen, hatte sich in den letzten drei Monaten verdoppelt.

General Trochu verbot am 20. November Mittheilungen politischen und militärischen Inhalts durch Anschläge an den Mauern oder Veröffentlichungen in den Zeitungen, da dieselben einen verderblichen Einfluß auf den Geist der Truppen und die Bürgerschaft haben könnten. Eine an sich bei einem Belagerungszustand, in welchem sich Paris befand, sehr richtige Maßnahme, erforderte sie jedoch strenge Durchführung, Gewissenhaftigkeit in der Ueberwachung und Rücksichtslosigkeit in der Bestrafung von Zuwiderhandlungen, aber diese Eigenschaften fehlten.

Die Kämpfe an der Marne mußten naturgemäß unbeschreibliche Bewegung hervorrufen.

Als Trochu am 1. Dezember bekannt machte, daß ein zweiter solcher Tag Paris und Frankreich retten werde, glaubte Paris ihm, mußte ihm, dem höchsten Truppenführer, ja auch solchen Glauben schenken. Das „tout va bien", welches durch die Stadt lief, mußte die Belagerung so gut wie aufgehoben erscheinen lassen.

Am 4. Dezember wird gemeldet, daß die Lage der französischen Truppen sich noch verbessert habe, am 5. Dezember wird den Parisern mitgetheilt, wie die Verluste des Feindes derartig bedeutend in diesen Kämpfen vom 29. November bis 2. Dezember gewesen seien, daß derselbe, schwer in seiner Kraft und seinem

---

*) d'Heylli, a. a. O., II, 336, 689, 694—699.

Stolze getroffen, einen von ihm noch tags zuvor so heftig angegriffenen Gegner bei hellem lichten Tage ungehindert habe über einen Fluß zurückgehen lassen.

Der Rückzug Ducrots erschien nur als Folge eines jener „tiefen" Gedanken im „Plane" Trochus; jeden Augenblick, glaubte Paris, würden neue Kämpfe, die Ausbeutung der nun ja sicher errungenen Vortheile folgen.

So mußte in den Köpfen der Bevölkerung ein falsches Bild über die Vorgänge an der Marne entstehen, und daß dieses entstand, war eine Folge der — Phrase. Selbst die Mittheilungen Moltkes, welche durch öffentlichen Anschlag bekannt wurden, konnten daher nur auf Unglauben und gehobenes Selbstgefühl stoßen, und die stolze Aeußerung Trochus „daß dieser Brief nichts an dem Entschlusse und den Pflichten ändern könne, es weiter zu kämpfen heiße" nur eine fast allgemeine Zustimmung finden. Und last not least: die Eitelkeit trat hinzu: „Die ganze Welt sieht bewundernd und staunend auf Paris."

Am 7. Dezember war es gelungen, Flourens zu verhaften.

Dem der Ordnungspartei angehörenden, größeren Theil des Bürgerthums gegenüber standen die Rädelsführer des 4. September mit ihrem Anhange. Sie hatten es damals nicht erreicht, die Führung der Stadt und somit des Staates, wie sie glaubten, in die Hand zu bekommen; sie hatten mit dem Wort und der Feder seither gegen die Regierung gemeutert und an der Spitze der aufständischen Bewegungen gestanden.

Der 4. September hatte den Mangel einer Organisation erwiesen, welche ihnen auch die Mittel zur Durchführung ihrer Pläne bieten konnte. Sie fanden dieselbe in der Nationalgarde. Gelang es, auf diese einen Einfluß zu gewinnen, so waren sie im Stande, sich zu Herren der Lage aufzuwerfen. Mit diesem Ziel vor Augen hatten sie ihre Thätigkeit nach den Septembertagen begonnen. In die verschiedenen Vereine, welche innerhalb der Nationalgarde bestanden, die Offiziervereine, die Bewaffnungsausschüsse, die Familienräthe, überall wußten sie sich einzuschmuggeln.

Schnell gewannen sie Boden, ihr Einfluß stieg von Tag

zu Tag, insbesondere in den Bataillonen, welche sich aus der Arbeiterbevölkerung der Vorstädte ergänzten.

Der Gedanke, alle Bataillone der Nationalgarde zu einem Ganzen zu verbinden, ging von der Internationale aus und gewann schnell Zustimmung. Vermochte man der Nationalgarde eine politische Organisation neben der militärischen zu geben, so mußte sie in der Hand jener zukünftigen Kommunards unbedingt Herrin von Paris werden.*)

Nach der Schlacht von Villiers machte sich die Gewalt in den Händen der Kommunards fühlbar. Diese wagten es, durch Anschlag die Versetzung der Regierungsmitglieder in den Anklagezustand öffentlich zu verlangen, und nannten sich: Fédération républicaine de la garde nationale.**)

Unter Clément Thomas hatte die Ausscheidung von Kriegs-Kompagnien aus den Bataillonen der Nationalgarde sowie deren Zusammenstellung zu Kriegs-Bataillonen ihren stetigen Fortgang genommen, so daß beim Beginn des Monats Dezember 80 Kriegs-Bataillone in 27 Regimentern zusammengestellt werden konnten. Es ist von Interesse, daß die Regierung bei dieser Veranlassung sich gezwungen sah, auf ein am 27. November erlassenes Dekret hinzuweisen, welches die Wiederwahl abgesetzter Offiziere und kassirter Unteroffiziere verbot.

Schon nach dem 2. Dezember zeigte sich innerhalb der Regierung Uneinigkeit; die hervorgetretene Spaltung vertiefte sich nach dem 21. Dezember mehr und mehr. Der öffentlichen Meinung zu Liebe wurde in erregten Sitzungen über die Person Trochus, sowie über die Nothwendigkeit des Einsetzens eines Kriegsrathes verhandelt, welcher die Thätigkeit Trochus beaufsichtigen sollte. Jules Favre hob insbesondere den schlechten Eindruck hervor, den der Mißerfolg bei Le Bourget am 21. Dezember nicht allein auf die Bevölkerung von Paris, sondern auch auf die für die Truppenführung nicht verantwortlichen Mitglieder der Regierung gemacht hatte: „Wir hatten eine entscheidende Schlacht erwartet und haben nur ein Scharmützel gehabt."***) Der von Trochu selbst angeregte

*) Jules Simon, „Le Gouvernement de M. Thiers", S. 167, 168, 169. — **) Ebenda S. 170. — ***) Ducrot, a. a. O. III, 189, 197, 212.

Rücktritt seiner Person von dem Posten des Gouverneurs kam in Frage.

In den Klubs steigert sich die Heftigkeit der Angriffe gegen die Regierung bis zur Maßlosigkeit; man verlangt die Absetzung sämmtlicher Generale, schlägt vor, eine Summe von 10 Millionen nebst dem Marschallsrang als Belohnung für denjenigen auszusetzen, dem es gelingen würde, Paris zu entsetzen; man meint, Trochu habe ja seinen Plan, aber derselbe sei zu lang; man nennt das Gouvernement de la défense nationale vom 4. September das „de la démence“ oder „de la défiance nationale“, eine Regierung des Wahnsinns oder des Mißtrauens; diese Bande müßte vernichtet werden! „Während die Soldaten sich in der Ebene von St. Denis ihrer schweren Pflicht unterzogen, schrie man in den Klubs und Zeitungen über Verrath.“*)

Der Schall der deutschen Geschütze bei der Beschießung des Mont Avron erschreckte die Pariser nicht; bei ihrer sanguinischen Natur, unterstützt durch die Entstellung der Thatsachen, schöpften sie aus diesem Ereigniß sogar Hoffnungen. Sie hielten dasselbe für eine letzte Anstrengung des Feindes, welche wahrscheinlich durch die Annäherung der Hülfe aus der Provinz hervorgerufen sei.**) Die winterliche Kälte stieg gegen Ende des Jahres bedeutend. In einigen Klubs hatten Redner dem Volke zugerufen, daß es das Recht habe, Holz sich zu verschaffen, um sich zu wärmen, denn Noth kenne kein Gebot. Nicht allein in dem außerhalb der Wälle liegenden Gelände wurden die Häuser von marodirenden Parisern ausgeplündert, um Brennmaterial zu schaffen, auch im Innern der Stadt selbst wurden leer stehende Gebäude zu diesem Zweck verwüstet, die Gärten ihrer Bäume beraubt; am 28. Dezember bestimmte Jules Ferry, als Maire von Paris, die Abholzung des Bois de Boulogne und Bois de Vincennes. Keine Mitternachtsmesse zu Weihnachten, keine Frühmesse zu Neujahr; die Kirchen waren geschlossen.**) Trochu rief den Parisern zum Schluß des Jahres zu, daß die Regierung

---

*) Ducrot, a. a. O., III, 189, 197, 212. — **) d'Heylli, a. a. O., III, 540, 539.

einig in dem Gedanken und der Hoffnung auf die Befreiung des Vaterlandes sei.

„Kann die Vertheidigung der Stadt noch fortgesetzt werden und in welcher Weise?“*) Das war jedoch der die Regierung zu Neujahr 1871 bewegende Gedanke.

Noch am 31. Dezember hatte eine Sitzung der Regierungsmitglieder stattgefunden.**) An derselben nahm auch eine größere Zahl höherer Offiziere theil, welche sich zu jenen Fragen äußern sollten. Die Uneinigkeit nicht nur unter den Regierungsmitgliedern, sondern auch unter den Generalen trat sehr scharf hervor. General Clément Thomas äußerte, daß Paris für alle Zeiten entehrt sei, wenn es sich ohne Kampf ergeben würde, man solle die Nationalgarden auf die Probe stellen, sie würden den Muth der Armee neu beleben und ihre Pflicht thun.

Obgleich seitens der meisten Militärs der Ansicht des Generals Ducrot, daß man nicht mehr die Kraft habe, die feindlichen Linien zu durchbrechen, stillschweigend beigetreten wurde, schloß die Sitzung mit einer Erklärung des Generals Trochu, daß er noch eine letzte Unternehmung vorschlagen werde, welche vielleicht sich zur völligen Niederlage gestalten, vielleicht aber auch unerwartete Resultate haben könnte.

Trochu nennt dies selbst einen coup de désespoir in der Annahme, daß man am Tage nach der Schlacht wahrscheinlich die Stadt übergeben oder auf das Erscheinen Bourbakis warten und bis zum letzten Stück Brot aushalten müsse.

Als in einer späteren Sitzung zur Sprache kam, daß der Augenblick zur Wahl eines gesetzgebenden Körpers gekommen sei, wurde geantwortet, daß es sich jetzt nicht darum handle, zu wählen, sondern zu kämpfen; das Volk wünsche sich zu schlagen und nicht zu stimmen.

Am 5. Januar eröffneten die deutschen Batterien im Süden von Paris ihr Feuer gegen die französischen Stellungen; noch an dem nämlichen Abend rief die Regierung der Bevölkerung zu: „Der Feind glaubt, Paris in Furcht zu setzen, er wird es nur

---

*) Ducrot, a. a. O., III, 256, 253. — **) Ebenda.

stärken. Paris wird sich würdig zeigen der Armee an der Loire, welche den Feind geworfen hat, und der Nord-Armee, welche zu unserer Hülfe herbeieilt."

Die Angaben über beide Armeen waren nicht zutreffend.

Die Ueberlegenheit des besseren Geschützmaterials und die günstige überhöhende Stellung der deutschen Batterien machte sich bald geltend; nach Niederkämpfung der Forts richtete sich das Feuer gegen die Außenbatterien und die Stadtumwallung, auch die Beschießung der Stadt selbst begann.

Die Lage von Paris wurde eine immer ernstere.

Die Bevölkerung nahm mehr und mehr eine drohende Haltung an, die Zeitungen warfen Trochu Unthätigkeit vor, die Stellung desselben verschlechterte sich von Tag zu Tag. Aber nicht allein die Presse und die Bevölkerung, auch Mitglieder der Regierung geben zu erkennen, daß ihr Vertrauen auf die Person Trochus geschwunden sei; Jules Favre beabsichtigt, an seine Stelle Ducrot, Vinoy oder Bellemare treten zu lassen. General Ducrot macht der Regierung den Vorwurf, die Bevölkerung durch offizielle oder nicht widerlegte Unwahrheiten in Unkenntniß über die Lage gehalten zu haben.*) Die abenteuerlichsten Gerüchte wurden verbreitet und fanden Glauben: „Die preußische Flotte ist in unseren Händen, wir haben die Jade-Bucht genommen!" — „Die Loire-Armee, weit davon entfernt, durch Prinz Friedrich Karl zerstreut zu sein, stellt wenige Kilometer von Fontainebleau ihre Vereinigung mit der Armee des Generals Bourbaki siegreich her!" — „Die polnischen Soldaten in der preußischen Arme revoltiren, ihre Sympathien gelten Frankreich!"

Diese Siegesbotschaften wechseln plötzlich mit niederschmetternden Nachrichten ab, welche aber die Wahrheit enthalten und nicht verheimlicht werden können. Und wenige Stunden später tritt an Stelle der Trauer ausgelassene Freude: „In Berlin haben die Meldungen über die Schlachten vom 30. November und 3. Dezember große Aufregung hervorgerufen, Rufe: »Nieder mit Wilhelm!« werden gehört. In Wien hat die Bevölkerung »Es

*) Ducrot, a. a. O., III, 218.

lebe die französische Republik!« gerufen und ein Bündniß mit Frankreich gegen Preußen gefordert."

„Dieses tägliche Schwanken zwischen Hoffnung und Furcht führte viel sicherer zur Verzweiflung als die bitterste Wahrheit."*) Zu den moralischen Leiden fingen an auch physische sich zu gesellen. „Die Reichen konnten noch annähernd leben, mit Geld Alles aufwiegend, hatten sie noch eine erträgliche Existenz. Die Armen fanden in den städtischen Kosthäusern und Sparküchen zubereitete Speisen; die öffentliche Mildthätigkeit versuchte, ihre Hülfe zu verdoppeln, Empfangscheine für Brot, Fleisch, Holz, Kohlen, Reis wurden bis zur Verschwendung vertheilt. Diese Unglücklichen waren mithin verhältnißmäßig die am wenigsten Unglücklichen während der Belagerung. Auch die Arbeiter hatten sich nicht zu beklagen; die Anstrengungen für die Vertheidigung nahm alle Gewerbe in Eisen, Stahl, Blei, Holz, Leder, Tuch rc. in Anspruch und forderte Tausende von Armen, das Angebot von Arbeit überstieg stets die Nachfrage, und jeder Arbeiter, welcher den Aufenthalt in den Werkstätten dem Müßiggange vorzog, fand Beschäftigung. Diejenigen, welche es für patriotischer erachteten, auf den Wällen mit einer Flinte auf der Schulter, 10 Kilometer von den Preußen entfernt, spazieren zu gehen, erhielten je 1 Franken 50 Centimes täglich, ihre Frauen 75 Centimes, in einigen Bataillonen 25 Centimes für jedes Kind. Mit diesem Gelde war die meist den Sparküchen entnommene Nahrung gesichert, Holz erhielt man auf Empfangscheine, und was die Miethe anbetrifft, so bezahlte man sie einfach nicht. Das Leben dieser Arbeiter war mithin noch ein verhältnißmäßig leichtes, und sicherlich trug diese Leichtigkeit der Existenz nicht wenig dazu bei, die Kommune ins Leben zu rufen. Die Klasse, welche aber am grausamsten litt, war die der kleinen Rentiers, der Angestellten, der kleinen Gewerbetreibenden und Kaufleute und aller derjenigen endlich, welche täglicher Thätigkeit langsam sich ansammelnde Ersparnisse und einen bescheidenen Wohlstand verdankten.

Zu den Leiden des Hungers traten die der Kälte; die Sterb-

*) Ducrot, a. a. O., III, 221.

lichkeit stieg in erschreckender Stufenfolge, Kinder starben zu Tausenden.“*)

In der Woche vom 14. zum 20. Januar 1871 starben 4465 Menschen, die gleiche Ziffer des vorhergehenden Jahres weist 980 Todesfälle auf.**)

Der Einfluß der Presse und der Klubs wurde immer unseliger. In den Letzteren sprach man nur von dem „Ausfall in Masse“, von der Einführung der Kommune. Am 16. Januar brachte eine Zeitung die Mittheilung, daß man in dem „Klub der Revolution“ beschlossen habe: „Jeder Bürger, welcher uns von Trochu, Favre und anderen Leuten gleicher Sorte befreit, begeht kein Verbrechen, macht sich im Gegentheil um das Vaterland verdient.“***) Die Zeitung „Le Reveil“ fordert die Absetzung der sämmtlichen Regierungsmitglieder. Eine Bewegung zeigt sich auch unter den Maires und ihren Beigeordneten; sie verlangen zu den Berathungen der Regierung herangezogen zu werden. Delescluze, Chefredakteur des „Reveil“ und gleichzeitig Maire des 19. Stadtbezirks, versuchte durch eine von Trug und Verleumdung strotzende Adresse die Absetzung Trochus herbeizuführen. In der Nacht vom 6. Januar wird eine Proklamation der Delegirten der 20 Stadtbezirke angeschlagen, in welcher dieselben den Parisern zurufen, die Regierung vom 4. September habe ihre Aufgabe nicht erfüllt, ihr falle die Verantwortung dafür zu, daß 500 000 französische Kämpfer durch 200 000 „Prussiens“ eingeschlossen seien. Die Regierung habe sich der Erhebung in Masse widersetzt, ihre Langsamkeit, Unbestimmtheit und Unthätigkeit habe Paris an den Rand des Abgrundes gebracht, sie habe weder zu regieren, noch zu kämpfen verstanden. Die militärische Führung sei noch kläglicher. Wenn die Männer im Stadthause noch etwas Vaterlandsliebe besäßen, so müßten sie es als ihre Pflicht erkennen, abzutreten und dem Volk von Paris selbst seine Befreiung überlassen; die Kommune sei die einzige Rettung für das Volk. Die Proklamation schließt mit den Worten: „Wird

---

*) Ducrot, a. a. O., III, 222. — **) d'Heylli, a. a. O., III, S. 562. — ***) Jules Simon, „Le gouvernement de la défense nationale“, S. 300.

das große Volk von 89, welches die Bastille zerstörte und Throne umwarf, in träger Verzweiflung abwarten, daß Kälte und Hunger den letzten Blutstropfen in seinem Herzen, dessen Schläge der Feind zählt, zu Eis gewandelt hat?

Nein! Die Bevölkerung von Paris wird niemals dieses Elend und diese Schande tragen wollen. Sie weiß, daß es noch Zeit ist, daß entscheidende Maßnahmen den Arbeitern zu leben, Allen aber zu kämpfen erlauben werden: Allgemeines Aufgebot, freie Verpflegung, Ausfall in Masse.

Die Politik, Kriegführung und Verwaltung der Regierung vom 4. September, welche nur die des Kaiserreichs fortsetzt, sind verurtheilt, Platz für das Volk! Platz für die Kommune!"

Eine Aufforderung zum Bürgerkrieg.

Als Antwort auf die verschiedenen Angriffe erschien am 7. Januar die Erklärung: „Man sucht in dem Augenblick, in welchem der Feind seine Anstrengungen auf Einschüchterung verdoppelt, die Bürger von Paris durch Trug und Verleumdung irre zu führen. Man beutet gegen die Vertheidigung unsere Leiden und Opfer aus. Nichts wird uns die Waffen strecken lassen. Muth! Vertrauen! Vaterlandsliebe!

Der Gouverneur von Paris wird nicht kapituliren!"

Wiederum Worte an Stelle von energischem Auftreten gegen die Unbotmäßigkeit!

„Seitdem die Nationalgarde in Erfahrung gebracht hatte, daß sie in den nächsten Kämpfen zur Verwendung kommen solle, ließ ihre zur Schau getragene Begeisterung sehr nach; General Trochu erklärte, daß ihm beklagenswerthe Meldungen über die Haltung vieler Bataillone zugegangen seien, und er fürchte, daß die schlechten Elemente die guten lähmen würden."*)

Paris schien sich anfangs an das Bombardement zu gewöhnen, nur die Mittheilungen über die durch dasselbe verursachten Verwundungen und Todesfälle störten die Ruhe der Bevölkerung. Man warf den „Prussiens" Grausamkeit und Vandalismus vor, bezeichnete es als ganz ungehörig, daß, dem

*) Ducrot, a. a. O., III, 284.

Kriegsgebrauch zuwider, Paris von der Eröffnung des Feuers nicht vorher in Kenntniß gesetzt worden sei; ein Maire forderte, daß die Kirchen zu Kasernen eingerichtet und diese als Wohnungen der Bevölkerung der beschossenen Theile der Stadt übergeben würden.*)

Allmählich steigert jedoch die Beschießung die Reizbarkeit der Pariser. „Die Stadt war unruhiger und aufgeregter als jemals. Die verfehlte Schlacht von Bourget, die Räumung des Mont Avron, die unerträgliche Kälte, die Entbehrungen und das Bombardement überreizten die Bevölkerung. Die deutschen Geschosse riefen keine Furcht hervor, machten jedoch die Menschen nervös und ungeduldig. Paris verlangte einen einem reißenden Strom gleichenden Ausfall, bei welchem die Nationalgarde coûte que coûte sich zu betheiligen habe."**)

Weitere Erregungen folgten. Depeschen Gambettas, welcher über Vorgänge in der Provinz und die Lage Frankreichs in den Augen anderer Mächte phantastische Mittheilungen nach Paris sandte, trafen ein: „Die Preußen scheinen demoralisirt zu sein; sie zeigen Ermüdung; auf allen Seiten tödtet man ihnen Menschen; Bourbakis Armee ist in der vortrefflichsten Verfassung, Faidherbe hat eine vorzügliche Stellung inne; Chanzy jagte den Feinden ihre Beute ab, ruht jetzt, um seine durch so ehrenvolle Kämpfe ermüdeten Truppen wieder zu Kräften zu bringen, aber ich versichere, daß er bald wieder die Offensive ergreifen wird; bei Bapaume haben wir die Preußen aus allen ihren Stellungen geworfen; in Elsaß-Lothringen große Erregung gegen die Deutschen; unsere Aussichten bessern sich von Tag zu Tag; die Preußen haben 500 000 Mann verloren, 2c."

Am 15. Januar, berichtet d'Heylli, gehen Gerüchte durch Paris, daß Bourbaki die Festung Belfort entsetzt habe, in Baden eingefallen sowie, daß die Flotte von Cherbourg abgegangen sei, um Hamburg zu beschießen und die französischen Gefangenen zu befreien.

„Jene Mittheilungen Gambettas waren von unheilvollem

*) d'Heylli, a. a. O., III, 549, 550, 553. — **) Chuquet, a. a. O., S. 286.

Einfluß auf die Entscheidungen der Regierung von Paris. Die fruchtlosen und blutigen Tage an der Marne waren vergessen; man warf sich, auf die trügerischen Meldungen eines Mannes hörend, in die tollste aller Unternehmungen: mit erschöpften Truppen, einer Nationalgarde ohne Instruktion und Disziplin die unüberwindlichen Stellungen, welche das Hauptquartier zu Versailles deckten, mit Gewalt zu nehmen."*)

Als in einem am 16. Januar stattfindenden Kriegsrath Ducrot und andere Generale Bedenken gegen den geplanten Ausfall hervorhoben, wurde ihnen die Erwiderung:

„Das Volk will dieses Unternehmen."

Die Rädelsführer der zukünftigen Kommune hatten ja täglich dem Volke vorgeredet, daß der unglückliche Verlauf der bisherigen Kämpfe nur eine Folge der Unthätigkeit der Regierung sei, und daß die „Prussiens" zweifellos über den Haufen gerannt und aus dem Lande gejagt werden würden, wenn Volk und Armee sich gemeinsam auf sie stürzten.**)

In Hast und Eile wurden die Befehle für den 19. Januar ausgegeben.

Der Ausfall, welcher zur Schlacht am Mont Valérien führte, fand statt. Von vornherein ohne jede Aussicht auf irgend einen nutzbaren Erfolg, mußte derselbe an den deutschen Linien scheitern. Heftige und erbitterte Kämpfe fast auf dem ganzen Schlachtfelde, Theilerfolge an einigen Punkten geben von der Tapferkeit, mit welcher sich die französischen Truppen noch schlugen, Kunde. Was die Nationalgarde anbetrifft, so sind zwar viele rühmliche Ausnahmen zu machen, im Allgemeinen aber war ihre Haltung beim Kampfe eine mangelhafte. Die Linientruppen und Mobilgarden riefen ihnen spottend zu: „»En avant, messieurs de la guerre à outrance«, les voyant se sauver à toutes jambes."***)

Um 5½ Uhr abends mußte Trochu den Befehl zum Rückzuge geben. „Kaum war das Wort Rückzug gefallen, als in den hinteren Treffen des linken Flügels eine völlige Auflösung beginnt; in der von dem Schatten einer dunkelen Winternacht

*) Ducrot, a. a. O., IV, 45. — **) Jules Simon, a. a. O., S. 288. — ***) Chuquet, a. a. O., S. 291.

bedeckten Ebene von Fouilleuse geht Alles in Unordnung zurück; Güterwagen der Eisenbahn, Omnibusse, Munitionswagen, Krankenwagen, Alles untereinander gemischt, versperren die Straße; die Nationalgarde rettet sich von allen Seiten querfeldein, Soldaten suchen ihre Kompagnien, ihre Offiziere.“*)

Der unglückliche Ausgang der Schlacht, der Anblick der zurückkehrenden Truppen, der schnelle Wechsel zwischen sicherer Erwartung eines Sieges und der Entmuthigung, ja Verzweiflung, die am 21. Januar folgende Beschießung von St. Denis steigerten die Erregung unter den Parisern immer mehr. Der Pöbel beschimpft die Offiziere und Mannschaften, verlangt neue Ausfälle, spricht von Verrath der Generale, welche die Ueberzeugung hatten, daß der Fall von Paris nicht mehr aufzuhalten sei. Zu den ungünstigen Nachrichten über die zweite Loire-Armee kam der sich immer schärfer fühlbar machende Mangel an Lebensmitteln. Am 22. erfolgte die Absetzung Trochus von dem Posten als Gouverneur, welcher nicht wieder besetzt wurde, Ducrot legte sein Kommando nieder. General Vinoy wurde an seiner Stelle zum Oberbefehlshaber der „Armee von Paris“ ernannt.

In der Nacht zum 22. Januar bemächtigt sich eine meuternde Menge des Gefängnisses von Mazas, befreit die dortigen politischen Gefangenen, unter diesen auch Flourens. Am Nachmittag des 22. dringen bewaffnete Haufen auf den Platz vor dem Stadthause, es kommt zum Kampf, bei welchem sich ein Theil der Nationalgarde auf Seite der Aufständischen stellt; der Ruf nach der Kommune ertönt wiederum. Die gute Haltung der Mobilgarde von Finistère, das schnelle Einschreiten der regulären Truppen und gutgesinnter Nationalgarden treiben die Empörer in die Flucht, in kurzer Zeit ist die Ruhe wieder hergestellt.

Am 23. wird den sämmtlichen Klubs in Paris verboten, sich während der Zeit der Belagerung zu versammeln, werden die Zeitungen „Le Reveil“ und „Le Combat“ unterdrückt. Die Maßregel kam zu spät. Leider erfolgte auch die Verurtheilung der

---

*) Ducrot, a. a. O., IV, 145.

gefangenen Führer der Revolte nicht sofort; die Haltung des Redakteurs des „Reveil“, Delescluze, gab Veranlassung, denselben nunmehr zu verhaften.

Am 23. traf Jules Favre in Versailles ein, um über die Kapitulation zu verhandeln; in der Mitternachtsstunde zum 27. stellten die deutschen Batterien ihr Feuer ein, am 28. Januar wurde der Waffenstillstand abgeschlossen.

Die verschiedensten Gefühle haben die Pariser bei der Nachricht über den Abschluß des Waffenstillstandes bewegt. Zeigte sich hier bei allen Feinden der Regierung Zorn und Unverstand, so fand man dort unter den besser gesinnten Einwohnern nur Schmerz darüber, daß alle die Mühen, Sorgen und Entbehrungen vergeblich gewesen. In Einem fühlten zweifellos Alle gleich, sie sahen sich von einer Last befreit, die wie ein Alp auf ihnen geruht hatte. Die braven Vertheidiger der Linien und Mobilgarden waren entmuthigt, Ermüdung hatte sie ergriffen.

Die Haltung eines großen Theils der Nationalgarde beunruhigte immer mehr; „es lag auf der Hand, daß diese Bataillone einer gegebenen Parole gehorchten, und daß im Dunkeln eine regelrechte und geschickt zusammengesetzte, revolutionäre Organisation bestand, mit welcher sie, mindestens durch ihre Chefs, verbunden waren“.*)

Der Wunsch, sich zu gemeinsamem Handeln enger aneinander zu schließen, genährt von jenen Führern des Umsturzes, trat in der Nationalgarde mehr und mehr hervor. Am 30. Januar erschien ein Aufruf an dieselbe zur Errichtung eines Comité central de la garde nationale, welches unabhängig von der Regierungsgewalt dastehen, ja diese überwachen und im Nothfall ersetzen sollte. Die Delegirten dieses Komitees waren durch Offiziere und Mannschaften der Nationalgarden-Bataillone zu wählen, die Beitrittserklärungen und die Namen der Gewählten sollten im Café der Nationalgarde, Rue de la Bretagne Nr. 49, abgegeben werden. Im Februar forderten Bürger des 15. Stadtbezirkes verschiedene Bataillone der 20 Bezirke der Stadt auf, Delegirte zu ernennen,

---

*) Vinoy, „L'armistice et la Commune“, S. 99.

um die Grundlage für ein Bündniß der Nationalgarde zu gewinnen. Am 24. Februar endlich fand auf Anregung eines Mitgliedes der Internationale und späteren Kommunards, eines Drechslers Chalain, eine Versammlung von 2000 Delegirten der Bataillone in Vaux-Hall statt. Wie die Beschlüsse durch die bereits seit dem Dezember bestehende Fédération hauptsächlich beeinflußt wurden, so sollten auch deren Statuten für das neue Bündniß maßgebend werden. Zu dieser Zeit bestand noch eine andere Vereinigung innerhalb der Nationalgarde, das Comité fédéral républicain. Aus Bataillonskommandanten und anderen Offizieren zusammengesetzt, war es infolge einer Soldfrage entstanden, hatte jedoch nach und nach einen politischen Charakter angenommen. Eine Verschmelzung der verschiedenen Kräfte der Nationalgarde erfolgte; am 3. März trat das Comité central de la Fédération républicaine de la garde nationale ins Leben.

Dem Bunde gehörten etwas über 200 Bataillone an. Verhängnißvoll für die Regierung und die Stadt mußte das Ausscheiden einer sehr großen Zahl, an 60 000, gut gesinnter Leute der Nationalgarde aus derselben werden. Sie verließen Paris, sobald der Verkehr mit der Außenwelt wieder freigegeben war, um sich zu ihren Familien zu begeben.*)

Der Monat Februar verschlimmerte die Zustände in Paris von Tag zu Tag, die Gefahr, die Nationalgarde bewaffnet zu lassen, auf welche Fürst Bismarck beim Abschluß des Waffenstillstandes am 28. Januar aufmerksam gemacht hatte, trat immer drohender hervor. Den Kundgebungen der Unzufriedenheit mit der Regierung gesellt sich Verfolgung Einzelner, ja Mord hinzu; wehe dem Unglücklichen, der als ein früherer Polizist erkannt oder auch nur als ein solcher bezeichnet wurde! Die Bestie im Menschen begann sich zu regen!

Unter dem Vorwande, daß die Prussiens die noch in Paris befindlichen Geschütze beim Einzuge fortnehmen würden, fing die Masse der „Partei der Unordnung“ an, diese Geschütze von ihren Aufstellungsorten fortzuschleppen,**) die zur Bewachung derselben

*) Jules Simon, „Le gouvernement de M. Thiers“, S. 172—177. — **) Vinoy, a. a. O., S. 141.

bestimmte Nationalgarde leistete demgegenüber nicht allein keinen Widerstand, das Comité central unterstützte und leitete sogar die Bewegung; die Nationalgarde bemächtigt sich schließlich selbst jener Geschütze, bringt sie nach dem Montmartre und Belleville, ebenso die an verschiedenen Stellen der Stadt noch vorhandene Munition.

Barrikaden wurden an allen nach jenen Stellungen führenden Straßen errichtet. Vinoy erklärt ausdrücklich, daß es nicht möglich gewesen sei, sich der Fortnahme der Geschütze zu widersetzen oder sie sofort wieder zu nehmen, man hätte einen Streit hervorgerufen, dessen Ergebniß mehr als zweifelhaft gewesen sei.

In den „Documents publiés pour servir à l'histoire de la Commune de 1871“ liegen heute die Bulletins, Dekrete, Rapporte und Proklamationen des Comité central und der Commune gesammelt vor.

Es ist interessant, daß unter jenen Dokumenten die Erlasse des Comité central bis zum 21. Februar zurückreichen. Charakteristisch aber für die Unklarheit sowie das Hin- und Herschwanken der Ansichten jener „Nebenregierung“ ist, daß das Comité central in einer Proklamation vom 24. Februar gegen alle Versuche, die Nationalgarde zu entwaffnen, unter Androhung des Widerstandes mit den Waffen protestirt, die Nationalgarde auffordert, beim Einmarsch der „Prussiens“ in Paris sich sofort gegen den einmarschirenden Feind mit den Waffen zu wenden, aber unter dem 28. Februar die Nationalgarde beschwört, von einem unnützen Konflikt mit den deutschen Truppen abzusehen. Und der Wolf sieht hierbei unter dem Schafskleide hervor, indem die Zwecke des friedlichen Verhaltens gegen jene Truppen aus dem Schlußsatz der Proklamation hervorgehen: „Mögen unsere Mitbürger nicht vergessen, daß sie, in jene Schlinge fallend, die ohne Zweifel gewünschte Entwaffnung hervorrufen würden, welche unsere Kräfte in der Zukunft für unsere Haltung gegen Jedermann in der Republik schädigen müßte.“ Die drei Gruppen der Vereinigung der Corderie fügten diesem Aufruf hinzu: „Die gegenwärtigen Mitglieder halten es für ihre Pflicht, zu erklären, daß ihrer Ansicht nach jeder Angriff nur dazu dienen könnte, das Volk den Schlägen der Feinde der Revolution preiszugeben, seien dies deutsche oder französische Monarchisten, Schlägen, welche die berechtigten sozialen Forderungen in einem Meer von Blut ertränken würden." Und dann wieder die grenzenlose Ueberhebung, Selbstberäucherung und das Belügen des Volkes in dem Schlußsatz einer Proklamation vom 4. März: „Der Nationalgarde kam das Recht und die Pflicht zu, den bedrohten Herd zu schützen und zu vertheidigen; in Masse aufgestanden, freiwillig, hat sie allein durch ihre Haltung aus der preußischen Okkupation eine Demüthigung für den Sieger zu machen gewußt."

Aber wenn es auch gelang, offene Feindseligkeiten gegen die deutschen Truppen bei deren Einmarsch fern zu halten, so erregte dieses große Ereigniß doch die Gemüther auf das Höchste. Um die Aufgeregten zu beschäftigen, wurde der Theil von Paris, welcher den deutschen Truppen zugewiesen war, durch Barrikaden von den übrigen Stadttheilen abgesperrt. Die „Barbaren" sollten auf diese Weise angeblich verhindert werden, weiter in das „heilige Paris" einzudringen. Wie mancher der Offiziere, welche Paris während der Besetzung durch unsere Truppen besuchten, hat sich nicht über die stolzen Mienen der an jenen Barrikaden stehenden Posten belustigt, die sich als Herren aufspielten, während wir die Herren waren, unsere Geschütze auf dem Trocadero im Verein mit denen der Forts jeden Augenblick „die heilige Stadt" in Trümmern zu legen vermochten.

Die Unruhen setzten sich im März fort. Vinoy schrieb an den Kriegsminister nach Bordeaux: „Une insurrection s'organise en plein jour, envoyez-moi des troupes."

Nachdem bei dem Präliminarfrieden die Erhöhung der Besatzung von Paris auf 40 000 Mann seitens der Deutschen zugestanden worden war, beeilte sich die französische Regierung, die Verstärkung der nur 12 000 Mann zählenden Truppen so schnell wie nur irgend möglich nach Paris zu führen. Neben der schon bestehenden Division Faron wurden noch drei Divisionen, Susbielle, Maud'huy und Barry, formirt.

Zum Chef der Nationalgarde war am 3. März der General d'Aurelle de Paladines ernannt worden; seine Thätigkeit sollte nur kurze Zeit währen. Entschlossen, Ordnung und Gehorsam wieder herzustellen, besaß er nicht die Macht, seinen Willen auch durchzusetzen; schon seine ersten Befehle wurden von dem größten Theile der Bataillone nicht befolgt. Das Auftreten des Comité central zu Paris wurde von Tag zu Tag kühner und unverschämter,*) Vinoy versuchte, die Geschütze auf gütlichem Wege zurückzuerhalten. Die Nationalgarden auf dem Montmartre verweigerten jedoch die Herausgabe. Zwei feste Stellungen auf den beherrschenden Höhen von Montmartre und Belleville, mit Geschützen und Munition gut ausgerüstet, standen nunmehr dem Comité central zur Verfügung.

Nach Artikel III des am Nachmittag des 26. Februar unterzeichneten Präliminarfriedens-Vertrages sollten die deutschen Truppen sofort nach dessen Ratifikation das Innere der Stadt Paris verlassen, die Forts auf dem linken Seine-Ufer zurückgeben, und sollte in möglichst kurzer Zeit das Gebiet zwischen der Seine und Loire von den beiderseitigen Truppen geräumt werden.

Am 7. März wurden jene Forts den Franzosen übergeben; am 12. März verließen die Deutschen Versailles, die Truppen rückten theils nördlich, theils südlich um Paris herum in ihre neuen Stellungen.

Der Verband der Maas-Armee wurde am 14. März aufgehoben und die sämmtlichen vor Paris verbleibenden Truppen unter dem Oberkommando des Kronprinzen von Sachsen als Dritte Armee vereinigt. Dieselbe bestand aus dem Garde-, IV., VI., XI., I. bayerischen, II. bayerischen Korps, sowie der Garde, 4. und 5. Kavallerie-Division. Das Hauptquartier des Oberkommandos war Compiègne.

Die 1. Garde-Division verblieb in ihren Stellungen von St. Denis, den Forts de l'Est und Aubervilliers; die 22. Division besetzte die Forts de Romainville, de Noisy und de Rosny, das I. bayerische Korps die Forts Nogent und Charenton sowie die Redouten La Gravelle, La Faisanderie und Fontenay. Von diesen Stellungen aus beherrschten 164 schwere Geschütze die Stadt Paris. Außer der Armirung der Forts standen noch

*) Vinoy, a. a. O., S. 196.

51 Belagerungsgeschütze mit 26 Artillerie-Kompagnien und ausreichender Munition zur Verfügung.

Der Generalgouverneur zu Versailles, General v. Fabrice, königlich sächsischer Kriegsminister, ging nach Rouen; derselbe hatte alle Verhandlungen mit der Regierung zu Versailles zu führen und den nach Berlin zurückgekehrten Bundeskanzler, Grafen Bismarck, zu vertreten.

Bei der Meuterei am 22. Januar 1871 hatten die Empörer wie am 4. September 1870 gerufen: „La déchéance! Vive la Commune!“ Bei den Besprechungen zu Ferrières hatte Bismarck zu Favre gesagt, daß nach seiner Ansicht die neue Regierung nicht lange bestehen werde, mithin keine genügende Sicherheit für den Abschluß von Verhandlungen biete, und hinzugefügt: „Vous êtes sortis d'une révolution, une autre vous emportera.“*)

*) Jules Simon, a. a. O., S. 115.

# Zweites Kapitel.

## Der 18. März 1871 und seine Folgen.

Die Wahlen für einen neuen gesetzgebenden Körper waren am 8. Februar vollzogen, die ersten Sitzungen der aus diesen Wahlen hervorgegangenen Nationalversammlung hatten in Bordeaux stattgefunden. Seit dem 17. Februar stand Thiers als Chef der ausübenden Gewalt an der Spitze der Republik und hatte sich ein Ministerium aus Männern der verschiedensten Parteirichtungen gebildet. Am 19. Februar bezeichnete er in einer mit allseitigem Beifall aufgenommenen Rede als vorläufig einzige Aufgabe, „das Land zu beruhigen, zu reorganisiren, den Kredit wieder zu heben, die Arbeit neu zu beleben“, und forderte zur Eintracht auf.

Am 10. März wurde der Sitz der Nationalversammlung von Bordeaux nicht nach Paris, sondern nach Versailles verlegt. Diese sicherlich im Hinblick auf die Bewegung in Paris zweckmäßige Maßregel erregte dort selbst unter den Gutgesinnten Mißvergnügen.

Gleichzeitig erfuhren die Pariser, daß Blanqui und Flourens in contumaciam wegen ihrer Theilnahme an dem Aufstande am 31. Oktober zum Tode verurtheilt und eine Anzahl Pariser Zeitungen unterdrückt worden sei.

Am 12. März brachten große rothe Zettel, welche an den Mauern angeschlagen waren, eine Adresse des Comité central, in welcher dasselbe den Soldaten, die zur Verstärkung der Armee von Paris einbeordert wurden, zuruft, daß 300 000 Nationalgarden in Paris seien; wenn man trotzdessen noch Truppen nach Paris heranzöge, so geschähe es nur, um den Bürgerkrieg zu entfachen, „die Männer, welche die Niederlage herbeigeführt, Frankreich haben zerstückeln lassen, rechnen darauf, daß Ihr die willigen Werkzeuge des von ihnen geplanten Verbrechens sein werdet! Soldaten, Bürger! Wollt Ihr dem ruchlosen Befehl, dasselbe Blut zu vergießen, welches in Euren Adern rollt, gehorchen? Wollt Ihr Euch selbst zerfleischen? Nein! Ihr werdet Eure Zustimmung dazu verweigern, Vater- und Brudermörder zu werden"!

Es war die Kriegserklärung des Comité central an die Regierung. Und schon nahm die Bevölkerung Partei für das Komitee; Versuche, die Anschlagszettel zu entfernen, wurden durch drohende Volksmassen verhindert.

Am 15. März traf Thiers in Paris ein. Auf seinen Vorschlag beschloß der Ministerrath am 17., die von der Nationalgarde zurückgehaltenen Geschütze mit Waffengewalt fortnehmen zu lassen. General Vinoy, welcher das Unternehmen als ein verfrühtes bezeichnete, weil es an hinlänglichen, sicheren militärischen Kräften mangele, hatte trotzdessen die Anordnungen zur Ausführung desselben zu entwerfen.

Am 18. März, noch vor Tagesgrauen, um 3 Uhr setzte sich Infanterie der Division Susbielle in zwei Kolonnen gegen den Montmartre, Theile der Division Faron gegen die Buttes de Chaumont und Belleville in Marsch. An verschiedenen Punkten waren Reserven, auch Artillerie und Kavallerie, zur etwaigen Unterstützung des Unternehmens, sowie Truppentheile der Brigaden Wolff und Bocher aufgestellt, um wichtige Punkte im Innern der Stadt, wie das Hotel de Ville, Luxembourg und die Tuilerien zu halten.

Auf eine Unterstützung der besser gesonnenen Theile der Nationalgarde aus dem Centrum von Paris war nicht zu rechnen; sie hatten d'Aurelle de Paladines erklärt, wohl in ihrem Stadtviertel die Ruhe aufrecht erhalten, aber nicht gegen andere Bataillone einschreiten zu wollen.

Der Ueberfall gelang vollständig, da der Plan geheim gehalten wurde und die Regierungstruppen infolge des lässigen Dienstes der Nationalgarde für die Bewachung der Geschütze kaum auf Widerstand stießen. Gegen 6 Uhr war man im Besitze der Geschütze und Stellungen.

Zwei unbegreifliche Fehler der Regierung mußten jedoch verhängnißvoll werden, an ihnen sollte nicht nur die Wegnahme der Geschütze scheitern, sondern sogar durch das Mißlingen dieses Plans der letzte Anstoß für die längst beabsichtigte Erhebung der Kommune gegeben werden.

Man hatte einerseits vergessen, zum Fortschaffen der Geschütze rechtzeitig Gespanne nach dem Montmartre zu entsenden, und andererseits die Truppen, welche die Wegnahme decken sollten, nicht mit Lebensmitteln versehen. Dies war um so verhängnißvoller, als die ganze Handlung in einem Stadttheile vor sich ging, welcher Widerstand und Lust zum Aufstande lange gezeigt hatte. General Vinoy verwahrt sich gegen jenen Vorwurf in Betreff der Bespannung für das Fortführen der Geschütze. Er weist darauf hin, daß es unmöglich gewesen sein würde, 171 Geschütze und eine Menge Munition in der kurzen Zeit von einer Stunde zu bespannen und zurückzuführen, selbst wenn es nicht an Zugpferden gefehlt hätte; an Letzteren habe es aber infolge der Belagerung durch die Deutschen gemangelt, 1000 Pferde wären mindestens für die an den verschiedenen Punkten stehenden 200 Geschütze nothwendig gewesen, die Kolonne der zurückgehenden Geschütze würde eine Länge von 4 km gehabt haben. An anderer Stelle sei die Ursache für das Mißgeschick des Tages zu suchen. Wie hätte man annehmen können, daß eine Division in solcher Stellung mit gesicherten Flanken sich derartig bloßstellen würde! Und die Lage sei um so günstiger für einen Widerstand gewesen, als gerade jene Geschütze die Vertheidigung hätten erleichtern müssen; es wäre eben nur nothwendig gewesen, sich ihrer zu bedienen. Wenn die Truppe an diesem Tage ihre Pflicht ebenso brav wie später gethan hätte, wäre nur ein kurzer Kampf entstanden und alles Unglück vermieden worden.

Diese Ausführungen Vinoys sind gewiß von Bedeutung und tragen den Stempel innerer Ueberzeugung an sich. Es steht aber fest, daß die Bespannung nicht zur Stelle, die für den Abtransport aller Geschütze nothwendigen Pferde nicht in genügender Zahl und an einem entfernten Orte bereit gestellt waren. Der Widerstand, welchen Vinoy anfänglich dem Unternehmen entgegensetzte, ist aber zweifellos auch darauf zurückzuführen, daß er die innere Schwäche der Truppe wenigstens fühlte, dann durfte aber dieses Unternehmen überhaupt nicht versucht werden.

Nach und nach war zwar ein Theil der Geschütze mit Menschenkraft zurückgeführt worden, aber stundenlang in den Stellungen verbleibend, unthätig und hungrig, mischen sich schließlich die Truppen, deren Disziplin durch die Niederlagen gegen die deutschen Truppen gelockert war, deren Führer jegliches Ansehen verloren hatten, mit dem Volke, welches ihnen Speise und Trank anbietet, versagen ihrem Führer, dem General Lecomte, den Gehorsam, verbrüdern sich mit der Nationalgarde, insultiren ihre Offiziere, der General Lecomte wird gefangen, schließlich geht der größte Theil der Regierungstruppen auseinander, nur eine verschwindend kleine Zahl zieht sich in Ordnung zurück. Es war zwar gelungen, einige der bis zum Boulevard Courcelles zurückgeführten Geschütze zu bespannen, Nationalgarden und Volksmassen warfen sich jedoch auf diese Geschütze und nahmen sie wieder. Ein Versuch d'Aurelle de Paladines, die noch der Ordnungspartei angehörenden Nationalgarden zu alarmiren, um den Linientruppen zu helfen, blieb ohne Erfolg. Um 9 Uhr war hier Alles verloren. General Faron hielt sich in Belleville länger, seine Truppen zeigten sich den Verlockungen des Volkes gegenüber widerstandsfähiger, es gelang ihnen, sich in Ordnung zurückzuziehen, als die Meldung über das Scheitern des Unternehmens gegen den Montmartre einlief. Im Innern der Stadt gingen Truppen, welche am Bastilleplatz zur Bewachung der im Süden und Südosten gelegenen Vorstädte Aufstellung genommen hatten, um 11 Uhr zu den Empörern über. Gegen Mittag war die Nationalgarde, geführt durch

Lullier, einen aus der Marine ausgestoßenen Offizier, Herrin der Lage. Mehrere Proklamationen der Regierung an die Bevölkerung und Nationalgarde waren ohne Erfolg geblieben.*) Thiers, überzeugt von der Nothwendigkeit, Paris der Insurrektion zu überlassen, vor Allem aber die noch treuen Truppentheile der gefährlichen Verführung in Paris zu entziehen, begab sich nach Versailles, wohin auch die Behörden folgten. Kurz vor ihrer Abreise erließen die Minister in der Nacht eine Proklamation, in welcher sie die Nationalgarden auf die Verbrechen hinwiesen, welche diese auf Anordnung des Comité central begangen hätten, und fügten hinzu: „Wer sind die Mitglieder des Komitees? Niemand in Paris kennt sie. Sind es Kommunisten, Bonapartisten oder Prussiens? Sind es Agenten einer Triple-Koalition?"*) Es gelang auch wirklich, die Armee von Paris zu sammeln. Bis 1 Uhr morgens des 19. war die Konzentration beendigt, worauf sofort der Rückzug nach Versailles angetreten wurde; der größte Theil der Regimenter war vollzählig. Ein Regiment, welches den Luxembourg besetzt hatte und keinen Befehl erhielt, verblieb auf seinem Posten und traf erst am 23. März in Versailles ein. Diese Verlegung des Regierungssitzes nach Versailles, die in großer Uebereilung und Unordnung vor sich ging, glich einer Flucht; Archive und Kassen wurden in den Ministerien, auch die Bestände der Bank den Empörern überlassen. Thiers ordnete sogar die Räumung der Südforts an, da er dieselben bei der geringen Zahl der verfügbaren Truppen nicht halten zu können glaubte. Infolge eines Mißverständnisses wurde auch der Mont Valérien verlassen, seine Wiederbesetzung jedoch auf Vinoys dringenden Rath nachträglich befohlen. Die Regierung verdankte dem entschlossenen Auftreten des noch mit einer kleinen Zahl Soldaten zurückgebliebenen Kommandanten, welcher der Nationalgarde den Eintritt in das Fort versagte, die Behauptung dieses so wichtigen Postens. Die Wiedernahme der genannten Forts sollte später viel Blut kosten.

Auch der General Clément Thomas war von den Aufrühreru

*) „Enquête parlementaire sur l'insurrection du 18. mars 1871", S. 17, 18.

gefangen worden und wurde, gemeinsam mit dem General Lecomte, in grausamer Weise ermordet. General Chanzy, gleichfalls an diesem Tage verhaftet, wurde gegen Ende des Monats wieder in Freiheit gesetzt.

Wie bei allen Aufständen und Revolutionen die Führer der Bewegung sich stets rein zu waschen versuchen von den Unthaten, welche „durch die Geister, die sie riefen", begangen werden, so äußerte sich der Delegirte des Comité central beim „Journal officiel" einige Tage nach jener Blutthat am 21. März in genannter Zeitung:

„Die Armee, welche die Machthaber gegen das Volk marschiren lassen zu können hofften, hat sich geweigert, ihre Waffen gegen dasselbe zu wenden, sie hat ihm die Bruderhand gereicht und sich mit ihren Brüdern vereinigt. Die wenigen, immerhin bedauerlichen Tropfen Bluts, welche geflossen sind, fallen auf die Häupter derer zurück, welche den Bürgerkrieg hervorgerufen haben, auf die Feinde des Volkes, welche seit fast einem halben Jahrhundert die Anstifter aller unserer inneren Kämpfe und aller unserer nationalen Verluste sind. Der auf einen Augenblick unterbrochene Lauf des Fortschritts wird seinen Marsch wieder aufnehmen und das Proletariat wird, Allem zum Trotz, seine Emanzipation vollenden!"

In Paris versammelten sich noch im Laufe des 18. März die Maires, um die Regierung der Stadt weiterzuführen, das Comité central war ihnen jedoch zuvorgekommen. Bereits bei der Neubildung des Comité central war in Aussicht genommen worden, daß dasselbe als Vertheidiger der Republik auftreten und für den Fall, daß die Regierung den Sitz der Gewalt von Paris fortverlegen würde, die Stadt sich sofort als unabhängige Republik erklären sollte.*) Die Nationalgarde war abends im Besitze aller öffentlichen Gebäude, die Mitglieder des Comité central hatten sich im Hotel de Ville niedergelassen.

Die Vorposten der 1. Garde-Division zu St. Denis meldeten am Morgen des 19. März, daß in Paris von gestern Abend

*) Jules Simon, a. a. O., S. 175.

10¾ Uhr bis heute früh 5 Uhr in verschiedenen Intervallen neun Kanonenschüsse gefallen seien. Infolge dieser Meldung und der aus Paris durch flüchtige Civilpersonen eingehenden Nachrichten telegraphirte der Kommandeur der Division, als die Anordnung vom Oberkommando einging, das dicht an die Vorstadt La Villette stoßende Dorf Aubervilliers, welches zur neutralen Zone geschlagen wurde, zu räumen, dem Oberkommando: „Gestern starke Unruhen in Paris. Nachts neun Kanonenschüsse. Generale Thomas und Lecomte von Aufständischen erschossen. Linientruppen haben mit Aufständischen gemeinsame Sache gemacht. Unter diesen Umständen räume ich Dorf Aubervilliers vorläufig nicht.
v. Pape."

und:

„Nach Aussagen von Flüchtlingen ist ganz Paris in Händen der Aufständischen. Zweck des Aufstandes Verjagung der Regierung und Erneuerung des Krieges. Räume Dorf Aubervilliers nicht, verlege vielmehr noch ein Bataillon dahin. Inhibire die zu morgen festgesetzte Desarmirung der Forts Aubervilliers und de l'Est. v. Pape."

Und in Paris lasen die Bürger die neueste Proklamation des Comité central:

„An das Volk!

Bürger! Das Volk von Paris hat das Joch, welches man ihm aufzubürden versuchte, abgeschüttelt. Ruhig, kaltblütig bei seiner Stärke, hat es ohne Furcht und ohne Herausforderung die schamlosen Narren, welche die Republik schädigen wollten, erwartet. Unsere Brüder von der Armee haben dieses Mal die Hand nicht an die Bundeslade unserer Freiheit legen wollen. Dank an Alle! Mögen Paris und Frankreich vereinigt eine in all ihren Folgen mit Jubel begrüßte Republik begründen, die einzige Regierungsform, welche für immer die Aera feindlicher Ueberfälle und Bürgerkriege schließen wird. Der Belagerungszustand ist aufgehoben.

Das Volk von Paris wird zusammengerufen, seine Kommunalwahlen vorzunehmen.

Die Sicherheit aller Bürger ist durch den Wettstreit der Nationalgarde gewährleistet!

Stadthaus, Paris, den 19. März 1871.

Das Centralkomitee der Nationalgarde."

Und Proklamation folgte auf Proklamation an diesem Tage, der Bevölkerung und Nationalgarde schmeichelnd und sie irre leitend, unterzeichnet von Leuten, welche der Mehrzahl der Bevölkerung gänzlich unbekannt waren, Kundgebungen, aus denen nur zwei Sätze der Merkwürdigkeit wegen hier Platz finden mögen:

„Die Unbekanntschaft unserer Namen ist es, welche sie wüthend macht. Leider! Viele Namen waren bekannt, zu bekannt, und diese Offenkundigkeit ist uns sehr unangenehm gewesen!"

„Der Tag des 18. März, welchen man mit Absicht und aus Interesse auf eine verabscheuungswerthe Art zu entstellen sucht, wird einst in der Geschichte der Tag der Volksgerechtigkeit genannt werden."

Das Oberkommando der Dritten Armee ordnete infolge der Vorgänge in Paris auf telegraphischen Befehl aus Berlin unter dem 21. März Folgendes an:

„Die Truppen vor Paris nehmen eine beobachtende Stellung ein, solange sie nicht selbst angegriffen und unsere Okkupationsbezirke bedroht werden. Bewaffnete Insurgenten, die sich im Bereich unserer Okkupation zeigen, sind zu entwaffnen und beim Widerstand feindlich zu behandeln. Sollte die von der Nationalversammlung eingesetzte offizielle Regierung (Thiers) mit unseren Truppen Verbindung anknüpfen wollen, so sind solche Eröffnungen bereitwillig entgegenzunehmen und dem Oberkommando telegraphisch zu melden."

Dieser Befehl aus Berlin war die Folge eines Schreibens des Grafen Bismarck an den Grafen Moltke vom 19. März, in welchem Ersterer, indem er jene Maßregeln empfiehlt, sich noch dahin äußert, wie es in unserem Interesse liege, daß die Regierung, mit der der Friede geschlossen, sich hielte; es aber mißlich bleibe, den Feinden der Regierung zu Versailles den Vorwand zu geben, daß Letztere mit uns im Bunde gegen die Insurrektion stände.

Zur kräftigsten Begegnung etwaiger Ausfälle von Insurgentenschaaren gegen unsere Linien wurden die vorderen erheblich verstärkt, auch einige Truppentheile näher an Paris heran verlegt.

Die 1. Garde-Division entsendete drei Infanterie-Kompagnien und drei Züge Ulanen nach Sannois, eine Infanterie-Kompagnie mit einem Zuge Ulanen nach Epinay als Beobachtungs-Detachements.

Die Pariser Zeitungen brachten die durch das Comité central erfolgte Ernennung des „Bürgers Bergeret" zum General en chef der Nationalgarde (par interim). Der Bau von Barrikaden würde fortgesetzt, einige derselben wurden sogar mit Geschützen versehen.

Als in einer Sitzung der Nationalversammlung vom 20. März die Worte fielen, Paris sei sich selbst überlassen worden, die Regierung habe es im Stich gelassen, erwiderte Thiers: „Dies ist falsch, Paris ist es, welches uns im Stich ließ!"

Am 20. März sandte der Kommandeur der 1. Garde-Division von St. Denis aus nach Paris die Nachricht, daß am 22. der Geburtstag des Deutschen Kaisers gefeiert und aus dieser Veranlassung aus den diesseitigen Batterien je 101 Kanonenschüsse ohne scharfe Ladung gelöst werden würden.

Das Comité central theilte infolgedessen der Bevölkerung von Paris mit, daß die deutsche Artillerie am 22. März schießen würde, dies jedoch nur eine Kundgebung zur Feier eines preußischen Jahrestages sei.

In der Nacht vom 20. zum 21. wurde, wie unsere Vorposten meldeten, in Paris viel getrommelt und geblasen, auch Sturm geläutet, mehrere Kanonenschüsse fielen, auch einige Gewehrschüsse. Ein wirklicher Kampf fand zu dieser Zeit in Paris jedoch nicht statt; Uebermuth, Spaß am Lärm und Großthuerei werden die Gründe gewesen sein.

Während nun am 22. März die Geschütze aus den französischen Forts der Nord- und Ostfront den kaiserlichen Salut am ersten Kaisersgeburtstage abgaben, die deutschen Stämme, fest vereinigt, der gemeinsamen, kräftigen, monarchischen Spitze zujubelten, ertönten Gewehrsalven des Bruderkampfes im Innern der von uns eingeschlossenen Stadt.

Die Stimmung in Paris war zweifellos der Herrschaft des Comité central gegenüber eine getheilte. Viele Bürger mißbilligten die Erlasse desselben, ja, als das Komitee die Wahl für die Mitglieder des Kommunalrathes durch Proklamation für den 22. März festsetzte, erklärten die Vertreter von 34 Zeitungen in Paris diesen Akt für einen ungesetzlichen und forderten die Wähler auf, demselben nicht Folge zu leisten.

Eine Demonstration der sogenannten „Freunde der Ordnung", führte am 22. März zu einem blutigen Zusammenstoß mit der aufständischen Nationalgarde auf dem Vendômeplatz; 20 todte und eine große Zahl verwundete, zur Ordnungspartei gehörende Bürger, welche unbewaffnet der Nationalgarde entgegengetreten waren, blieben auf dem Platze. Das Centralkomitee erklärte, daß die Mörder sich um das Vaterland verdient gemacht hätten! — Durch einen Parlementär der 1. Garde-Division wurde bei den französischen Vorposten an der Liller Straße das nachstehende Schreiben zur Weiterbeförderung abgegeben:

„An den jeweiligen Kommandanten von Paris.

Compiègne, den 21. März 1871.

Das unterzeichnete Oberkommando beehrt sich ergebenst mitzutheilen, daß die deutschen Truppen, welche die Forts auf der Nord- und Ostfront von Paris und die Umgegend von Paris auf dem rechten Seine-Ufer besetzt halten, Befehl erhalten haben, sich gegen Paris auch fernerhin friedlich und vollständig passiv zu verhalten, insofern nicht infolge der jetzigen Vorgänge innerhalb Paris die Ausführung der Bedingungen des Präliminarfriedens behindert wird, Unternehmungen stattfinden, welche die Sicherheit der deutschen Truppen gefährden. Sollte einer der letztgedachten Fälle eintreten, so wird die Stadt Paris feindselig behandelt werden.

Oberkommando der Kaiserlich Deutschen Dritten Armee.

Der Chef des Generalstabes.

v. Schlotheim,

Generalmajor."

In der vom Comité central für die Veröffentlichung in Paris gefertigten Uebersetzung dieses, auf telegraphischen Befehl des Oberkommandos Seiner Majestät des Kaisers erfolgten Schreibens ist das Wort „friedlich“ mit „amicale“ wiedergegeben. Graf Moltke machte in einem vom 25. März datirten Schreiben an den Fürsten Bismarck auf „diese absichtliche oder unabsichtliche Fälschung“ aufmerksam, demselben anheimgebend, die etwa erforderliche Berichtigung eintreten und namentlich auch an die französische Regierung zu Versailles gelangen zu lassen.*)

Noch an dem nämlichen Tage erfolgte die Antwort seitens des Comité central:

„Au commandant en chef du 3e corps des armées impériales prussiennes.

Paris, le 22 mars 1871.

Le soussigné, délégué du Comité central aux affaires extérieures, en réponse à votre dépêche en date de Compiègne, 21 mars courant, vous informe que la révolution accomplie à Paris par le Comité central, ayant un caractère essentiellement municipal, n'est en aucune façon agressive contre les armées allemandes.

Nous n'avons pas qualité pour discuter les préliminaires de la paix votée par l'Assemblée de Bordeaux.

Le Comité central et son délégué aux affaires extérieures.“

Unter der Ueberschrift „Preußen unterhandelt“ brachte die Pariser Zeitung „La Commune, par les rédacteurs du combat et du vengeur“, das Schreiben des Oberkommandos der Dritten Armee und stellt demselben triumphirend und selbstbewußt die Worte voran: „Wenige Tage ist es her, daß Frankreich, durch Jules Favre vertreten, zu Bismarck ging, heute ist es Preußen, welches nach Paris kommt!“

Demnächst sagt das Blatt weiter:

„Diese Mittheilung des preußischen Generalstabes wird viele Menschen in Erstaunen setzen. Es ist indeß gut, hervorzuheben,

---

*) Geschah auch. „Petite Presse“ vom 31. März z. B. brachte die Richtigstellung.

daß die Preußen, ernste Rechner, wie sie sind, keinen Grund haben, die Revolution von Paris als einen Frevel gegen die von der Versailler Versammlung unterzeichneten Vertragsbestimmungen anzusehen.

Die Verantwortlichkeit dieser Verträge liegt, dies ist wahr, dieser Versammlung allein ob, aber da die Friedensverhandlung heute eine vollzogene Thatsache ist, liegt es klar zu Tage, daß ein Volk in der Revolutionsarbeit sich nicht die Thorheit zu Schulden kommen lassen wird, die Durchführung seines Werkes in dem nämlichen Moment zu erschweren, in welchem das Ende des feindlichen Einfalls ihm erlaubt, der Erfüllung seiner Wünsche entgegenzusehen. Dies ist es, was die Preußen verstanden zu haben scheinen. Herren des Landes und folglich Besitzer eines Unterpfandes, welches ihnen Niemand rauben kann, nachdem die Nationalversammlung ihnen unsere Waffen und Festungen ausgeliefert hat, wissen sie sehr wohl, daß eine sozial-politische Revolution den Werth dieses Unterpfandes in keiner Weise herabsetzen kann.

Die einzige Folge, welche dieselbe für sie haben könnte, würde vielleicht die sein, die Zahlung der Kriegsentschädigung zu beschleunigen, damit das Land, vollständig von ihrer Gegenwart befreit, sich ohne Hindernisse der Vollendung seiner inneren Angelegenheiten widmen kann.

Diese Erwägungen scheinen uns genügend, um die Stellung der deutschen Armee gegenüber den revolutionären Bewegungen von Paris zu erklären und richtig zu kennzeichnen."

Auf die Erklärung der gut gesinnten Zeitungen, daß das Comité central im Stadthause weder das Recht noch die Macht habe, den Aufruf zu den Wahlen erfolgen zu lassen, erwiderte „La Commune" am 23. März mit dem Datum der alten Revolution, 3. Germinal an 79, am Kopf, „Das Comité central habe seinen Sitz im Stadthause auf Grund eines Mandates von mehr als 215 Bataillonen Nationalgarden, etwa 180 000 Wählern. Die Macht sei ihm also durch eine Volksabstimmung übertragen, und was fände man, wenn man einmal die Gesetzmäßigkeit dieser Wahl mit der jener Verschwörer des 2. Dezember, der Taschenspieler vom 4. September und 3. November vergliche! Was waren zum Beispiel die Männer des 4. September! Beauftragte, nichts weiter, der Minderheit eines Wahlkörpers, welche das durch Volksabstimmung errichtete, dynastische Gebäude desselben Wahlkörpers umrissen; oder haben diese Männer die Harmlosigkeit gehabt, sich die Erlaubniß dazu, am 3. September das Volk ein wenig abstimmen zu lassen, von Wilhelmshöhe zu holen? Wer hat denn nach dem 4. September und 31. Oktober daran gedacht, gegen den Staatsstreich Trochu—Favre und die Wahlmänner vom 3. November Einspruch zu erheben? Niemand! Nicht einmal die bonapartistische Reaktion! Sollte das Comité central schuldiger sein als der Dezembermann Bonaparte oder die Bande Thiers, Vinoy, Picard?"

So mußten die leitenden Männer zu Versailles, denen sicher das Wohl Frankreichs warm am Herzen lag, und welche, jedenfalls zur Zeit, alle eigenen Interessen hintanstellten und dieselben für das Vaterland zu opfern bereit waren, sich durch die Hefe der Pariser Bevölkerung beschimpfen lassen. Aber es war freilich nur die traurige Folge davon, daß jene selbst einst mit der Revolution gespielt hatten, die Geister, welche sie gerufen, sich — wie überall und zu allen Zeiten in der Welt — nun gegen sie selbst wendeten.

Bei den deutschen Truppen ging vom Oberkommando die Abschrift nachstehender Telegramme ein:

„Berlin, 25. März, nachm. 2 Uhr 12 Min.

An Oberkommando der Dritten Armee

Compiègne.

Seine Majestät befehlen, daß bei etwaigen Versuchen, die Enceinte von Paris zu armiren, die Stadt feindlich zu behandeln und Weiterführung derartiger Versuche durch Artilleriefeuer zu hindern ist. Graf Moltke."

Das Oberkommando befahl infolgedessen, daß die Kommandanten der Forts sich auf geeignete Weise Kenntniß davon zu verschaffen hätten, ob eine Armirung der Stadtenceinte erfolgt sei oder beabsichtigt werde, eintretendenfalls aber dem Befehl gemäß zu handeln; die Nebenforts seien stets von dem Resultat der Erkundungen und von einer nothwendig werdenden Beschießung zu benachrichtigen.

Die 1. Garde-Division konnte melden, daß keine Spur einer Armirung oder die Absicht dazu sich zeige, auch die Haltung der Bevölkerung von Paris bisher in keiner Weise etwas Beunruhigendes oder Drohendes angenommen habe.

Ein bekannter französischer Schriftsteller, dessen im Uebrigen interessante und gut geschriebene Tagebücher*) in Deutschland viel gelesen sind, wirft in einem entschieden nur durch Haß hervorgerufenen und nur bei einem solchen verständlichen Irrthum den Deutschen vor, mit der Kommune in böswilliger Verbindung gestanden, auf diese einen Druck ausgeübt zu haben, indem er uns für eine Menge Thaten der Kommune, z. B. die Zerstörung der Vendômesäule, verantwortlich macht:

„Zahlreiche Werke sind über die Kommune geschrieben worden, wie kommt es, daß die Verfasser derselben nie Rechenschaft von dem Anstoß abgelegt haben, den Deutschland unserem Bürgerkriege gegeben? Von der geheimen Rolle, die es in Paris gespielt, indem es unsere Soldaten, unsere Mitbürger tödten, unsere Denkmäler umstürzen und einäschern ließ?"

und weiter:

„Preußen hat der Kommune mit aller Macht geholfen. Und Preußen hat unter den Männern der Kommune seine Helfershelfer gehabt." — General Eudes Meinung sei gewesen: „An dem Tage, an dem unsere siegreichen Legionen zum zweiten Male in Berlin ihren Einzug halten werden, wird sich kein französischer Staatsmann finden, der indirekt die Siegessäule niederreißen oder Potsdam in Brand stecken ließe. Wir werden die Denkmäler respektiren, aber wir werden nicht einen Kreuzer in Deutschland lassen."

Ein großer Theil der Franzosen bleibt eben unverbesserlich, will geradezu nicht sehen zum eignen Schaden! Als wir die französischen Armeen überall schlugen, da konnte nur „Verrath"

*) Graf v. Hérisson, „Neues Tagebuch", S. 190, 191, 193, 196, 197, 205, 210, 234, 239.

an dieser „unerhörten“ Thatsache schuld sein, denn die „grande nation“ konnte doch unmöglich zugeben, daß die Unfähigkeit ihrer Führer, der geringere Ausbildungsgrad ihrer Truppen, die überlegene Führung und bessere Disziplin auf deutscher Seite jene Niederlagen herbeigeführt hatten. Und hier können unmöglich jene Schandthaten der Kommune in den Köpfen von Franzosen, gar von Parisern, ihren Ursprung gefunden haben, hier müssen die Deutschen die Urheber gewesen sein, vor Allem aber ihr „Bismarck“! — Daß wir durch die Lage gezwungen waren, mit der Kommune in Beziehungen zu treten, vor Allem um dieselbe unsere feste Hand da fühlen zu lassen, wo uns dies nothwendig erschien, aber auch im Interesse Frankreichs selbst, mit dessen Regierung wir Frieden geschlossen hatten, oder zum Wohl einzelner französischer Unterthanen: das freilich ist eine zu — einfache Erklärung!

Im Uebrigen werden die hier bereits mitgetheilten Erlasse über Maßregeln, die der Kommune gegenüber ergriffen wurden, und noch spätere Mittheilungen über unsere Unterstützung der Regierung zu Versailles sowie über den Verkehr mit der Kommune und einzelnen Aufständischen vielleicht dazu dienen, jene unberechtigten Angriffe auch in den Augen jenes Schriftstellers zu entkräften.

In Paris hatte das Comité central vorläufig die Zügel der Regierung ergriffen, die Ministerien vertheilt und war mit den Maires der Stadt und den in derselben noch vorhandenen Deputirten der Seine über die weiteren Maßnahmen, insbesondere über den Tag für die Kommunewahlen in Verhandlungen getreten.

Die Maires und Deputirten, welche zwischen Paris und Versailles zu vermitteln versuchten, wollten Verhaltungsmaßregeln seitens der Regierung an letzterem Orte, aber dort herrschte anfänglich Verwirrung und Bestürzung, ja Furcht vor den Aufständischen. Die Vermittelungsversuche stießen bei der Majorität der Nationalversammlung auf großen Widerstand, selbst der zweckmäßige Vorschlag der Maires, die Dringlichkeit der Berathung über ein Gesetz für die Gemeindewahlen zu beschließen, wurde mit Lärm und den Rufen, daß Paris erst entwaffnen und sich unterwerfen müsse, unterbrochen. Die feindliche Haltung der Nationalversammlung nahm mit den fortschreitenden Ereignissen in Paris zu.

Thiers selbst wünschte zwar Blutvergießen zu vermeiden und hielt sich den Vermittelungsvorschlägen gegenüber nicht ablehnend, jedenfalls aber hatte er den Entschluß gefaßt, nicht eher gewaltsam einzugreifen, als bis ihm die Macht hierzu in einer neuorganisirten, zuverlässigen Armee zur Seite stünde. Die Maires und Deputirten standen auch nicht geschlossen und einig in ihren Ansichten dem Aufstande gegenüber, da ein Theil derselben selbst weitgehende Forderungen des Comité central zu vertreten bereit war.

Gelegentlich der Frage, welche Maßnahmen Paris gegenüber zu ergreifen seien, um auf friedlichem Wege den Streit zu schlichten, entstand in der Nationalversammlung am 21. März eine lebhaft erregte Debatte. Der Deputirte Brisson schlägt vor, die Versammlung solle erklären, daß Paris von jetzt an wieder unter das allgemeine Recht zurücktrete, ein Mitglied der äußersten Rechten antwortet, daß Paris sich im Zustande der Insurrektion befinde, daß es die Landesregierung verjagt habe, man diese Stadt also nicht eher wieder unter das gleiche Recht mit anderen Städten stellen dürfe, als sie sich anschicke, die Anarchie durch die gesetzliche Regierung zu ersetzen. Leon Say beschwört die Versammlung, daran zu denken, daß es sich zu gleicher Zeit darum handle, einer großen Majorität der Bürger von Paris, welche augenblicklich niedergedrückt sei, einen Mittelpunkt zu geben, um welchen sie sich zu schaaren vermöchte; ein solcher könne aber nur die von der Nationalversammlung selbst angebotene Urne für die Kommunalwahlen sein. Geschähe dies nicht, so habe man zu befürchten, daß am nächsten Tage die widerrechtliche Wahl durch das Comité central erfolgen würde.

Zu wiederholten Malen erhob sich Thiers, um seine Ansichten dahin zusammenzufassen, daß, wenn man unter dem allgemeinen Recht für Paris die freie Wahl seiner Deputirten und das Recht, seine Angelegenheiten selbständig zu besorgen, verstände, dieser Gedanke auch der der Regierung sei. Die Letztere verlange jedoch

Zeit, um über die Art und Weise sich schlüssig zu machen, in welcher Paris ohne Gefahr für sich selbst seine eigenen Angelegenheiten in die Hand nehmen könne. Bedürfe Paris zur augenblicklichen Verständigung einer Garantie dafür, daß es seine Kommunalvertretung und -verwaltung haben, unter das allgemeine Recht zurücktreten solle, so würde die Regierung eine solche Garantie leisten und die Mitglieder derselben seien Leute, welche ihr Wort hielten; wenn aber andererseits Paris Forderungen stelle, welche keine Regierung zu bewilligen im Stande sei, wenn es nicht Herr über seine Angelegenheiten, sondern Sklave seiner Leidenschaften sein wolle, so müsse man sich im eigenen Interesse der Stadt hiergegen wenden; vor Allem aber dürfe Paris sich nicht mehr unter der Herrschaft von Aufrührern befinden; es solle sein Recht haben, es dürfe jedoch nichts Unmögliches verlangen; der einzig richtige Weg des Entgegenkommens sei der, gerecht zu sein!

In der nämlichen Sitzung stellte Jules Favre die Auslassungen des Pariser „Journal officiel“, welches den Mord von den Generalen Lecomte und Thomas nur als „eine bedauerliche Handlung“ bezeichnet hatte, mit den scharfen Worten an den Pranger: „Das war Alles, was sie zu sagen hatten, als zwei brave Soldaten im Beisein von Kannibalen geschlagen und entwaffnet wurden, welche ihnen den Tod geschworen hatten und sie in den Winkel eines Gartens stießen, um sie bequemer beiseite zu schaffen!“

Drei Tage bei dem Abschluß des Waffenstillstandes habe er dafür gekämpft, der Nationalgarde in Paris die Waffen zu belassen, aber: „Je me suis trompé, j'en demande pardon à Dieu et aux hommes!“

In der Sitzung am 22. März brachte Jules Favre ein Schreiben des Generals v. Fabrice, vom 21. aus Rouen, zur Kenntniß der Nationalversammlung. Der Vertreter Deutschlands benachrichtigte darin die französische Regierung zu Versailles, daß angesichts der Ereignisse in Paris, welche die pünktliche Ausführung der abgeschlossenen Konvention für die Folge in Frage stellten, Maßregeln zur Wahrnehmung der deutschen Interessen getroffen seien.

Der Oberbefehlshaber der Armee vor Paris verbiete jede Annäherung an die deutschen Stellungen und verlange die sofortige Herstellung des zerstörten Telegraphen zu Pantin; Paris würde als Feind behandelt werden, sobald es Handlungen sich zu Schulden kommen ließe, welche dem Präliminarfrieden zuwider seien. Jeder Versuch, die Enceinte zu armiren, würde seitens der deutschen Truppen die Eröffnung des Artilleriefeuers auf Paris zur Folge haben.

Jules Favre theilte der Nationalversammlung mit, es sei dem General v. Fabrice geantwortet worden, wie man deutscherseits doch angesichts der Sachlage und der bestimmten Erklärung der französischen Regierung, daß die ganze aufständische Bewegung zu Paris nur eine Ueberraschung für sie gewesen sei, vor der sich dieselbe zur Vermeidung des Bürgerkrieges zurückgezogen habe, auch nur das Werk einer Hand voll Unruhestifter sei, welches durch den größten Theil der Bevölkerung von Paris und der Provinz verdammt würde, unmöglich der Stadt Paris die angedrohte Behandlung zu Theil werden lassen könne, bei welcher Unschuldige das Verbrechen einiger schlechten Menschen büßen müßten. Die Regierung würde die Maires zu Paris von der Depesche des Generals in Kenntniß setzen und dank dem gesunden Menschenverstand des größeren Theils der Pariser Bevölkerung, dank der Haltung der Nationalversammlung würde, unterstützt durch die Provinz, das gute Recht siegen und die Regierung in der Lage sein, dem Vertreter Deutschlands in wenigen Tagen eine volle Garantie zu bieten.

Man ersieht aus dieser Erklärung, welchen sanguinischen Hoffnungen sich die Regierung zu Versailles damals noch hingab, wie sehr sie die Bewegung unterschätzte! Daß die Kommune im weiteren Verlaufe der Begebenheiten sich aller Feindseligkeiten gegen die deutschen Truppen enthielt, war nicht die Folge jenes „gesunden Menschenverstandes", an welchen Jules Favre appellirte, sondern ein einfacher Akt der Klugheit.

Unter dem 25. März lief beim Oberkommando der Dritten Armee ein Schreiben des „Delegirten des Comité central für die Aeußere Angelegenheit" Herrn L. Boursier ein, in welchem derselbe mittheilte, daß er sofort selbst nach Pantin sich begeben und die Telegraphenleitung daselbst habe herstellen lassen, welche nur durch einen Zufall unterbrochen worden sei.

Die Erledigung des Antrages in der Nationalversammlung für sofortige Berathung eines Gesetzes über die Gemeindewahlen in den Städten wird auf die lange Bank geschoben. Es kommen zu viel nebensächliche Dinge zur Erwägung und Besprechung. Hier hieß es, sich allein mit der Frage zu beschäftigen, ob Paris ohne Kampf beruhigt werden könne und durch welche Mittel. War die Versammlung hierüber im Klaren, dann müßte die schnelle Berathung eines Gesetzes über Munizipalwahlen erfolgen. Zum sofortigen Kampf war man nicht im Stande. Inwieweit mit Rücksicht hierauf der Regierung zu Versailles ein „Temporisiren" erwünscht gewesen ist und daher auch die Art der Verhandlungen durch dasselbe keine Abänderung erfuhr, das bleibt dahingestellt. Am 21. März sagte jedenfalls Jules Favre: „Es liegen Anzeichen vor, daß es sich für uns darum handelt, zu wissen, ob Sie, dem Aufstand gegenüber temporisirend, dem Fremden das Recht geben wollen, jenen zu unterdrücken."

In der Sitzung vom 23. März wird der Gesetzentwurf für jene Wahlen vorgelegt, die Erledigung desselben jedoch durch den Eingriff des Comité central in Paris überholt. Die Proklamation dieses Komitees vom 25. März setzte die Wahlen für den Kommunalrath endgültig auf den 26. März fest, und man konnte unter dieser Proklamation auch die Unterschriften von 7 Maires, 34 Adjoints und 6 Deputirten lesen. Das falsche Gerücht, der Prinz von Joinville sei zum Kommandeur der Armee ernannt worden, soll diese Beamten und Deputirten zu ihrer Entschließung veranlaßt haben.

Es ist von Interesse, hier die Auslassung eines französischen Schriftstellers zu hören, welcher, selbst der Ordnungspartei in Paris in jenen Tagen der Kommune angehörend, über diese schreibt:*) „Von der Regierung infolge der Flucht des Regierungsleiters und der Minister im Stich gelassen, hatten wir uns um

*) Mendès, „73 Tage der Kommune", S. 68.

unsere Repräsentanten geschaart; diese nun wiederum, im Stich gelassen von der Nationalversammlung, müssen sich den Aufrührern unterwerfen. Wir haben uns nur noch zu entscheiden, ob wir der Anarchie oder der Kommune folgen wollen. Schreckliche Lage! Paris sieht sich gezwungen, zwischen einer gesetzlichen Regierung, der es gern gehorchen möchte, und zwischen einer ungesetzlichen, sogar verbrecherischen, mit Blut besudelten Macht zu wählen, die in einigen ihrer Forderungen aber die Wünsche der republikanischen Majorität vertritt."

Die Frage des materiellen Interesses trat hinzu, um die Flammen der Empörung höher aufschlagen zu lassen. Die Nationalversammlung hatte noch von Bordeaux aus verfügt, daß die Bezahlung der Löhnung an die Nationalgarde nebst der Unterstützung an die Frauen und Kinder derselben nur auf besonderen Antrag und auf Grund begründeter Gesuche noch zu erfolgen habe, alle verfallenen Rechnungen und Wechsel aber, welche während des Krieges, sowie die Wohnungsmiethen, die während der Belagerung gestundet worden seien, bis zu einem bestimmten Termin bezahlt werden müßten. Während diese Bestimmungen den Groll der Nationalgarde erregten, der die Arbeit fremd geworden war und welche lieber sich dem bisherigen bequemeren Müßiggange hingab, als wieder zur Arbeit zurückzukehren, brachten sie auch eine Menge fleißiger und gutgesinnter Bürger in Noth und Bedrängniß, stellten an diese unmögliche Anforderungen,*) denen infolge der vorhergegangenen Geschäftsstockungen mit schweren Drangsalen während der Belagerung nicht entsprochen werden konnte. Mancher, der noch zwischen Kommune und Regierung hin und herschwankte, wurde zu Ersterer hinübergezogen, die Wuth aller bisherigen Feinde aber noch erhöht.

Ein Versuch war gemacht worden, diesen Fehler auszugleichen. Der 24. März brachte eine Proklamation des an Stelle d'Aurelle de Paladines nach der Flucht der Regierung aus Paris von dieser zum Kommandanten der Nationalgarde ernannten Admirals

*) „Enquête parlementaire sur l'insurrection du 18 mars 1871", S. 38.

Saisset, in welcher derselbe mittheilt, daß er im Verein mit den Maires und Deputirten die volle Anerkennung der munizipalen Freiheit, das Recht für die Nationalgarde, sich ihre Offiziere einschließlich des Oberkommandirenden selbst zu wählen, die Abänderung des Gesetzes über die Verfallstage der Rechnungen und Wechsel, sowie den Entwurf eines Gesetzes über die Miethszahlungen zu Gunsten aller Miether bis zur Höhe von 1200 Francs seitens der Regierung der Nationalversammlung erreicht habe.

Diese vom 23. März datirte Proklamation erschien in einem Augenblick, der für die Anhänger der Regierung in Versailles durchaus günstig schien. Das Morden so vieler Männer der Ordnungspartei am 22. auf dem Vendômeplatz hatte viel Erbitterung hervorgerufen, die treugebliebenen Nationalgarden traten wieder sicherer auf, ja selbst Bataillone, welche bisher unbedingt dem Comité central gefolgt waren, äußerten sich mißbilligend über jenen Tag und die anscheinenden Zwecke des Comité central.

Diese Proklamation entsprach jedoch nicht den Thatsachen, die Versprechungen waren verfrüht. Denselben mangelte, wenn sie auch auf Aeußerungen von Thiers, dem viel an Herstellung eines Ausgleichs zwischen Versailles und Paris lag, fußen mochten, vor Allem die Zustimmung der Nationalversammlung. Ein Theil der Mitglieder derselben gab ihrer Unzufriedenheit mit der Proklamation Ausdruck, vermeinte in ihr einen Versuch des Admirals Saisset, sich zum Diktator aufzuwerfen, zu erblicken. Das Comité central — die für seine Herrschaft in der Proklamation liegende Gefahr erkennend — zeigte sich als Feind jedes Ausgleichs. Die Anhänger der Regierung wurden hierdurch aufs Neue entmuthigt, ihre Hoffnungen sanken ebenso schnell, wie sie gestiegen waren.

Für die Unversöhnlichkeit des Comité central ist sein Erlaß, welcher gewissermaßen eine Antwort auf die Ausführungen des Admirals Saisset war, bezeichnend:

„In Anbetracht, daß die Lage schnelle Maßnahmen erfordert; daß allseits höhere Truppenführer, den alten Schlendrian fortsetzend, durch ihre Unthätigkeit den gegenwärtigen Stand der Dinge herbeigeführt haben; daß die monarchische Reaktion durch

Lug und Trug bis heute die Wahlen verhindert hat, welche Paris eine gesetzmäßige Vertretung geben könnten; in Anbetracht alles dessen befiehlt das Komitee: Die militärische Macht in Paris ist den Delegirten Brunel, Eudes und Duval übertragen. Sie führen den Titel General und handeln im Einverständniß, die Ankunft des Generals Garibaldi, welcher zum General en chef ernannt ist, erwartend. Nur Muth, die Vertheidiger werden bald ausgespielt haben. Es lebe die Republik!

Paris, 24. März 1871.

Le comité central de la garde nationale."

Später antwortet dann die Kommune mit dem Dekret vom 29. März, welches in 5 Artikeln den Nachlaß aller Miethen zu den Fälligkeitsterminen am 1. Oktober 1870, Januar und April 1871 und andere Erleichterungen brachte. Als erstes Lebenszeichen der Kommune, neben deren Erlaß über das Verbot, die im Leihhaus versetzten und noch nicht ausgelösten Sachen zu verkaufen, und der Aufhebung der Konskription machten dieselben einen guten Eindruck auf die Pariser und führten der Kommune jedenfalls weitere Anhänger zu.

Die Kommune war ins Leben getreten, sie hatte für die verschiedenen Verwaltungszweige aus ihren Mitgliedern Kommissionen gebildet: exécutive, des finances, militaire, de la justice etc., aber — das Comité central, welches versprochen hatte, seine Gewalt in die Hände der Kommune zu legen, blieb, trotz aller Proteste aus der Mitte der Kommune, welcher übrigens mehrere Mitglieder des Comité central auf Grund der Wahlen angehörten, und behielt bis zu Ende der Kommune auch die Leitung der Bewegung in der Hand. Charakteristisch hierfür ist die Billigung, welche die Erlasse der Kommune in Zeitungen und Proklamationen durch das Comité central fanden.

Letzteres stellte sich durch diesen Akt neben, ja über die Kommune.

Aber die Pariser Bevölkerung sollte auch durch einen gewissen Pomp bei der Einsetzung der neuen Regierung im Hotel de Ville zur Begeisterung entflammt werden. Ueber die am 28. März stattfindende Feier schrieb „La Commune":

„Heute gegen 3 Uhr am Nachmittage waren mehr als 60 000 Mann Nationalgarde unter den Waffen, marschirten stolz und würdevoll in einer bewundernswerthen Ordnung durch die Straßen und Boulevards und begaben sich unter hellem Klang der Trompeten und Trommelschlag nach dem Hotel de Ville.

Die Bataillone von Belleville, Montmartre und La Villette hatten ein martialisches, düsteres Aussehen; man hätte meinen können, daß das Pflaster unter ihren taktmäßigen Schritten erzittere. Ihre Fahnen trugen an der Spitze eine phrygische Mütze, das Zeichen der Unabhängigkeit und Freiheit, ihre Bajonette rothe Frangen zur Erinnerung an das durch das Volk für seine Befreiung vom Sklavenjoch vergossene Blut; glänzenden Auges und frohen Aussehens marschirten in den Reihen Soldaten aller Waffen, Linie, Zuaven und Artilleristen; wie Ehrfurcht gebietend war dieser Vorbeimarsch!

Auf dem Platz am Stadthause sind die Mitglieder der Kommune versammelt.

Vor der Mittelpforte des Stadthauses erhebt sich eine Bühne, über derselben, von Fahnen umgeben, mit einer rothen Schärpe verziert, die Büste der Republik; an dem Giebel flattert die Fahne der Kommune im Winde, während die Fahnen sämmtlicher Nationalgarden-Bataillone vor jener Büste Aufstellung genommen haben. Dort sitzt an einer großen Tafel das Comité central, hinter ihm, mit rothen Schärpen umgürtet, sieht man die Erwählten des Volks.

Der Platz glänzt im Schimmer der Bajonette, mehr als 20 000 Menschen drängen sich auf denselben, in den anstoßenden Straßen stehen in langen Reihen die Truppen, die ganze Nationalgarde ist zur Stelle, die im Dienste befindlichen Bataillone haben zu ihrer Vertretung Kompagnien gestellt. Plötzlich geht eine tiefe Stille durch die Menschenmasse, das Comité central erklärt feierlich sein Mandat für erloschen und übergiebt seine Macht an die Kommune von Paris; Bürger Assi verkündet die Namen der Gewählten.

In diesem Augenblicke erfüllt ein unbeschreibliches Gefühl die Brust eines jeden Bürgers, ein brausender Ruf des Beifalls

»Vive la Commune! vive la République!« ertönt. Musik erschallt, die Tambours schlagen Marsch, die Käpis werden auf die Spitzen der Bajonette gesteckt, die Fenster des Stadthauses sind mit Zuschauern überfüllt, auf den äußeren Gesimsen sitzen Reihen von Nationalgarden und Bürgern, welche ihre Beifallsrufe mit denen des Volks auf dem Platze vermischen. Und die Sonne wirft ihre glänzenden Strahlen auf die Menschenwogen und beleuchtet mit ihrem goldenen Lichte diese großartige Feier!

Plötzlich erschallt Kanonendonner, welcher die Erde erbeben und die Fenster erzittern läßt; der Beifall verdoppelt sich! Der Augenblick ist packend! Ein Jeder erinnert sich der großen, heldenhaften Tage der ersten Revolution, von welcher die heutige Feierlichkeit ein getreues Abbild giebt; man könnte meinen, daß der Odem unserer Väter alle diese plötzlich wie umgewandelten Menschen belebe und in Entzücken versetze! Freude, Hoffnung, Patriotismus las man auf allen Gesichtern! Hier und da wurden Thränen vergossen!"

Die Krönung der Kommune war vollzogen; auf allen durch dieselbe in Besitz genommenen Dienstgebäuden wurde die rothe Fahne gehißt!

In Versailles waren nach dem Eintreffen der Truppen aus Paris alle Maßregeln, um sich gegen einen Angriff der Aufständischen zu sichern, getroffen und Vorposten ausgestellt worden. Die nächste Sorge war, die Armee auf eine größere Stärke zu bringen, um mit Aussicht auf Erfolg der Kommune entgegentreten zu können. Die Regierung zu Versailles setzte sich hierzu mit der deutschen Heeresleitung, deren Zustimmung nöthig war, in Verbindung.

Am 24. März telegraphirte Fürst Bismarck aus Berlin an den General v. Fabrice:

„Obgleich eine Ansammlung französischer Truppen bei Versailles überhaupt nicht konventionsmäßig, sind wir doch damit einverstanden, daß die Zahl derselben noch vermehrt wird. Wir wollen auch zu diesem Zweck gestatten, daß die Nationalgarde von Rouen mit ihren Waffen auf das linke Seine-Ufer geht und sich der Regierung zur Verfügung stellt.

Diese Konzessionen können wir aber nur unter der Voraussetzung machen, daß die französische Regierung die Verpflichtung übernimmt, in kürzester Frist nach Zusammenziehung der mit uns zu verabredenden Maximalstärke von Truppen, also etwa drei Tage nachher, die Feindseligkeiten gegen Paris energisch zu eröffnen, oder aber, falls dies nicht ausgeführt würde, nach Ablauf des Termins die durch den Präliminarfrieden festgesetzte militärische Sachlage wieder herzustellen und uns gegen etwaige Feindseligkeiten Garantien zu gewähren. Theilen Sie Vorstehendes der französischen Regierung vertraulich mit und fragen Sie gleichzeitig an, in welcher Frist sie die vollständige Zusammenziehung der Truppen beenden zu können glaubt. Nur zu Ihrer eigenen Information bemerke ich noch, daß nach diesseitiger militärischer Ansicht Verstärkung der Truppen bei Versailles bis auf höchstens 80 000 Mann gestattet werden könnte. Auch wird unsererseits eine Kontrole gewünscht, daß die zu verabredende Zahl nicht überschritten wird. Ueber die Ausführbarkeit einer solchen Aufsicht bitte ich um Ihre Ansicht."

Nach dem Abfall eines Theiles der Maires, Adjoints und Deputirten von dem Gouvernement hatte sich der Admiral Saisset entschlossen, mittelst Tagesbefehls die noch der Regierung zu Versailles anhängenden Nationalgarden am 25. März zu entlassen, legte sein Kommando nieder und begab sich nach Versailles. Die Lage wurde von Tag zu Tag ernster.

Die Partei der Ordnung verlor mehr und mehr an Kraft, während die des Aufstandes deren täglich gewann, immer geringer gestalteten sich die Aussichten für die Regierung, Paris der aufständischen Erregung zu entreißen.

Trotz aller schriftlichen und telegraphischen Aufforderungen seitens des Generals v. Fabrice, für die nothwendigen Besprechungen über die Stärke der bei Versailles zu versammelnden Truppen endlich einen Tag festzusetzen, zögerte die französische Regierung mit der Ertheilung einer Antwort oder Absendung von Bevollmächtigten. General v. Fabrice ersuchte daher am 26. März alle höheren deutschen Kommandobehörden, Zuzüge aus den von uns besetzten Provinzen vorläufig und bis nach getroffenem Abkommen nicht zu gestatten, und meldete dies nach Berlin. Fürst Bismarck antwortete auf diese Meldung unter dem 26. März telegraphisch: „Stelle anheim, nach Befinden noch drohender zu werden und die Forderung der Auflösung jeder französischen Armee zwischen Seine und Loire in Aussicht zu stellen, wenn nicht sofort Verständigung über die Abweichungen von den Friedensstipulationen mit uns gesucht und erlangt wird."

Am 27. abends traf endlich der Minister Pouyer-Quertier in Rouen ein, derselbe wurde auf bestimmt ausgesprochenen Wunsch des deutschen Gouvernements von einem Militär, dem General Valdan, in Vertretung des französischen Kriegsministers begleitet. An dem nämlichen Tage ging ein Brief Jules Favres ein, in welchem derselbe schreibt: „Fern davon, sich zu verschlimmern, bessert sich die ganze Lage der Dinge. Paris hat gestern die Munizipalwahlen vollzogen und sind uns die Ergebnisse derselben bekannt. Wenn diese Wahlen auch außerhalb des Gesetzes stehen und von der Nationalversammlung nicht anerkannt werden, so müssen sie doch die Wirkung haben, daß die Thätigkeit der Verbrecher, welche jetzt im Stadthause sitzen, gehemmt wird. Ich verzweifele nicht daran, die Ordnung auch ohne Blutvergießen wieder hergestellt zu sehen; sollte aber eine Verständigung nicht möglich sein, so sind wir fest entschlossen, mit Gewalt einzuschreiten. Aber wir dürfen nichts Halbes thun und haben im Hinblick hierauf noch einige Tage Zeit für Vorbereitungen nöthig, um des Erfolges ganz sicher zu sein."

Erschien Jules Favre die Lage wirklich in jenem rosigen Lichte, was ihm, dem Sanguiniker, zu verzeihen wäre, oder hielt er es für zweckmäßig, dem Vertreter Deutschlands dieselbe in diesem Lichte erscheinen zu lassen?

Noch am Abend des 27. März fand zwischen dem General v. Fabrice, Pouyer-Quertier und dem General Valdan eine Besprechung statt. Der wesentliche Inhalt derselben war nach den darüber vorliegenden Aufzeichnungen*) der folgende:

„Nach einer kurzen Vergleichung der für die französische

*) Akten des großen Generalstabes.

Regierung günstigen Sachlage am 16. d. Mts., welche ihr eine rasche Erfüllung ihrer Verpflichtungen aus dem Vertrag vom 26. Februar zu sichern schien, mit der jetzigen Situation, durch welche sie infolge des Aufstandes in Paris augenblicklich macht- und kreditlos sei, gab der französische Minister die bündigsten Versicherungen des guten Willens seiner Regierung, nach wie vor den Präliminarvertrag gewissenhaft zu erfüllen und rasch einen definitiven Frieden abzuschließen, und begründete hieraus sowohl die Nothwendigkeit für seine Regierung, in möglichster Zeitkürze der aufständischen Hauptstadt Herr zu werden, als auch deren Berechtigung auf Vertrauen in ihre bezügliche Absicht von Seiten der Kaiserlichen Regierung. Dieses Vertrauen rufe er an, es müsse sich bethätigen durch eine vorübergehende Entbindung der französischen Regierung von den Bestimmungen des Artikels III des Präliminarvertrages, denn diese könne ohne eine genügende Truppenmacht den Aufstand in Paris nicht bewältigen, daher also ihren vertragsmäßigen Verpflichtungen nicht nachkommen. Um aber jeden Zweifel an den Intentionen seiner Regierung abzuschneiden, gab der Minister in seinem und seiner Kollegen Namen auf Ehrenwort die Erklärung, daß die französische Regierung diejenigen Truppen, zu deren Zusammenziehung in und um Versailles er die Genehmigung der Kaiserlichen Regierung erbitten wolle, ausschließlich nur zur Wiedereinnahme von Paris und Niederwerfung des dortigen Aufstandes, sowie zum Schutze von Regierung und Nationalversammlung in Versailles verwenden werde, und stellte hierauf die Bitte, die Zusammenziehung von 80 000 Mann Linientruppen und 20 000 Mann Nationalgarden in und um Versailles, als der zum erfolgreichen Angriff auf Paris nothwendigen Truppenmacht, zu gestatten. General v. Fabrice entgegnete: Die Kaiserliche Regierung habe allerdings Vertrauen in die Loyalität der französischen Regierung und sei geneigt, ihr Erleichterungen zu gewähren zum Zwecke der Beseitigung der Schwierigkeiten, welche der Aufstand in Paris ihr bereitet hätte. Allein die Kaiserliche Regierung müsse vor Allem über die Mittel aufgeklärt werden, aus welchen die französische Regierung ihre Truppen zusammenstellen wolle; sodann sei er durch seine Instruktionen verhindert, eine Zusammenziehung von mehr als 80 000 Mann zu gestatten; halte daher die französische Regierung die Heranziehung von Nationalgarden für nothwendig, so müsse eben die Zahl der Linientruppen entsprechend vermindert werden. Dabei verhehlte der General nicht, daß nach seinen Nachrichten die Nationalgarden wohl zum Schutze der assemblée nationale nach Versailles ziehen, dagegen keineswegs gegen Paris vorgehen würden. Endlich sei für die Kaiserliche Regierung eine Garantie nothwendig dafür, daß die französische Regierung thunlichst bald und mit aller Kraft den Angriff auf Paris beginne, weil eine Fortdauer des gegenwärtigen Zustandes die deutschen Interessen gefährden könne.

Die französischen Delegirten erwiderten hierauf Folgendes:

„Wollten wir mit weniger als 80 000 Mann einen Angriff auf Paris unternehmen, so wären wir des Erfolges nicht vollkommen sicher, haben wir dagegen die genannte Zahl guter Truppen beisammen, so können wir uns zunächst in den von gut gesinnten Nationalgarden bewachten Theilen der Stadt festsetzen und von dieser Basis aus gegen die Aufständischen vorgehen; vielleicht wird auch die Thatsache, daß wir eine so starke Truppenzahl zum Angriff bereit haben, genügen, um den Aufständischen die Lust zum Widerstande zu benehmen. Jetzt haben wir 42 000 Mann in Versailles zusammen, von diesen müssen wir aber 12 000 bis 15 000 Mann entlassen, theils weil ihre Dienstzeit vorbei ist, theils weil wir nicht volles Vertrauen in sie setzen können, so daß wir in runder Summe nur etwa 30 000 Mann rechnen können. Die fehlenden 50 000 Mann wollen wir hauptsächlich aus den Gefangenentransporten nehmen und bitten daher, diese regelmäßig zu befördern. Waffen sind in genügender Menge vorhanden und bitten wir nur, uns die Ausrüstung und Sammlung der Truppen an den von uns näher zu bestimmenden Orten zu gestatten. Anlangend den Geist unserer Truppen, so sind unter den jetzt in Versailles versammelten die Spezialwaffen, nämlich etwa drei Regimenter Reiterei und etwa 2000 Mann Artillerie (24 Batterien), durchaus zuverlässig, und unstreitig hat dieser Kern auf die unter den Waffen behaltenen übrigen,

5*

anfänglich vielleicht theilweise weniger gut gesinnten Mannschaften einen sehr günstigen Einfluß bereits geäußert. Sodann haben wir unter den Gefangenen vortreffliche Elemente, besonders unter den Garde-Regimentern, so daß die Vervollständigung unserer Truppen durch zuverlässige Soldaten in sichere Aussicht zu nehmen ist. Auch rechnen wir mit voller Sicherheit auf den guten moralischen Einfluß, welchen die aus der Gefangenschaft heimkehrenden guten Truppen auf die einheimischen ausüben werden. Darum würden wir großen Werth legen auf Beschleunigung der Gefangenentransporte, namentlich derer zur See, weil gerade diese uns die Gardetruppen bringen sollen. Auch aus den im Lande befindlichen Truppen werden wir weitere Mannschaften, übrigens mit großer Vorsicht, für das Heer in Versailles aussuchen. An Offizieren haben wir keinen Mangel. Die Artillerie werden wir auf 4000 Mann bringen — eine genügende Anzahl, weil die Aufständischen zwar ziemlich viel Geschütze, aber Mangel an Bedienungsmannschaften und Munition haben, überhaupt nur wegen ihrer bedeutenden Zahl und ihrer Bewaffnung mit Chassepots ernste Gegner sind.

An der Nothwendigkeit der Heranziehung von Nationalgarden müssen wir festhalten. Wir brauchen sie, um unseren Truppen moralischen Beistand durch die Ueberzeugung zu geben, daß das Land im Kampfe gegen die Empörer auf ihrer Seite steht. Fehlt den Truppen dieses Bewußtsein, sehen sie also keine bewaffneten Nationalgarden sich zur Seite stehen, so können wir nicht mit derselben Sicherheit auf sie zählen. Die neulichen Vorgänge in Paris haben dies aufs Neue bewiesen. Obgleich wir infolge der zahlreichen Entlassungen von Soldaten, deren Dienstzeit vorüber war, nur etwa 25 000 Mann hatten, war doch Alles gut gegangen, die Kanonen waren genommen und die Truppen Herr der Positionen. Da stellten sich aufständige Nationalgarden ihnen gegenüber auf, der unbewaffnete Pöbel umringte die Soldaten und bestürmte sie mit Aufforderungen zum Uebertritt. Hätten damals nur 3000 bis 4000 Mann gutgesinnter Nationalgarden auf Seiten der Truppen gestanden, so würden diese gegen die Aufrührer gekämpft haben und wir wären noch in Paris. Die treuen Nationalgarden kamen aber leider nicht, die Soldaten glaubten sich infolgedessen von den Bürgern verlassen und kehrten nun zum Theil die Gewehre um, die Regierung aber mußte den Rest der Truppen schleunigst aus der Stadt entfernen, weil sonst zu befürchten war, daß sie sich vollständig auflösten. Dieser Gefahr können wir uns jetzt nicht aussetzen, wir müssen daher Nationalgarden nach Versailles ziehen, und wenn die Zahl von 80 000 Mann nicht überschritten werden dürfe, nur 70000 Mann Linientruppen und 10000 Nationalgarden sammeln. Endlich ist die Heranziehung von Nationalgarden, die am Angriff auf Paris allerdings nicht theilnehmen werden, für den doch nicht absolut unmöglichen Fall eines Mißlingens zum Schutze der Nationalversammlung nothwendig.

Was die von der Kaiserlichen Regierung gewünschte Sicherheit dafür, daß die französische Regierung in kürzester Frist den Angriff auf Paris energisch beginnen wird, betrifft, so bietet die beste Garantie — neben unseren ausdrücklichen und bestimmten Zusicherungen — die Lage selbst: Die Pflicht der Selbsterhaltung gebietet uns, sobald wie möglich in Paris wieder einzuziehen. In zehn Tagen etwa werden wir die erforderliche Truppenzahl beisammen haben; hat bis dahin nicht irgend eine unerwartete Wendung uns nach Paris hineingeführt, so beginnen wir alsdann den Angriff. Ueberdies erklären wir uns bereit, über alle Truppenbewegungen dem Herrn General stets rechtzeitige Nachricht zu geben, damit derselbe von unserer Lage in militärischer Beziehung fortwährend die genaueste Kenntniß hat."

Der von General v. Fabrice wiederholten Bemerkung, daß seine Instruktionen ihn eine größere Truppenzahl als 80000 Mann im Ganzen nicht zugestehen ließen, stellten die französischen Bevollmächtigten die dringende Bitte entgegen: bei der Kaiserlichen Regierung ihr Gesuch um Bewilligung von 80 000 Mann Linientruppen und 20 000 Mann Nationalgarden zu befürworten.

Seitens des General v. Valdan geschah dies mit den Worten: „Wir brauchen zur Besiegung des Aufstandes eine physische Kraft, diese geben uns die 80 000 Mann Truppen; um die physische Kraft in Bewegung zu setzen, brauchen wir aber eine moralische Kraft, und diese geben uns nur die an den verschiedenen Theilen des Landes zusammengekommenen bewaffneten Nationalgarden."

Im Laufe der Diskussion hob General v. Fabrice noch besonders hervor, wie wichtig die Zusammensetzung der zum Angriff auf Paris nöthigen Truppen aus zuverlässigen Mannschaften sei, daß aber eine absolute Sicherheit für das Gelingen des Angriffs auf Paris und das treue Festhalten der Truppen an der französischen Regierung nicht gegeben sei und in diesem Falle die Truppenzahl von 80 000 Mann der Kaiserlichen Regierung Schwierigkeiten bereiten könne.

Am 28. März wurde der Vertrag endgültig dahin abgeschlossen, daß der französischen Regierung die Aufstellung von 70 000 Mann Truppen und 10 000 Mann Nationalgarden bei Versailles deutscherseits gestattet wurde.

Es war ein Akt des Vertrauens seitens Deutschlands Frankreich gegenüber, wenn es auch unserem Interesse entsprach, die Regierung, mit welcher wir den Frieden geschlossen hatten, zu unterstützen, soweit sich dies nur irgend ohne Gefährdung unserer eigenen Sicherheit ermöglichen ließ. Der Vertreter Deutschlands war davon überzeugt, daß die Erhaltung der Regierung schon um deswillen für jetzt wünschenswerth, wenn nicht geboten sei, weil allein deren Fortbestand eine baldige Erfüllung der durch die Friedenspräliminarien erzielten Vortheile zu verbürgen schien. Andererseits lag es im eigenen Interesse der französischen Regierung, schnell und energisch zu handeln, nur zuverlässige Elemente für die neu bei Versailles aufzustellenden Divisionen zu wählen. Es erschien aber auch zweckmäßig, für den Beginn des Angriffs auf Paris der französischen Regierung keine Verpflichtung aufzulegen, da durch die Feststellung eines bestimmten Termins der Schein hervorgerufen werden konnte, als erfolge der Kampf zwischen Franzosen und Franzosen auf Befehl der Deutschen, eine Unterstellung, durch welche leicht die französische Regierung in eine allen Parteien gegenüber völlig unhaltbare Stellung hätte gerathen können.

Die Verstärkung und theilweise Neubildung der bisherigen

Armee von Paris konnte an der Hand des Vertrages zu Rouen nunmehr ungehindert vor sich gehen. In demselben waren auch die Sammelpunkte, Besançon, Auxerre und Cambrai, für die Transporte der nach Versailles heranzuziehenden Truppen angegeben worden; der Durchführung der Eisenbahntransporte durch die von den deutschen Truppen noch besetzten Landestheile sollte jeder nur statthafte Vorschub geleistet werden. Die aus Deutschland zurückkehrenden Gefangenen boten in der That vor Allem die Mittel zur Wiederherstellung einer tüchtigen, disziplinirten Truppe, insbesondere erlaubte die Rückkehr vieler Linienoffiziere die sofortige Formirung von Kadres, welche allmählich durch die eintreffenden Mannschaften auf die beabsichtigte Stärke gebracht wurden.*)

Am 2. April waren den bereits vorhandenen Truppen bei Versailles noch fünf Divisionen hinzugetreten, zum Theil, wie Vinoy meldet,*) noch in der Formirung begriffen und nicht vollzählig. Dies sei auch der Grund gewesen, fährt Vinoy fort, die Offensive gegen die Aufständischen zu verzögern. Jeder Tag habe die Hülfsquellen vermehrt und den Bestand an Truppen anwachsen lassen, vor Allem aber habe die Zuverlässigkeit und Disziplin der jeder Berührung mit dem Aufstand ferngehaltenen Mannschaften von Tag zu Tag zugenommen. Mehr und mehr sei der alte Respekt vor ihren Offizieren zurückgekehrt, habe sich die Trunkenheit vermindert, die äußere Erscheinung des einzelnen Mannes verbessert, die Haltung der ganzen Truppe gehoben.

Alle bei uns, den deutschen Truppen vor Paris, eingegangenen Nachrichten bestätigten diese Anschauungen Vinoys, insbesondere waren der gute Wille und der Eifer der Offiziere ersichtlich. In Versailles hat, jedenfalls noch einige Zeit nach dem 18. März, der Glaube geherrscht, daß der Aufstand an jenem Tage nicht bei der Besitznahme von Paris stehen bleiben, sondern daß man gegen Versailles marschiren werde. Die französischen Generale bezeichneten es als einen unbegreiflichen Fehler des Comité central, die Umstände nicht besser ausgenutzt, die überraschenden

*) Vinoy, a. a. O., S. 245, 247.

Erfolge nicht auf der Stelle durch ein Vorgehen gegen Versailles noch erhöht zu haben, ein Vorgehen, das am 19. März Aussicht auf Gelingen hatte, welche am 2. April — wie es später sich ja auch herausstellte — nicht mehr vorhanden war. Jedoch darf man nicht vergessen, daß der Aufstand in der letzten Hälfte des Monats März genug mit sich selbst im Innern der Stadt zu thun hatte, um einigermaßen die gewonnene Stellung zu festigen, zahlreichen Widersachern die Spitze zu bieten, und daß der Siegesrausch so oft hemmend auf die Verfolgung des Sieges einwirkt.

Waren vor Allem die Nationalgarden geeignet, im freien Felde selbst an Zahl unterlegenen Linientruppen mit Aussicht auf Erfolg entgegenzutreten? Es muß bezweifelt werden. Hinter Wällen, Barrikaden, im Straßenkampf mochten sie, wie sich kurz darauf zeigte, ernsthaft zu nehmende Gegner sein, im Angriff auf Versailles mußten sie, bewaffnete Haufen, aber keine wohlorganisirten Truppen, ohne ausgebildete Führer, ohne Zucht und Gehorsam, unterliegen.

Auch die aufständische Regierung im Stadthaus blieb nicht müßig in den Versuchen, ihre Streitkräfte zu erhöhen. „Garibaldianer*) und Franktireurs, welche während der Belagerung überall ein wenig und nach ihrem Gefallen Krieg geführt hatten, meldeten sich jetzt zum Eintritt in die Nationalgarde. Es kamen auch die Revolutionäre aller Länder, gewerbsmäßige Meuterer und Aufständische von Profession, um diese Armee der Revolte zu verstärken: Engländer, Russen, Polen, Italiener, Spanier, ja selbst Deutsche! Freudig eilte diese kosmopolitische Schaar herbei, um von den Gaben zu genießen, welche ihnen schließlich doch als Lohn zu Theil werden mußten. Garibaldi, dem der Oberbefehl angeboten war, erschien nicht, aber der Italiener La Cecilia,**) der Russe Bagration, der Pole Dombrowski, der Amerikaner Cluseret,***) und hundert andere nicht weniger berühmte Revolutionäre, um die Führerstellen zu übernehmen. Die Nationalgarden in Paris wurden diesen Leuten und anderen anvertraut,

*) Vinoy, a. a. O., S. 253. — **) Vinoy irrt sich. War Franzose. — ***) War ebenfalls Franzose.

die vom einfachen Arbeiter plötzlich eines schönen Tages zum General avancirten und sich schleunigst mit Stickereien und Abzeichen ausputzten, über welchen die unvermeidliche rothe Schärpe prangte."

So hatte das Comité central am 24. März den früheren Unterlieutenant in der Kavallerie Brunel, den Studenten der Medizin, dann Apotheker, zuletzt Schriftsetzer Eudes und den Metallarbeiter Duval zu Generalen gemacht und ernannte später den Tischler Pindy zum Militärgouverneur des Stadthauses. Unter dem 1. April erfolgte ein Dekret der Kommune, durch welches der Titel und die Funktion des Generals en chef aufgehoben, der Bürger Brunel, dem man mißtraute, zur Disposition gestellt, der Bürger Eudes zum Delegirten des Krieges, Bergeret, ein Buchdrucker, zum Generalstabsoffizier der Nationalgarde, Duval zum Militärkommandanten der früheren Polizeipräfektur ernannt wurde. Bergeret, der zukünftige Brandstifter in den Tuilerien, war während der Einschließung der Deutschen Sergeant, später Kapitän in der Nationalgarde. Am 18. März hatte er den Auftrag, die Butte Montmartre zu vertheidigen und war infolge des schlechten Verhaltens der Regierungstruppen zu unverdientem Ruhm gelangt.*)

Und weiter lügen die revolutionären Blätter in Paris und vermehren die Erregung der Masse! Die Neuigkeiten aus der Provinz über das Anwachsen der Kundgebungen zu Gunsten der Kommune von Paris überstürzen sich, und mit besonderem Interesse lasen die deutschen Offiziere in St. Denis, daß die Nationalgarden daselbst, von denen man jedenfalls nichts sah und bemerkte, durch die Regierung zu Versailles zur Wiederherstellung der Ordnung in Paris aufgefordert, derselben geantwortet hätten, sie führten nur Waffen gegen die Feinde, aber keine gegen ihre Brüder.

Auch dürfte es von Interesse sein, hier einen Aufruf zu verzeichnen, den die Zeitung „La Commune" am 24. März brachte:

---

*) Maxime du Camp, „Convulsions", II, S. 184.

„An die deutschen Völker und Könige!

Deutschland und Frankreich ist die Beute der jüdischen Barone und bischöflichen Generale. Bürger Europas! Drauf auf die Kanaille!

Brüder Deutschlands! wir haben Euch 1789 gegeben, Euch von Euren Kurfürsten, Fürstbischöfen, Markgrafen und Burggrafen befreit, die 5 Milliarden werden das Heirathsgut mit der Republik sein!

Das Gold wird Euch bereichern und Euch zu einer neuen sozialen Ordnung verhelfen!"

Vom 28. März an erschienen die berüchtigten Proskriptionslisten. Haß, Neid, Rachsucht diktirten sie, die Unsicherheit wuchs, Verhaftungen auf Verhaftungen folgten dann später, ihre Zahl stieg mit dem nahenden Ende der Kommune, die Befehle zu denselben werden von unberufenen Leuten und Behörden erlassen, willige Subjekte zur Ausführung dieser ungesetzlichen Handlung standen in der Nationalgarde stets zur Verfügung!

Und unter demselben Datum, dem 28. März, lasen die Deutschen vor den Thoren von Paris in dem „Journal officiel": „Man habe gehört, daß der Herzog von Aumale in Versailles angekommen sei, ein Beweis, daß derselbe auf dem ganzen Weg von Bordeaux bis Versailles keinem wahren Bürger Frankreichs begegnet sei. Man sehe hieraus, in welchem Grade die Moral gesunken, in den Republiken des Alterthums sei der Mord des Tyrannen ein Gesetz gewesen!"

Bis zum 31. März hielten noch einige gut gesinnte Bataillone der Nationalgarde die ihnen zugewiesenen Stadttheile besetzt, auf Unterstützung von Versailles harrend; als eine solche ausblieb, fielen auch sie zum Theil der Kommune zu.

Paris und seine herrliche Umgebung boten zur Zeit ein eigenthümliches Bild.

Im Innern der Stadt branden die Wogen der Revolution immer höher; die Zahl der Anhänger der Regierung verringert sich von Tag zu Tag; die Männer der Ordnungspartei flüchten. Die aufregenden Proklamationen der Kommune und des Comité central, denen oft die Uebereinstimmung fehlt, der

Rücktritt eines Theils der am 26. März gewählten Kommunemitglieder, Willkür und Uebergriffe von allen Seiten, die wachsende Unsicherheit für Leben und Eigenthum, denn schon waren bei Haussuchungen Gelder eingezogen, Todesurtheile durch Erschießen vollstreckt worden, Unordnung an allen Orten, die Unklarheit der Ziele der Kommune beunruhigten Paris. Immer drohender tritt die Wahrscheinlichkeit blutiger Kämpfe an die Bevölkerung heran. Am 29. März erscheint ein Dekret der Kommune, welches die Aushebung zum Kriegsdienst abschafft, die Errichtung sowie den Eintritt einer anderen Truppe als der Nationalgarde in Paris verbot und sämmtliche gesunden Bürger der Nationalgarde zutheilt. Ein weiteres Dekret untersagte allen Beamten, Befehlen der Regierung zu Versailles zu folgen oder mit Letzterer in Verbindung zu treten.

Auf dem linken Seine-Ufer strömen die Mannschaften für die Verstärkung der Regierungs-Armee nach Versailles, wo eine große und anstrengende militärische Thätigkeit sich entfaltet. Versailles selbst, überfüllt mit Menschen, darunter viele Flüchtlinge aus Paris, bietet ein ähnliches, buntes und belebtes Bild wie zur Zeit der Besetzung durch die Deutschen; die Nationalversammlung in langen Sitzungen, bei erregten Debatten, aber mit Ernst auf die Lage blickend und mit Gewissenhaftigkeit sich ihrer Pflichten unterziehend; die Mitglieder der Regierung in der schwierigsten Lage von der Welt, mit Paris im Widerstreit und mit den Deutschen zu Verhandlungen gezwungen, an ihrer Spitze Thiers, Reden über Reden haltend, zum Theil auch zur eigenen Vertheidigung und Zurückweisung der ihm zugemutheten monarchischen Bestrebungen; neben ihm Leute wie Favre und Picard, den schweren Anforderungen nicht gewachsen und bei einem großen Theil selbst der Regierungsanhänger unbeliebt.

Und im Norden und Osten vom rechten Seine-Ufer her weilen die Augen Tausender von deutschen Soldaten täglich viele Stunden auf der vor ihnen liegenden Hauptstadt des bisherigen Feindes. Und vor ihren Blicken soll der Vorhang zu einem Schauspiel sich heben, wie es großartiger, aber auch entsetzlicher vor Zuschauern nie sich abgespielt hat!

Der Aufregung und Anstrengung der Belagerung war bei den deutschen Truppen eine Ruhe gefolgt, welche fast Langweile und Abspannung hervorrief. Man harrte und hoffte auf gute Nachrichten in Betreff der Heimkehr, aber man hoffte vergebens. An die Stelle der interessanten Nachrichten und Befehle während der Kämpfe bei der Einschließung waren die nüchternen Anordnungen für den „täglich gleichmäßigen Gang der dienstlichen Uhr" getreten; selbst die Nachrichten aus Paris stießen mehr und mehr auf Gleichgültigkeit, die französischen Blätter von dort erweckten mehr Ekel als Interesse.

Weite Spazierritte oder Fahrten bei prächtigem Wetter wurden gemacht, um die Reize der herrlichen Gegend zu genießen; so zog es uns oftmals nach St. Prix. An der Höhe des Waldes von Montmorency gelegen, bietet der Ort von einem Thurm aus einen entzückenden Blick über das Thal von Montmorency, über St. Denis und weit über Paris. Bei diesen Ausflügen sah man erst, wie viele wirklich reiche Leute in Paris sonst wohnen müssen, welche alle hier und rings um die Stadt herum Besitzungen haben; man mußte aber auch daran denken, daß dieses Jahr die Tausende von zerstörten Villen einen angenehmen Sommeraufenthalt kaum versprachen.

Auch St. Gratien übte besondere Anziehungskraft aus, insbesondere durch den Park am Schloß der Prinzessin Mathilde. Bei einem dieser Besuche fanden wir die Dienerschaft beschäftigt, Alles einzupacken; ein Zeichen, daß die Familie Bonaparte erst jetzt den Gedanken aufgegeben zu haben schien, hierher wieder zurückzukehren. Immerhin war aber der Park so schön bei dem erwachenden Lenz, schauten Tausende von Veilchen aus dem sich schon grün färbenden Rasen hervor, daß wir es nicht bedauerten, diesen Punkt noch einmal — zum letzten Mal — besucht zu haben.

Gegen Ende des Monats März schlug das Wetter um, an Stelle der auffallend heißen Tage trat kühle Temperatur ein, auch etwas Regen fiel.

Die eingehenden Neuigkeiten wurden interessanter. Am 29. März erfolgte die telegraphische Benachrichtigung der deutschen

Truppen, daß der französischen Regierung gestattet worden sei, zur Niederwerfung der Insurrektion in Paris in dem von den deutschen Truppen besetzten Gelände Nationalgarden zu formiren, zu bewaffnen und zwischen Seine und Loire zu versammeln; Truppendurchzüge, namentlich auch mit der Eisenbahn, seien zu gestatten. Gleichzeitig erhielten die Kommandobehörden Kenntniß von dem Abschluß eines Uebereinkommens zwischen dem General Fabrice und Bevollmächtigten der französischen Regierung vom 16. März, nach welchem zur Ausführung des Artikels 8 der Friedenspräliminarien die Verwaltung der von uns besetzten Departements unter gewissen Bedingungen den französischen Behörden zurückgegeben wurde.

Laut Artikel II dieses Uebereinkommens habe man sich deutscherseits die Bestellung von Civilkommissaren vorbehalten, welchen eine Oberaufsicht über die Verwaltung in allen die deutschen Interessen berührenden Beziehungen zustände, die französischen Behörden hätten sich insoweit ihren Anordnungen zu fügen.

Das Oberkommando nannte die Namen der bei ihm in Thätigkeit tretenden Civilkommissare und verwies die Truppen an diese in all den Fällen, in welchen Beschwerden nicht durch direktes Benehmen mit den Maires Erledigung finden könnten.

Am 1. April folgte die Mittheilung, daß Detachements der 2. und 17. Chasseurs à pied von Douai aus, das 19. und 24. Bataillon Chasseurs à pied wahrscheinlich von Lille aus, sowie Detachements des 65. Linien-Regiments von Valenciennes aus nach Versailles in Marsch gesetzt werden würden.

Einen die ganze Lage und Stimmung recht bezeichnenden Brief schrieb General v. Pape am 30. März aus St. Denis nach Berlin: „Wie es mit uns hier werden wird? — »Inconnu!« Faselei darüber genug, aber nichts Bestimmtes. In Paris handeln die Rebellen; morgen sollen 500 Millionen gezahlt werden und davon unser Abmarsch abhängen. Es scheint so, als ob nicht gezahlt werden wird, um uns so lange festzuhalten, bis man in Versailles genug und zuverlässige Truppen hat. Die anständigen Franzosen hier in der Umgegend sind ganz glücklich, daß wir hier sind, ohnedies, meinen sie, würde es drunter und drüber gehen. St. Denis selbst ist ein schlimmes Nest, nichts als Arbeiterbevölkerung, wie die Pariser Vorstädte. Wir halten sie aber mit eiserner Faust nieder. Von 9 Uhr abends an darf kein Franzose sich auf der Straße oder in einer Kneipe befinden. Das ist ihnen schrecklich, denn sie sind gewohnt, ihre Nächte zu verliedern; aber sie halten sich mucksstill. An Königs Geburtstag hatte in der Hauptstraße eine Kanaille von Zahnarzt gewagt, eine schwarze Fahne auszuhängen. Sofort nach Fort la Briche, bei Wasser und Brot, 100 Francs Strafe, 10 Mann Einquartierung, der Unteroffizier schläft in des Herrn Zahnarztes Bett und wohnt in seiner Stube. Außerdem hatte er so viel weißes Zeug zu liefern, daß aus der schwarzen eine schwarzweiße Fahne gemacht werden konnte.

Heute haben wir wieder eine andere Feier.

Am 30. März 1814 war die große Schlacht bei Paris, wo besonders das 1. und 2. Garde-Regiment und die Garde-Jäger sich so brillant schlugen und ähnliche Verluste hatten wie wir am 18. August bei St. Privat. Das 2. Garde-Regiment hat dieses Terrain besetzt, und es ist wohl ein merkwürdiger Zufall, daß es heute da eine Parade abhalten kann, wo die Väter vor 57 Jahren die letzte große Schlacht des Befreiungskrieges schlugen, bei Pantin."

Der Dienst führte uns oftmals nach der Moulin d'Orgemont bei Sannois, einem Punkt, von welchem aus man einen Theil der Halbinsel Gennevilliers und besonders Paris genau zu übersehen vermochte, infolgedessen ein Posten unseres in Sannois stehenden Beobachtungs-Detachements dort Aufstellung erhalten hatte.

Wir schauten von dort hinab auf die Riesenstadt, die dem noch ruhenden Krater eines Vulkanes glich. Wohl zeigten sich die ersten Boten einer Thätigkeit, glaubte man den Boden leise beben zu fühlen, aber auch noch am Abend des 1. April lag die Stadt in Ruhe vor uns, in der Stille vor dem Sturm, und auch die Sturmvögel zeigten sich. Die Pariser Zeitungen vom 31. März brachten das Dekret: „Auf Befehl der Pariser Kommune ist von heute, den 31., ab bis auf Weiteres die Ablassung von Personenzügen ab Paris nach Versailles (rive droite) aufgehoben", und: „Wir, der Civildelegirte bei der früheren Polizeipräfektur, dekretiren, angesichts dessen, daß die Ertheilung von Passirscheinen einer besonderen Ueberwachung bedarf.

Diese Scheine werden nur auf der Polizeipräfektur im Büreau für Pässe ausgegeben.

Raoul Rigault."

Vu
Le général délégué
E. Duval.

Und wie aus der Ferne noch schwach herübertönendes Knattern von Gewehrschüssen tönten die Auslassungen des unter der alten Titelvignette von 1789: „La République ou la mort" mit dem Druck der alten Lettern der ersten Republik erscheinenden „Père Duchêne" vom 12. und 13. Germinal an 79 (1./2. April) an unser Ohr:

„Wir sind die republikanische Wahlstimme, infolgedessen sind wir Eure Herren!

Ihr besteht nur auf Grund einer durch fremde Ruthenhiebe beschmutzten Abstimmung!

Ihr habt uns verrathen, ausgeliefert, mit Schande bedeckt!

Ihr wollt uns überdies vernichten!

Vorwärts, Ihr seid fertig, so scheint es uns!

Wollt Ihr, daß wir Wiedervergeltung üben?

Seht Euch vor, daß der „Père Duchêne" nicht eines Tags nach Versailles kommt!

Er wird Euch peitschen, meine Hundsfötter!

Und bis aufs Blut!!"

„Wir werden nach Versailles gehen, den Tornister auf dem Rücken, die Patronentasche an der Seite, das Gewehr über der Schulter!

Wie unsere Großeltern 1793, wenn sie die Feinde der Revolution bekämpften, gingen, fröhlich, sorglos, gewiß zu siegen!"

„Denn, laßt uns sehen, was die guten Kerle, welche die Kommune lieben, dem „Père Duchêne“ auf die Frage antworteten: »Verdienen sie, ja oder nein, gehängt zu werden?«

Aber ja, foutre, mindestens einmal!“

Wir standen am Vorabend des Ausbruches eines Bruderkampfes, wie er mörderischer, grausamer und eigenartiger dadurch, daß wir zuschauten, nicht sein konnte. Bald sollten wir auch den Vulkan in Thätigkeit, am Tage Riesenwolken, in der Nacht Feuerschein über Paris schweben sehen!

---

# Drittes Kapitel.

## Die ersten Kämpfe der Kommune vor Paris. Regierungsart der Kommune.

Am 2. April gegen 11 Uhr vormittags wurde von den an der Straße St. Ouen und den am Kanal von St. Denis stehenden Wachen der 1. Garde-Division übereinstimmend gemeldet, daß seit etwa 10½ Uhr in der Richtung des Mont Valérien, bezw. Versailles, Geschütz- und heftiges Gewehrfeuer, in der Richtung des Montmartre Trommeln und Alarmsignale gehört würden.

Das Generalkommando und das Oberkommando wurden sofort telegraphisch verständigt. Das Letztere gab die Meldung telegraphisch nach Berlin weiter und fügte hinzu: „Da gestern Nationalgarden-Bataillone Paris in der Richtung auf Versailles verlassen haben, so scheint ein Angriff gegen Versailles stattzufinden."

Von Mittag 1 Uhr ab schwieg das Feuer. Um 9 Uhr 15 Minuten abends wurde den genannten Kommandobehörden gemeldet: „Soeben erschienene französische Zeitungen berichten, daß heute früh der Mont Valérien das Feuer gegen die Avenue von Neuilly eröffnet habe, daß die Regierungstruppen gegen die Barrikaden an der Brücke von Neuilly vorgegangen seien und daß die Nationalgarde in die Flucht geschlagen sei. Die Zahl der Todten und Verwundeten scheint gering zu sein."

Die Regierung in Versailles hatte schon längere Zeit einen Angriff der Pariser auf Versailles erwartet. Thiers insbesondere glaubte nicht allein an die Wahrscheinlichkeit, sondern auch an die leichte Ausführbarkeit eines solchen. Der damalige Kommandeur der 1. Kavallerie-Division, später des 3. Korps, General du Barail, macht Mittheilungen über das Auftreten des Chefs der Regierung bei den Berathungen über militärische Maßnahmen gegen Paris, welche für die Geschichte dieser Tage von Bedeutung sind. Thiers hielt sich für fähig, Truppenführer zu sein. Er muß den Dünkel besessen haben, die Wege zur Niederwerfung der Kommune mit den Waffen besser als die Generale zu kennen, da er bei den Berathungen nie die Generale zu Worte kommen ließ, sondern seinerseits die militärische Lage auseinandersetzte und die Bewegungen einer Kritik unterzog. Er hatte sogar selbst einen Plan zu einem Abzuge der Truppen von Versailles bei einem Angriff der Aufständischen entworfen.*)

Die Zeitungen der Kommune riefen dieses Mal nicht: A Berlin! à Berlin! sondern: A Versailles! à Versailles!**) Unter der Ueberschrift: „Endigen wir damit!" rief der „Cri du peuple" am 31. März den Parisern zu, daß die 50000 Bajonette zu Versailles den Weg zwischen Paris und der Provinz nicht länger versperren dürften.

Bewegungen der Aufständischen am 31. und Zusammenziehungen derselben während des 1. April im Westen und Süden von Paris waren den Versaillern bekannt geworden. Infolge der Meldungen von Truppenbewegungen aus Paris gegen den Rond-Point de Courbevoie am 2. April morgens rückte die noch durch eine Brigade verstärkte Division Bruat von Versailles über Ville d'Avray, die Kavallerie-Brigade Gallifet von Bezons gegen den Rond-Point de Bergères vor. Bei den vordersten Truppen befand sich der als Oberarzt bei der Armee angestellte Dr. Pasquier. Als dieser bemerkte, daß nun in der That Franzosen mit Franzosen kämpfen sollten, rief er: „Das ist ja zu dumm! Ich

*) Du Barail, „Mes souvenirs", III, 260. — „Cet homme, qui n'aurait pas causé cinq minutes avec un marchand de pommes de terre frites sans essayer de lui démontrer les secrets de la friture, prenait plaisir à révéler aux généraux groupés autour de lui les secrets de l'art de la guerre. Il couchait sur des cartes, comme Napoléon. Comme lui, il faisait du plan." — **) Vinoy, a. a. O., S. 255.

werde die Leute da drüben zur Vernunft bringen.“ Mit dem Taschentuch winkend, begab sich Dr. Pasquier vorwärts, eine Salve der Nationalgarde streckte ihn todt zu Boden. „Ah! c'est comme cela! Ils tuent nos médecins! Attends voir! Voilà ce que pensa Dumanet (Spitznamen für jeden jungen Soldaten) et Dumanet fit feu. Et quand Dumanet eut fait feu, il continua.“*) Das erste Blut war durch die Aufständischen vergossen.

Die durch den Tod des Arztes erregten und entrüsteten Liniensoldaten griffen die von den Parisern bei Courbevoie eingenommene Stellung an, nach kurzem Kampfe flüchteten die Nationalgarden auf Neuilly. Die Versailler verfolgten bis an die Brücke dieses Orts, welche sie nebst den umliegenden Häusern nahmen.

Ein weiteres Vorgehen verbot die dem General Vinoy ertheilte Instruktion, sich den Festungswerken gegenüber nicht zu weit nach vorwärts in Kämpfe zu verwickeln. Das an sich unbedeutende Gefecht war durch seinen moralischen Eindruck bedeutsamer als durch die Verluste der Pariser, „das Selbstgefühl der Armee stieg, der Einfluß des Comité central sank“.**)

Auch wir Deutschen erkannten, daß die Truppen Farbe bekannt hatten, daß das vergossene Blut ein feindliches Gefühl, wenn solches noch nicht vorhanden war, nunmehr wecken und der Kameradschaft zu gemeinsamem Handeln im Interesse der Ordnung einen festeren Kitt geben mußte.

Die Versailler Truppen verblieben indessen nicht in den gewonnenen Stellungen, sondern kehrten in ihre Lager zurück.

Der dem General Bergeret beigegebene Oberst Henri depeschirte an die Exekutivkommission um 5½ Uhr abends: „Bergeret selbst ist in Neuilly. Nach der Meldung hat das Feuer des Feindes aufgehört. Der Geist der Truppe ist ausgezeichnet, Liniensoldaten kommen alle und erklären, daß mit Ausnahme der höheren Offiziere sich Niemand schlagen wolle. Ein Oberst der Gendarmerie ist getödtet.“

---

*) General du Barail, a. a. O., III, 269. — **) Vinoy, a. a. O., S. 263.

Nach den Zeitungen der Kommune herrschte überall eine unbeschreibliche Begeisterung. Auf den Boulevards riefen die Bürger und Nationalgarden der Vorstädte: „Es lebe die Republik, es lebe die Kommune, auf nach Versailles! — Man sagt, daß die Frauen morgen die Bataillone begleiten werden; und" — zu spaßhaft für uns solche Kinderei — „überall schlagen die Tambours Generalmarsch." In der That ging ein Aufruf an die „Bürgerinnen", nach Versailles zu gehen, um der Nationalversammlung ihr Unrecht vorzuhalten. Als Versammlungspunkt wurde die auf der Place de la Concorde stehende Statue der Stadt Straßburg bestimmt; eine Göttin des Heidenthums hätte nicht mehr Verehrung verlangen können als diese Statue — der vergötterte Inbegriff der Revanche.

Noch am Abend des 2. war dem General Cluseret, einem früheren französischen Offizier, welcher in den Schlachten und Gefechten des amerikanischen Bürgerkrieges mitgefochten hatte, einem Manne, der nicht ohne Talent und jedenfalls den anderen „Generalen" der Kommune weit überlegen war, das Ministerium des Krieges als Delegirtem übergeben worden.

Ohne Vorwissen*) der Exekutivkommission, in welche Delescluze, ein alter Revolutionär und Jakobiner vom Scheitel bis zur Sohle, „mit der Person Robespierres als Ideal vor Augen",**) getreten war, wurde seitens der Generale Eudes, Bergeret und Duval der Angriff auf Versailles für den 3. April beschlossen. Cluseret nahm mit Erstaunen von diesem Entschlusse Kenntniß,*) verhindern konnte er die Ausführung nicht mehr, da alle Befehle für den Vormarsch gegeben waren. Die Benachrichtigung der drei Generale der Kommune über die Ernennung Cluserets zum Delegirten enthielt auch den Satz: „Wir beehren uns Ihnen mitzutheilen, daß die Kommune, indem sie Ihnen völlige Freiheit für die militärische Leitung der Operationen beläßt, dem General Cluseret die Verwaltung des Krieges übergeben hat."

200 000 Nationalgarden***) sollten am 3. früh in Bewegung

*) Cluseret, „Mémoires", I, S. 41. — **) Maxime du Camp, a. a. O., S. 396. — ***) Die „Enquête parlementaire", S. 83, spricht nur von 60 000 Mann.

gesetzt werden. Cluseret giebt an, daß die Stärke der ausrückenden Kräfte nicht viel über 30 000 Mann betragen habe. Da die gegen den Mont Valérien vorgehende Kolonne allein auf diese Zahl geschätzt wurde, so wird man mit der Annahme nicht fehl greifen, daß 50 000 bis 60 0000 Mann zum Ausmarsch gelangten.

Eine Kolonne unter Führung von Bergeret und Flourens sollte im Westen auf den Straßen über Rueil, eine zweite unter Eudes über Issy, Meudon und Viroflay, eine dritte unter Duval über Plessis—Piquet und Villacoublay, diese beiden im Südwesten von Paris, auf Versailles vorgehen.

War schon der Mangel an Urtheil über die Verwendbarkeit der Nationalgarde außerhalb der Befestigungen ein völlig unbegreiflicher, so mußte die Leichtgläubigkeit der Pariser, daß die Linientruppen der Regierung zu Versailles sich nicht schlagen, vielmehr sich mit ihnen verbrüdern würden, kindlich erscheinen. Die Zeitungen der Kommune trugen hieran eine große Mitschuld; war doch kein Tag in der letzten Zeit vergangen, ohne daß sie von dem Mißtrauen Thiers' gegen die Truppen, von den Befürchtungen der Offiziere, diese würden ihnen nicht folgen, gesprochen — richtiger gelogen — und gleiche Unwahrheiten über die Stimmung und Thätigkeit in der Provinz zu Gunsten der Kommune von Paris gebracht hatten. So lasen wir im „Cri du peuple“ vom 1. April: „Die ganze Armee ist für unsere Sache gewonnen, sie haßt und verachtet die »capitulards«. Wir haben Kompagnien, welche nach Versailles gingen, gesehen, die mit umgedrehtem Gewehr, Kolben in der Luft, marschirten und riefen: »Wir werden auf die Pariser nicht schießen!« Alle überzeugungstreuen Republikaner billigen die Pariser Bewegung.“ Am 2. April hatte die Infanterie der Versailler aber geschossen. Nun mußte weiter gelogen, auch der Mangel an Haltung der Nationalgarde verdeckt werden: „Wir sind nur durch ein unredliches, den Prussiens entlehntes Manöver überrascht worden. Gendarmen waren an der Spitze der Versailler, welche mit umgedrehten Gewehren sich uns näherten und sich mit uns verbrüdern zu wollen schienen, dann aber plötzlich auf uns schossen.“*)

*) Cluseret, a. a. O., I, S. 153.

Als die Kolonne im Westen den Rond-Point de Bergères erreicht hatte, schlugen in sie die ersten Granaten vom Mont Valérien ein. Schrecken verbreitete sich; es war den Nationalgarden ja mitgetheilt, daß sie das Feuer dieses Forts nicht zu fürchten hätten, da die Artillerie im Bündniß mit Paris wäre. Ein Theil der Aufständischen geht fliehend zurück, nur einige Muthigere erreichen das Glacis des Mont Valérien, versuchen sogar mit den die Kolonne begleitenden drei Geschützen Bresche in die Mauern des Forts zu legen, ein kurzes, vergebliches Bemühen.*) Der andere Theil geht unter Flourens über Nanterre auf Rueil weiter, erreicht sogar Bougival.

Auf Seiten der Versailler setzt Vinoy Truppen über La Celle—St. Cloud und Garches in Marsch, um die Aufständischen zurückzuwerfen. Gegen 2 Uhr verlassen die Nationalgarden Rueil in Richtung Nanterre und nehmen den weiteren Rückweg, die Geschütze des Mont Valérien jetzt fürchtend und Schutz hinter dem Eisenbahndamm suchend, auf Asnières. Durch Kavallerie verfolgt, wird ein Theil der Flüchtigen niedergemacht, auch Flourens findet seinen Tod.

Von dem hohen Thurme der Kathedrale zu St. Denis aus war das Feuer des Mont Valérien deutlich zu beobachten. Geschosse desselben schlugen auch in der Nähe des Triumphbogens zu Paris ein. General v. Pape telegraphirte an das Oberkommando und das Generalkommando: „Versailler Truppen beschießen Paris, die heilige Stadt; Sitz der Civilisation brennt noch nicht!“

Im Südwesten stoßen die Nationalgarden bei Meudon und östlich Villacoublay auf die Vorposten der Versailler. Auch hier ereilt sie ihr herausgefordertes Geschick; sie werden geworfen, der linke Flügel wird unter starken Verlusten auf die Redoute von Châtillon in Auflösung zurückgetrieben. Sowohl hier im Südwesten als im Westen, wo die Versailler auch mit Infanterie noch bis zur Straße Nanterre—Paris gefolgt waren, gehen die Truppen nach beendigtem Kampfe, den Instruktionen Thiers' entsprechend, zurück.

*) Vinoy, a. a. O., S. 266.

Der Zustand in Versailles war unter diesen Umständen wenig erfreulich. Die Berathungen der Nationalversammlung wurden durch das Getöse des Kampfes behindert; man entschloß sich, das Plateau von Châtillon in Besitz zu nehmen sowie die Halbinsel Gennevilliers vom Feinde zu säubern und festzuhalten.*)

In Paris erschienen zwei Kundgebungen der Kommune:

„Die monarchische Reaktion ist ohne Erbarmen. Sie griff gestern Neuilly, heute Vanves und Châtillon an. Unsere glücklicherweise rechtzeitig benachrichtigten Truppen gingen heftig vorwärts und warfen den Feind auf der ganzen Linie. Derselbe ist auf die Höhen von Meudon zurückgewichen, eine glückliche Erkundung bis Bougival ausgeführt worden.

3. April 1871. Die Exekutiv-Kommission."

„In Anbetracht dessen, daß die Leute der Regierung zu Versailles den Bürgerkrieg befohlen und begonnen, Paris angegriffen, Nationalgarden, Weiber und Kinder getödtet und verwundet haben, daß dieses Verbrechen mit Vorbedacht und Hinterlist gegen alles Recht und ohne jede Herausforderung begangen ist, wird bestimmt: Die Herren Thiers, Favre, Picard, Dufaure, Simon und Pothuau**) werden in Anklagezustand versetzt. Ihre Güter werden eingezogen und sequestrirt, bis sie sich vor dem Gericht des Volks verantwortet haben.

Stadthaus, 3. April 1871. Die Kommune von Paris."

Diesen absolut falschen offiziellen Nachrichten,***) daß der Angriff von den Versaillern ausgegangen sei und diese zurückgeworfen wären, schloß sich selbstverständlich die Presse der Kommune mit einer bewundernswerthen Unverfrorenheit an; sie sagte, die Nationalgarden hielten die Stellungen, welche sie in Bas Meudon, Bougival und vor dem Fort Issy erobert hätten, es gehe das Gerücht, daß die „rureaux" — ein Spitzname für die Nationalversammlung — in alle Winde zerstreut seien, daß zahlreiche Seeleute und Soldaten der Linie sich in die Nationalgarde einreihen ließen.

*) Vinoy, a. a. O., S. 272. — **) Die Mitglieder der Regierung zu Versailles. — ***) Siehe selbst Cluseret, a. a. O., I, S. 156.

Am 3. April Vormittag telegraphirte Jules Favre an den General von Fabrice nach Rouen:

„Ich habe heute Morgen die Depesche erhalten, durch welche Euer Excellenz mich beehrten ..... Die Insurgenten haben, sicher auf den Abfall unserer Truppen rechnend, mit einer unerklärlichen Kühnheit in zwei Kolonnen, deren Stärke unsere Generale im Ganzen auf über 40 000 Mann schätzten, über Nanterre und Bougival sowie über Meudon angegriffen. Unsere Armee hat heldenmüthig ihre Pflicht gethan. Ich kann Ihnen noch nicht das abschließende Ergebniß des heutigen Tages geben; alle Depeschen aber, welche uns zugehen, verkünden, daß die Insurgenten in voller Flucht sind, ihre Gefallenen den Boden bedecken. Die über Nanterre, Rueil Vorgegangenen werden sehr wahrscheinlich durch eine sehr geschickte Bewegung des Generals Vinoy von Paris abgeschnitten. Mein Herz ist voll von Trauer, wenn ich bedenke, daß diese abscheuliche Furie unerhörter Verbrechen sich auf unsere Soldaten wirft, ihr Blut vergießt und uns zwingt, den für uns bestimmten Tod zurückzugeben; aber die Hoffnung stärkt mich, daß dieses nothwendige Opfer das Ende dieser schimpflichen Krisis schneller herbeiführen, und das sich selbst wiedergegebene Frankreich bald aus der schrecklichen Lage befreit werden wird, in welche einige Verbrecher es stürzen wollten. Jules Favre."

Auch über die Vorgänge am 3. April waren durch die Vorposten der 1. Garde-Division, der 22. Division und des 1. Bayerischen Korps, sowie der Fort-Besatzungen und durch die zur Erkundung entsandten Offiziere eingehende Meldungen erstattet worden. Insbesondere waren die Berichte des Beobachtungspostens bei Sannois auf dem Moulin d'Orgemont für die Beurtheilung der Lage von großem Werth; selten ist ein Fall vorgekommen, daß eine Nachricht von dort nicht genau die Absichten der Versailler und Pariser wiedergab.

Diese Meldungen gingen stets an das Oberkommando der Dritten Armee nach Compiègne und wurden von diesem, nicht selten unter Beigabe anderweitig eingegangener Nachrichten, nach Berlin mitgetheilt. Auf diese Weise war man dort, unter gleichzeitiger Beachtung der von dem General v. Fabrice erstatteten Berichte, stets in der Lage, die Vorgänge vor und in Paris zu verfolgen und die erforderlichen Maßregeln, insoweit sie nicht selbständig durch das Oberkommando getroffen werden konnten, zu ergreifen.

So ordnete ein Befehl dieses Kommandos unter dem 2. April die Einreichung von Berichten an, auf wieviel Tage und für welche Zahl von Mannschaften die von uns besetzten Forts verproviantirt seien. Es ergab sich, daß Fort Charenton mit 1500 Mann auf 9 Tage, Fort Nogent mit 900 Mann auf 5 Tage, Fort Rosny mit 1136 Mann auf 4 Tage, Fort Noisy mit 1200 Mann auf 8 Tage, Fort Romainville mit 1230 Mann auf 6 Tage, Fort Aubervilliers mit 1050 Mann auf 4 Tage und Fort de l'Est mit 1350 Mann auf 5 Tage verproviantirt waren. Ein weiterer Befehl ordnete nunmehr an, alle Forts und dazwischen liegenden Redouten mit Proviant auf 10 Tage als eisernen Bestand zu versehen.

Am 4. früh am Morgen gingen die Versailler umfassend gegen die Hochebene von Châtillon vor, überraschten dort die Nationalgarde, machten 1500 Gefangene und nahmen angesichts der aufgelöst zurückgehenden Aufständischen bei Châtillon Stellung. Demnächst wurde Clamart besetzt, die Nationalgarden flohen auch hier, Schutz hinter den Forts von Issy und Vanves suchend; der General Duval wurde erschossen.

Der Mangel an schweren Geschützen veranlaßte Vinoy, seiner Artillerie den Kampf mit den jetzt in Feuer tretenden Forts zu untersagen. Die Schützengräben, welche wir einst gezogen hatten, dienten nun zum Theil als Schutzwehren für die französischen Truppen gegen Paris. Ohne Belagerungsmaterial, insbesondere an Geschützen, war, der starken Artillerie in den Forts gegenüber, hier ein weiteres Fortschreiten zunächst nicht möglich, die Truppen litten unter dem Feuer der Artillerie der Aufständischen; es blieben daher nur die Vorposten in den bereits gewonnenen Stellungen, während die Gros und Reserven am 5. April etwas zurückgezogen wurden. Die Vorpostenstellung wurde späterhin bis zum 9. April östlich bis zur Straße über Bourg la Reine ausgedehnt.

Die Aufständischen schienen ihre Niederlagen im freien Felde durch heftiges Artilleriefeuer vergessen machen zu wollen. Der Mangel jeglicher Leitung ließ sie eine wahre Verschwendung mit der Munition ihrer schweren Geschütze treiben, „ein Platzregen von Geschossen fiel zwischen dem 6. und 10. April auf die unglücklichen Ortschaften Châtillon, Clamart, Meudon und Sèvres, welche während der deutschen Einschließung bereits so viel gelitten hatten.“*) Die von den Deutschen angelegten Batterien wurden umgebaut, die Geschütze mußten aus großer Entfernung nach Versailles herangezogen werden. Die Aufständischen hatten die Zeit benutzt und die am 2. April bereits von den Versaillern genommene, demnächst aber wieder verlassene Stellung an der Brücke von Neuilly stark besetzt. Die Brücke selbst war verbarrikadirt und mit Geschützen armirt worden. Die Vertheidigung der Wälle an der Porte-Maillot war durch Artillerie verstärkt worden, welche die Stellung von Neuilly zweckmäßig zu unterstützen vermochte.

Am 5. April erließ die Kommune folgenden Aufruf:

„Jeden Tag erdrosseln oder füsiliren die Banditen von Versailles unsere Gefangenen, keine Stunde verrinnt ohne Nachricht über eine solcher Mordthaten. Ihr kennt die Schuldigen; es sind die Gendarmen und Polizisten des Kaiserreichs, die Royalisten von Charette und Chatelineau, welche mit dem Rufe Vive le roi! und der weißen Fahne an der Spitze gegen Paris marschiren. Die Regierung zu Versailles setzt sich außerhalb des Kriegsrechts und der Menschlichkeit, zwingt uns, Wiedervergeltung zu üben. Wenn unsere Feinde in Fortsetzung der Mißachtung aller Gewohnheiten im Kriege zwischen civilisirten Völkern noch einen einzigen unserer Soldaten massakriren, werden wir mit der Erschießung einer gleichen oder doppelten Zahl von Gefangenen antworten. Immer großmüthig und selbst im Zorne gerecht, verabscheut das Volk Blutvergießen, wie es den Bürgerkrieg

---

*) Vinoy, a. a. O., S. 279.

verabscheut; aber es ist seine Pflicht, sich gegen derartige barbarische Attentate seiner Feinde zu schützen und, was es auch koste, Auge für Auge, Zahn für Zahn zu nehmen.

Die Kommune von Paris."*)

Hieran anschließend brachte das „Journal officiel“ vom 6. April das Dekret:

„Eine jede Person, gegen welche der Verdacht vorliegt, eine Mitschuldige der Regierung von Versailles zu sein, wird sofort in Anklagezustand versetzt und eingekerkert. Ein Gerichtshof wird innerhalb 24 Stunden eingesetzt, um die Thatsache der Verbrechen festzustellen. Dies geschieht binnen 48 Stunden. Alle durch den Spruch des Gerichtshofes festgehaltenen Angeklagten werden Geiseln des Volks von Paris. Jeder Hinrichtung eines Kriegsgefangenen oder eines Anhängers der rechtmäßigen Regierung der Kommune von Paris folgt auf der Stelle die Hinrichtung einer dreifachen Zahl von Geiseln, welche durch das Loos zu bestimmen sind. Jeder Kriegsgefangene wird vor den Gerichtshof gestellt, welcher darüber entscheiden wird, ob jener sofort in Freiheit zu setzen oder als Geisel festzuhalten ist.

Stadthaus, 5. April 1871.

Die Kommune von Paris."

Der Ruhm, dieses Dekret vorgeschlagen zu haben, gebührt den Kommunemitgliedern Raoul Rigault, Ph. Ferré und Gabriel Ranvier.

Aber schon hatte man dieser Verfügung vorgegriffen, einen Gerichtspräsidenten Bonjean, am 4. April sogar den würdigen Bischof Darboy und einige andere Geistliche als Geiseln verhaftet. Hunderte von Unschuldigen sollten ihnen folgen.

Die Kommune schaffte sich Geiseln und füllte mit ihnen die Gefängnisse. Gleich nach dem 19. März hatte sie über tausend Gefangene, welche wegen wirklicher Verbrechen und Vergehen in Haft waren, entlassen. Sie wurden der Nationalgarde einverleibt und vergrößerten dort die Zahl der bösen Vorbilder für alle nur möglichen Schandthaten, den Ungehorsam, die Faulheit und Trunkenheit.**)

*) „Documents publics“, I, S. 59. — **) Maxime du Camp, a. a. O., I, S. 160.

Es lag weiter im Interesse der Kommune, die Provinzen für sich zu gewinnen; die Executivkommission richtete daher unter dem 6. April ein Schreiben an die Departements, in welchem ihnen zugerufen wurde: „Ihr habt Durst, die Wahrheit zu hören, aber die Regierung zu Versailles nährt Euch nur mit Lügen und Verleumdungen.“ Es folgen dann die nämlichen falschen Angaben, daß diese Regierung den Bürgerkrieg begonnen habe, die Gefangenen ermorde, daß die Pariser Bevölkerung, die während der deutschen Einschließung so gelitten habe, mit dem Schrecken des Hungers bedroht würde, abgesehen von der Unterbrechung der Verbindungen durch die Post, der Beschlagnahme der Octroibeträge 2c. Nachdem dann noch gesagt ist, daß die Regierung falsche Mittheilungen zum Schaden der Kommune verbreite, fährt die Exekutivkommission fort: „Man täuscht Euch, Brüder, wenn man davon spricht, Paris wolle in Frankreich herrschen, wolle eine Diktatur, welche die Verneinung jeder Herrschaft des Volkes sein würde. Man täuscht Euch durch die Angabe, daß Diebstahl und Mord sich öffentlich in Paris ausbreite. Niemals waren die Straßen von Paris ruhiger als jetzt. Seit 3 Wochen ist kein Diebstahl vorgekommen, nicht ein einziger Mordversuch gemacht worden. Paris will nur die Republik begründen, seine kommunale Freiheit erobern, glücklich in dem Gedanken, den übrigen Kommunen von Frankreich ein Beispiel zu geben .... Mögen Eure Anstrengungen sich mit den unsrigen vereinigen, und wir werden siegen .... es lebe Frankreich, die untheilbare, demokratische und soziale Republik!

Paris, 6. April 1871.

Die Exekutivkommission.

Cournet, Delescluze, F. Pyat, Tridon, E. Vaillant, Vermorel.“

Am Abend des 4. April erschien bei den bayerischen Vorposten zu Charenton ein Parlementär der Kommune, Geynet, Commandant de l'état-major, mit zwei Offizieren und theilte mit, es gehe das Gerücht, daß die deutschen Truppen Charenton verließen. Er wünsche zu wissen, ob das Fort Charenton der Kommune von Paris oder der Regierung zu Versailles überlassen würde. Dem Parlementär wurde eröffnet, daß kein Befehl zum

Abmarsch erfolgt sei, auch wohl nicht bevorstände. Der Franzose entfernte sich hierauf mit den Worten: „Ich habe dies nur wissen wollen. Sollten jedoch die deutschen Truppen das Fort seinerzeit verlassen, so wird es eben der nehmen, welcher der Schnellere ist.“ Am folgenden Morgen 6½ Uhr traf wiederum ein Parlementär ein, ein Oberst Viot mit drei Adjutanten, welcher ein Schreiben der Kommune zu überbringen hatte. Zum General v. der Tann geführt, wurde der Offizier der Kommune, nach Kenntnißnahme des Schreibens, angewiesen, nach Paris zurückzukehren und von dort aus sich über St. Denis nach Compiègne zu wenden. General v. der Tann gab hiervon dem Oberkommando der Dritten Armee telegraphisch Kunde. Gegen Mittag überbrachte nun ein dritter Parlementär aus Paris der 1. Garde-Division zu St. Denis jenes Schreiben, das sofort an das Oberkommando der Dritten Armee weiter befördert wurde. Dasselbe lautete:

„Rélations Extérieures. Délégation. — Liberté, Egalité, Fraternité.

Commune de Paris.

Paris le 4 Avril 1871.

An den
Kommandanten des 3. Korps der kaiserlich deutschen Armee.

General!

Das unterzeichnete Kommunemitglied, Delegirter des Aeußern, beehrt sich Ihnen folgende Bemerkungen zu unterbreiten.

Die Stadt Paris, welche gleich allen anderen Theilen der französischen Republik durch den Präliminarfrieden gebunden ist, hat die Pflicht, den Fortgang der Verhandlungen kennen zu lernen. Es ist für sie von der höchsten Bedeutung, bestimmt zu wissen, ob die Regierung von Versailles den deutschen Bevollmächtigten die erste Rate von 500 Millionen Francs oder eine andere Summe gezahlt hat, und ob infolge dieser Zahlung die Chefs der deutschen Armee den Tag der Räumung der Forts des rechten Seine-Ufers, welche einen integrirenden und untrennbaren Theil des Stadtbezirks von Paris bilden, durch die dort stehenden untergebenen Truppen bestimmt haben. Der Unterzeichnete ersucht um gefällige Mittheilung der dort zu treffenden Anordnungen.

Das Mitglied der Kommune, Delegirter des Aeußern.
Paschal Grousset."

Dieses Schreiben wurde durch das Oberkommando dem General v. Fabrice zugesandt, welcher von demselben der Regierung zu Versailles Kenntniß gab. Aus einem Berichte über die Sitzung der Nationalversammlung vom 10. April ersahen wir, daß Jules Favre den Inhalt des Briefes, sowie daß derselbe deutscherseits unbeantwortet geblieben sei, den Deputirten mitgetheilt hatte. Ueber den Vorfall ging eine telegraphische Meldung aus Compiègne an General Graf Moltke nach Berlin.

Noch am 6. April, abends um 7 Uhr, erschienen in St. Denis zwei Civilisten bei dem Kommandeur der 1. Garde-Division v. Pape. Der eine derselben stellte sich als Oberst Rossel, Generalstabschef des Kriegsministers Cluseret, aus Paris vor und übergab nachstehenden Brief:

„General!

Können wir, ohne einen Streit mit den deutschen Truppen zu befürchten, die Forts des rechten Ufers nach Maßgabe der Räumung durch Sie besetzen?

Der Kriegsdelegirte
Cluseret.

Der Oberst des Generalstabs Rossel hat Vollmacht."

Der „Generalstabschef", welcher noch mündlich hinzufügte, daß die Kommune bei Ueberlassung der Forts 200 Millionen zahlen würde, wurde abschlägig beschieden; Meldung von dem Vorfall gemacht. — In Berlin hatten die Vorgänge vor und in Paris eingehende Erwägungen über die zu treffenden Maßregeln und die einzunehmende Haltung der deutschen Heeresleitung hervorgerufen. Es war die Ansicht des Generals Graf Moltke,*) daß in Paris eine Minderheit durch den Schrecken herrsche, die weit überlegene Zahl der Besitzenden mit Recht eine Unterstützung der Regierung erwarten könne. Eine solche sei bisher noch nicht

*) Denkschrift des Generals Graf Moltke. Generalstabsakten vom 3. April 1871.

erfolgt. Die Regierung zu Versailles sei zu stützen, sie bedürfe eines Heeres zur Niederschlagung der Rebellion, müsse aber bald handeln, dies läge in unserem Interesse. Durch eine längere Verzögerung könnten die Verhältnisse sich nur verschlimmern, das Ansehen der Nationalversammlung sinken, der Aufstand sich weiter verbreiten. Wir wären gezwungen, mit Truppenkräften in Frankreich zu bleiben, deren Stärke erheblich über die Ziffer hinausreiche, für welche wir, und auch nur theilweise, entschädigt würden, die Last sei daher für beide Theile groß. Die Rückkehr der französischen Gefangenen könne zum Vortheil, aber auch zum Schaden der Regierung zu Versailles ausfallen, und eine neue Regierung würden wir nur dann begünstigen, wenn die gegenwärtige üblen Willen oder gänzliche Schwäche bekunde. Durch unsere Anwesenheit allein, die Absperrung der Verbindungen nach unserer Seite unterstützten wir den Angriff der Versailler auf Paris. Sollte die französische Regierung von uns ein aktives Einschreiten beanspruchen, so könnten wir dieselbe durch unsere Artilleriewirkung verstärken.

Wir hätten zwar das Recht, die Wiederräumung des rechten Loire-Ufers zu fordern, müßten aber darauf gefaßt sein, vielleicht das Heer der Nationalversammlung mit Paris gemeinschaftliche Sache machen zu sehen.

Die Lage würde dann annähernd die gleiche wie nach dem Fall von Metz sein; die Hauptmacht des Gegners in Paris, die übrigen Streitkräfte, namentlich die entlassenen Gefangenen, in der Provinz in Formation begriffen sein; ein schnelles Handeln unsererseits sei dann angezeigt: es wäre dies aber allerdings die Fortsetzung des Krieges.

Auch die Maßnahme für den letzten, ernsten Fall machte man sich in Berlin klar. Augenblicklich empfahl sich eine Verständigung des Oberkommandos der Dritten Armee, und infolgedessen ging nachstehendes Schreiben nach Compiègne:

„H. Q. Berlin, den 4. April 1871.

Herrn General v. Schlotheim
Hochwohlgeboren.

Bei der Entfernung des Hauptquartiers von Versailles und

den dort wechselnden Verhältnissen sind offizielle Befehle von hier aus kaum zu geben, auch wissen wir, daß die Leitung an Ort und Stelle in sichere Hände gelegt ist. Eben aber, weil Sie zum selbständigen Handeln leicht veranlaßt sein können, wird es Ihnen vielleicht lieb sein, zu wissen, wie die gegenwärtige Situation an maßgebender Stelle beurtheilt wird. Wir haben das allergrößte Interesse daran, daß die von Frankreich gewählte Versammlung, für uns das offizielle Frankreich, und die Regierung, mit welcher wir den Präliminarfrieden geschlossen, auch am Ruder bleibt und nicht durch eine andere verdrängt wird, die Alles wieder in Frage stellt.

Die Erneuerung des Krieges um des Geldes willen können wir nicht wünschen. Die bereits besetzten Landstriche sind mehr oder weniger schon erschöpft. Auch bei Okkupation neuer Departements oder dauernder Pfandnahme einer Provinz, wie sie wohl in früheren Jahrhunderten stattfand, werden wir unsere Rechnung nicht finden. Die Umwälzungen, welche in Frankreich chronisch geworden sind, würden uns zwingen, fortwährend gerüstet zu bleiben, und selbst in einer langen Reihe von Jahren vermöchten wir nicht, Milliarden herauszuwirthschaften. Unsere Forderung ist so groß, daß ganz Frankreich sie nur aufbringen kann, indem es seine Zukunft engagirt. Dies hat die Versailler Regierung gethan, und es kommt darauf an, ihr die Erfüllung ihres Versprechens zu ermöglichen, denn Schwäche und Unfähigkeit von ihrer Seite ist uns ebenso nachtheilig wie übler Wille.

Solange die französische Regierung Paris nicht unterworfen hat, kann sie ein Ansehen im Lande nicht gewinnen, es fehlt ihr der finanzielle Kredit, ohne welchen die kolossalen Zahlungen nicht zu leisten sind.

General Valdan hat den dringenden Wunsch ausgesprochen, außer den schon bewilligten 80 000 Mann noch 20 000 Nationalgarden heranführen zu dürfen, um jenen, die für den Angriff bestimmt sind, den moralischen Halt und die Ueberzeugung zu gewähren, daß die Nation mit ihnen ist.

Obwohl nun alle solche Konzessionen zweischneidig sind (denn eventuell könnte das Parlamentsheer mit Paris gemeinsame Sache machen), so ist auch diese Bitte gewährt worden. Ich rechne darauf, daß die Dritte Armee eintretendenfalls gegen 200 000 Mann in 3 bis 4 Tagen hinter den Forts des rechten Seine-Ufers versammeln kann. Es wird ferner Sorge getragen werden, daß nunmehr schnell einige 20 000 Mann aus zuverlässigen Regimentern aus der Gefangenschaft übergeführt werden, wonächst dann der Transport wieder verlangsamt wird.

Wir müssen nun dringend wünschen, daß die Versailler Regierung sobald wie möglich zur Aktion schreitet. Wir stehen in Frankreich mit größerer Stärke, als für welche, und auch nur theilweis, wir entschädigt werden, entbehren der produktiven Arbeitskräfte in der Heimath und schmälern die Leistungsfähigkeit des feindlichen Landes. Die Gefangenen strömen zurück und können in einiger Zeit zu einer Armee formirt werden, die uns ebensowohl nachtheilig sein, wie sie vortheilhaft wirken kann.

Andererseits muß freilich der Regierung Zeit gelassen werden, die aus allen Theilen des In- und Auslandes zusammenzustellenden Kontingente der neuen Armee erst zu formiren. Die Regierung verspricht in ihrer Bedrängniß so Manches, was sie nicht halten kann. Es ist ganz unmöglich, daß zu dem verheißenen Termin, dem 9. d. Mts., Alles fertig sein kann.

Aber der Verlauf der wahnsinnigen Insurrektion in Paris kann auch leicht gestatten, schon mit minderen Mitteln als 100 000 Mann einzuschreiten, und der Beginn dazu scheint nach Ihren letzten Telegrammen schon gemacht zu sein. Nur an Ort und Stelle kann dies beobachtet, eine Pression rechtzeitig geübt werden. Ich nehme an, daß Sie desfalls mit General Fabrice in Verbindung treten, welcher aufgefordert wird, seinen Aufenthalt näher an Paris zu verlegen (vielleicht wäre Pontoise der geeignete Punkt).

Daß General Mac Mahon das Kommando über das Parlamentsheer übernimmt, bürgt für eine baldige Ordnung, und wenn die Zeitungsnachricht sich bestätigt, daß Paris von Montrouge bombardirt wird, so läge darin eine große Genugthuung für uns, die man deshalb der Barbarei angeklagt hat, besonders in England. Ueberhaupt, welche Lehre für alle Völker und alle

Zeiten liegt in dem Verlauf von Frankreichs Geschichte unter der Republik und der Herrschaft der Dilettanten, die nach der bloßen Verneinung zum selbständigen Handeln berufen worden sind!

Voraussichtlich wird man für den Angriff auf Paris nur im äußersten Nothfall unsere Beihülfe beanspruchen. Wäre dies jedoch der Fall, so meine ich, daß dem Centralkomitee zu sagen wäre, daß allerdings der Moment eingetreten sei, wo die Insurrektion »die Erfüllung der Bedingungen des Präliminarfriedens behindere« und daß wir daher aus unserer »friedlichen und passiven Haltung« heraustreten. Den Maires wäre zu eröffnen, daß sie ihr Stadtviertel gegen Bombardement schützen können, wenn sie die Mobilgarden desselben außerhalb Paris zur Verfügung der von Frankreich erwählten Assemblée nationale stellen. Erfolge binnen 6 Stunden eine ablehnende oder keine Antwort, so werde die Beschießung beginnen. Gleichzeitig müßte nach meiner Ansicht das von unseren Forts umfaßte Höhenplateau von Bagnolet besetzt und der Versuch gemacht werden, sich in Besitz eines der östlichen Thore der Hauptenceinte zu setzen, um namentlich auf der von Aubau freien Butte de Chaumont feste Stellung zu nehmen und dort starke Batterien gegen Montmartre, Villette ꝛc. zu etabliren. Weiter zu gehen, halte ich nicht für rathsam, in die eigentliche Stadt mögen die Franzosen selbst einrücken und den Straßen- und Barrikadenkampf durchführen. In der so gewonnenen und zu behauptenden Stellung beherrschen wir auch die von der Regierung besetzte Hauptstadt. Sollten wir wider Verhoffen genöthigt sein, die Feindseligkeiten gegen die französische Regierung wieder aufzunehmen, so würde meines Erachtens ein analoges Verfahren gegen Paris einzuhalten sein. Die Erste Armee würde sich zur Kooperation auf dem linken Seine-Ufer heranziehen. Die Uebergänge unterhalb Paris wären zu zerstören und zu bewachen, und auf den Zugängen von Süden her vermag unsere zahlreiche Kavallerie die Heranführung größerer Transporte von Lebensmitteln jedenfalls zu verhindern. Die nunmehr vereinigte Zweite und Südarmee sind stark genug, um etwaigen aus dem Süden Frankreichs heranrückenden Ersatzheeren entgegenzutreten. Die übrigen Korps und Divisionen würden einstweilen die besetzten Landstriche in unserem Rücken und unsere Verbindungen sichern. Weiter läßt sich wohl mit einiger Bestimmtheit für jetzt nichts übersehen, und muß der Verlauf der Dinge erst abgewartet werden. Es würde mir sehr erwünscht und schätzbar sein, auch Ihre Anschauung an Ort und Stelle aller dieser Dinge in vertraulichem Wege zu erfahren.

Schließlich bitte ich, mich Seiner Königlichen Hoheit dem Kronprinzen von Sachsen zu Gnaden unterthänigst empfehlen zu wollen. gez. Graf Moltke."

Am 6. April war von dem Moulin d'Orgemont bei Sannois beobachtet worden, daß der Mont Valérien seit Mittag in der Richtung auf Courbevoie feuerte, anscheinend zur Unterstützung von Truppen, Kavallerie mit Artillerie, welche sich von Nanterre her vorbewegten. Da von 4 Uhr nachmittags an von Courbevoie aus durch Artillerie gegen das Bois de Boulogne geschossen wurde, mußte letztgenannter Ort in Händen der Versailler sein. Die weiteren Nachrichten bestätigten es, und heute wissen wir, daß das Regiment Gendarmen die Kaserne von Courbevoie besetzt hatte, sowie daß man an diesem Tage von einem Angriff auf die Brücke von Neuilly Abstand nahm. Auch in der Nacht zwischen 12 und 2 Uhr am 7. wurde von Courbevoie aus durch Artillerie geschossen, gegen Morgen nahm man bedeutendes Geschützfeuer auf der ganzen Linie Courbevoie, Sèvres, Meudon wahr. Am Nachmittag zwischen $3^1/_2$ und $4^1/_2$ Uhr wurde vom Mont Valérien und von Courbevoie aus heftig in Richtung Neuilly und Porte Maillot gefeuert; die Versailler nahmen die Brücke von Neuilly nebst den dort stehenden Geschützen unter nicht unerheblichen Verlusten; zwei Generale der Armee fielen hier an der Spitze der von ihnen mit Heldenmuth zum Angriff geführten Infanterie.

Am 6. April*) erhielten die nach und nach um Versailles zusammengezogenen und neugebildeten französischen Truppen ein andere Eintheilung. Zwei Infanterie- und ein Kavalleriekorps

*) Für die nicht von den deutschen Truppen beobachteten oder denselben gemeldeten Bewegungen der französischen Truppen bot der amtliche Bericht des Marschalls Mac Mahon „L'armée de Versailles" die Grundlage.

unter den Generalen Ladmirault, Cissey und du Barail bildeten die Armee von Versailles, unter Führung des Marschalls Mac Mahon; drei Infanterie-Divisionen nebst der Garde républicaine ohne Kavallerie die Reserve-Armee unter Vinoy.

Für den weiteren Fortgang der Belagerung von Paris nahmen diese Truppen die folgenden, bis zum 11. April erreichten Stellungen ein:

Das 1. Korps, Ladmirault, auf der Halbinsel Gennevilliers unter Festhaltung des Brückenkopfes von Neuilly und von Courbevoie. Das 2. Korps, Cissey, im Südwesten von Paris auf der Hochebene von Châtillon, Plessis Piquet, Villacoublay und südlich. Das Kavalleriekorps, du Barail, rück- und seitwärts des 2. Korps. Die Reserve-Armee hielt mit zwei Divisionen die Stellung von Clamart über Meudon, Sèvres und St. Cloud besetzt, die dritte Division stand in Versailles als Reserve. Der Armee von Versailles sollten bis Ende des Monats April die aus zurückkehrenden Gefangenen zu bildenden beiden Korps, das 4. und 5., unter den Generalen Douay und Clinchant hinzutreten.

Gleichzeitig mit diesem Befehl war die Aufstellung von Freiwilligen-Bataillonen angeordnet worden; dieselben sollten aus allen dienstfreien Soldaten und früheren Nationalgarden gebildet werden. Die Exekutivkommission rief infolgedessen in einer Proklamation der Nationalgarde zu: „Die Nationalversammlung von Versailles hat die Freiwilligen der Provinzen gegen Paris aufgerufen. Die Kommune hat das Recht gegen die Nationalversammlung angerufen. Die Freiwilligen haben sich auf die Seite des Rechts gestellt. Limoges hat die Kommune eingesetzt, sein Stadthaus trägt unsere Farben; die Linientruppe hat mit der Nationalgarde sich verbrüdert. Die Armee des Rechts wird zur Hülfe marschiren, aber nicht für Versailles, sondern für Paris. Guéret wird Limoges folgen. Das ganze mittlere Frankreich hat sich erhoben, um die Bewegung zu verstärken rc.“

Es fanden in der That aufständische Bewegungen in der Provinz an verschiedenen Punkten statt. Lyon, St. Etienne, Marseille, Toulouse, Narbonne, Creuzot folgten dem Beispiele von Paris, indem sie Kommunen proklamirten; die Bewegungen waren jedoch an keiner Stelle von der Bedeutung wie die Pariser, sie waren nur Ausnahmen, die Provinz im Ganzen stand zur Regierung in Versailles.

An den dem 7. April folgenden Tagen wurden im Wesentlichen nur Geschützkämpfe beobachtet, welche im Westen und Süden von Paris stattfanden. In und bei Neuilly waren dagegen fast täglich Gefechte, die große Nähe der Gegner führte zu diesen häufigen Zusammenstößen. Die Versailler bemühten sich, Neuilly allmählich ganz in Besitz zu nehmen, erbauten einen Brückenkopf zur Sicherung gegen einen plötzlichen, überlegenen Angriff sowie für einen etwa nothwendig werdenden Rückzug; sie litten jedoch unter dem Artilleriefeuer der Aufständischen. Diese hielten am rechten Seine-Ufer noch Asnières und Becon Château fest. In der Nacht vom 10. zum 11. versuchten Theile des 1. Korps Becon Château zu nehmen, der Angriff mißglückte jedoch.

Der Delegirte des Krieges, General Cluseret, glaubte aus den Vorgängen am 3. April, von denen er den Rückzug eine „débâcle" nennt, den Schluß ziehen zu müssen, daß vor Allem eine Reorganisation der Nationalgarde nothwendig, „mit solchen Truppen nichts, mit solchen Menschen Alles möglich sei"; die Leute seien im Allgemeinen gut gewesen, die Offiziere jedoch hätten ihre Pflicht nicht gethan oder nicht gekannt. Ohne Organisation, schlecht bewaffnet, mangelhaft bekleidet, sei die Infanterie in einem Zustand der Demoralisation besonders in disziplinärer Hinsicht gewesen, von welchem man sich keine Idee habe machen können.*)

Die Artillerie habe sich geweigert, außerhalb der Befestigungen Dienst zu thun, außerdem noch einem Spezialkomitee gehorcht. Rossel, ein Ingenieuroffizier der Armee, der desertirt war, um sich der Kommune zur Verfügung zu stellen, Republikaner, ein Mann von Talent und Kenntnissen, aber in hohem Maße ehrgeizig, „von dem Gedanken beherrscht, den Bonaparte zu spielen",**) wurde zum Chef des Generalstabes ernannt.

*) Cluseret, a. a. O., I, S. 45, 49. — **) Ebenda S. 57.

Unter dem 4. April ordnete Cluseret die Wiederaufstellung von Marsch-Kompagnien an. In die aus vier Kompagnien gebildeten „Kriegs-Bataillone“ sollten alle Bürger vom 17. bis 35. Lebensjahre, die nicht verheirathet waren, alle verabschiedeten früheren Mobilgarden und Freiwilligen eingestellt werden. Durch diese Scheidung der Nationalgarde in eine mobile, aktive Truppe und einen nicht im freien Felde zu verwendenden Theil hoffte Cluseret, sich eine Elitetruppe von über 100 000 Mann zu schaffen. Die Bataillone eines jeden Stadtbezirkes bildeten zusammen eine Legion. In einem Bericht vom 5. April an die Exekutivkommission sagte er, daß der Zweck für den unvermutheten Angriff der Versailler dahin zu gehen scheine, die Bevölkerung von Paris in Schrecken zu setzen, die Nationalgarde ihre Munition verschwenden zu lassen und eine Bewegung für die Besetzung der auf dem rechten Seine-Ufer gelegenen Forts zu verbergen. Die Haltung der Bevölkerung sei jedoch eine ruhige und würdige geblieben, allerdings sei Munition verschwendet worden, die jungen Soldaten gewönnen aber täglich an Kaltblütigkeit; was den dritten Punkt anbeträfe, so hinge derselbe mehr von den „Prussiens“ ab als von den Parisern. „Néanmoins, nous veillons!“ Diese Ansicht erklärt die Bemühungen der Kommune, sich zu dieser Zeit durch Verhandlungen mit uns Deutschen in den Besitz der Forts zu setzen. Aus dem Bericht dürfte noch von Interesse sein, daß Cluseret sagt: „Die »Prussiens de Versailles« halten die Stellungen ihrer Genossen jenseits des Rheins. Im Ganzen ist unsere Lage die von Leuten, welche, auf ihr Recht gestützt, geduldig einen Angriff abwarten und sich mit einer Vertheidigung begnügen.“*)

Am 7. April hält es Cluseret für nöthig, auf die lächerliche Sucht nach Tressen, Stickereien und Achselschnüren, welche sich in der Nationalgarde breit mache, hinzuweisen. Jeder Offizier, welcher mit Unrecht die Abzeichen eines höheren Grades sich anlege oder die vorgeschriebene Uniform mit Stickereien und anderem Tand versehen würde, solle disziplinarisch bestraft werden.**)

---

*) „Documents publics“, II, 71. — **) Ebenda S. 72.

Die Maßregeln Cluserets, um Ordnung in die Nationalgarde zu bringen, sie kriegstüchtiger zu machen, gefielen einem großen Theil derselben nicht, wenigstens müssen Viele den Versuch, sich dem Dienste zu entziehen, gemacht haben, da die Kommune am 6. April anordnete, solche Leute sofort zu entwaffnen, ihnen die Löhnung zu entziehen und ihnen das Bürgerrecht zu nehmen.

An dem nämlichen Tage bezeichnet sie den Grad eines Generals als unvereinbar mit jeder demokratischen Organisation, bestimmt, daß derselbe fortfallen solle, und ernennt auf Antrag Cluserets den Bürger Ladislaus Dombrowski, einen Polen, an Stelle des für ein anderes Amt bestimmten Bürgers Bergeret zum Kommandanten von Paris. In Ausführung dieses Befehls der Kommune ordnete Cluseret am 8. April an, daß sämmtliche auf Bewegungen von Truppen zielenden Befehle von nun an von Dombrowski auszugehen hätten; eine weitere Bestimmung von demselben Tage übertrug Dombrowski den Vorsitz einer „Kommission zur Errichtung von Barrikaden".

Wiederholt hatten unsere Vorposten in den Nächten Lärm in Paris, das Schlagen von Tambours oder Signale auf Hörnern vernommen. Am 9. April lasen wir in der Zeitung „La Commune" einen Befehl Cluserets: „Seit einigen Tagen herrscht eine große Unordnung in einigen Stadtbezirken; man könnte glauben, daß bezahlte Agenten aus Versailles die Nationalgarden ermüden und desorganisiren wollen. Man schlägt in der Nacht Generalmarsch, Appell wird ohne Ueberlegung geblasen, Niemand weiß mehr, worauf er hören soll, aber Niemand bekümmert sich auch mehr um diese Signale; die Armee, die Hoffnung und das Heil des Volkes, ist auf dem Punkte, bei ihren Triumphen zu scheitern. Nur auf meinen Befehl oder den der Exekutivkommission darf Generalmarsch geschlagen werden. . . . . Aber dies ist noch nicht Alles! Trotz meiner bestimmten Befehle vermindert ein fortwährendes Schießen unsere Bestände an Munition, ermüdet die Bevölkerung und erregt sie andererseits . . . . seien wir stark, seien wir ruhig! . . . Danton verlangte von unseren Vätern Kühnheit, noch einmal Kühnheit, immer Kühnheit.

Ich verlange von Euch Ordnung, Disziplin, Ruhe und Geduld, die Kühnheit ist dann leicht. In diesem Augenblick aber ist sie strafbar und lächerlich!"*)

Dieser Befehl warf ein Licht auf die Zustände in Paris.

Aus den Aufzeichnungen Cluserets geht hervor, in welchem Maße er bei der Durchführung seiner Pläne behindert wurde. Die Umformung der Armee von Versailles, die Nothwendigkeit für die dortige Regierung, den Beginn des Angriffs von dem Eintreffen der schweren Marinegeschütze abhängig zu machen, gewährte Cluseret zwar eine Frist für den Beginn seiner Arbeiten, er fand jedoch in Paris selbst die größten Hemmnisse für die Vollendung seines Werkes. Ungehorsam und Unkenntniß der ihm Untergebenen, Unordnung in der Verwaltung durch die Intendantur, Mangel an Unterstützung durch die Kommission für die öffentliche Sicherheit, „welche nie das that, was sie thun mußte, aber stets das, was sie hätte vermeiden müssen",**) so daß sich die Zahl derjenigen mehrte, welche sich dem Dienst entzogen, Trägheit der Kommunemitglieder, Uebelwollen des Comité central hinderten ihn und zwangen ihn, oftmals in Dingen nachzugeben, welche ungünstig auf die Durchführung seiner Pläne wirkten.***)

Selbst aus der Nationalgarde hervorgehende Einsprüche gegen seine Befehle und Anordnungen mußte er sich gefallen lassen. So änderte er widerwillig seine Bestimmung über den Dienst in den Kriegs-Kompagnien dahin ab, daß derselbe vom 17. bis 19. Jahr freiwillig, vom 19. bis 40. Jahr obligatorisch sein solle; er ersuchte dabei gleichzeitig die Bürger, selbst die Polizei in ihren Bezirken in die Hand zu nehmen, um die Säumigen zum Dienst anzuhalten.

Auf deutscher Seite war für die Departements der Seine und alle übrigen von den Truppen der Dritten Armee besetzten Landestheile der Belagerungszustand am 6. April verhängt worden.

Nach einer Mittheilung, welche dem General Fabrice zugegangen war, sollten die Aufständischen am 3. April über die Eisenbahnbrücke bei Chatou auf das rechte Seine-Ufer über-

*) Auch „Documents publics", II, 73. — **) Cluseret, a. a. O., I, 69. — ***) Jules Simon, a. a. O., I, 354.

gegangen sein und von dort aus Bougival unter Artilleriefeuer genommen haben. General Graf Moltke ersuchte das Oberkommando der Dritten Armee, die Richtigkeit dieser Thatsache, welche gegen den Präliminarvertrag verstoßen würde, feststellen zu lassen. Die 1. Garde-Division erhielt den Auftrag, die nöthigen Nachforschungen nach dem wirklichen Sachverhalt anzustellen und das Ergebniß zu melden.

General v. Pape berichtete, daß nach seinen eigenen, von dem Moulin d'Orgemont bei Sannois am 3. April während des Gefechtes bei Rueil aus stattgefundenen Beobachtungen jene Mittheilung eine nicht zutreffende sei; nur Flüchtlinge könnten die Seine bei Chatou überschritten haben, wie auch Zeitungen erwähnt hätten. Patrouillen zur näheren Feststellung der Vorgänge am 3. April auf die Halbinsel Sartrouville, Croissy, Argenteuil seien mit Rücksicht auf die der Division als Südgrenze zugewiesene Linie La Frette—Epinay nicht vorgeschoben worden. Das Oberkommando gab von diesem Bericht dem General Graf Moltke Kenntniß und telegraphirte der 1. Garde-Division, daß das Absenden von Patrouillen auf die genannte Halbinsel stattfinden könne und zweckmäßig erscheine.

Gewaltsame Requisitionen seitens der Kommune durch bewaffnete Nationalgarden in Magazinen, welche sich auf neutralem Boden zwischen St. Denis und Paris befanden, veranlaßten den General v. Pape am 9. April, dem Oberkommando über diese Vorgänge zu berichten. Er theilte mit, daß er einem Generalstabsoffizier der Kommune, welcher Erkundigungen habe einziehen wollen, ob auf das Schreiben des Delegirten des Aeußern vom 4. April noch keine Antwort eingetroffen sei, die Fälle mitgetheilt und demselben eröffnet habe, daß, von Entschädigungsforderungen abgesehen, das Herauskommen von Bewaffneten aus Paris ein Friedensbruch sei, bei dessen Wiederholung ohne weitere Benachrichtigung das Feuer auf Paris aus sämmtlichen Batterien eröffnet werden würde. General v. Pape bat um Genehmigung dieser Maßregel auf telegraphischem Wege, da sie stündlich praktisch werden könne. Schließlich wies der General auf den Uebelstand hin, daß den Franzosen, unter allerdings anderen Verhältnissen, vom 9. März ab die Besetzung von St. Ouen gestattet worden sei; nunmehr befänden sich Pariser Nationalgarden an diesem Ort; vielleicht dürfe die vorliegende Angelegenheit Veranlassung geben, die Räumung zu veranlassen, was wohl auch im Interesse der Versailler Regierung liegen möge.

Nachdem eine Depesche des Oberkommandos die beabsichtigte Anwendung von Waffengewalt gutgeheißen hatte, traf am nächsten Tage das folgende Schreiben aus dem Hauptquartier des Oberkommandos der Dritten Armee, Compiègne, ein:

„Euer Excellenz werden in der Anlage ein Schreiben an den zeitweiligen Kommandanten von Paris zur sofortigen Weiterbeförderung mittelst Parlementär und Abschrift dieses Schreibens zur Kenntnißnahme mitgetheilt.

Euer Excellenz werden demnach ermächtigt, jedes erneute Betreten der neutralen Zone durch bewaffnete Abtheilungen der Kommune unter Anwendung aller Waffen zurückzuweisen. Es ist jedoch das eigentliche Bombardement von Paris erst auf diesseitigen Befehl aufzunehmen.

Auch erscheint es wünschenswerth, daß unsererseits die neutrale Zone nicht zuerst betreten werde. Es ist daher das Abschicken von Patrouillen in dieselbe zu vermeiden und durch andere geeignete Mittel sich rechtzeitig Kenntniß von einem etwaigen jenseitigen Vorgehen zu verschaffen. Dem Generalkommando des Gardekorps ist Mittheilung von vorstehender Verfügung gemacht worden."

Das Schreiben an den zeitweiligen Kommandanten von Paris lautete:

„H. Q. Compiègne, 10. April 1871.

Am 4. d. Mts. haben Abgesandte der Kommune von Paris, unterstützt durch bewaffnete Nationalgarden, Requisitionen in dem Terrain zwischen der Enceinte von Paris und St. Denis ausgeführt, welches Terrain nach der Konvention vom 6. März d. Js. zur neutralen Zone gehört.

Es ist dies ein Bruch der Ausführungsbestimmungen zu den Friedenspräliminarien, und sind die deutschen Truppen angewiesen worden, jedem neuen Versuch zum Betreten der neutralen Zone mit Waffengewalt entgegenzutreten. Auch wird ein etwaiger Versuch, die Position von St. Ouen mit Geschützen zu armiren, ebenso aufgefaßt werden, als wenn der gegen die Stellung der deutschen Truppen gelegene Theil der Enceinte von Paris armirt würde. Es würde dies also einen Bruch der Friedensprälimi-narien konstatiren, bei welchem das diesseitige Oberkommando in Gemäßheit des Schreibens vom 21. März d. Js. verfahren und sofort die Feindseligkeiten beginnen würde."

General Cluseret erwiderte auf diese Zuschrift sogleich am 11. April: „General! In Beantwortung der Klagen, welche mir zugingen, halte ich es für meine Pflicht, Sie wissen zu lassen:

1. daß die Absichten der Kommune dahin gehen, die bereits getroffenen militärischen Festsetzungen zu respektiren;

2. daß in dem Zustand der Desorganisation, in welchem ich die militärischen Angelegenheiten hier gefunden habe, es nicht zu verwundern ist, daß bedauernswerthe Handlungen vorgekommen sind und auch noch vorkommen können;

3. ich gebe die ernstesten Befehle, um Ihren Einsprüchen gerecht zu werden;

4. was die Armirung der Wälle anbetrifft, so weiß ich, daß nach Osten, der von den deutschen Truppen besetzten Seite, nichts geschehen ist, nach West und Süd jedoch, wo wir ungerechterweise von der Regierung zu Versailles angegriffen werden, dort sind wir gezwungen, uns zu vertheidigen. Möge diese Regierung uns doch in Ruhe lassen und uns nicht angreifen. Aber wenn sie uns zu leben verhindern will, so werden wir unser Möglichstes thun, um sie uns vom Halse zu schaffen. Mit einem Wort, wir wollen mit aller Welt in Frieden leben, mit Ihnen wie mit Anderen, aber unabhängig, und wenn man uns angreift, vertheidigen wir uns."

Eine Armirung gegen Norden oder die von St. Ouen berührte Cluseret mithin überhaupt nicht. Im Uebrigen erinnerte derselbe in einer Schrift vom nämlichen Tage, dem 11. April, die Nationalgarde an das Verbot, mit Waffen die neutrale Zone zu betreten, „die Prussiens führen selbst die Konvention streng durch und verlangen ein Gleiches von uns; sie sind in ihrem

Recht, welches wir zu beachten haben; ich ersuche daher die Nationalgarden, in der neutralen Zone nicht bewaffnet spazieren zu gehen".

Unter dem 8. April beantwortete der General v. Schlotheim das an ihn ergangene Schreiben des Generals Grafen Moltke:

„Euer Excellenz geehrtes Schreiben vom 4. d. Mts. ist mir durch einen nach Tergnier*) entgegengeschickten Feldjäger heute Vormittag überbracht worden. Die von Euer Excellenz darin ausgesprochenen Ansichten über den politischen Theil unserer Aufgabe werden vollständig hier getheilt, und ist auch ganz in diesem Sinne bisher hier gehandelt worden.

Unser Telegramm vom 5. erwähnte bereits einer Anfrage der Pariser Regierung in Betreff der Auslieferung der Nord- und Ostforts. Der betreffende Parlementär war vom Fort Charenton mit seinem Auftrage nach St. Denis verwiesen worden. Am selben Tage (4.) abends hatte ein Offizier an General v. Pape den in Abschrift beigefügten Brief übergeben. Das Schreiben ging am 5. hier bei uns ein und ist originaliter dem General v. Fabrice übersandt worden. Von uns ist jede Antwort abgelehnt worden; ich halte die ganze Anfrage für einen Fühler, ob die Zeitungsnachricht — die ersten 500 Millionen seien bereits bezahlt — wahr sei oder nicht.

Seit dem 2. April, an welchem Tage die Feindseligkeiten begonnen haben, ist täglich der Kampf fortgesetzt worden, ohne daß bis jetzt, am 7. Tage, nennenswerthe Resultate erreicht worden sind. Immerhin ist es aber gut, daß die Versailler Truppen sich schlagen; je länger sie das thun und je mehr Blut geflossen, um so weniger ist ihr Uebertritt zu den Aufständischen zu befürchten. Die Nachrichten, die bis gestern Abend eingegangen sind, haben Ew. Excellenz durch das Telegramm vom 7. abends erhalten. Heute früh 2 Uhr hat das Geschützfeuer wieder begonnen; es scheint heute bei Sèvres und Neuilly gefochten zu werden. Die neueste soeben eingehende Pariser Zeitung, die bisher stets richtige Nachrichten gebracht, füge ich bei. Daß Marschall Mac Mahon

*) Bei La Fère.

den Oberbefehl, General Ladmirault ein Divisionskommando übernommen haben soll, wissen wir nur aus den Zeitungen; von General Fabrice hatten wir Nachrichten, danach schien Faidherbe den Oberbefehl zu führen; Clinchant soll die Truppen in und bei Cambray reorganisiren. Von Montrouge aus kann Paris noch nicht bombardirt worden sein, denn mit Ausnahme des Mont Valérien sind sämmtliche Südforts noch im Besitz der Pariser. Der einzige Fortschritt, den die Versailler gemacht haben, scheint darin zu bestehen, daß sie Courbevoie, Puteaux und Suresnes bleibend besetzt haben und mit einzelnen Abtheilungen in das Bois de Boulogne vorgedrungen sind.

Am 29. v. Mts. war ich in Rouen bei General v. Fabrice, der mir mittheilte, daß General Valdan tags vorher geäußert habe, daß man den Hauptangriff von Courbevoie nach Port Maillot zu unternehmen beabsichtige. Die Gefechte — wenn auch bisher meist nur Artilleriegefechte — scheinen dieses zu bestätigen.

Daß die Ansammlung von 100 000 Mann vor Paris ihre gefährliche Seite für uns hat, ist uns nicht entgangen; denn bei einem ernsten Echec der Versailler Partei ist eine Vereinigung der Armeen vor und in Paris nicht unmöglich; ich glaube, daß wir diesen Fall am schärfsten ins Auge fassen müssen, da ich den Fall, daß die Regierung unsere Hülfe in Anspruch nehmen sollte, nicht für wahrscheinlich halte.

Die von uns besetzten Forts sind neuerdings auf 10 Tage verproviantirt worden; in denselben befinden sich 164 Geschütze in Position, die zum Theil mit 100, zum Theil sogar mit 500 Schuß versehen sind.

Die Konzentrirung der Armee hinter den Forts ist am zweiten Tage mittags vollendet, und zwar in nachstehender Weise (folgt die Angabe der einzunehmenden Standorte).

Nach Konzentrirung der Armee würde man mit Hülfe der Forts Romainville und Noisy sich wohl der von Pantin und Romainville hineinführenden Thore bemächtigen können, um so zur Besetzung der Butte de Chaumont zu gelangen. Leider stehen uns nur noch wenig Belagerungsgeschütze — außer den in den

Forts placirten — zur Verfügung, um das Bombardement recht wirksam eintreten lassen zu können. Oberst Bartsch ist über alles noch vorhandene Material zum Bericht aufgefordert worden. (Geht soeben ein: 38 lange, 19 kurze 24 Pfünder, 5 12 Pfünder, zusammen 62 Geschütze). Neben einem Bombardement muß aber jedenfalls eine enge Einschließung — Entziehung der Lebensmittelzufuhr — sofort wieder beginnen, weshalb die Erste Armee die Einschließung im Süden so schleunig als möglich bewerkstelligen müßte.

Warum wir nicht schon im jetzigen Stadium, im stillschweigenden Einverständniß mit der Versailler Regierung, den Parisern die Proviantzufuhr en gros mittelst des Eisenbahn- und Wassertransports abschneiden, will mir nicht einleuchten; es wäre eins der sichersten Mittel, sie zur Raison zu bringen . . . .

Wenn General v. Fabrice von Rouen nach Pontoise, also näher hierher, käme, ließe sich Manches vielleicht schneller und mehr Hand in Hand — was doch durchaus nothwendig ist — abmachen. gez. von Schlotheim,

Generalmajor und Chef des Generalstabes der Dritten Armee.

Seine Königliche Hoheit der Kronprinz von Sachsen hat mir für Euer Excellenz viele Empfehlungen aufgetragen."

Es dürfte von Interesse sein, hier noch ein Schreiben des Generals Grafen Moltke an den Fürsten Bismarck mitzutheilen, dessen Inhalt einerseits von der Umsicht des Generals, andererseits von dessen Ansichten über einen vielleicht jetzt erfolgenden, jedoch nicht andauernden Frieden zwischen Versailles und der Kommune zu Paris Kunde giebt:

„H. Q. Berlin, 7. 4. 1871.

An
den Kanzler des Deutschen Reiches
Fürsten Bismarck
Durchlaucht.

Trotz der in den letzten Tagen für die Truppen des Gouvernements von Versailles günstig ausgefallenen Kämpfe dürfte der Fall nicht auszuschließen sein, daß Herr Thiers, um einem

Entscheidungskampf in Paris aus dem Wege zu gehen, sich zu einer friedlichen Vereinbarung mit den Insurgenten herbeiläßt.

Meinem unvorgreiflichen Dafürhalten nach wäre es nothwendig, daß für diese Eventualität unsererseits das bestimmte Verlangen auf Entwaffnung und Auflösung der seit dem Herbst v. Js. formirten Nationalgarde gestellt würde. Es könnte dann dem zeitigen Gouvernement die dauernde Verstärkung der Garnison von Paris auf 80 000 Mann Linientruppen zugestanden werden. Ich würde hierin vom militärischen Standpunkte aus eine größere Sicherheit für die prompte und loyale Ausführung der bisher seitens Frankreichs eingegangenen Verpflichtungen erblicken, als wenn auf dem Wege eines unzureichenden Kompromisses momentan der Friede zwischen dem Gouvernement von Versailles und den Insurgenten von Paris hergestellt würde. Letztere dürften gewiß geneigt sein, den Versuch zur Durchführung ihrer Ideen zu erneuern, sobald die deutschen Truppen nach Abschluß des Definitivfriedens und der Zahlung der ersten halben Milliarde die Umgegend von Paris verlassen haben werden.

Eine Wiederholung des Aufstandes würde uns dann in weniger günstig militärischer Lage treffen als jetzt und voraussichtlich eine weitere erhebliche Verzögerung in der Ueberführung der Armee vom Kriegs- auf den Friedensstand zur Folge haben.

Hiernach stelle ich Euer p. p. die weitere geneigte Erwägung ganz ergebenst anheim. gez. Graf Moltke."

Für uns Deutsche, die unfreiwilligen Zuschauer der Vorgänge, die wir uns um wenige Monate zurückversetzt wähnen konnten, wenn der Schall des Geschützkampfes zu uns herüberdrang, oder wenn weiße Rauchwolken im Südwesten von Paris an das Bild unserer eigenen Beschießung erinnerten, für uns mußte die Frage nach den inneren Zuständen in Paris von großem Interesse sein. Ganz abgesehen von der geschichtlichen Bedeutung dieser düsteren Ereignisse, hing von ihrer Erledigung und Dauer unsere eigene Zukunft ab. Die Armee sehnte sich nach der Heimath, was war deshalb natürlicher als die Begier, Nachrichten aus Paris zu erhalten. Zeitungen von dort waren leicht zu bekommen, trugen doch die Franzosen in St. Denis ein gleiches Verlangen, sie, für welche das Ende der Kommune auch die Befreiung von der deutschen Einquartierung bringen mußte. Neben der großen Zahl von Zeitungen, welche mit Muth und Kühnheit die Sache der Ordnung vertraten, bis ihnen der Mund durch das Machtgebot der „Freiheit bringenden“ Kommune verboten wurde, standen andere Blätter, deren sich die Kommune und ihre Anhänger bemächtigt hatten, um der Bevölkerung die Geschichte des Tages nach ihrer Art, die offiziellen Dekrete und Aufrufe sowie ein Allerlei von Nachrichten zum Nutzen und Frommen des Aufstandes zu bringen. Auch neue Blätter entstanden, wie „La Sociale“, „La Révolution“, der berüchtigte „Le Père Duchêne“ u. a. Sie alle boten Material zur Beurtheilung des Zustandes in Paris in Hülle und Fülle.

Da sahen wir vor Allem, wie eine Minderheit die Mehrheit der Bevölkerung beherrschte, leitete, ja knechtete. Es war dies für uns eine wunderbare, fast unverständliche Erscheinung, welche sich nur aus dem Charakter der Pariser Bevölkerung, der durch das Elend der vorangegangenen Einschließung gebrochenen Energie, dem Mangel an festem Zusammenschluß und kühner Führung aller Männer der Ordnung und vor Allem aus dem Gefühl der Ohnmacht der bewaffneten Nationalgarde gegenüber erklären ließ.

Die schlechtesten Leidenschaften gelangten zur Herrschaft. Die kommunistischen Blätter predigten nur Haß, Lüge und Frivolität. „Mit einem Schlage hat sich Thiers verhaßter gemacht als Bismarck, Napoleon, Louis Philipp, Karl X. Die »Prussiens« haben Paris belagert, das war eben der Krieg, wir hatten nichts zu sagen. Sie hatten unter uns weder Brüder, Frauen noch Kinder. Wir können sie hassen, wir vermögen sie aber nicht zu verachten. Bisher hat jede Regierung, welche von Paris vertrieben wurde, eingesehen, daß sie die schwächere war, und ist fortgegangen. Louis Philipp und Karl X. sind nach England geflohen. Sie hatten Truppen und waren auch im Stande, den Bürgerkrieg hervorzurufen. Wer hat Karl X. daran gehindert, Paris einzuschließen? Niemand! Was hat ihn zurückgehalten? Das Gewissen!“*)

*) „La Commune“, 2. April.

„Nach der berühmten Meldung des russischen Generals: »Ruhe herrscht in Warschau«, ist kein verabscheuungswertheres Wort gefallen als das, welches Thiers nach dem Kampfe bei Neuilly in seinem Rundschreiben an die Provinzen gesprochen: »Der moralische Eindruck ist ausgezeichnet.«

Wenn Jemand ihm sagen würde, daß die Batterien Seiner Excellenz den ganzen Tag gegen Courbevoie, Neuilly und Paris geschossen, Granaten derselben Mädchen einer Erziehungsanstalt getödtet haben, in welcher vielleicht das Kind eines Freundes Seiner Excellenz untergebracht sei, daß eine große Zahl Pariser durch das Feuer der Batterien ums Leben gekommen sei — er würde lächeln.

Wenn ein Zweiter ihn fragen würde: Französische Truppen haben die Offensive ergriffen, dank dem Verrathe Euer Excellenz glaubten sie, daß der Mont Valérien nicht auf sie schießen würde. Aber er schoß, und Ihre Mitbürger, Excellenz, fielen wie die durch den Sturm niedergeschlagenen Insekten; ist das gut? — »Sehr gut« würde er sagen.

Und ein Dritter träte ein: Das haben wir gut gemacht. Als wir die harmlos singenden Nationalgarden trafen, hatten wir zu ihrer Täuschung die Gewehre umgedreht. Als sie sich nun ohne Mißtrauen näherten, schossen wir auf sie. Dank den Prussiens, welche uns gelehrt haben, wie man gegen Franzosen kämpft! Kein Erbarmen für die Krankenwagen, für die Verwundeten, die Gefangenen! Ihren Offizieren schlagen wir die Köpfe herunter, wir spielen mit den Fetzen ihres Fleisches, denn diese Leute sind ja Franzosen! Bismarck wird ob solcher Thaten erfreut und wir stolz auf den Beifall unseres Besiegers sein! Was sagen Sie dazu, Excellenz?

Und der kleine Mann würde lächeln und sprechen: »Der moralische Eindruck ist ausgezeichnet!«"*) —

„Verschanzt in der Stadt der Königlichen Orgien, in dem Schloß, in welchem Marie Antoinette, Wollust auf den Lippen, die Garde du Corps, welche das Volk zu Boden schlagen

*) „La Commune", 6. April.

sollten, berauschte, spähen die Versailler wie Raubvögel nach uns hin!"*)

Die nämliche Zeitung, deren Redakteur das Kommunemitglied Jules Vallès war, warf der Regierung zu Versailles vor, die Freiheit der Presse nicht zu achten; ein Redakteur des „Radical" sei arretirt und vor ein Kriegsgericht gestellt worden, weil er in einem Aufsatz die Armee zur Theilnahme an dem Aufstande aufgewiegelt habe. Das ist es ja, was die „Ordnung" von dem „Umsturz" unterscheidet! Da sieht man die Nothwendigkeit, im Interesse des Vaterlandes, der Bevölkerung, eine scharfe Maßregel zu ergreifen, sieht, daß Freiheit noch lange nicht Zügellosigkeit der Presse bedeutet. Hier schreit man über solche Eingriffe, weil es für die Kommune unbequem ist, und — unterdrückt später tyrannisch selbst wirklich die Freiheit der Presse!

Der Haß gegen Versailles schien nach den Nachrichten aus Paris dort größer zu sein als der gegen uns. Letzterer wird als ein gerechter bezeichnet, nichts sei rechtmäßiger als ein Wuthschrei gegen Alles, was „Prussien" heiße, aber dieser Haß solle — auf die Kinder übergehen, bis sie stark genug seien, um selbst Rache zu üben. — „Eine Mutter fällt, durch einen Granatsplitter getroffen. Ihr Kind, ein Püppchen von 5 bis 6 Jahren, beugt sich zur Mutter herab und ruft schluchzend aus: »Die Preußen hätten Mama nicht weh gethan!«"**) — Und neben dem Haß die Lüge, die bewußte Lüge: Versailler Gendarmen und Polizisten sollen, als Nationalgarden verkleidet, auf uns geschossen haben. Eine Abtheilung Liniensoldaten sei als Vertreter eines ganzen Regiments, dem es gelungen sei, Paris zu erreichen, um gemeinsame Sache mit der Kommune zu machen, vor dem Stadthause erschienen. Diese Mittheilung sollte den Muth der Anhänger der Kommune heben, bezw. die noch Schwankenden fesseln. Acht gefangene Nationalgarden seien mit einer wahrhaft barbarischen Grausamkeit ermordet, der eine derselben sei noch lebend an den Schweif eines Pferdes gebunden, einem zweiten der Bauch aufgeschlitzt, der Rest auf der Stelle erschossen

*) „Le Cri du peuple", 3. April. — **) „La Commune", 8. April.

worden. Einwohner von Courbevoie hätten zwei verwundete Nationalgarden bei sich gepflegt; fünf Polizisten aus Versailles hätten aus diesem Grunde den Samariter nebst seiner Frau und zwei Töchtern erschossen, die Verwundeten dann erdrosselt. Dieses Blut schreie nach Rache! — Unter zwölf bei Courbevoie gefangenen und füsilirten Nationalgarden habe sich auch ein Knabe von 14 Jahren befunden.

Von dem 58. Regiment der Linie, welches am 3. April sich geweigert habe, auf die Nationalgarde zu schießen, sei der zehnte Mann füsilirt worden, 130 Mann wären infolgedessen getödtet.

„Diese Lügen von Mordthaten der Versailler müssen ja das Blut der Leichtgläubigen zu einer Siedehitze bringen, deren Folge nicht abgesehen werden kann"; schrieb ein deutscher Offizier aus St. Denis nach der Heimath.

Und die Kommune selbst feuerte Haß und Wuth immer stärker an: „Bürger! Das »Journal officiel de Versailles« enthält Folgendes: »Einige als Angehörige der Armee erkannte Leute sind mit den Waffen in der Hand gefangen genommen und auf Grund der Strenge der militärischen Gesetze, welche die ihrer Fahne untreuen Soldaten trifft, erschossen worden.«

Dieses entsetzliche Geständniß bedarf keiner weiteren Auslegung. Jedes Wort schreit nach Rache, nach Gerechtigkeit! Sie wird nicht ausbleiben. Die Heftigkeit unserer Feinde beweist ihre Schwäche. Sie morden, wir kämpfen, die Republik wird siegen!

Paris, 7. April 1871.

Die Exekutivkommission."*)

Es war nicht ungeschickt, der Pariser Bevölkerung einzureden, daß die Nationalversammlung die Wiedereinsetzung eines Königs plane. Am 4. April ruft „La Commune" in einem Artikel: „Wenn der König, welchen die Ungeheuer von Royalisten in Versailles hinter den Koulissen halten, wirklich in Paris einziehen würde, so fände er dort die Wuth, die Verzweiflung, den Tod und rauchende Trümmer!"

Und neben dem düsteren Ernst dieser Prophezeiung, welche

*) „Documents publics", I, 70.

mit Ausnahme des Einzuges eines Königs Wahrheit werden sollte, die komische Mittheilung: „Ein Redakteur des »Mot d'ordre« hat das Stück einer auf uns von den Versaillern abgegebenen Granate gesehen, welche zweifellos preußischen Ursprungs ist." — „Die Bayern und Preußen stehen schlecht miteinander. Vorgestern haben sie sich mit Messern bekämpft. Heute ist der Streit im Fort Charenton fortgesetzt worden, zwei preußische Soldaten wurden getödtet."*)

Und zur Lüge trat die Gotteslästerung.

In den Zeitungen wurde bereits viel von dem Widerstreit zwischen der Kommune und dem Comité central gesprochen, der natürlich von Blättern wie „La Commune" geleugnet wurde. Obwohl das Comité central von der Leitung der Angelegenheiten öffentlich zurückgetreten war und diese in die Hände der Kommune gelegt hatte, blieb es als Nebenregierung doch bestehen. Es erließ Aufrufe und Dekrete, in denen es sich an Stelle der Kommune setzte; solche ergingen sowohl an die Nationalgarde wie auch an die ganze Bevölkerung von Paris. So rief das Komitee am 5. April der Bürgerschaft zu: „Das Glück des Landes, die Zukunft der ganzen Welt liegt in Euren Händen! Täuscht Euch nicht, Arbeiter! Dies ist der große Kampf zwischen Schmarotzerthum und Arbeit, Ausbeutung des Menschen und Fertigstellung der Waare. Das Centralkomitee hat das Vertrauen, daß die heldenmüthige Pariser Bevölkerung sich unsterblich machen und die Welt neu gestalten wird!"**)

„Le comité central était plus qu'une gêne, c'était un danger."***)

Und neben diesem noch eine Reihe anderer Komitees und Verbindungen, die sich an der Leitung der Geschäfte zu betheiligen suchten, so daß die Kommune sich beispielsweise auf Antrag Cluserets gezwungen sah, die Unterkomitees der Stadtbezirke, welche sich in die militärischen Angelegenheiten einmischten, aufzulösen.

Einen Brief Garibaldis, vom 28. März aus Caprera datirt,

*) „Cri du peuple", 9. April, 10. April. — **) „Documents publics", II, 50. — ***) Jules Simon, a. a. O., I, 416.

brachten die Zeitungen. Garibaldi dankt in diesem an die Nationalgarde gerichteten Schreiben für die Ehre seiner Ernennung zum Oberbefehlshaber. Er lehnt diese Stellung ab und weist darauf hin, daß die verschiedenen Gewalten in Paris sich nicht würden einigen können, man solle einen Mann, zu dem man Vertrauen habe, an die Spitze stellen, diesem aber freie Hand lassen.

Paris hatte ja auch einen Delegirten der auswärtigen Angelegenheiten, Paschal Grousset. Derselbe hatte den Vertretern der fremden Mächte in Paris die Errichtung der Kommuneregierung angezeigt und, sich ganz als Minister des Auswärtigen für Frankreich fühlend, die Vertreter ersucht, hiervon ihren betreffenden Regierungen Kenntniß zu geben, auch denselben den Wunsch der Kommune für Aufrechthaltung der brüderlichen Beziehungen, welche das Volk von Paris mit dem von N. einige, auszusprechen. Das Bestehen eines solchen „Ministers des Auswärtigen" mußte aber auch der großen Masse als etwas Nothwendiges dargestellt, Erfolge seiner Thätigkeit mußten wenigstens angedeutet werden. Und so brachten die Zeitungen der Kommune wiederholt Auszüge aus Tagesblättern fremder Länder, welche über das wachsende Vertrauen des Auslandes berichteten oder Angriffe gegen die Regierung zu Versailles enthielten. Die Pariser sollten glauben, daß man sich nicht nur außerhalb der Stadt, sondern auch außerhalb Frankreichs für die Kommune interessire. „La Commune" stieß dennoch am 9. April den Nothschrei aus: „Paris steht allein gegen Alle! Nicht ein einziger Verbündeter! Rings umher drohende Feinde! Außerdem die Preußen! Aber sprechen wir von ihnen nicht, da sie sich ruhig verhalten, und weil nach ihrer Seite hin nichts geschehen konnte, als was geschehen ist. Ihre Anwesenheit ist aber nichtsdestoweniger einer der schwersten Vorwürfe der Provinz gegen die Revolution von Paris."

Sobald es nur irgend thunlich war, sollte Paschal Grousset sogar Gesandte bei den verschiedenen Staaten Europas, insbesondere bei den „Prussiens" ernennen. Bei diesen, sobald man die Haltung dieser Macht gegenüber der Kommune kennen gelernt habe. Vorläufig ernannte der Herr Delegirte des Aeußern seinen Schneider zum Bibliothekar des Ministeriums.*)

Die Besprechungen über eine Versöhnung zwischen der Regierung zu Versailles und Paris mehrten sich in den Zeitungen. Das Comité central hatte jedoch kein Interesse an der Beilegung des Zwistes, siegesgewiß wie es war, erschienen ihm die Feindseligkeiten nur erwünscht.*) Hatte es doch schon lange vor dem 18. März die Anhänger der Regierung als Feinde behandelt, in einigen Bezirken der Stadt die Führer für die Nationalgarden bestimmt, ja sogar besondere Loosung und Feldgeschrei täglich ausgegeben.**) Die Exekutivkommission leistete hierin dem Comité central Beistand. Von Haß und Feindseligkeit gegen die Männer in Versailles erfüllt, bezeichnete die Kommission am 6. April die Vermittelungsversuche als eine Maske der Reaktion, einen Verrath, verbot eine für diesen Tag angesetzte Vereinigung zur Besprechung über die zu ergreifenden Mittel für einen Ausgleich und bedrohte alle derartigen Kundgebungen mit strenger Strafe.***)

„Le Vengeur“, das Blatt F. Pyats, eines der gefährlichsten Mitglieder der Kommune, sowie der Exekutivkommission im Besonderen, schreibt unter dem 21. Germinal an 79 (10. April 1871), die Freimaurer hätten eine Ansprache an die Mitglieder der Kommune veröffentlicht, in welcher sie im Namen der Menschlichkeit, der Brüderlichkeit und des verwüsteten Vaterlandes bäten, dem Blutvergießen ein Ende zu machen. In ähnlicher Weise habe sich auch die „Union républicaine pour les droits de Paris“ geäußert. Der „Vengeur“ bezeichnet es als einen Fehler, daß die Freimaurer ihre Bitte an die Kommune gerichtet hätten, sie möchten sich doch an die Nationalversammlung, welche die Schuld an dem Streite trüge und auf deren Seite das Unrecht läge, wenden.

Die Haussuchungen und Verhaftungen in der Stadt fanden auch fernerhin in großer Zahl statt, dagegen bringen die Zeitungen öffentliche Lobpreisungen einzelner Bataillone der Nationalgarde

*) Maxime du Camp, a. a. O., IV, 24, 16. — **) Ebenda IV, 6. — ***) „Documents publics“, I, 44.

über die Haltung in den Kämpfen gegen „die Mörder“. „Euch Bürgern“, ruft die Exekutivkommission unter dem 4. April den Parisern zu, „verbleibt die unvergängliche Ehre, Frankreich und die Republik gerettet zu haben, Euch aber, Ihr Nationalgarden, beglückwünscht die Kommune und erklärt, daß Ihr Euch um die Republik hoch verdient gemacht habt.“

Sie hatten viel gelernt von den Männern des 4. September.

Trotz aller Lobhudeleien und Ansprachen der Kommune entzogen sich viele Dienstpflichtige der Einstellung; die Weiber ergriffen das Wort. Der „Vengeur“ vom 7. April veröffentlichte ein Schreiben der „Bürgerinnen des 13. Bezirks“: „Die Unterzeichneten, Familienmütter, deren Männer gegen Versailles gerückt sind, um die Rechte der Kommune zu vertheidigen und zu sichern, protestiren gegen die Feiglinge, welche, die Gefühle der Ehre und der Vaterlandsliebe mißachtend, sich nicht allein damit begnügen, sich zu verstecken, wenn ihre Brüder das mit Füßen getretene Paris rächen, sondern sogar die guten Bürger, welche ihre Pflichten auf Kosten ihres Lebens erfüllen, zu verhöhnen wagen. Wir fordern, daß diese Feigen zum Dienst gezwungen, im Weigerungsfall aber verhaftet und öffentlich gebrandmarkt werden.“

Die Unterbrechung des Postdienstes infolge der Anordnungen der Regierung zu Versailles sowie das Schließen der Thore seitens der Kommune beunruhigte die Einwohner im hohen Grade. Sie fühlten eine neue Einschließung wie zur Zeit der deutschen Feindseligkeiten; der Mangel jeglicher Nachricht aus der Provinz ist für den lebhaften Pariser besonders empfindlich, ja zur Zeit war er fühlbarer als die drohende Vertheuerung der Lebensmittel. „La Commune“ benutzt diese Stimmung geschickt, um zu hetzen: „Die Herren Finanzleute zu Versailles wissen sehr wohl, daß diese Maßregel den Ruin des Handels herbeiführt. Sie begehen dieses Verbrechen nur, um einst stolz sagen zu können: »Seht, Ihr Kaufleute, die Kommune war es, welche Eure Bankrotte verursachte!«“

Am 7. April verbrannten Nationalgarden eine Guillotine auf der Place Voltaire. Rochefort sagte hierzu, daß der Gedanke sowohl wie die Wahl des Platzes gut seien, aber an Stelle des Beils sei das Gewehr getreten, man müsse die Todesstrafe abschaffen.

Eine größere Zahl der am 26. März gewählten Mitglieder für die Kommune legte ihr Amt nieder. Zur Begründung wurde besonders angeführt, daß der durch die Wahl gewordene Auftrag nur die Sicherung der munizipalen Freiheit im Auge gehabt habe, die Männer im Stadthause jedoch eine politische Rolle spielten und hiermit die ihnen durch das Mandat gezogenen Grenzen überschritten.

Im Stadthause herrschte stets Lärmen und Unruhe. Die Gänge und Treppen waren mit Nationalgarden angefüllt, meist am Vormittag hielt hier die Kommune ihre Sitzungen. In den Höfen wurden Lebensmittel und Wein an die Nationalgarden vertheilt, Kaffeeverkäufer fand man dort, auch an anderen Stellen des Regierungsgebäudes, ja vor dem Sitzungssaale selbst. Die Treppen waren höchst unsauber, aber auf dem Gebäude flatterte die rothe Fahne.*)

„Alle diese neuen Beamten hatte die Lust, gut zu essen und zu trinken, ergriffen. Das Mittagsmahl im Stadthause dauerte ins Unendliche, weil sich Jeder nach Belieben dazu einfand, wer da wollte. Im Generalstabe ahmte man, solange Bergeret sich dort befand, die Sitten des ancien régime nach und ließ sich durch Leute in schwarzen Anzügen bedienen."**) — „General Eudes mit »madame Eudes«, einer Dame, welche sich seit 1867 so nannte, obgleich sie ihren General erst 1879 heirathete, wohnten nur kurze Zeit im Ministerium des Krieges, in welchem die »Frau Generalin« sich wie in einem eroberten Lande benahm."***)

Cluseret vermochte erst durch wiederholtes Ersuchen, Madame Eudes zum Räumen des Hauses zu veranlassen. Sie that dies nicht, ohne eine Menge des Inventars mitzunehmen, „le ministère était en pillage".***)

Schließen wir die Schilderung der Vorgänge in Paris mit

*) „Petite Presse" vom 1. April. — **) Cluseret, a. a. O., I, 59. — ***) Maxime du Camp, a. a. O., II, 103, 104.

Mittheilungen eines Franzosen, welcher die schweren Zeiten der Kommuneherrschaft in der Stadt selbst mit durchlebte:

„Inzwischen amüsirt sich der lebenslustige Theil von Paris, das Paris der eleganten Boulevards, es promenirt, es lächelt nach wie vor; obgleich Tausende entflohen sind, giebt es dennoch hier und da müßige Dandys und hübsche, lustige Frauenzimmer genug, um jedem rechtschaffenen Mann, der bei ihnen vorüberkommt, die Blutwelle des Zorns in das Gesicht zu treiben.

Wenn Paris ganz zerstört sein wird, wenn seine Häuser, seine Paläste, seine Monumente, in Staub und Trümmer gefallen, den verfluchten Boden bedecken werden und der Himmel nur noch auf eine unermeßliche Ruine herabschauen wird, dann wird man aus diesem unförmlichen, einer unermeßlichen Todtenstadt gleichenden Trümmerhaufen das Gespenst eines Weibes auftauchen sehen, ein Skelett, bekleidet mit strahlender Robe, dekolletirt bis unter die Rippen, den Schädel geziert mit falschen Locken und glänzendem Geschmeide; und dieses von Trümmerhaufen zu Trümmerhaufen irrende Gespenst wird bisweilen den Kopf umwenden, um zu sehen, ob nicht irgend ein gleichfalls ins Leben zurückgekehrter Wüstling ihm in dieser Einsamkeit folgt, und dieses schauerliche Gespenst wird der verfluchte Schatten des sündigen Paris sein.“*)

Wenden wir uns wieder den Vorgängen bei den Deutschen zu.

Am 10. April wurden von der 1. Garde-Division 1 Kompagnie und 2 Züge Ulanen nach Houilles geschickt, um von dort aus Patrouillen durch die Seine-Halbinsel zu entsenden. Nach den eingehenden Meldungen hatten nur ab und zu französische Kavallerieabtheilungen von 3 bis 4 Mann sie durchstreift. In allen Ortschaften herrschten durchaus guter Wille und gute Gesinnung. Selbst in der Bevölkerung wuchs der Unmuth über das Gebahren der Männer der Kommune derartig, daß ihre Willfährigkeit, uns mit Nachricht gegen sie zu versehen, sich äußerte. Am 3. April hatten nur einzelne Aufständische die Seine überschritten, sie waren dort von Versailler Patrouillen entwaffnet und gefangen genommen worden.

*) Catulle Mendès, „73 Tage der Kommune“, Uebersetzung, S. 116, 117.

In Argenteuil war von den Bürgern sogar eine uniformirte Nationalgarde zum Schutz gegen Pariser Streifereien gebildet worden. Unsererseits wurde auch auf der Höhe nordöstlich Carrièrs ein Beobachtungsposten aufgestellt. Die Unverschämtheit der Pariser Kommunards zeigte so recht ein Vorfall am 10. April bei den Bayern. Am Abend dieses Tages kam ein Delegirter der Kommune zu dem zu Charenton wohnenden Kommandanten der 1. Bayerischen Infanterie-Brigade mit einem Schreiben Raoul Rigaults, in welchem derselbe ersuchte, den Direktor der Irrenanstalt daselbst, der sich wahrscheinlich dem Delegirten der Allgemeinen Sicherheit aus irgend einem Grunde verhaßt gemacht hatte, zu verhaften und nach Paris abzuführen. Wenn man hierauf nicht eingehen wolle, möge gestattet werden, daß zur Ausführung der Verhaftung acht bewaffnete Nationalgarden passiren dürften. Natürlich wurden beide Forderungen abgewiesen, den Posten erhöhte Wachsamkeit vorgeschrieben. Auch hier in Charenton zeigte sich die Gegnerschaft der Einwohner zur Kommune. Am 8. April hatten sie die rothe Fahne eines Pariser Dampfbootes, welches an der Marne-Brücke landete, mit Steinen beworfen.

Zwischen dem General v. Fabrice und der Regierung zu Versailles war die Frage eines Angriffs der französischen Truppen über die Pariser Nordfront zur Erörterung gekommen.

Am 9. April hatte der General aus Rouen dem Fürsten Bismarck telegraphirt:

„Die Pariser Nordfront ist nicht auf Vertheidigung eingerichtet, und da auf der Nordbahn der Dienst noch bis ins Innere der Stadt im Betrieb ist, frage ich an, ob auf diesem Wege Truppen in die Stadt zu werfen und die zur Unterstützung nachrückenden Kräfte bei Epinay, also innerhalb diesseits okkupirten Terrains, zu konzentriren und sie von dort auf Paris marschiren zu lassen gestattet werden würde.“

Zur Aeußerung aufgefordert, schrieb General Graf Moltke unter dem 10. April dem Fürsten Bismarck:

„Euer Durchlaucht beehre ich mich in Bezug auf die telegraphische Anfrage des Generals v. Fabrice vom gestrigen Tage, 5 Uhr 20 Minuten nachmittags, ganz ergebenst zu erwidern:

Vom militärischen Standpunkte aus finde ich gegen den Transport französischer Truppen auf der Nordbahn nach Paris, sowie Versammlung der zur Unterstützung nachrückenden Kräfte bei Epinay im Allgemeinen nichts einzuwenden.

Nur muß hierbei berücksichtigt bleiben, daß die hierzu verwandte Truppenmasse die Zahl von 10 000 Köpfen nicht übersteigt und in der Gesammtzahl der 100 000 Mann, welche der französischen Regierung für Paris bereits bewilligt sind, einbegriffen bleibt.

Ferner ist es alsdann durchaus erforderlich, daß die militärischen Operationen, welche gegen die Nordfront von Paris französischerseits eingeleitet werden, nur unter ganz spezieller Vereinbarung mit dem Oberkommando der Dritten Armee zu Compiègne und innerhalb der Grenzen zur Ausführung gelangen, welche das genannte Oberkommando den zu diesem Zwecke zu delegirenden französischen Offizieren als angänglich bezeichnen wird.

Von dem von Euer Durchlaucht demgemäß zu dem General v. Fabrice ertheilten Bescheide sehe ich einer sehr gefälligen Mittheilung ganz ergebenst entgegen, um das betreffende Oberkommando diesseits mit entsprechender Weisung zu versehen."

Noch am Abend des 10. April telegraphirte General Graf Moltke dem Oberkommando der Dritten Armee nach Compiègne:

„Versailler Regierung will versuchen, Truppen auf der Nordbahn nach Paris zu führen und ihren Angriff von Epinay aus unterstützen. General Fabrice ist angewiesen, Herrn Favre zu eröffnen, daß diesseits gegen einen Transport auf der Nordbahn und Konzentrirung bei Epinay unter der Voraussetzung nichts einzuwenden ist, daß die Zahl von 10 000 Mann nicht überschritten wird, und daß diese inbegriffen sind in der Zahl der bereits bewilligten 100 000 Mann, sowie daß die Operation gegen die Nordfront unter spezieller Vereinbarung mit dem Oberkommando der Dritten Armee in Compiègne und innerhalb der Grenzen zur Ausführung gelangt, welche Letzteres den ad hoc zu delegirenden französischen Offizieren als angängig bezeichnen wird."

Der Plan, angriffsweise über unsere Linien gegen Paris vorzugehen, konnte die Einnahme der Stadt und die Niederwerfung des Aufstandes erheblich verkürzen, bedingte jedoch das Moment der Ueberraschung. Jeder Tag Gewinn für das Zurückziehen der deutschen Truppen nach der Heimath war aber mit Freude zu begrüßen. Die Verhältnisse von Paris verlangten, mit der Auslieferung der französischen Gefangenen zu zögern, solange der definitive Frieden nicht geschlossen war. Es war infolgedessen nothwendig, einen großen Theil des Beurlaubtenstandes in Landwehr- und Garnison-Bataillonen sowie in Eskadrons im Dienst zu behalten, um die Ersatztruppentheile in der Bewachung der Gefangenen hinreichend unterstützen zu können. Ganz Deutschland wurde hierdurch ein neues, großes Opfer auferlegt, da die bei der Fahne zurückgehaltenen Arbeitskräfte für die Ackerbestellung ausfielen. Die Heeresleitung erkannte diese Nothlage und hatte den dringenden Wunsch, derselben abzuhelfen.

Die Pflicht erforderte andererseits, die militärischen Kräfte in Frankreich so stark zu belassen, daß wir unbedingt Herr der Lage blieben und der Friedensschluß nach Niederwerfung der Kommune nicht mehr in Frage kommen durfte. Es erschien jedoch unbedenklich, eine erhebliche Verringerung der Kräfte eintreten zu lassen; die hierzu nöthigen Einleitungen wurden in derselben schnellen und sicheren Weise getroffen, wie sie seinerzeit bei der Eröffnung des Krieges hervorgetreten war.

# Viertes Kapitel.

## Die Männer der Kommune und Thiers. Das Programm der Kommune. Versailles und Paris.

Die Anstifter aller aufständischen Bewegungen in Frankreich seit Jahren, die Führer an den Tagen des 31. Oktober 1870 und 22. Januar 1871 standen an der Spitze der Regierung zu Paris.

Mit wenigen Ausnahmen aus unwissenden, eitelen Menschen, „dem Auswurf der Weltkloake Paris“,*) zusammengesetzt, war die Kommune aus Wahlen hervorgegangen, an denen sich von nahe an 500 000 Wählern nur etwas über die Hälfte betheiligt hatte. Mehr und mehr sollten im Laufe der Zeit unter diesen „Auserwählten“ des Volkes Sittenlosigkeit, Schamlosigkeit und Grausamkeit sich breit machen. Der Student Raoul Rigault, der Buchhalter Théophile Ferré, der Lackfabrikant Ranvier und der Lehrer Urbain erwiesen sich als besonders ruchlose und gefährliche Persönlichkeiten. Die beiden Erstgenannten waren „junge Leute von ungefähr 25 Jahren, zwei unheilvolle Straßenjungen, welche das Böse aus Liebe zum Bösen thaten“.**) Für Rigault, welcher auf der Polizeipräfektur, von Leuten seiner Gesinnung umgeben, ein skandalöses Leben führte, ist bezeichnend, „daß er nur auf kurze Zeit — wie er früher zu sagen pflegte — Polizeipräfekt zu sein wünsche, um gegen Gott einen Verhaftsbefehl geben und denselben in effigie hinrichten lassen zu können“.***)

*) Scherr, „Das rothe Quartal“, S. 46. — **) Maxime du Camp, a. a. O., I, 65. — ***) Scherr, a. a. O., S. 48.

Wir werden sie und Andere ihres Gleichen noch näher kennen lernen. Das Verwerflichste jedoch war, daß sie einen Zeitpunkt für die Erfüllung ihrer Wünsche gewählt hatten, wie er im Hinblick auf das Unglück, die Sorge und Noth, sowie den Hunger des von uns eingeschlossenen Paris und auf das aus Tausenden von Wunden blutende Vaterland nicht schlimmer gewählt werden konnte.

Die Erregung, welche durch jenes Unglück hervorgerufen war, benutzten sie um ihres eigenen, lieben Vortheils willen. Während der Kämpfe mit uns Deutschen wurden jene Führer der Kommune fahnenflüchtig, hatten also den Tod verdient.

„Und unten stumpfe, rohe, den wilden Thieren gleiche Menschen, die, zu allen Schandthaten bereit, maschinenmäßig jenen Führern folgten, ohne Verständniß für die Ereignisse, an denen sie mitbetheiligt waren, höchstens für eine gute Bezahlung, viel Wein und sehr viel Schnaps.“ *)

Ohne ein Verständniß für Gehorsam, hatten die Leute der Kommune auch keine Ahnung vom Befehlen.

Aus den Schriften Cluserets sowie Lissagarays, eines Schriftstellers der Kommune, geht die von vornherein bestehende Uneinigkeit der Mitglieder der Kommune recht deutlich hervor. Anhänger der Internationale, Jakobiner, Anhänger der Lehre Blanquis, Hébertisten, Anarchisten waren gewählt worden. Wie sollten diese Leute unter einen Hut gebracht, für ein und dasselbe Ziel begeistert und zur gemeinsamen, fruchtbringenden Thätigkeit geführt werden? Wie bald mußten Neid, Mißtrauen in diese Versammlung einziehen! Aus Männern bestehend, welche den Aufgaben der verschiedenen Kommissionen bei dem Mangel jeglicher Kenntniß und fachmännischer Vorbildung nicht gewachsen waren, mußte sie mehr zerstören, als aufrichten. Unter den bei Gründung der Kommune gebildeten zehn Kommissionen waren die Exekutivkommission, die Militärkommission und die für die „allgemeine Sicherheit“ jedenfalls die wichtigsten. Die erstere stand gewissermaßen an Stelle einer Regierung, alle anderen Kommissionen waren

*) Maxime du Camp, a. a. O., I, 54.

die Ministerien, ihre Delegirten die Minister.*) In der Militärkommission waren außer Eudes, Bergeret, Duval und Flourens der Tischler Pindy, der Kupferschmied Chardon und der Maler Ranvier gewählt worden.**) Die Mitglieder dieser Kommission wechselten häufig.

Aus 90 Erwählten sollte die Kommune bestehen. 16 Männer der Ordnung hatten ihre Entlassung sofort nach Bekanntgabe des Ergebnisses der Wahlen genommen, es waren schließlich nur 62 Mitglieder, welche zusammentraten.**)

Diesen Männern stand nun Thiers gegenüber. „Der einzige Staatsmann, welchen Frankreich, wie Freund und Feind wissen, besaß",**) hatte er in der Sitzung der Nationalversammlung vom 19. Februar gelegentlich seiner Wahl zum Vorsitzenden der Regierung das Programm derselben schon durch die Worte gekennzeichnet: „Den Frieden wiedergeben, reorganisiren, den Kredit heben, die Arbeit neu beleben, das, meine Herren, ist die einzig mögliche und begreifliche Politik in diesem Augenblick."**) Bereits damals hatte er um ein einträchtiges Handeln gebeten. Aber Schwierigkeiten auf Schwierigkeiten häuften sich, um seine Arbeit zu einer mühsamen zu machen. Der Aufstand in Paris, die Parteiungen in der Nationalversammlung, der Haß dieser gegen die Kommune, die trotzdessen hervortretenden Bestrebungen zu einer Vermittelung zwischen Paris und Versailles, die Nothwendigkeit, mit den Deutschen, den bisherigen Feinden, verhandeln zu müssen, die Schaffung einer neuen Armee, die revolutionäre Haltung einiger anderen großen Städte in der Provinz und, last not least, die Angriffe gegen seine eigene Person machten seine Lage zu keiner beneidenswerthen. „Der kleine Mann manövrirte aber mitten in vielen Schwierigkeiten mit einem Geschick, einer Genauigkeit und Feinheit, welche wahrhaft bewundernswerth waren."***)

Thiers, der Mann des: „le roi règne, il ne gouverne pas", war zweifellos im Innersten seines Herzens noch bei der Uebernahme der Regierungsgewalt im Februar 1871 monarchisch ge-

*) Jules Simon, a. a. O., S. 338. — **) Ebenda I, 340, 321, 67, 77.
***) Du Barail, a. a. O., II, 259.

sonnen und hoffte jetzt noch, daß der Druck der Verhältnisse durch den Pariser Aufstand in der Nationalversammlung das Gefühl zur Wiedereinsetzung einer Monarchie heben würde. Die Verhandlungen in der Nationalversammlung aus dieser Zeit beweisen, daß auch noch eine starke Partei vorhanden war, welche die Republik nicht wollte. Als in der Sitzung vom 21. März der Antrag gestellt wird, einer Proklamation noch die Worte hinzuzusetzen: „Es lebe die Republik", erhob sich heftiger Widerspruch. Thiers bezeichnete die Beifügung jener Worte als eine sehr „legitime" und stellt infolge von Einwürfen hiergegen seinen Ausspruch mit den Worten richtig: „Nicht, daß er ein legitimer schon sei, aber ein solcher werden könne."

In der Sitzung vom 27. März sagt Thiers, daß es jetzt noch nicht Zeit sei, über die Regierungsform sich schlüssig zu machen. Keiner Partei dürfe jetzt zu nahe getreten werden. Die Regierung habe nur die Mission angenommen, die Ordnung zu vertheidigen, dem Lande eine Zukunft, Freiheit, Handel und ein Wiedergedeihen nach so großen Unglücksfällen zurückzugeben. Erst wenn das Land wieder fest in seinen Einrichtungen stehe, würde es über die Form zu bestimmen haben, und fügt wörtlich hinzu: „Allen denen, welche sagen, daß wir die Republik umstoßen wollen, setze ich ein bestimmtes Dementi entgegen; sie belügen das Land und wollen es erregen. Wir haben die Republik vorgefunden, wir haben sie nicht gegründet, werden sie aber auch nicht verrathen! Dies schwöre ich vor Gott!"

Wenden wir uns nach dieser Abschweifung den kriegerischen Vorgängen selbst wieder zu.

Unter dem 11. April theilte der General Graf Moltke dem Oberkommando der Dritten Armee mit, wie der Kaiser Wilhelm darauf aufmerksam mache, daß bei einer Versammlung französischer Truppen im Norden von Paris jede direkte Berührung mit deutschen Truppen zu vermeiden sei, letztere daher zeitweise die betreffenden Ortschaften zu räumen haben würden. Da bei dem genannten Oberkommando vom General v. Fabrice über die Zusammenziehung französischer Truppen bei Epinay noch keine Mittheilung eingegangen, auch kein französischer Generalstabsoffizier eingetroffen war, so erfolgte die telegraphische Anfrage: „Wie ist in Berlin Ansicht über französischen Angriff von Epinay aus? Hier gilt die, daß kein Fort noch nächste Ortschaften zu räumen, und daß diesseitige Besetzungslinie nicht Kampfplatz werden darf." Graf Moltke antwortete: „Kein Fort zu räumen, dagegen zur Vermeidung von Konflikten Ortschaften für Versammlung und Durchmarsch frei zu machen. Am Tage des Angriffs entsprechende Truppenzahl unter Gewehr zu setzen, bedrohliche Annäherung mit den Waffen zurückzuweisen. Dem Oberkommando ist vorbehalten, jede zur eigenen Sicherheit nöthige Bedingung zu stellen. Gelingen des Unternehmens übrigens zu begünstigen, um die Sache in Paris zu beenden, da früher keine Transporte in die Heimath fortgeführt werden können."

Nach einem Berichte des Generals v. Fabrice vom 14. April hatte das Pariser Journal „La Vérité" von diesem Tage die Möglichkeit eines Angriffs auf die Nordfront mit unserer Erlaubniß des Passirens von St. Denis besprochen, auch mitgetheilt, daß Mac Mahon der Sache abgeneigt sei. Infolgedessen bestimmte das große Hauptquartier in Berlin, „wie mit Rücksicht darauf, daß dieses Unternehmen also als Ueberraschung nicht mehr wirken und ein Erfolg nicht erwartet werden könne, dasselbe vielmehr nur Unzuträglichkeiten für uns in sich schließe, desfallsige, erst jetzt erfolgende Anträge abzulehnen seien; die französische Regierung würde hiervon verständigt werden". Später gelangte zu unserer Kenntniß, daß in den St. Denis gegenüber gelegenen Stadtvierteln Batignolles und Montmartre durch die Aufständischen in allen Straßen Barrikaden gegen eine etwa über unsere Stellung im Norden von den Versaillern beabsichtigte und von uns erlaubte Umgehung aufgeführt worden waren.*)

Der Marschall Mac Mahon hatte beschlossen, den südwestlichen Punkt von Paris, den Point du jour, anzugreifen. Es war hierzu nothwendig, zuerst sich des Forts Issy, welches den Angriff mit seinem Feuer von der Seite fassen konnte, zu be-

*) Vergleiche auch Lauser, „Unter der Pariser Kommune", S. 196.

mächtigen. Das Korps Cissey wurde mit dieser Aufgabe betraut, während Ladmirault sich zum Herrn des ganzen linken Seine-Ufers bis Asnières machen solle.

Vom 12. April ab, zu welcher Zeit man über die eingetroffenen Marinegeschütze verfügen konnte, wurden neue Batterien auf der Hochebene von Châtillon errichtet, auch mit den Arbeiten für den Ausbau von Laufgräben begonnen. Um Paris von einem Verkehr mit dem Süden von Frankreich abzuschneiden, wurden die Eisenbahn auf Orléans und die Telegraphenlinien unterbrochen.

Im Wesentlichen brachte die nächste Zeit nur Geschützkämpfe. Im Westen waren es der Mont Valérien, Batterien bei Neuilly und Courbevoie, welche ihr Feuer auf die von den Parisern noch vor der Walllinie innegehaltenen Stellungen sowie die Umwallung und die Stadt selbst richteten. Im Süden bekämpften die Forts die Stellungen und Arbeiten der Versailler auf der Hochebene von Châtillon. Aus den Zeitungen ersahen wir, daß die Pariser auf dem Trocadero eine schwere Batterie 24-Pfder. errichtet hatten, um den Mont Valérien in Schach zu halten; die Geschosse erreichten jedoch das Fort nicht. Gewehrfeuer hier und da von verschiedener Dauer und Stärke gab von kleinen Gefechten zwischen der Linie und den Nationalgarden Kunde. So besetzten die Versailler Colombes, gingen am 13. nachmittags von hier aus auf Asnières, anscheinend zur Rekognoszirung, vor, zogen sich nach kurzem Feuergefecht jedoch nach Colombes zurück. Die Redoute von Gennevilliers wurde besetzt, beim weiteren Verlauf in Neuilly um den Besitz von Häusern gekämpft.

Am Nachmittag des 15. erschien in St. Denis ein Ingenieuroffizier der Kommune aus Paris, um die Ansicht der Division darüber einzuholen, ob die Konvention den Parisern das Errichten einer Sperre in der Seine gegen Versailler Kanonenboote gestatte. Die Division machte Meldung und wurde angewiesen, auf eine nochmalige Anfrage aus Paris dem betreffenden Abgesandten mündlich zu eröffnen, daß in Rücksicht der Nähe von St. Ouen zu St. Denis unsererseits jeder Versuch einer Armirung oder Besetzung von St. Ouen beziehungsweise eine Sperrung der

Seine in Höhe des genannten Ortes als eine gegen die deutsche Armee gerichtete Feindseligkeit angesehen und dementsprechend gehandelt werden würde. Der französischen Regierung wurde hiervon durch General v. Fabrice Kenntniß gegeben.

Viele Flüchtlinge, an 10 000 Personen, waren von Paris nach St. Denis gekommen. Junge Männer, welche sich der Aushebung entziehen wollten, wurden sogar in Kisten heraustransportirt. Man konnte daraus ersehen, wie auch dieses gewaltsame Pressen für den Dienst das Ansehen der Kommune immer tiefer sinken ließ. Unter den Flüchtlingen befanden sich aber auch Viele, welche, ihrer eigenen Auslassung nach, sich vor den Paris bevorstehenden Kämpfen im Innern der Stadt fürchteten und sich deren Folgen entziehen wollten. Von Versailles entlassene Elsasser brachten die Nachricht, daß die dortige Armee von bester Stimmung und voll Wuth auf die Pariser sei, und daß man keinen Pardon geben werde.

Am 17. April nahmen die Versailler unter dem Oberst Davoust, Herzog von Auerstädt, nach einer heftigen Beschießung Becon Château; „die feindliche Stellung bei Asnières wurde so in Schach gehalten und konnte die Besatzung des Brückenkopfes von Neuilly nicht mehr beunruhigen“, schrieb Thiers in seinen Mittheilungen über die Vorgänge an den deutschen Vertreter. Nachdem am 18. das Regiment Gendarmen die Aufständischen unter nicht unbedeutenden Verlusten derselben aus dem Dorf Bois Colombes vertrieben hatte, machte die Einnahme von Asnières am 19. die Truppen des Korps Ladmirault zu Herren des linken Seine-Ufers. Schon seit den letzten Tagen im März war trübes, regnerisches Wetter eingetreten, dichte Nebel behinderten an einzelnen Tagen die Beobachtung. Das unmittelbar vor St. Denis gelegene St. Ouen war von Nationalgarden besetzt worden, die Räumung konnte der Konvention gemäß jedoch nicht verlangt werden, nur die artilleristische Besetzung dieser Stellung war nicht zu dulden.

Am 18. hatte das Oberkommando nach Berlin gemeldet, daß anscheinend eine starke Verproviantirung von Paris durch große Vieh- und andere Lebensmitteltransporte stattfände; daß nach Pariser Zeitungen die Lebensmittel sehr knapp würden, mithin ein sofortiges Abschneiden aller Zufuhren das wirksamste Mittel zur baldigen Bewältigung des Aufstandes sein dürfte; da jedoch der Befehl hierzu, sowie eine Verabredung mit Versailles von Berlin auszugehen habe, so sehe das Oberkommando weiteren Weisungen entgegen. Die Richtigkeit dieser Meldung bestätigte einige Tage später „La petite Presse“ vom 19., indem der Delegirte beim Handelsministerium mittheilte, daß alarmirende Gerüchte über die Verpflegung der Stadt im Umlauf seien. Solche Nachrichten müßten, wenn sie begründet wären, mit Recht die Bürger erregen und die Preise durch Wucher in die Höhe treiben. Der Delegirte wünsche die Sache richtig zu stellen und könne mittheilen, daß sichere Einkäufe erfolgt seien, um Paris von Norden und Osten her zu verproviantiren.

Im Süden von Paris hatte der Bau der Angriffs-Batterien Fortgang genommen; außer bei Châtillon wurden bei Meudon und Belleville Batterien errichtet. Am 20. wurden die Aufständischen aus Bagneux vertrieben; Pariser Zeitungen hatten über zwei mißglückte Angriffe der Versailler am 12. und 15. gegen die Forts Issy und Vanves Berichte gebracht. Die hauptsächlichsten Ereignisse vor Paris, insbesondere Erfolge der Truppen, gelangten durch die Regierung zu Versailles zur Kenntniß aller Beamten und Offiziere in der Provinz; diese Berichte gingen von Versailles stets auch an den General v. Fabrice, welcher dieselben nach Berlin weiter mittheilte.

Wir kennen heute die Berichte über 31 Sitzungen der Kommune. Die Zahl ist keine erschöpfende. Bis zum 13. April liegen keine Berichte vor, außer dem über die Eröffnungssitzung, welchen das „Journal officiel“ der Kommune am 2. April brachte. Der „Cri du Peuple“ vom 13. theilte mit, daß von jetzt ab die Berichte über jene Sitzungen in dem „Journal officiel“ veröffentlicht werden würden. Geheime Sitzungen, welche besonders in späterer Zeit sich mehrten, haben die öffentlichen Sitzungen unterbrochen oder sich diesen angeschlossen. Der fast 76jährige Bürger Beslay, eines der wenigen besseren Mitglieder der Kommune, welcher sich auch als Delegirter bei der Bank um deren Erhaltung für Frankreich, neben dem Delegirten der Finanzen, einem Buchhalter Jourde, verdient machte, trat als Alterspräsident bei der Eröffnung auf, demnächst wechselte der Vorsitz unter den Kommunemitgliedern. Die ersten Sitzungen erweckten weniger Interesse. Außer mit Klagen über die Bildung eines Freiwilligenkorps der Bastille neben der einzig gesetzlichen Nationalgarde und den Spezialwaffen der Artillerie und Marine, der Forderung, über alle militärischen Vorgänge an die Kommune zu berichten, den Mittheilungen über die Verhandlungen für einen Ausgleich mit Versailles, der Geheimhaltung einzelner Besprechungen und Zwischenfälle in den Sitzungen, dem Prüfen der Pässe, den Berichten über Ausschreitungen der Nationalgarde beschäftigte sich die Kommune besonders mit Berathungen über ein die Zahlung von Schulden regelndes Gesetz und die am 16. stattgefundenen Neuwahlen an Stelle von ausgeschiedenen beziehungsweise überhaupt nicht erschienenen Mitgliedern. Die Erörterungen waren, wenigstens nach dem Wortlaut der Berichte, im Allgemeinen sachlich und gemäßigt bis gegen Ende April. Die schon bekannten Dekrete und Proklamationen der Kommune vor dem 13. April müssen aber doch gleichfalls durch die Gesammtheit der Kommune berathen und gut geheißen worden sein, die über dieselben stattgehabten Besprechungen mithin dem Geist jener maßlosen Auslassungen der Kommune entsprochen haben.

Am 13. berichtete Cluseret der Kommune über seine Eindrücke gelegentlich einer Besichtigung der Südforts und der Vertheidigungslinie von Montrouge bis zur Porte Maillot. Er bezeichnete dieselben als sehr günstig, Angriffe der Versailler am 11. und 12. seien leicht und unter geringen Verlusten zurückgewiesen worden, die Batterie am Trocadero habe gut gewirkt. Er richtet schließlich die Aufmerksamkeit der Kommune auf die vorzügliche Haltung der Truppen am Point du jour, wogegen die feindliche Infanterie schwach an Zahl und ohne inneren Halt sei. Am 15. sieht sich Cluseret genöthigt, der Bevölkerung mitzutheilen, daß jede ohne Befehl des Delegirten des Krieges ausgeführte Requisition ungesetzlich sei, und fordert die Nationalgarde auf, ihre Unterstützung den Verhaftungen aller Personen, welche ohne Erlaubniß requirirten, angedeihen zu lassen. Am 16. wird Cluseret ermächtigt, ein Kriegsgericht zu bilden, welches täglich Sitzung abhalten sollte, die Exekutivkommission behielt sich jedoch die Bestätigung der Todesurtheile vor. Nun verurtheilte dieses Gericht am 18. den Chef eines Nationalgarden-Bataillons zum Tode, weil er sich geweigert habe, gegen den Feind zu marschiren. Wenn Strenge nothwendig war, so hier; trotzdessen hebt die Exekutivkommission das Urtheil in Anbetracht des demokratischen Vorlebens des Offiziers auf, spricht dessen Entsetzung von allen Civil- und Militärämtern aus und bestimmt seine Einkerkerung für die Dauer des Krieges. Aehnliche Fälle ereigneten sich weiterhin.

Unter dem 19. erschien endlich eine Art von Programm, ein Manifest der Kommune von Paris, durch welches die Bevölkerung Frankreichs über die Beweggründe und Ziele der jetzigen Revolution aufgeklärt werden sollte. Bereits in ihrer ersten Erklärung vom 29. März hatte die Kommune der Bürgerschaft von Paris zugerufen, daß die Abstimmung vom 26. März die siegreiche Revolution gutgeheißen habe; daß die Bürgerschaft in legitimer Vertheidigung eine Regierung aus ihren Mauern entfernt habe, welche sie entehren und einen König ihr aufzwingen wolle; daß Industrie, Arbeit und Handel kräftige Antriebe erhalten müßten. Aus dem Programm vom 19. April ist besonders hervorzuheben, daß die absolute Selbstherrschaft aller Kommunen in sämmtlichen Ortschaften Frankreichs verlangt wurde. Die Kommune von Paris beabsichtigte mithin an Stelle des geeinigten Frankreichs eine zahllose Menge kleiner Staaten zu setzen, welche dann zum Schutze des Landes zusammenwirken sollten. Diese politische Einheit, welche Paris wolle — sagt das Programm —, sei die freiwillige Vereinigung aller Ortschaften, um gemeinsame Anträge zu stellen, der spontane und freie Wettstreit aller energischen Persönlichkeiten für einen Zweck, nämlich das Wohlsein, die Freiheit und Sicherheit Aller. Paris arbeite und leide jetzt für ganz Frankreich; an dieses appellire die Kommune, dieses müsse Versailles durch seine freiwilligen Kundgebungen und seinen unwiderstehlichen Willen entwaffnen.

Lüge, Heuchelei und Mangel jeglichen Verständnisses für die geschichtliche Entwickelung Frankreichs leuchten aus diesem Schriftstück hervor. Die unbedingte Selbständigkeit aller Kommunen hätte Frankreich in eine Menge kleiner Staaten zerfallen lassen, welche zwar zu einem Staatenbunde vereinigt gedacht waren, aber jedenfalls ein tiefes Herabsinken der politischen Bedeutung, eine Schwächung Frankreichs zur Folge haben mußten: „C'était la guerre civile en permanence."*) In welch traurigem Lichte erscheint aber die „garantie absolue de la liberté individuelle, de la liberté de conscience et la liberté du travail" im Hinblick auf die Thaten der Kommune, die zahlreichen Verhaftungen ohne Grund, das Schicksal der Geiseln, die Unterdrückung von Zeitungen, die Erlasse und Maßnahmen gegen Religion und Geistlichkeit.*)

Johannes Scherr sagt über dieses Programm: „Der einzige originelle Anlauf, welchen die Kommune nahm, mußte sie von Rechts wegen ins Narrenhaus führen."**)

Frankreich beantwortete das Manifest durch Schweigen. Auch ein großer Theil der Bevölkerung von Paris wird diese Auslassungen der sie wie Sklaven beherrschenden Kommune mit den Thatsachen nicht in Einklang zu bringen vermocht haben.

In der Sitzung vom 20. wurde unter dem Vorsitze des Lackirers Bürgers Viard zur Abstellung von Kompetenzstreitigkeiten eine völlige Reorganisation der Regierungsgewalt vorgeschlagen und ein Antrag Delescluze berathen und angenommen:

> „Die Exekutivgewalt wird den vereinigten Delegirten der neun Kommissionen, unter denen die Kommune die Arbeiten und die Verwaltungsbefugnisse vertheilt hat, anvertraut.
>
> Die Delegirten werden durch Stimmenmehrheit seitens der Kommune ernannt. Dieselben treten jeden Morgen zusammen und treffen durch Stimmenmehrheit die Entscheidungen für die verschiedenen Geschäftskreise. An jedem Tage haben sie der Kommune in geheimer Sitzung über die getroffenen oder ausgeführten Maßnahmen

---

*) Maxime du Camp, a. a. O., IV, 46, 47. — **) Scherr, a. a. O., S. 53.

Bericht zu erstatten. Die Kommune entscheidet über dieselben."

Zu Delegirten wurden gewählt: Krieg: Cluseret (ein Offizier); Finanzen: Jourde (ein Buchhalter); Lebensunterhalt: Viard (ein Lackfabrikant); Aeußeres: P. Grousset (ein Schriftsteller); Arbeit und Handel: Franckel (ein Goldarbeiter); Rechtspflege: Protot (ein Advokat); öffentlicher Dienst: Andrieux (ein Buchhalter); Unterricht: Vaillant (ein Ingenieur); allgemeine Sicherheit R. Rigault (ein Student). „Also Minister, ein Ministerrath und Rapporte der Minister an den Souverän, welcher an letzter Stelle entscheidet. Um zu einer solchen Neuerung zu gelangen, verlohnte es sich wahrlich nicht der Mühe, so viele Menschen zu tödten und Paris zu zerstören."*)

Es war somit an Stelle der alten Exekutivkommission eine neue getreten. Aber das Mißtrauen, die Sorge um die Macht läßt schon am nächsten Tage, am 21., dieselbe wieder lahm legen. Man beschließt, auf Antrag des Mediziners Rastoul, daß jede der neuen Spezialkommissionen ihren Delegirten zu überwachen, inspiziren und seine Handlungen zu prüfen habe, ohne jedoch direkt in die Führung der Exekutive einzugreifen. Der Malerlehrling Billioray beantragte hierzu die Errichtung einer commission supérieure de contrôle, so daß also jede jener Kommissionen ihren Delegirten zu beaufsichtigen, sie selbst wieder von jener höheren Kommission überwacht werden sollte. Mißtrauen mußte Mißtrauen erzeugen; Haß und Neid mehrten sich unter den Mitgliedern der Kommune und mußten sie in verschiedene Lager theilen.**)

Am 20. hatte die bisherige Exekutivkommission noch die Aufstellung einer Luftschiffer-Kompagnie angeordnet. Von besonderem Interesse sind nur die für die Errichtung angeführten Gründe: „Die frühere Regierung, genannt die der »défense nationale«, welche thatsächlich in Versailles noch regiert, hat aus leicht zu verstehenden Gründen jeden Austausch von Neuigkeiten, Tageblättern, Privatbriefen, alle geistigen Verbindungen zwischen

*) Maxime du Camp, a. a. O., IV, 55. — **) Ebenda S. 56, 57.

Paris und der Provinz unterdrückt. Sie hat dabei darauf gerechnet, unbestraft Verleumdungen zu verbreiten, um die öffentliche Meinung in Frankreich und dem Auslande irre zu führen."

In Paris hielt das Bestreben von Freunden der Ordnung, einen Ausgleich zwischen dem Aufstand und der Regierung zu Versailles zu finden, Frieden herbeizuführen, noch an. Freimaurer, Mitglieder der ligue d'Union républicaine, die délégation des chambres syndicales du commerce et de l'industrie versuchten zu unterhandeln. Ein Erfolg blieb jedoch aus. Nach dem Erlaß der Kommune vom 6. April, welcher dem Verkehr mit Versailles das Todesurtheil spricht, gehörte Muth dazu, sich solchen Bemühungen noch zu unterziehen. Sie wurden von der Kommune mißtrauisch überwacht, konnten also bei der herrschenden Willkür leicht zu Verhaftungen und noch Schlimmerem führen.

Wenn Thiers sich auch zweifellos scheute, die Stadt durch Artilleriefeuer ernstlich zu schädigen, auch bei einer Unterwerfung des Aufstandes milde Bedingungen zu stellen bereit war, so war es ihm doch Ernst, bei Fortdauer der aufständischen Bewegung dieselbe mit Gewalt niederzuschlagen. Aber er temporisirte, weil er den Erfolg noch nicht für gesichert hielt.

Wenn die Armee täglich durch den Zufluß der Gefangenen aus Deutschland an Stärke gewann, so verlor andererseits die Regierung durch ihr Niemandem recht verständliches Zögern an Vertrauen bei den Männern der Ordnung. Bei den Kommunards herrschte die gleiche Strömung in Betreff der Verweigerung einer friedlichen Lösung des Konfliktes zwischen Paris und der Regierung zu Versailles. Sie behaupteten, es sei Thiers nicht Ernst mit einem Vergleich, seine Antworten, welche er den Unterhändlern sowohl der ligue nationale als der Freimaurer ertheilt habe, hätten nie die Gewährleistung für Erfüllung der Wünsche der Kommune enthalten. Die Aufständischen sahen eben nicht ein oder wollten es nicht, daß sie den Kampf hervorgerufen hatten, daß weder Thiers noch eine andere Regierung im Stande war, einen Frieden zu schließen, bevor nicht eine Unterwerfung des Aufstandes stattgefunden hatte. Thiers' öffentliche Auslassungen in der Sitzung der Nationalversammlung vom 21. März sind ganz klar und waren nicht mißzudeuten. Die Regierung wollte Paris die Selbstverwaltung geben, war erbötig, ihrerseits für dieses Versprechen Gewähr zu leisten. Daß sie auf die Auflösung der Armee, die alleinige Erhaltung einer Nationalgarde, eine völlige Amnestie, auch für die Mörder der Generale Lecomte und Thomas, nicht eingehen konnte, ohne eine Schwäche sondergleichen darzuthun, welche sie in den Augen von ganz Frankreich mit Ausnahme derer der Meuterer — vielleicht aber selbst in den Augen dieser — sofort herabsetzen, sie zur Weiterführung der Regierung unfähig machen würde, war den Kommunards unverständlich. Sie hatten sogar die Dreistigkeit, den Umstand, daß in jenen Vereinigungen zur Herbeiführung des Friedens sich angesehene Bürger, einflußreiche Vertreter des Handels u. s. w. befanden, dahin auszubeuten, die Verweigerung seitens Thiers' diesen Leuten gegenüber als einen Beweis seines Uebelwollens hinzustellen. Die kommunistischen Blätter erinnerten daran, daß Thiers einst bei der Berathung über das Gesetz für die Befestigung von Paris im Jahre 1840 Gegnern desselben, welche die Freiheit der Stadt durch jene Werke bedroht sahen, eine Beschießung von Paris durch irgend eine Regierung für unmöglich erklärt habe. Am 15. fand in der Villa, welche Thiers zu Paris besaß, eine Haussuchung statt; die gefundenen Papiere nahm man in Beschlag und sandte das Silberzeug in die Münze. Ein gleicher Besuch wurde dem Hause des Generals Gallifet seitens der Nationalgarde gemacht; die Kommune übe der unerhörten, infamen und barbarischen Feindseligkeit gegenüber, welche Thiers zeige, nur Wiedervergeltung aus, indem sie bei ihm plündere. Aber das genügte nicht. Man mußte Thiers nicht allein als Staatsmann, sondern auch als Mensch herabsetzen. Zeitungsnachrichten meldeten, man habe in Creil einen Eisenbahnzug, welcher Kohlen und Ochsen nach Paris bringen sollte, angehalten, die Weiterführung der Ochsen untersagt, die der Kohlen jedoch gestattet. Der Grund für diese Inkonsequenz sei darin zu finden, daß Thiers an den Eisenbahnen im Norden Kohlenlager im Besitz habe, sein Haß gegen Paris zwar so weit ginge, die Versorgung mit Ochsen zu untersagen, sein Geiz jedoch ihn von einem Verbot der Kohleneinführung abhielte.

Die Unbotmäßigkeit der mehr und mehr verwildernden Nationalgarde erheischte scharfe Maßregeln zur Aufrechthaltung der Disziplin. Die Kommune setzte unter dem 11. fest, daß bei jeder Legion ein „conseil de guerre“, bei jedem Bataillon ein „conseil disciplinaire“ einzusetzen sei. Als Grund für diese Maßregel wird aber angegeben, daß die Regierung zu Versailles sich damit rühme, Agenten in die Nationalgarde einzuschmuggeln, um Unordnung zu schaffen; die Feinde der Republik und Kommune suchten mit allen möglichen Mitteln in der Nationalgarde Indisziplin hervorzurufen, um auf diese Weise diejenigen zu entwaffnen, welche sie zu besiegen nicht im Stande seien. Da aber keine militärische Kraft ohne Ordnung bestehen könne, so sei es angesichts der so schweren Umstände nothwendig, eine „discipline rigoureuse“ einzuführen, um der Nationalgarde einen unbesiegbaren inneren Halt zu geben.

Man zeigt sich entrüstet darüber, daß die Regierung zu Versailles die Kommandostellen der Armee an bonapartistische Generale übergeben habe, schimpft auf Mac Mahon, das Kommando über eine Truppe angenommen zu haben, welche gegen Franzosen kämpfen solle; aber auch dieser muß in den Augen der Bevölkerung herabgesetzt werden: „er habe sich zwar als ein Unfähiger, aber bisher als kein Verräther erwiesen; er sei jedenfalls stärker im Dominospiel als in der Strategie“; „während der Belagerung durch die Prussiens habe es den Soldaten an Allem gemangelt, heute treibe man die Fürsorge um die Gendarmen und Polizisten bis zur Schwäche“.

Die Neuwahlen für fehlende Mitglieder der Kommune standen bevor. Die Versuche, Frieden herzustellen, seien bei Thiers gescheitert — ruft man den Parisern zu —, man müsse zeigen, daß man einen Kampf nicht scheue, man um keinen Preis von den Forderungen der Kommune Abstand nehmen würde. Energie und Einigkeit zu zeigen hieße es jetzt, man könne nicht leugnen, daß die Kommune in ihrer bisherigen Zusammensetzung Fehler gemacht habe und noch beginge, Paris solle daher energische

Männer, welche der Zukunft mit kaltem Blute entgegensähen, wählen; „nicht mehr zu unterhandeln, nein, zu kämpfen gilt es!“ Die Wahlen fanden am 16. statt. Die Mehrheit der Bevölkerung zeigte bei denselben eine große Gleichgültigkeit. Man schob die Schuld dem verspäteten Erscheinen der bezüglichen Erlasse seitens der Kommune zu, die Wähler hätten keine Zeit gehabt, um sich vorzubereiten und zu besprechen; man verdunkelte die Wahrheit, daß einem großen Theil der Wahlberechtigten die Sache bedenklich, der Boden zu heiß zu werden begann. Nach dem Rapport der Kommission für die Gültigkeitserklärung der Wahlen*) war in 14 Bezirken zu wählen, in 3 Bezirken erschien kein einziger Wähler. Nach den Gesetzen war eine Wahl nur gültig, wenn sich auf den Gewählten mindestens der achte Theil der Stimmen aller Wahlberechtigten des Bezirkes vereinte. Trotzdessen wurden hiergegen verstoßende Wahlen für gültig erklärt. Der Zank über das Wahlergebniß erregte die Gemüther. Das Ausscheiden von Mitgliedern der Kommune mehrt sich; durch neue Weigerungen, Mandate zu übernehmen sowie einzelne Doppelwahlen bleiben trotz der Neuwahlen noch Lücken. „Niemals hat es befremdendere, ungesetzlichere Wahlen gegeben!“**)

In der Sitzung der Kommune vom 19. ruft das Kommunemitglied Arnould, ein Schriftsteller, aus: „Die Gültigkeitserklärung dieser Wahlen ist der hinterlistigste Streich, den die Kommune jemals dem allgemeinen Wahlrecht spielen kann. Ihr fallt in Lächerlichkeit und Verachtung.“***)

Paris zu dieser Periode, ja der ganze Fortgang und Ausgang des Aufstandes sind nicht zu verstehen, wenn man nicht mit Aufmerksamkeit das Leben und Treiben der Nationalgarden im Dienst und außerhalb desselben verfolgt. Vor Allem war es die Frage der Disziplin, welche eine entscheidende Rolle spielte. Zur Hebung derselben hatte die Kommune das bereits erwähnte Dekret erlassen, aber auch die öffentliche Stimme sprach von der Nothwendigkeit, schärfer gegen die Nationalgarde bei einzelnen Vorgängen auftreten zu müssen. So habe ein Gardist

*) „Documents publics“, I, 47. — **) Maxime du Camp, a. a. O., IV, 42. — ***) „Les 31 séances officielles de la Commune“, S. 41.

bei einem Zank mit seinem Kapitän diesen getödtet und einen Kameraden verwundet; man erwarte von Cluseret eingreifende Maßregeln. Am 12. ordnet Cluseret die Auflösung von sieben Bataillonen der Nationalgarde an. Er begründete diese Maßregel mit den vielen Klagen über den bösen Willen dieser Bataillone, zum Dienst zusammenzutreten, und ihre feindliche Haltung. Das Hotel der Belgischen Gesandtschaft wurde von Nationalgarden geplündert. Die Kommune erließ am 14. ein Dekret, nach welchem jede Verhaftung sofort dem Delegirten der Justiz zur Feststellung des Thatbestandes zu melden sei; eine jede Arretirung, welche binnen 24 Stunden nicht zur Anzeige käme, würde als eine eigenmächtige, strafbare Handlung angesehen werden. Wenige Tage nach dem Erscheinen dieses Dekrets theilt Cluseret mit, daß Offiziere, einzelne Wachtposten, selbst Nationalgarden außer Dienst willkürlich verhaftet hätten. In Privathäusern, auf der Straße und in öffentlichen Lokalen seien Festnehmungen von Leuten erfolgt, welche sowohl mit Recht als mit Unrecht verdächtig gemacht worden seien. Er ersuche die Nationalgarden, unter Hinweis auf die von der Kommune getroffenen Anordnungen, nur auf Grund regelrechter Haftbefehle Arretirungen vorzunehmen, jede Zuwiderhandlung würde vor ein Kriegsgericht gebracht werden.

Der Führer eines Nationalgarden-Bataillons ersucht durch die Zeitungen seine „Kollegen", doch in ihren Bataillonen keine Nationalgarden anderer Bataillone anzunehmen, wenn diese Leute nicht im Stande wären, Erlaubnißkarten ihrer Kapitäns oder Bataillonskommandanten zum Ausscheiden aus dem Bataillon, dem sie angehören, vorzuzeigen. Cluseret sieht sich am 14. veranlaßt, die Chefs der Legionen zu tadeln, weil sie in ihren Bezirken für die Nationalgarde Dienst angesetzt hätten, ohne hierzu den Befehl des Kommandanten vom Platz erhalten zu haben. Diesem allein stände die Regelung des Dienstes zu. Unruhe und Ermüdung wären die Folge dieser Eigenmächtigkeit; Bataillone würden kommandirt, wo 50 Mann genügt hätten; auch an das Verbot, ohne höheren Befehl Generalmarsch schlagen zu lassen, müsse er erinnern.

Infolge der neuen Eintheilung der Nationalgarde in Kriegs-Kompagnien und in ansässige, also vorläufig bei den Kämpfen nicht zu verwendende Nationalgarde hatte Cluseret bestimmt, daß die ersteren mit den besseren Chassepotgewehren ausgerüstet werden, bezw. ein Umtausch stattfinden sollte. Trotzdessen sieht sich Cluseret gezwungen, am 17. den folgenden Erlaß an die Nationalgarde zu richten: „Da eine große Zahl der ansässigen Nationalgarden sich weigert, ihre Chassepots gegen andere Waffen der Kriegs-Kompagnien auszutauschen, so befehle ich: Die Chassepots und andere Präzisionswaffen der ansässigen Nationalgarde werden gegen die weniger guten Gewehre der Kriegs-Kompagnien umgetauscht. Jeder der ansässigen Nationalgarden, welcher diesen Umtausch verweigert, verliert seinen Sold und wird wegen Gehorsamsverweigerung vor dem Feinde verfolgt. Der Delegirte des Krieges hofft, daß die Vaterlandsliebe der Nationalgarde diese letztere Bestimmung unnöthig machen wird.“

Selbst in den Magazinen der Ingenieurtruppe finden willkürliche Requisitionen statt, so daß Cluseret auf das Unstatthafte derselben aufmerksam machen und dieselben ausdrücklich verbieten muß; nur auf Grund besonderer Anweisung des Geniedirektors dürften Bestände entnommen werden.

Das „Journal officiel“ vom 24. April brachte den Bericht über eine Sitzung des Kriegsgerichts am 22. Gegenstand der Verhandlungen waren Diebstähle, welche durch Artilleristen verübt worden waren, und die Verweigerung des Gehorsams durch 12 Nationalgarden.

Bei der ersten Sache äußert sich der Batteriekommandant, daß er alles Mögliche gethan habe, seine Leute an jenen Diebstählen in den Magazinen der Militärschule zu hindern. Ein als Zeuge vernommener Offizier sagt aus, daß der Kommandeur durch die Offiziere seiner Batterie nicht unterstützt worden sei; insbesondere wäre ein stets sich im Zustand der Trunkenheit befindender Offizier mit die Ursache zu jenen Ausschreitungen gewesen, es habe sogar den Anschein gehabt, als seien die Angeklagten durch denselben zu jenen Diebstählen aufgemuntert worden. Der Batteriekommandant bekundet, wie es das Schlimmste sei, daß die Leute zu hoch bezahlt und infolgedessen meist betrunken seien. Die schuldigen Artilleristen werden mit fünf Jahren Gefängniß bestraft. Ob gegen die Offiziere eingeschritten wurde, ist nicht ersichtlich.

In der zweiten Sache standen 12 Nationalgarden, darunter 10 Offiziere, des 105. Bataillons vor Gericht. Sie sollten sich geweigert haben, gegen den Feind zu marschiren, und zwar unter Anwendung von Gewaltthätigkeiten gegen ihren Führer, den Chef der 7. Legion. Kompagnieführer unter den Angeklagten sagen aus, daß ihre Leute sie verlassen hätten, alle Anstrengungen, sie zur Pflicht zurückzuführen, seien vergeblich gewesen. Ein Lieutenant theilt mit, durch seine Leute am Marschiren verhindert worden zu sein. Einige der Angeklagten behaupten, der Führer sei betrunken gewesen, habe hin und her geschwankt. Einige Zeugen bestätigen die Trunkenheit, während andere Zeugnisse den Führer entlasten. Dieser erklärt, daß die Unsicherheit beim Gehen nicht vom Trinken, sondern von einem Fußleiden herrühre. Der Gerichtshof spricht gegen drei Offiziere und einen Gardisten strenge Strafen aus; die Auflösung des 105. Bataillons wird angeordnet.

Von den treu gebliebenen Nationalgarde-Bataillonen, welche Saisset entlassen hatte, war ein großer Theil der Mannschaft nicht zur Kommune übergetreten. Die Kommunards, für sich zwar Gehorsam fordernd, bearbeiteten in Maueranschlägen und Zeitungsartikeln jene Leute, um sie ihren Zwecken dienstbar zu machen, sie zum Abfall von der gesetzlichen Regierung, mithin zum Ungehorsam zu veranlassen.

Eine weitere eigenthümliche, für das Verständniß dieses Zeitabschnittes wichtige Erscheinung bildet das Auftreten von Frauen. Am 12. April lasen wir den Aufruf von Pariserinnen an die Bürgerinnen der Stadt. Derselbe bot deshalb ein besonderes Interesse, als er einmal Zeugniß von der tiefen Erregung aller Volksschichten giebt, dann aber auch schon den dunklen Schatten einer Theilnahme der Frau an den Mord- und Schandthaten der folgenden Schreckenstage vor sich wirft: „Paris ist eingeschlossen, Paris wird bombardirt. Bürgerinnen! wo sind unsere Kinder, unsere Brüder, unsere Männer? Hört Ihr den Kanonendonner, das Sturmläuten der Glocken, diesen heiligen Ruf? Zu den Waffen, das Vaterland ist in Gefahr! Ist es der Fremde, welcher Frankreich mit neuem Einfall droht? Nein! Diese Feinde, diese Mörder des Volkes und der Freiheit sind Franzosen! Bürgerinnen von Paris, wollen wir, die Nachkömmlinge jener Frauen der großen Revolution, welche im Namen des Volkes und der Gerechtigkeit nach Versailles gingen, den gefangenen Ludwig XVI. zurückführten, wir, die Mütter, Schwestern und Frauen dieses französischen Volkes, es noch länger ertragen, daß Elend unsere Kinder umgiebt, daß der Vater gegen den Sohn, der Bruder gegen den Bruder kämpft, sich untereinander tödten? Der Handschuh ist geworfen! Jetzt heißt es, zu siegen oder zu sterben! Bereiten wir uns vor, unsere Brüder zu vertheidigen und zu rächen! An den Thoren von Paris, auf den Barrikaden, in den Vorstädten, wo es auch sei, laßt uns bereit sein, im gegebenen Augenblick unsere Kräfte mit den ihrigen zu vereinen. Und wenn diese Schandbuben auch einen Haufen von Frauen mit ihren Kartätschen niederschmettern, um so besser! Der Schrei des Schreckens und des Unwillens von Frankreich sowie der ganzen Welt wird vollenden, was wir erstrebten. Und wenn die Waffen, die Bajonette durch unsere Brüder aufgebraucht sind, so bleibt uns noch immer das Pflaster der Straße, um jene Verräther zu vernichten.

Un groupe de citoyennes.“

Sogar ein „Comité central des citoyennes“ hatte sich in Paris gebildet und glaubte die Exekutivkommission wie die gesammte Kommune über die zu beachtenden Grundsätze, das Bestreben und die Ziele des Aufstandes belehren zu sollen. Auch der Wahnsinn der Zerstörungswuth begann sich schon zu regen. Mit lebhaftem Erstaunen lasen wir im „Journal officiel“ am 13. April, daß die Säule auf dem Vendômeplatz, welche wir so oft mit unseren Ferngläsern suchten, fallen solle: „In Anbetracht dessen, daß die kaiserliche Säule auf dem Vendômeplatz ein Monument der Barbarei, ein Sinnbild brutaler Gewalt und falschen Ruhmes, eine Bekräftigung des Militarismus, eine Verneinung des internationalen Rechts, eine fortdauernde Beleidigung der Besiegten durch die Sieger, ein immerwährendes Attentat gegen eins der großen Prinzipien der französischen Republik, gegen die Brüderlichkeit ist, wird bestimmt: Die Säule auf dem Vendômeplatz wird zerstört.

Paris, 12. April 1871.

Die Kommune von Paris."

Auffallenderweise war es ein kommunistisches Blatt, welches sein Mißfallen über diesen Erlaß äußerte, der Kommune zurief, man solle sich nicht in Kleinlichkeiten verlieren. Man thäte besser, die Arbeiter, welche die Säule umstürzen sollten, auf die Wälle statt nach jenem Platz zu schicken. Die Kommune überschritte ihre Befugnisse, die Monumente einer Hauptstadt seien Eigenthum des ganzen Staats, und würde man nicht überall in Frankreich mit dieser Maßregel einverstanden sein. Die Mitglieder der Kommune möchten bedenken, daß Regierungen nicht infolge von Verbrechen, sondern vieler kleiner Fehler stürzten. Die Napoleonische Legende würde hierdurch nicht unterdrückt, im Gegentheil die Erinnerung an jene Zeit wieder wach gerufen; wie könne man glauben, eine Idee auszurotten, indem man ihre äußere Form zerstöre!

Es war dies eine merkwürdig vernünftige Auslassung unter so vielen Phrasen, welcher auch ein französischer Schriftsteller späterhin Ausdruck gab.*)

Um das Volk gegen hohe Beamte früherer Regierungen oder gegen die Geistlichkeit aufzuhetzen, brachten die Zeitungen Mittheilungen schauriger Art. Hier sollten Gerippe, dort Folterwerkzeuge gefunden worden sein, die unzweifelhaft von Schand- und Mordthaten früherer Gewalthaber oder Priester herrühren müßten. Diese Sucht nach Schauermärchen verursachte eine köstliche Bemerkung in „La Commune“ vom 16. April: „Verschiedene Zeitungen brachten vor einigen Tagen die Mittheilung, daß man in den Kellereien des Stadthauses auf Blutspuren gestoßen sei. Nach der chemischen Untersuchung rührt das Blut einfach von Schweinen und Kälbern her. Besonders merk-

*) Maxime du Camp, a. a. O., II, 254.

würdig aber daran ist, daß die blutigen Spuren nach den amtlichen Feststellungen aus der Zeit nicht über den Monat Januar hinaus herrühren können. Es steht mithin fest, daß in den Tagen, an welchen die »Kanaille von Belleville« aus Hunger starb, man für die Herren vom 4. September fette Kälber schlachtete."

Von Tag zu Tag machte Paris einen traurigeren Eindruck. Die Straßen und Boulevards hatten ihr Aussehen vollständig verändert; überall Leere und Stille. Aus einem Polizeidekret war jedoch ersichtlich, daß es in den Wirthshäusern und Cafés lustiger hergegangen sein muß. Raoul Rigault verbot unter dem 17. allen Verkäufern von Getränken, ohne polizeiliche Erlaubniß Sänger, herumziehende Musikanten sowie Marktschreier, welche bisher alle öffentlichen Orte überschwemmten, in ihre Lokale einzulassen. Bezeichnend auch ist, daß an dem nämlichen Tage das Betteln, welches eine unglaubliche Ausdehnung angenommen habe, mit Strafe bedroht wird. Eine verkehrte Maßregel aber war es, mit der Ueberwachung solcher polizeilichen Anordnungen die Nationalgarde zu betrauen, welche hierbei sich schließlich allerlei Willkürlichkeiten und Ausschreitungen erlaubte.

Die Exekutivkommission bestimmte, daß bei der den Frauen der Nationalgarde zu zahlenden Unterstützung zwischen den angetrauten und den in wilder Ehe lebenden Frauen kein Unterschied gemacht werden dürfe. Unter den obwaltenden Umständen befand sich die Kommune vielleicht in einer Zwangslage, und ist mit Rücksicht hierauf die Maßregel erklärlich und nichts gegen dieselbe einzuwenden. Das Dekret wirft aber an sich ein grelles Licht auf die sittlichen Zustände in Paris. Wie viele solcher wilden Ehen müssen bestanden haben, wenn es die Kommune für nöthig hielt, besondere Bestimmungen im Interesse derselben zu erlassen!

In Versailles beschäftigte sich die Nationalversammlung im Wesentlichen mit dem Gesetz über die Munizipalwahlen in Frankreich. Aber auch in dieser Körperschaft machte sich Ungeduld über das Temporisiren der Regierung bemerkbar. Am 13. sollte Thiers über die Durchführung des Kampfes, beziehungsweise eines Ausgleichs mit Paris interpellirt werden. Dies konnte der Regierung Schwierigkeiten bereiten. Ein Mitglied der Versammlung bemerkte sehr richtig, ob ein General seinen Plan wohl im Voraus bekannt mache, und ob man die Geheimnisse der Regierung unter den Aufständischen verbreiten wolle. In Würdigung der Schwierigkeiten beschloß die Mehrheit, die Beantwortung der Interpellation einen Monat zu verschieben. Der Provinz waren schon wiederholt amtliche Nachrichten über die Vorgänge vor und in Paris zugegangen. Eine Art Antwort auf die Interpellation war ein Rundschreiben, welches Thiers am 13. an sämmtliche Civil- und Militärbehörden richtete. Er forderte in demselben auf, man solle sich durch falsche Gerüchte nicht beunruhigen lassen, es herrsche in Frankreich Ruhe, die einzige Ausnahme mache Paris. Die Regierung verfolge ihren Plan, sie werde aber erst im gegebenen Augenblick handeln. Bis dahin seien alle Kämpfe bei den Vorposten bedeutungslos. Die Berichte der Kommune seien ebenso falsch wie ihre Grundsätze. Die Aufständischen wollten bei Châtillon einen Sieg errungen haben, solchen lächerlichen Lügen möge man bestimmt widersprechen. Den Vorposten sei der Befehl ertheilt worden, Pulver und Blut der Soldaten zu sparen. In der Nacht zum 12. hätten die Aufständischen kanonirt, ins Blaue geschossen, ohne daß man ihr Feuer erwidert habe. Die Armee sei ruhig und voll Vertrauen, erwarte den entscheidenden Augenblick mit der Ueberzeugung, zu siegen. Die Regierung warte ab, um den Sieg weniger blutig zu machen, ihn mehr zu sichern. Die Aufständischen gäben Zeichen der Ermüdung und Erschöpfung. Vermittler seien nach Versailles gekommen. Man habe ihnen geantwortet, die Republik sei durch Niemand bedroht, höchstens durch den Aufstand selbst. Alle Anhänger desselben würden, mit Ausnahme der Mörder, ihr Leben retten, wenn die Waffen niedergelegt würden. Die unglücklichen Arbeiter sollten während einiger Wochen Lohn erhalten, um leben zu können. Wie die anderen Städte Frankreichs würde Paris volle Freiheit der Selbstverwaltung genießen, aber sowohl die Städte wie die Bürger selbst dürften keine Bevorzugungen vor anderen haben.

In einer weiteren Depesche vom 16. bestätigt die Regierung, daß sie temporisire und zwar mit zu dem Zweck, allen irregeführten Leuten in Paris Zeit zu geben, um zur Vernunft zu kommen.

Von allen Seiten gingen der Regierung und Nationalversammlung Adressen zu, in welchen ihr Verhalten Paris gegenüber gebilligt, ihnen das Vertrauen des Landes ausgesprochen, gegen die skandalösen Scenen in Paris Protest erhoben wurde. Infolge der Proklamation vom 29. März, in welcher Bürger wie Soldaten angerufen worden waren, sich um die Nationalversammlung zu schaaren, kamen eine große Menge Mobilgarde- wie Nationalgarde-Offiziere nach Versailles, um ihre Dienste der Regierung anzubieten. Die Ernennung Dombrowskis in Paris zum Kommandanten des Platzes hatte dort Mißfallen erregt und die Kommune es für nothwendig gehalten, durch Anschlag den Nationalgarden zu sagen, daß die Unruhe, welche jene Ernennung Dombrowskis, als eines Fremden und Unbekannten, hervorgerufen habe, eine ungerechtfertigte sei. Der Ernannte sei in der That Pole, aber ein kriegserfahrener und der universellen Republik ergebener Mann. Die Mitglieder der polnischen Emigration in Frankreich richteten eine Adresse an die Nationalversammlung, in welcher sie ihrem Bedauern Ausdruck gaben, an der Spitze der aufständischen Truppen einen Offizier zu sehen, der einen polnischen Namen trage.

Am 14. wurde das Gesetz über die Munizipalwahlen, fast ganz der Regierungsvorlage entsprechend, angenommen.

Auch auf den Zufluß von Reisenden nach Paris glaubte die Regierung ihre Aufmerksamkeit richten zu müssen. Der Minister des Innern, Picard, theilte den Präfekten in der Provinz mit, daß eine große Zahl von Fremden nur zu dem Zweck sich nach Paris begäben, um an dem Aufstande theilzunehmen; die Eisenbahnen seien mit solchen Menschen überfüllt. Er ordne hiermit die polizeiliche Durchsuchung aller nach Paris gehenden Eisenbahnzüge an. Jeder Verdächtige solle zum sofortigen Verlassen des Zuges gezwungen, seine Papiere mit Beschlag belegt und er erst auf erstatteten Bericht entlassen werden. Nur Leute, welche sich über den unverfänglichen Grund zu ihrer Reise nach

Paris genügend auszuweisen vermöchten, sollte der Eintritt dorthin gestattet werden. Eine Instruktion werde erlassen, nach welcher vorläufig ein jeder Reisende sich durch einen Paß auszuweisen habe. Einer der Verschwörer vom 31. Oktober 1870, die Seele des damaligen Versuchs, die Regierung zu stürzen, Blanqui, von dem auch der durch die Internationale verwirklichte Gedanke, die Nationalgarde zu einem Werkzeug der künftigen Kommune zu machen, ausgegangen sein soll,*) war in der Provinz verhaftet worden. Derselbe genoß unter den Männern des Aufstandes ein großes Ansehen, so daß die Kommune ihn zu befreien wünschte. Sie erklärte sich bereit, gegen denselben mehrere gefangen gesetzte Geistliche auszuwechseln.**) Schon im April fanden verschiedene Verhandlungen mit Thiers statt; insbesondere war es der amerikanische Gesandte Washburne, welcher zu Gunsten des Bischofs Darboy einschritt. Thiers scheint auffallenderweise das Leben der Geiseln in Paris für ungefährdet gehalten zu haben. Er weigerte sich, mit dem Aufstand zu verhandeln. „Der freigelassene Blanqui war keine neue Gefahr; es hätte einfach ein Narr mehr im Stadthause, welches eine Irrenanstalt war, gesessen."**)

General v. Fabrice hatte am 13. April Rouen verlassen und seinen Aufenthalt in Soisy bei St. Denis genommen. Es war von ihm nach Berlin gemeldet worden, daß Thiers den Angriff nicht früher beginnen lassen werde, als bis man in Versailles über 100 000 Mann verfügen könne. Die gegenwärtige Frist benutze Paris, um sich zu rüsten, zu befestigen, und sei mehr denn je zum Widerstande entschlossen. Das Heranziehen von schweren Geschützen von Bourges erfolge nur langsam, trotz mancher Mängel in Ausrüstung, Bewaffnung und Verpflegung sei die Stimmung und Haltung der Truppen gut. Zu einer wirksamen Fortsetzung des Angriffs halte er Versailles augenblicklich noch nicht für befähigt, einer baldigen Unterwerfung von Paris für noch nicht gewachsen. Von Unterhandlungen solle nicht die Rede sein, man bereite sich zu ernstem Kampf vor. Die Verluste seien in den letzten Tagen bedeutender gewesen,

*) Maxime du Camp, a. a. O., I, 31. — **) Ebenda I, 321.

als zugestanden werde. Da die Regierung zu Versailles zweifellos die Sache hinhalte, den Gegner, vielleicht richtiger gesagt, ermüden zu wollen scheine, so sei eine entscheidende Handlung jetzt nicht zu erwarten; jedenfalls wolle man die Stadt Paris schonen. In einer Depesche vom 15. meldete Fabrice, Paris sei bereits auf den von der Regierung besetzten Seiten abgesperrt worden. Diese halte auch eine Absperrung von unserer Seite, um Paris die Lebensmittel abzuschneiden, als ihrem Interesse günstig. Auf eine Erzwingung der Räumung von Fort Ivry durch Artilleriefeuer lege die französische Regierung kein Gewicht, da die Anwesenheit des Gegners dort nicht lästig sei, dagegen sei die erfolgte Armirung der Stadtumwallung von großer Bedeutung und sehr hinderlich. Wenn diese Armirung mit unseren Interessen unvereinbar gefunden werde, so sei ein dem entsprechender Druck auf die Kommune gewiß eine bedeutende Hülfe, Thiers fürchte jedoch bei deren Eintreten dem Lande gegenüber den Schein, als ob die Regierung Paris, in Verbindung mit Deutschland, unterwerfen wolle. Diese an den Reichskanzler gerichtete Depesche wurde dem Chef des Generalstabes mitgetheilt. Unter dem 18. schrieb Letzterer an den Fürsten Bismarck:

„Euer Durchlaucht beehre ich mich ganz ergebenst zu benachrichtigen, daß ich Seiner Majestät dem Kaiser und König über den Inhalt des mir gefälligst mitgetheilten Telegramms Nr. 141 des Generallieutenants v. Fabrice d. d. Soisy 15. April 8 Uhr 34 Min. vormittags Vortrag erstattet habe. Seine Majestät sprachen Allerhöchstihre Geneigtheit aus, eine vollständige Absperrung von Paris auch von der Nordseite her anzubefehlen, sowie von der Kommune die Desarmirung der Enceinte zu verlangen. In letzterer Beziehung müsse man sich aber klar darüber sein, daß im Fall der Weigerung unsere Forderung sofort mit Gewalt durchzusetzen sei. Da hiermit eine Wiedereröffnung der Feindseligkeiten verbunden sein würde, so befehlen Seine Majestät, daß zuvor Euer Durchlaucht Gelegenheit zur Aeußerung darüber gegeben werde, ob vom politischen Standpunkt die Stellung vorerwähnter Forderung als opportun zu erachten ist. Ebenso würde eine Aeußerung darüber erwünscht sein, ob die volle Absperrung von Paris den Verträgen sowie der momentanen politischen Lage entspricht und dementsprechend anzuordnen ist.

Der Chef des Generalstabes der Armee.
In Vertretung
v. Podbielski."

Von sämmtlichen amtlichen Schriftstücken der Regierung zu Versailles, welche diese an die Behörden in den von uns noch besetzten Landestheilen richtete, erhielt der deutsche Vertreter, General v. Fabrice, brieflich oder telegraphisch durch jene Regierung Kenntniß. Aus einer Depesche, welche Thiers an den Präfekten der Maas gesandt hatte, war die beabsichtigte Aufstellung von Freiwilligenabtheilungen zu ersehen. „Eine solche erschien innerhalb des von den deutschen Truppen besetzten Gebietes doch nur in dem Fall statthaft, wenn deren Stärke in der bereits bewilligten Ziffer von 100 000 Mann einbegriffen war. Dieser Gesichtspunkt mußte der französischen Regierung gegenüber zur Geltung gebracht werden. Um jeder Weiterung vorzubeugen, erschien es fernerhin zweckmäßig, daß die französische Regierung genau diejenige Stärke bezeichnete, von welchen ein derartiger Zuzug erwünscht erscheine, um die betreffenden Weisungen den diesseitigen Truppenkommandos zukommen zu lassen, welche ohne solche die Bildung verhindern mußten."*)

In St. Denis waren am 15. April abends zwei Offiziere der Nationalgarde aus Paris erschienen und hatten ein Schreiben an das Oberkommando der Dritten Armee übergeben, welches nach Compiègne gesandt wurde. In demselben theilte Cluseret mit, daß die Kommune den Wunsch habe, mit uns in Unterhandlung zu treten, um ihrerseits die ersten 500 Millionen zu bezahlen. Es wurde keine Antwort ertheilt, der Inhalt nach Berlin telegraphirt, das Schreiben selbst dem General Fabrice geschickt. Mit Recht hatte Jules Favre in der Nationalversammlung erklärt, daß Deutschland der Regierung zu Versailles stets ein nicht zu leugnendes Vertrauen zeige. Wenn derselbe dann weiter mittheilte, daß unsererseits eine Hülfe zur Unterwerfung des

*) Brief des Grafen Moltke an den Fürsten Bismarck vom 16. April.

Aufstandes angeboten, von der französischen Regierung jedoch zurückgewiesen sei, so ist dies nicht zutreffend. Gelegentlich der vielen mündlichen Verhandlungen in Soisy und Frankfurt sind von den deutschen Vertretern Vorschläge für ein gemeinsames Handeln gegen die Kommune gemacht worden, um deren Unterwerfung zu beschleunigen. Eine jede Verzögerung schädigte die Interessen Deutschlands. Trotz dieser Schädigung nahm Deutschland Abstand davon, eine Beschleunigung durch Anwendung von Gewalt herbeizuführen. Das loyale Entgegenkommen des deutschen Vertreters und der Heeresleitung galt stets nur solchen Wünschen, die von Versailles aus an sie herantraten.

In Paris hatte sich das Gerücht verbreitet, daß die Forts unsererseits nicht vor dem Abschluß des Friedens geräumt werden sollten und wir mit Waffengewalt eingreifen würden, wenn bis zum 15. April der Aufstand nicht besiegt sei. Depeschen aus Versailles bekundeten die Unwahrheit dieses Gerüchtes. Wenn uns die Nothwendigkeit zwang, beobachtend, unter Festhaltung auch von Forts, bei Paris stehen zu bleiben, so war doch an ein Eingreifen unsererseits vorläufig nicht zu denken, wenn wir nicht selbst von der Kommune belästigt wurden.

Andererseits sollten wir, wie die kommunistischen Blätter in Paris verbreiteten, der Regierung zu Versailles die Bitte abgeschlagen haben, die Eisenbahnlinien, welche durch das von uns besetzte Gebiet nach Paris führten, zu unterbrechen. Diese Störung in dem Betriebe hätte uns Schwierigkeiten für unsere eigene Verpflegung bereiten müssen, und hätten wir durch unsere Weigerung „einen der schönsten Träume des Mörders Thiers, Paris auszuhungern, zerstört“. Einzelne Mittheilungen in kommunistischen Blättern, so über den Verkehr zwischen Thiers und General v. Fabrice, legten die Vermuthung nahe, daß sich entweder in Versailles unter den Beamten der Regierung mittheilsame Freunde der Kommune befanden, oder eine unglaubliche Schwatzhaftigkeit selbst über wichtige, besser geheim zu haltende Absichten der Regierung herrschte.

Die Verhältnisse vor Paris zu dieser Zeit, und die aus denselben für die oberste Heeresleitung zu Berlin sich ergebenden

Entschlüsse werden durch einen Schriftwechsel des Oberkommandirenden der Dritten Armee, des Kronprinzen von Sachsen, mit General Graf Moltke in treffendster Weise wiedergegeben:

„Compiègne, den 17. April 1871.

Euere Excellenz

werden mir erlauben, auch meinerseits über die jetzige Lage der Dinge hier zu berichten und mir Ihre etwaigen Befehle zu erbitten. Nachdem es in der Mitte voriger Woche schien, als machten die Versailler Fortschritte, ist der Angriff ins Stocken gekommen und scheint sich die Sache sehr in die Länge zu ziehen. Sei es, daß man sich zu schwach findet, sei es, daß das Vertrauen auf die Armee doch nicht so vollständig ist, als man vorgiebt, genug, es wird Alles matter, die Gefechte selbst sind, bei viel Lärm und Schießen, doch sehr unblutig. Das Schlimmste dabei ist, daß sich der Zustand in Paris verschlimmert, aber fester wird. Die Elemente der Ordnung, theils entflohen, theils terrorisirt, verschwinden ganz und es bleibt eine Masse von, wie man behauptet, 140 000 bis 150 000 Mann sehr fanatisirter Arbeiter, darunter die schlimmsten Elemente aus ganz Europa, die, durch drei Monate Belagerung leidlich ausgebildet, hinter Deckungen sich ganz gut schlägt. Die Führer, die bei der Niederlage ihr sicheres Ende voraussehen, werden es zum Aeußersten kommen lassen. Was ihnen fehlen soll, sind geübte Artilleristen. Es läßt sich nicht leugnen, daß die ganze Sache, wenn sie anhält, für ganz Europa die größten Gefahren birgt, und daß es wichtig wäre, schnell damit zu Rande zu kommen. Die Versailler sprechen aber bereits von drei Wochen, die es noch dauern könnte. Da tritt allerdings die Frage an uns heran, ob wir nicht der Sache förderlich sein könnten. Zu einem gewaltsamen Angriff, ja nur zu einer Beschießung möchte ich nur im Aeußersten rathen, da es einestheils um jeden Mann schade, den wir daran setzen, anderentheils es der französischen Regierung, die wir doch erhalten wollen, einen unheilbaren Stoß versetzen würde. Bleibt nur die Aushungerung. Nach ziemlich sicheren Nachrichten lebt man dort nur von Tag zu Tag und zwar bloß von Norden her, da ihnen der Süden jetzt ganz versperrt ist. Machten wir unsererseits zu, so könnte es keine acht Tage dauern. Ich habe bereits durch Fabrice in Versailles sagen lassen, ich würde in dieser Richtung einem Wunsche, auch unter der Hand, bereitwillig nachgeben, doch ist noch nichts der Art erfolgt, sie wollen unsere Hülfe noch nicht. Da es aber leicht zu spät werden könnte, so erlaube ich mir die Frage an Euere Excellenz, ob es nicht gut wäre, wenn wir die Abschließung auf unsere Hand ausführten. An Vorwänden könnte es nicht fehlen, wenn auch die Insurgenten alles uns Feindliche vermeiden, ja jeder Reklamation willig Folge leisten. Ich glaube, die Sache würde so schneller zu Ende geführt und für die deutschen Truppen baldigst mit einem Zustand ein Schluß gemacht werden können, der anfängt, für dieselben wahrhaft peinlich zu werden. Ich bin natürlich nicht im Stande, die politischen Verhältnisse so zu übersehen wie Euere Excellenz. Sollte indeß meine Meinung in Berlin getheilt werden, so würde ich um einen desfallsigen Königlichen Befehl bitten. Etwaige Uebergebungsanträge würden aber dann wohl nur nach Versailles zu verweisen sein, da es doch nicht in der Absicht liegt, Paris zu besetzen und für Herrn Thiers den Gendarmen zu spielen.

Mit der aufrichtigsten Verehrung verbleibe ich Euerer Excellenz ergebenster

Albert, Kronprinz von Sachsen,
General der Infanterie."

„Berlin, den 22. April 1871.

An

Seine Königliche Hoheit den Kronprinzen von Sachsen.

Euerer Königlichen Hoheit gnädiges Schreiben vom 17. d. Mts. habe ich zu erhalten die Ehre gehabt und gestatte mir das Nachstehende unterthänigst zu erwidern.

Seit Abschluß des Präliminarfriedens ist eine Reihe von Konzessionen der französischen Regierung gemacht worden. Man hat die Zahlung für Ernährung der Armee limitirt, Steuererhebung und Verwaltung den heimathlichen Behörden zurückgegeben, Post und Telegraphen diesen anvertraut und die Befugnisse zur Aufstellung von Truppen diesseits der Loire von 40 000 auf 100 000 Mann erweitert, Alles, um das Gouvernement zu kräftigen und in den Stand zu setzen, seinen Verpflichtungen gegen uns nachzukommen. Letzteres ist nicht geschehen. Die Verhandlungen in Brüssel werden absichtlich verschleppt, die Zahlungstermine nicht innegehalten, die Rebellen in Paris nicht zum Gehorsam zurückgeführt.

An maßgebender Stelle ist man daher entschlossen, keine weiteren Zugeständnisse zu gewähren, vor Allem dem französischen Gouvernement keine Gendarmendienste zu leisten.

Zunächst wird jede Verstärkung der Armee über 100 000 Mann hinaus verweigert. Herr Thiers würde mit der doppelten Zahl ebensowenig leisten. Er vergießt in nichts bedeutenden Gefechten das Blut französischer Soldaten, um den Pariser Bürger zu schonen, dem er nicht ernsthaft zu Leibe gehen will.

Nichts wäre natürlicher, als Paris von beiden Seiten abzusperren, und seit Wochen ist dies Anerbieten bereits in Versailles gemacht und wiederholt worden. Daß es von unserer Seite geschehe, ist Alles, was man dort wünscht. Die Herren Thiers und Favre würden sich vergnügt die Hände reiben, öffentlich aber über die Vergewaltigung der deutschen Barbaren wehklagen und als Wohlthäter von Paris die Verbindung nach Süden freigeben. Sie brauchen unsere Hülfe, aber sie soll ihnen aufgedrungen werden; in ihrer erbärmlichen Schwäche braucht die Regierung diese Rechtfertigung vor der öffentlichen Meinung. Man hat uns nöthig genug, aber man schämt sich unser. Wir sind zur Hülfeleistung bereit, aber wir müssen darum angegangen werden und vor Europa bedürfen wir darüber Schwarz auf Weiß.

Die Verhältnisse in Paris sind wohl derart, daß sie auch wohl ohne Zwang von außen in sich selbst zerfallen müssen; ob dies noch Tage oder Wochen dauert, läßt sich aber nicht vorhersehen.

Nach meiner individuellen Anschauung müßten wir uns so einrichten, daß wir dies ohne allzu große Opfer abwarten können, d. h. die Ziffer unserer Streitkräfte in Frankreich auf die Ziffer herabmindern, für welche wir entschädigt werden. Dadurch würden wir den Vortheil erlangen, unsere Landwehr vollständig entlassen zu können. Ich glaube, daß wir mit 500 000 Mann, also 450 000 Kombattanten, in der Lage sind, allen Eventualitäten gewachsen zu sein, vollends, wenn die Gefangenen, welche früher der regulären französischen Armee angehörten, nicht ausgeliefert werden.

Die sofortige Sistirung der Transporte ist beschlossen, und wird dem französischen Gouvernement notifizirt werden, daß dieselben erst dann wieder aufgenommen werden, wenn die Bedingung des Präliminarfriedens erfüllt sein wird, wonach nicht über 40 000 Mann diesseits der Loire sich befinden dürfen, das heißt also, Paris genommen sein wird.

Ob danach Herr Thiers sich entschließen wird, unsere Hülfe offen und ehrlich in Anspruch zu nehmen, muß abgewartet werden.

Graf Moltke,
General."

Uebergriffe der Kommune in der neutralen Zone dauerten an. Der Maire von Aubervilliers wurde von der Kommune gezwungen, Steuern nach Paris zu zahlen. In St. Denis selbst wurden zwei Nationalgarden verhaftet, weil sie im Auftrage der Kommune, bei dem Munitionsmangel in Paris, wie sie eingestanden, Patronen, welche auf dem Kirchhof zu St. Denis versteckt seien, nach Paris schaffen sollten. Die Patronen fanden sich auch in der That, in Kisten, Tonnen und Säcken verpackt, in einer Gruft vor, wurden mit Beschlag belegt, und die verhafteten Abgeordneten der Kommune von den französischen Civilbehörden zu St. Denis nach Versailles abgeführt. General v. Pape gab hierzu seine Zustimmung, da einerseits die Sache nicht gerade eine Feindseligkeit gegen unsere Truppen in sich begriff, andererseits die beiden Kommunards in Versailles muthmaßlich ernstlicher angefaßt werden würden, als es bei der obwaltenden Sachlage von uns geschehen konnte. Die Leute in Paris hatten sogar die Unverschämtheit, schriftlich einem Bürger in St. Denis Vollmacht zu ertheilen, den Chef eines Nationalgarden-Bataillons daselbst, welcher für die Regierung aufgetreten war, nöthigenfalls mit anderen Nationalgarden gewaltsam zu verhaften und nach Paris zu schaffen. Dieser Bürger befand sich beim Bekanntwerden dieser Sache in Paris und muß Nachricht von der ihm bevorstehenden Verhaftung erhalten haben, da er nicht zurückkehrte.

Am 19. April hatten wir in St. Denis die große Freude, durch einen Besuch unseres Oberkommandirenden, des Kronprinzen von Sachsen, beehrt zu werden. Seine Königliche Hoheit begab sich unter Anderem auch nach der herrlichen Kathedrale, der früheren Grabkirche französischer Könige. Tobende Pöbelhaufen hatten einst die irdischen Ueberreste ihrer Ruhestätte entrissen und sich durch diese Unthat nur selbst geschändet; aber noch ruhte das Auge mit Bewunderung auf manchem Denkmal, dessen Marmor unbeschädigt geblieben war. Der Kronprinz besichtigte auch den auf der höchsten Stelle der Kathedrale befindlichen Beobachtungsposten, von welchem aus man einen vortrefflichen Einblick nach Paris und eine wundervolle Aussicht auf die ganze Umgegend genießen konnte.

Die außergewöhnlichen Verhältnisse vor und in Paris, die Nähe des Generalgouvernements zu Soisy, welche Meldungen, Vorträge und Besprechungen an Ort und Stelle verursachten, Berichte über Stimmung der Bevölkerung, Erledigung von Klagen oder erfüllbaren Wünschen der Einwohner, Telegramme über Telegramme, Durchsicht der französischen Zeitungen, Annahme und Abfertigung von Mitgliedern der Kommune oder Offizieren der Nationalgarde zu Paris, weite Rekognoszirungsritte zur Beobachtung der das Auge des Militärs so fesselnden Vorgänge machten den Dienst zu einem recht anstrengenden, aber hoch interessanten. Unseren Truppen lag ein scharfer Wachtdienst ob, Exerziren, Instruktion und Uebungen ließen sie andererseits einer Friedensgarnison gleichen.

## Fünftes Kapitel.

**Kommuneberathungen. Die Nachahmung von 1793. Wie man in Paris denkt, glaubt, lügt und handelt.**

Dichter Nebel bedeckte am 25. April das Gelände um Paris. Von früh 8 Uhr ab war heftiges Geschützfeuer im Süden zu hören, welches sich bis zur Mittagsstunde sehr verstärkte. Der Mont Valérien trat mit bisher nicht bemerkter Kraft in den Kampf ein. Gegen 12 Uhr fiel der Nebel, deutlich konnte man die Versailler Batterien im Süden gegen Fort Issy im Feuer stehen sehen. Die Angriffs-Batterien des rechten Flügels, von Sèvres über Meudon und Clamart bis Châtillon, überschütteten das Fort mit Geschossen, während eine Batterie zwischen Châtillon und Bagneux den Kampf mit dem Fort Vanves aufgenommen hatte. Beide Forts nebst den Bastionen der Enceinte antworteten kräftig. Am Nachmittag um 4 Uhr trat Stille ein. Vollständige Ruhe herrschte den Tag über bei Courbevoie und Asnières. Ein am Tage vorher zwischen Paris und Versailles abgeschlossener Waffenstillstand war zur Ausführung gelangt; der Ort Neuilly wurde von seinen Bewohnern geräumt. Nach den Zeitungen schien in Paris Ermüdung eingetreten zu sein, jedoch wurde der Aussage mehrerer nach St. Denis geflüchteter Nationalgarden, daß die Gesammtstärke an Infanterie nur noch an 40 000 Mann betrüge, kein Glauben geschenkt.

Am Abend des 26. nahmen die Versailler das Dorf Les Moulineaux, einen vorgeschobenen Posten der Aufständischen, welcher die Arbeiten an den Laufgräben zur Annäherung an das Fort Issy beunruhigte. In den nächsten Tagen dauerte der Geschützkampf an, das Fort Issy antwortete nur noch schwach, kaum daß ein Schuß von dort her in der Stunde fiel. Die Erdarbeiten der Versailler nahmen ihren Fortgang, hatten am 28. sich bis auf 300 m dem Glacis des Forts Issy genähert. Kavallerie deckte den rechten Flügel gegen das von den Insurgenten besetzte Villejuif und machte häufig Gefangene, insbesondere in den letzten Zeiten der Kommune. Die Versailler Regierung theilte dem deutschen Vertreter mit, daß auf der ganzen Linie von Neuilly bis Meudon Alles vorbereitet werde, um die Operationen ebenso schnell wie wirksam zu beenden.

Am 29. wurden Laufgräben vor dem Dorfe Issy, sowie der Kirchhof und der Park dieses Ortes von den Regierungstruppen genommen. Die Aufständischen ließen auf ihrem eiligen Rückzuge zahlreiche Todte und Verwundete zurück, 100 Gefangene und 8 Geschütze fielen in die Hände der Versailler.

Auf der Halbinsel Gennevilliers waren in diesen Tagen Bewegungen von Truppen aus Versailles bemerkbar, schwache Infanterieabtheilungen zogen sich seineabwärts bis gegenüber St. Ouen. Nach der Mittheilung eines in letzterem Ort befindlichen der Regierung treuen Beamten waren zwei Kompagnien Pariser Nationalgarden eingerückt; daselbst stehende Geschütze sollten nach Paris geschafft werden, die Nationalgarde von St. Ouen verweigere jedoch die Abführung. Die Kommune ließ nur noch Personenzüge aus Paris heraus; eine gleiche Maßregel fand seitens der Versailler statt, kein Güterzug durfte mehr nach Paris hineingelassen werden. Der 1. Garde-Division gegenüber wurde auf der Stadtumwallung eifrig gearbeitet; die genaue Beobachtung ergab, daß Sandsäcke, welche die dortigen Wälle verstärkt hatten, entleert wurden, wahrscheinlich also an anderer Stelle zur Verwendung kommen sollten.

Der Gouverneur des Forts Issy war Megy, ein früherer Galeerensträfling;*) derselbe war, durch die Revolution des

*) Maxime du Camp, a. a. O., I, 361.

4. September befreit, von Toulon nach Paris gekommen und als Fahnenträger in die Nationalgarde eingestellt worden. Als solcher hatte er seinen Kapitän geohrfeigt, wurde mit zwei Jahren Gefängniß bestraft, aber durch den 18. März wiederum in Freiheit gesetzt. Am 30. April morgens 9 Uhr machte er dem Delegirten Cluseret über die Vorgänge bei Issy Meldung und ersuchte um Unterstützung durch 10 000 Mann, anderenfalls die Stellung nicht haltbar sei; eine Stunde später, obschon ihm telegraphisch geantwortet war, das Fort noch zu halten, meldete er, daß er dasselbe räumen würde. Cluseret eilte nun sofort selbst nach dem Kampffelde. „Als ich an der Porte d'Issy eintraf, begegnete ich der Garnison des Forts in voller Auflösung, sie bildete einen ungeordneten Haufen, der Verrath schrie." Es gelang Cluseret, eine Kompagnie Artillerie, welche im Dorf Issy lag, vorzuführen und, durch den General Cecilia, welcher mit Unterstützungen herbeieilte, verstärkt, das Fort wieder zu besetzen.*) Der Kommandant des 137. Bataillons, welches mit vorgegangen war, wurde an Megys Stelle gesetzt. Als Cluseret, nach Paris zurückgekehrt, das Stadthaus betrat, wurde er auf Veranlassung der Kommune verhaftet. Der Oberst Rossel trat an seine Stelle als Delegirter des Krieges. Diese Stellenveränderung konnte von der 1. Garde-Division schon am 1. Mai dem Oberkommando der Dritten Armee gemeldet werden.

Noch am 30. April abends war durch einen Parlementär der Regierungstruppen ein Schreiben dem Kommandanten des Forts Issy übergeben worden, in welchem derselbe zur Uebergabe des Werks aufgefordert wurde. Eine Viertelstunde Bedenkzeit wurde bewilligt. Wenn der Kommandant erkläre, daß er sich und die Garnison unter der einzigen Bedingung, das Leben und die Freiheit zu retten, unterwerfe, so würde diese zugestanden. Entgegengesetztenfalls würde die Garnison, bei der Fortnahme des Forts mit Gewalt, über die Klinge springen müssen. Auf dieses Schreiben erhielt der Major Leperche, welcher den Parlementär abgesandt hatte, folgenden Brief des neuen Kriegsdelegirten Rossel:

*) Cluseret, a. a. O., II, S. 71, 72.

„Mein theurer Kamerad!

Ich werde das nächste Mal, wenn Sie sich erlauben werden, uns eine ebenso unverschämte Aufforderung zur Uebergabe, wie in Ihrem heutigen Schreiben, zu senden, Ihren Parlementär, dem Kriegsgebrauch entsprechend, erschießen lassen.

Paris, 1. Mai 1871.

Ihr ergebenster Kamerad,
der Delegirte des Krieges
Rossel."

Der Vorgänger Rossels, der General Cluseret, hatte sich mit großem Eifer der von ihm für nothwendig befundenen Reorganisation der Nationalgarde zu Paris hingegeben und sich nicht ohne Geschick dieser Aufgabe unterzogen. Die Lösung derselben unterlag jedoch großen Schwierigkeiten, insbesondere bei dem Mangel an Leuten, denen man die nothwendigen Eigenschaften, um als Offiziere zu fungiren, zusprechen konnte. Die Fürsorge Clusercts erstreckte sich nicht allein auf die verschiedenen Waffen, Infanterie, Kavallerie, Artillerie und Genie, auch der ärztliche Dienst und die Verwaltung sollten zweckentsprechend umgestaltet werden. Es hätte aber, ganz abgesehen von den an anderer Stelle schon erwähnten schädlichen Einflüssen, außer Zeit, übermenschlicher Kräfte, sowie einer bedeutenden Menge fachmännisch geschulter Helfer bedurft, um überhaupt Brauchbares zu leisten. So blieb die Reorganisation im Wesentlichen auf dem Papier; die Veränderung in der Zusammenstellung der Infanterie, die Aufstellung von Schwadronen und Batterien schuf bewaffnete Haufen, aber keine Truppe. Dekrete auf Dekrete folgten, welche zwar von dem militärischen Blick Cluserets Zeugniß gaben, aber zum Theil Altes und Bekanntes in einem Augenblick umwarfen, in welchem die zum Einleben in das Neue nothwendige Zeit fehlte. „Dieser General sollte in drei Tagen Alles organisiren und hat drei Wochen verwendet, um Alles zu desorganisiren", warf man ihm späterhin vor. Das unüberwindliche Hinderniß für Cluseret blieb jedoch die Unbotmäßigkeit, ja Anarchie in der Nationalgarde selbst. „Von dem Augenblick ab", schreibt Cluseret, „wo das Comité central und die Kommune es für erlaubt hielten, mich durch einen Ferrat, einen Lacord und einen Arnold, einen Säufer, einen Koch und einen Baumeister, beaufsichtigen zu lassen, und von dem Augenblick ab wo die Kommune die Geistesverwirrung so weit trieb, Delescluze, einem Zeitungsschreiber, das höchste Kommando über ihre Streitkräfte — und zwar dem unfaßbaren Prinzip der Ueberlegenheit des Civils gegenüber dem Militär zu Liebe — anzuvertrauen, war es natürlich, daß ein jeder Nationalgardist seinen Kapitän, seinen Kommandanten, seinen Chef der Legion kontrolirte. Daher dieser verteufelte Wirrwarr, welcher die Kommune zu Grunde richtete, indem er meinem Nachfolger die Vertheidigung unmöglich machte."*) Dieser Ausspruch Cluserets ist von Werth, da er ein grelles Licht auf die Verhältnisse wirft, wenn auch noch viele andere Dinge mitsprechen, welche den Untergang der Kommune herbeiführen mußten.

Mitte April schon begannen die Angriffe auf Cluseret. Der „Cri du Peuple", dessen Redakteur das Kommunemitglied Vallès war, rief ihm zu: „Energie, Thätigkeit, die Zeit drängt!" Der Beschluß der Kommune vom 20. April, welcher eine neue Exekutivkommission schuf und nach welchem die Delegirten der verschiedenen Kommissionen über die zu ergreifenden Maßnahmen — mithin auch über die militärischen — die Entscheidung zu treffen hatten, veranlaßte Cluseret zu dem berechtigten Ausruf: „Also militärische Operationen durch Stimmenmehrheit geleitet!" Tiefe Unlust ergriff ihn. In einer Kommunesitzung wurde Cluseret vorgeworfen, nicht genügend Meldung über die Vorgänge zu erstatten, kein Dynamit für die Geschosse verwendet, nicht genügende Unterstützungen den kämpfenden Truppen zugeführt zu haben, lächerliche Vorwürfe, welche aber die Stellung des Generals erschütterten. Verhängnißvoll war auch der Ehrgeiz seines Untergebenen Rossel. Im Wesentlichen bildete aber das Mißtrauen der Kommune gegen seine Persönlichkeit den Grund zu seiner Verhaftung und nicht die allerdings mit jedem Tage sich schlechter gestaltende Lage bei Issy, welche ihm in dem amtlichen Blatt der Kommune zum Vorwurf gemacht wurde:

---

*) Cluseret, a. a. O., I, 115.

„Die Fahrlässigkeit und Nachlässigkeit des Kriegsdelegirten hat uns fast den Besitz von Fort Issy gekostet; die Exekutivkommission hielt es für ihre Pflicht, die Arretirung des Bürgers Cluseret der Kommune vorzuschlagen, und hat diese ihre Genehmigung ertheilt; im Uebrigen sind alle Maßnahmen getroffen, um Fort Issy zu halten."

Durch die Beschießung veranlaßt, entstanden am Abend des 30. April zwei erhebliche Brände in Paris, welche, nach der Meldung unseres Beobachtungspostens an dem Moulin d'Orgemont, in der Nähe des Triumphbogens wahrgenommen wurden. Noch in der Nacht vom 1. zum 2. Mai entrissen die Versailler das Schloß im Dorf Issy und den beim Fort liegenden Bahnhof von Clamart den Aufständischen. Das Fort Issy war isolirt. „Die Kommune ist augenscheinlich am Ende ihres Wahnsinns, und bleibt derselben nur das eine, von ihr täglich angewandte, Mittel, den Parisern zu verkünden, daß sie überall siegreich sei, übrig", schrieb Thiers in die Provinz.

Die Zeichen von Unzufriedenheit mit den Männern der Kommune mehrten sich gegen das Ende des Monats April. In den stets zur Widersetzlichkeit geneigten Stadtbezirken von Belleville und Montmartre murrten die Arbeiter. Sie wiesen darauf hin, daß in den Hunderten von Büreaus der verschiedensten Verwaltungen junge Leute ihr Leben vor den Geschossen der Versailler schützten, während ältere Leute von 40 bis 50 Jahren an deren Stelle gegen den Feind marschiren müßten. „Die Kommune solle sich in Acht nehmen, das Blut eines schlechten Schreibers sei nicht kostbarer als das eines Arbeiters."

Die Kommune hatte bestimmt, daß keine Proklamation mehr in den Straßen angeschlagen werden dürfe, von der sie nicht vorher Kenntniß genommen habe. Eine Fluth von allen möglichen und unmöglichen Nachrichten aus der Provinz oder aus fremden Ländern; eine Menge, wissentlich oder unwissentlich, falscher Nachrichten über die Vorgänge in und bei Paris; Aufforderungen zu irgend einer Thätigkeit, welche nur störend in die Räder der Regierungsmaschine eingreifen konnte; Ansprachen, ja Erlasse von einer Unzahl Nebenregierungen: Komitees, Verbindungen, Klubs, mußten hemmend auf den Einfluß der Delegirten und den Gang der Arbeiten in den verschiedenen Kommissionen einwirken. Die Maßregel der Kommune war daher zweifellos eine nothwendige und zweckmäßige, selbst wenn die Herren im Stadthause nur das Recht sich allein vorbehalten wollten — falsche Nachrichten über Siege rc. zu verbreiten. Aber wie schrieen nun sogleich die Pariser Blätter darüber! Die Censur solle wohl wiederum eingeführt, die Maßregel wohl gar auf Maueranschläge privater Art oder Proklamationen von politischen Vereinen ausgedehnt werden!

In einer Sitzung vom 19. April hatte die Kommune beschlossen, alle Wortwechsel oder Zwischenfälle in ihren Sitzungen geheim zu halten, eine Wiedergabe derselben in den amtlichen Berichten verboten. Auch dieser Beschluß hatte böses Blut gemacht. Für uns Deutsche vor den Thoren von Paris ging aus demselben hervor, daß jene Sitzungen oft das Tageslicht zu scheuen hatten, man auch vor Allem die immer mehr hervortretende Uneinigkeit innerhalb der Kommune vor der Pariser Bevölkerung verheimlichen wollte. Aber wie laut würden die derzeitigen Mitglieder der Kommune, welche diese Geheimhaltung anordneten, früher geschrieen haben, wenn die von ihr bekämpfte Regierung einen ähnlichen Beschluß gefaßt hätte.

In der Kommunesitzung vom 21. April hatte Felix Pyat sich auf Seite der Minderheit, welche die Wahlen vom 16. als ungesetzlich verwarf, gestellt und seine Entlassung genommen. Sofort griffen die Blätter der „Gedankenfreiheit“ ihn und andere ausscheidende Mitglieder in heftiger Weise an. Das Maßlose brachte der „Père Duchêne“ von 4. Floréal an 79 (23. April), der in einem Artikel „La grande colère contre les hommes, qui foutent leur démission de membre de la Commune“ unter gemeinem Schimpfen die zum Ausscheiden Entschlossenen Verräther nannte und unter Drohungen ihnen zurief: „Le Père Duchêne ouvre l'oeil!“ Wie bezeichnend für den Terrorismus der Kommunards, die, mit dem Worte „Freiheit“ auf den Lippen, Alles knechteten, was nicht nach ihrer Pfeife tanzen mochte! Und unter dem 25. bringt derselbe Felix Pyat, gleichzeitig Direktor des Kommuneblatts „Le Vengeur“, drei Briefe. In dem ersten schreibt die 10. Legion der Nationalgarde: „Wir fordern von Ihnen, daß Sie als unser Mandatar Ihren Platz in der Kommune behalten.“ In dem zweiten Wähler des X. Bezirks: „Wir allein haben Ihre Haltung gut zu heißen oder Sie abzuberufen, wenn Ihre Abstimmung nicht in allen Punkten mit der Ansicht Ihrer Wähler übereinstimmt.“ In dem dritten endlich bitten die Frauen des X. Bezirks, daß Pyat bleiben möge. Der Artikel des „Vengeur“ schließt mit den Worten: „J'obéirai. F. Pyat.“ Welche Ueberzeugungstreue!

Die Kommune hatte in der Sitzung vom 23. April ihren Mitgliedern das Recht zugesprochen, alle Gefängnisse und anderen öffentlichen Anstalten zu besichtigen. Es ist bezeichnend, daß Raoul Rigault, dem als Delegirter der Polizei die Gefangenen unterstellt waren, am folgenden Tage erklärte, daß er die Entlassung von seinem Posten fordern würde, wenn diese Entscheidung aufrecht erhalten bliebe; sie müsse mindestens in Betreff der in geheimer Haft befindlichen Gefangenen umgestoßen werden. Ein Mitglied, der Schriftsteller Arnould, hob hervor, daß diese Geheimhaft überhaupt unmoralisch sei, daß die Männer der Kommune die Irrthümer des Despotismus bekämpft hätten und daß sie nun, selbst am Ruder, in die einst beanstandeten Fehler verfielen. Die Kommune blieb bei ihrem Beschluß und nahm die Entlassung Rigaults an. Derselbe wurde jedoch wenige Tage darauf zum Generalprokurator der Kommune ernannt. Es war dies ein Wechsel, durch welchen die unschuldig Eingekerkerten aus dem Regen in die Traufe kamen, und der das traurige Schicksal vieler Unglücklichen, welche dem Machtspruche jenes ruchlosen Missethäters hierdurch unterworfen wurden, besiegelte.

Unter dem 25. April verfügte die Kommune über das Eigenthum derer, welche Paris verlassen hatten, indem sie alle leerstehenden Wohnungen einfach mit Beschlag belegte. Dieselben sollten den Bewohnern der bombardirten Stadtviertel zur Benutzung überwiesen werden. Der Besitzergreifung sollte freilich eine Aufnahme des Inventariums vorangehen, auch sollten alle

Möbel, welche tragbare Gegenstände enthielten, versiegelt werden. Der Haß gegen Versailles hatte die Kommune dazu getrieben, der Bevölkerung von Paris zu erklären, wie wichtig es sei, die Umtriebe der „Diktatoren" vom 4. September, insbesondere auch die Handlungen kennen zu lernen, welche zur Uebergabe von Paris an die Deutschen geführt hätten. Nun seien durch den 18. März eine Menge von Akten, Briefen 2c. in die Hände der Kommune gefallen, welche geprüft werden müßten, um diejenigen Personen festzustellen, welche die Verantwortlichkeit für jene Handlungen träfe. Eine Kommission zur Prüfung der Papiere war ernannt worden. Die Ungeduld des Hasses bemängelte schon acht Tage nach Einsetzung jener Kommission die Langsamkeit ihrer Arbeit und rief einen weiteren Beschluß hervor, drei Kommunemitglieder mit der Ueberwachung jener Prüfung zu beauftragen.

Eine Sitzung der Kommune vom 27. April bot Bemerkenswerthes. Ein Mitglied hob hervor, daß, da Thiers in seinen Berichten an die Provinz nicht an die Rechte der Kommune gedacht habe, es endlich Zeit sei, daß Europa dieselben anerkenne. Der Delegirte des Aeußeren, Bürger Grousset, hätte die formelle Anerkennung der Rechte der Kommune als einer kriegführenden Macht fordern sollen. Paschal Grousset antwortete am nächsten Tage, daß er schon daran gedacht habe, sich an Europa, ja an die ganze Welt zu wenden, nicht um Beschwerde zu führen, sondern um gegen die gemeine Verletzung des Kriegsrechts seitens der Regierung zu Versailles Protest zu erheben. Es handele sich immerhin um einen Krieg von Franzosen gegen Franzosen; er habe es nicht für passend gehalten, Europa in einer Sache als Richter anzurufen und einen Spruch herbeizuführen, welcher nur Franzosen verurtheilen müsse. Und: „Wir sind überhaupt keine Kriegführenden, wir sind mehr, wir sind Richter!" ruft mit Pathos ein anderes Kommunemitglied.

Bei dem Aufstand in Paris im Jahre 1848 war der General Bréa mit seinem Adjutanten von dem Pöbel ermordet und zu seinem Gedächtniß eine Kirche erbaut worden. In der Sitzung vom 27. beschließt die Kommune, wie in Anbetracht dessen, daß die Bréa-Kirche eine fortwährende Beleidigung der im Juni 1848 Besiegten und aller für die Sache des Volkes gefallenen Männer sei, jene Kirche zerstört werden solle. Außerdem erkläre sie, daß der Bürger Nourri, welcher seit 22 Jahren nach Cayenne infolge der „Exekution“ (sic!) verbannt sei, amnestirt werde und sofort in Freiheit zu setzen sei. „Daß die Kommune morden mußte und daher die Mörder begnadigte, das war nur logisch. Sie folgte aber auch nur dem Beispiel, welches ihr gegeben worden war. Nach der Revolution von 1848 hat man zu Gunsten der Februarkämpfer eine Subskription eröffnet, und einige dieser Unterstützungen sind Königsmördern zugefallen, welche man aus dem Gefängniß entlassen hatte. Nach dem 4. September war es eine der ersten Sorgen der Regierung, Eudes und Brisset, welche beide wegen politischer Morde verurtheilt worden waren, ja selbst den Galeerensträfling Megy in Freiheit zu setzen. Eudes sollte später das Palais der Ehrenlegion und die Straße von Lille in Brand stecken und Megy einer der Mörder des Erzbischofs Darboy werden.“*)

Das „Journal officiel“ vom 28. April 1871, welches den Bericht über diese Kommunesitzung enthält, theilte auch einen Bericht über die Sitzung des deutschen Reichstags vom 24. April mit. Das amtliche Blatt der Kommune hebt besonders hervor, daß in dieser sich ein Vertheidiger der Kommune, Bebel, erhoben und gesagt habe: „Die demokratische Partei hat im Anfang des Krieges mit Frankreich sich neutral verhalten, und ich muß Ihnen bekennen, wir haben uns über den Sturz des Kaiserreichs herzlich gefreut, denn wir hofften, daß dieses Beispiel seine Folgen auch in den benachbarten Ländern haben würde. Unsere sogenannte liberale Presse stößt Schmähungen heute gegen die Kommune von Paris aus und klagt sie an, den Bürgerkrieg verschuldet zu haben. Das ist eine Verleumdung. Die Mäßigung ist stets auf Seiten der Kommune gewesen. Heute haben Sie gut lachen über meine Worte, es wird aber eine Zeit kommen, wo dieselben schwer wiegen werden. Dann

*) Maxime du Camp, a. a. O., IV, 93.

greifen Sie aber nicht die Thaten an, sondern Ihre eigene Kurzsichtigkeit.“*)

„Das Hotel de Ville fühlte sich durch diese Beglaubigung seiner guten Aufführung, welche ihm öffentlich an den Ufern der Spree zuerkannt war, höchst geschmeichelt; sie kam von dort her, wo sieben Jahre später ein Königsmörder**) die Stufen des Schaffots mit dem Ausruf betrat: Es lebe die Kommune!“***)

Die Verhältnisse spitzten sich von Tag zu Tage zu. Die radikalen Elemente in der Kommune gewannen mehr und mehr die Oberhand. Am 28. stellt der Apotheker Miot in der Kommune den Antrag auf Errichtung eines „Wohlfahrtsausschusses“ an Stelle der bisherigen Exekutivkommission. Es sollten fünf Mitglieder von der Kommune zur Bildung dieses, nur der Kommune verantwortlichen Komitees gewählt und demselben die ausgedehnteste Vollmacht über alle Delegationen und Kommissionen übertragen werden.

Der Antrag stieß in der Kommune auf heftigen Widerstand. Der Delegirte des Aeußeren, Paschal Grousset, sprach gegen denselben; seine Rede giebt der ganzen bisherigen Herrschaft der Kommune das Gepräge. Er führte aus, daß ja bereits eine Exekutivkommission von fünf Mitgliedern bestehe; in weniger als 14 Tagen wären Konflikte aller möglichen Art entstanden; die Kommission habe Befehle ertheilt, welche nicht ausgeführt worden

*) Das „Journal officiel“ vom 28. April 1871 giebt die Bebelschen Redewendungen in etwas verschärfter Form wieder (vergl. Schlußkapitel S. 30). Nach dem französischen Blatt war diesem ein Auszug des Sitzungsberichtes des deutschen Reichstages aus Berlin telegraphisch zugegangen, welcher folgenden Wortlaut hatte: „Le parti démocratique a observé la neutralité. Cependant, Messieurs, je dois vous avouer, que nous nous sommes cordialement réjouis de la chute de l'empire, arrivée quelques semaines plus tard, car nous espérions que cet exemple ne tarderait pas à produire ses conséquences dans les pays limitrophes ..... notre presse soi-disant libérale a soutenu cette politique et a fait de la guerre contre la France une guerre nationale. Cette même presse se répand en invectives aujourd'hui contre la Commune de Paris et l'accuse de pousser à la guerre civile. C'est de la calomnie. La modération a toujours été du côté de la Commune. Vous avez beau rire aujourd'hui de mes paroles. Il viendra une époque où vous les peserez. Ne vous attaquez point alors aux faits, mais à votre imprévoyance.“ — **) Hödel (in der Nacht vor seiner Hinrichtung). — ***) Maxime du Camp, a. a. O., IV, 68.

seien; jede der einzelnen Kommissionen habe sich an ihrer Stelle für souverän erachtet, auch Befehle gegeben, so daß die Exekutivkommission die wirkliche Verantwortlichkeit nicht habe tragen können; übermenschliche Kräfte habe diese daran gesetzt, um für Alles zu sorgen, und schließlich habe sie für nichts gesorgt. Man sei genöthigt gewesen, diese Organisation umzustoßen und habe an ihre Stelle eine andere gesetzt, durch welche die Exekutivkommission aus den Chefs für die einzelnen Dienstzweige aller Kommissionen gebildet wurde. Heute wolle man auch diese letzte Organisation verschwinden lassen, man solle aber die alte Kommission nicht verdammen, ohne die Mitglieder derselben von dem Rechenschaft geben zu lassen, was sie gethan hätten. Am 30. wird die Berathung fortgesetzt. Wiederholt wird die Sitzung durch Lärm und Zwischenrufe unterbrochen. Klagen über unrichtige, beziehungsweise fehlende Wiedergabe von Reden in dem amtlichen Blatt der Kommune gaben besonders Grund zu jenen Unterbrechungen: „Nach dem stenographischen Bericht ist die Sitzung richtig und vollständig wiedergegeben, aber die Sekretäre haben im »Journal officiel« einen Theil »eskamotirt!«“ ruft der Vorsitzende, welche Aeußerung wiederum lärmenden Einspruch hervorruft. Den Einwänden gegenüber, daß die Einsetzung eines Wohlfahrtsausschusses der Uebergang zu einer Diktatur, ein Rückschritt zu den „monarchischen Verirrungen“ sei, vertritt Miot seinen Antrag mit den Worten: „Man beschuldigt allgemein die Kommune der Schwäche und Unthätigkeit, wir brauchen ein Komitee, welches der Vertheidigung einen neuen Antrieb giebt und den Muth hat, wenn es nothwendig ist, den Verräthern die Köpfe abzuschlagen.“

Der Nationalkonvent der ersten Revolution stieg vor unseren geistigen Augen auf mit allen seinen Greuelthaten, seinem Revolutionstribunal, nicht mit Menschen, sondern mit blutgierigen Bestien besetzt! Marat und Danton, die Begründer des alten Wohlfahrtsausschusses zogen vor uns vorüber; die Sanscülotten durcheilten die Provinzen, blutige Spuren hinter sich zurücklassend, und das Alles gipfelte in der Schreckensherrschaft eines Robespierre und St. Just mit den Hinrichtungen in Masse, die unzählige Köpfe in den Sand rollen ließ!

Wie hohl und erbärmlich erschien dagegen die heutige Kommune! Welch trauriger Abklatsch jener Zeit, welche gigantisch selbst in ihren Verbrechen, folgerichtig in ihren Gräuelthaten war und der man eine gewisse Größe, einen Heroismus des Irrthums, nicht abstreiten kann.

Nachdem verschiedene Vorschläge zur Abänderung des Dekrets verworfen waren, wurde dasselbe in der Sitzung vom 1. Mai mit 45 gegen 23 Stimmen, welche letzteren die bisherige Exekutivkommission beibehalten wollten, angenommen. Motivirte Abstimmungen erfolgten, welche von großem Interesse waren, da sie die tiefe Spaltung der Kommune erwiesen. 17 Mitglieder erklären, daß sie gegen den Antrag stimmen, weil sie in demselben die Einsetzung einer Diktatur erblicken, durch welche die Kommune nicht an Kraft gewinnen, wohl aber die Souveränetät des Volkes verletzt werde. Der Lehrer Urbain stimmt für den Antrag mit der Bemerkung, daß in der augenblicklichen Lage der Kommune keine Maßregel ergriffen werden könne, welche zu energisch sei. Wir werden sehen, daß dieser nämliche Urbain in der Sitzung vom 17. Mai die Ermordung von Geiseln als Repressalie gegen Versailles beantragt. Blanchet, früher Polizeiagent, dann bankrotter Kunsthändler, und Dupont, ein Korbmacher, begründen ihre Abstimmung dahin, daß die Kommune, wenn sie auch bei allen anständigen Leuten beliebt sei, doch die unumgänglich nöthigen Maßregeln, die Feiglinge und Verräther zittern zu machen, noch nicht ergriffen habe. Ranvier begründet sein „Ja“ damit, daß ein längeres Zögern, die energischsten Maßregeln zu ergreifen, die Kommune und Republik ins Verderben stürzen würde. In der Brandlegung des Stadthauses und dem Mord der Geiseln in der Rue Haxo hat er später die Maßregeln gekennzeichnet, welche er ergriffen zu sehen wünschte. Der Ingenieur Vaillant erklärt, er sei zwar für die Annahme des ganzen Gesetzes eingetreten, habe jedoch den Artikel 3, welcher von der Machtbefugniß des Wohlfahrtsausschusses handle, verworfen; er habe hierdurch gegen den Wahn gestimmt, in welchem sich die Kommune befinde, die ja auch das auszuführen glaube, was sie ausspräche, in Wirklichkeit aber nur ohne jeden Erfolg dekretire. Sie solle damit beginnen, sich selbst im Ganzen zu reformiren, aufhören, ein schwatzhaftes, kleines Parlament zu sein, welches aus Laune heute das zerreiße, was es gestern vielleicht erst anbefohlen habe. Der Maler Courbet sagt, daß Bezeichnungen, wie Wohlfahrtsausschuß, Bergpartei, Girondisten, Jakobiner nicht in die sozialistisch-republikanischen Bewegungen paßten. Bei der Wahl der Mitglieder des Ausschusses enthielt sich eine starke Minderheit der Abstimmung. Der Garnhändler Arnaud, der Anwaltskanzlist Meillet, der Handelsreisende Gérardin, der Schriftsteller Pyat und der Lackfabrikant Ranvier wurden gewählt.

Wiederum war die Form der Regierungsgewalt geändert worden. Der Wohlfahrtsausschuß trat mit umfassenden Vollmachten an die Stelle der Delegirtenkommission, aber in Wahrheit unterstand auch er den Männern des Comité central, welche die Spaltung in der Kommune, die sich in den Berathungen so vertieft hatte, für die Aufrechthaltung ihrer Gewalt auszunutzen verstanden und daher mit Freuden begrüßten.

Die Zeitung „La Commune“ schrieb unter dem 3. Mai: „Die Einsetzung eines Wohlfahrtsausschusses an Stelle der Exekutivkommission hat viel Widerspruch in Paris hervorgerufen. Warum mit aller Gewalt wieder mit dem Jahre 1793 anfangen, ohne sich mit einer Parodie lächerlich zu machen? Als wenn die Revolution fossil bleiben müsse in der Form jener Zeit? Einen unpopuläreren Gedanken konnte die Kommune gar nicht haben. Als wenn nicht genug Verleumdung gegen uns in Versailles herrsche! Wollt Ihr derselben neue Nahrung geben? Was soll denn dieser Ausschuß? Ihr hattet ihn ja bereits in der Exekutivkommission, oder diese war nichts! Für dieselbe Sache eine neue Etiquette, die lächerliche Nachahmung einer anderen Zeit, ein Schrecken für die Dummen, ein Beweismittel für die Reaktion. Ernsten Leuten gegenüber macht Ihr Euch lächerlich, Euren Feinden aber gebt Ihr eine neue Waffe gegen Euch in die Hand.“ Der „Père Duchêne“ aber nennt die Kommunemitglieder, welche in der Minderheit blieben, Feiglinge und will sie natürlich sofort erschossen wissen.

Es war interessant zu sehen, wie diese Männer, welche das Wort „liberté“ stets im Munde führten, auch für die Freiheit zu kämpfen vermeinten, ihr aber Beschränkung auf Beschränkung auferlegten. Hatte die Exekutivkommission bereits die Nachtarbeit durch ein Dekret verboten, dessen Ausführbarkeit ohne Rücksprache mit den Bäckermeistern überhaupt in Frage stand, so daß ein Aufschub für das Inkrafttreten desselben nothwendig wurde, so griff sie am 27. April rücksichtslos in die Kontraktsverhältnisse der Arbeitgeber und Arbeiter ein. Trotz der doch freiwilligen Zustimmung beider Parteien zu den verabredeten Bedingungen erklärte die Kommission die letzteren einfach für null und nichtig:

„Keine öffentliche oder private Verwaltung darf ihren Arbeitern Geldstrafen oder Lohnabzüge auferlegen. Alle seit dem 18. März unter dem Vorwande einer Bestrafung eingezogenen Gelder müssen den betreffenden Arbeitern zurückerstattet werden; eine Frist von 14 Tagen zur Zahlung wird gegeben.“*)

Schlugen jene Männer der Kommune durch jene willkürlichen Beschränkungen der „liberté“ ins Gesicht, so erreichte die Schamlosigkeit, auch das Wort „égalité“ nur auf der Zunge, aber nicht im Herzen zu tragen, ihren Höhepunkt in dem Zusatzartikel des Gesetzes über den Wohlfahrtsausschuß: „Die Mitglieder der Kommune unterliegen nur der eigenen Gerichtsbarkeit (der der Kommune).“*)

Als gelegentlich der Berathung über das schon erwähnte Dekret gegen die Nachtarbeit der Bäcker der Exekutivkommission vorgeworfen wird, das Gesetz ohne jede Vorbesprechung mit den Meistern und Arbeitern erlassen zu haben, erwidert ein Kommunemitglied, Franckel, ein Ungar: „Wir sind hier nicht allein, um die munizipale Frage zu vertheidigen, sondern um soziale Reformen einzuführen. Was brauchen wir hierzu die Bäckermeister um Rath zu fragen! Ich habe kein anderes Mandat erhalten, als jenes, das Proletariat zu vertheidigen; halte

---

*) „Documents publics“, I, 80 und 36.

ich eine Maßregel für gerecht, so nehme ich sie an und bringe sie zur Ausführung, ohne die Arbeitgeber um Rath zu fragen." Es kann keinen besseren Beweis dafür geben, daß die große Mehrzahl in der Kommune rein sozialistische Bestrebungen verfolgte, als diese Auslassung, die unwidersprochen blieb.

Und weiter schreitet die Kommune auf der abschüssigen Bahn. Sie ordnet die Zerstörung der Gedächtnißkirche für Ludwig XVI. an, sie schafft den Eid ab,*) Zeitung auf Zeitung wird unterdrückt. Sie hat für dies Alles Gründe nach ihrer Art; diejenigen Zeitungen dürften nicht geduldet werden, welche den Bürgerkrieg predigten, dem Feinde Aufschlüsse über militärische Vorgänge gäben oder Verläumdungen über die Vertheidiger der Republik (sic!) verbreiteten. Freilich hatte das eine dieser Journale, der „Bien Public", den Muth gehabt, der Kommune zuzurufen, daß sie zwar regiere, woraus aber ihr Volk denn bestände? „Ihr müßt es wissen, einige überzeugungstreue, aber überspannte Menschen, viele gierige Schufte, ein Haufen Irregeleiteter, welche nichts wissen, weil Ihr ihnen nichts sagt. Das ist Alles, das sind Eure Menschen, Eure Armee, Eure Gläubigen! Der Rest sind wir, Bürger, welche kaum ausgehen, Frauen und Kinder, welche in ihren Wohnungen eingeschlossen bleiben, Handelsleute, deren Arbeitsstuben leer sind, Kaufleute, deren Läden nicht geöffnet werden, Handwerker, deren Werkstätten stumm sind, Gelehrte, Künstler, die Arbeitsamen jedes Alters, welche in ihren Werken aufgehalten sind, weil Ihr es wollt, daß Alles stehen bleibe!"

Ein so freies Wort durften doch die „Priester der Freiheit" nicht dulden?

Und in Paris lügt man weiter. Volksversammlungen zu Gunsten der Kommune werden aus der Provinz, Deutschland und England gemeldet, über aufständische Bewegungen in London und Moskau wird berichtet. Es liegt System in diesen falschen Nachrichten. Das Gleiche ist mit den Erdichtungen über die Armee in Versailles der Fall. Das Kartenhaus beginnt zu

*) „Documents publics", I, 36.

schwanken, der Muth könnte sinken, darum: „Unteroffiziere der Armee sind zu uns gekommen und versicherten, daß ohne die beständige Ueberwachung, welcher die Liniensoldaten unterworfen seien, diese schon längst Versailles verlassen hätten, um sich mit uns zu verbrüdern." „Auf dem Mont Valérien ist ein Streit zwischen den verschiedenen Truppentheilen ausgebrochen, welcher schließlich mit der Vernagelung sämmtlicher Geschütze mit Ausnahme eines einzigen geendet hat." Dieses „mit Ausnahme eines einzigen" war sehr vorsichtig. Es hätte doch der Zufall fügen können, daß beim Lesen dieser herzerhebenden Nachricht gerade ein Schuß vom Mont Valérien gefallen wäre, dann war das eben einer aus dem „einzigen" Geschütz, und die Nachricht wurde nicht Lügen gestraft. Aber der Muth allein konnte hier nichts nützen, das Gefühl der Rache mußte immer wieder und wieder angespornt werden: „Die Ermordungen der gefangenen Nationalgarden durch die Offiziere der Versailler Truppen dauern fort." Unter: „Information militaire" brachte das amtliche Blatt der Kommune*) die Mittheilung, ein glaubwürdiger Mann habe am 25. April bei Nogent sur Marne mit „eigenen Augen" gesehen, daß wir „Prussiens" eine Kruppsche Kanone und vier Mitrailleusen den Truppen der Versailler übergeben hätten. Das Blatt setzt hinzu: „Diese Person kann den Ort, wohin man die Geschütze führte, nicht genau angeben, aber die Schandthat, sich der feindlichen Waffen gegen Frankreich zu bedienen, ist nichts desto weniger wahr!" Wir wußten in der That nicht, was erstaunenswerther sei, die Leichtgläubigkeit oder die Frechheit der Lüge.

Das Kriegsgericht unter Rossel beschäftigte sich weiter mit schweren Fällen von Ungehorsam, Feigheit und Diebstahl. Zwei Kompagnien Nationalgarden sollten vom Fort Vanves aus Laufgräben besetzen, hatten dies nicht gethan, sondern waren nach Paris zurückgekehrt. Der Führer des Detachements, ein Dekorateur, versichert bei seiner Vertheidigung: „Si j'avais voulu les commander, elles (die Kompagnien) m'auraient bougrement envoyé promener."

---

*) „Journal officiel", 28. April.

Die Commission de la guerre muß durch besonderes Dekret darauf hinweisen, daß ein abscheulicher Mißbrauch, ein Diebstahl an dem Eigenthum des Volkes in der Stadt oft verübt werde. Leute, welche unwürdig seien, den Namen Nationalgarde zu tragen, verkauften ihre Ausrüstung und Kleidung an Mitschuldige, welche noch strafbarer seien als die Missethäter selbst.

Trotz des Dekretes der Kommune, daß Requisitionen und Haussuchungen nur auf Grund amtlicher Bescheinigungen erfolgen dürften, wurden nach wie vor in Form von solchen Requisitionen Diebstähle ausgeführt. „Bis zum letzten Augenblick erbrach man die Thüren und stahl."*)

„Auch bei Arretirungen wurden meistens Diebstähle begangen."*)

Und der „Père Duchêne" vom 24. Germinal an 79. (13. 4.) schrieb: „Wißt Ihr, was die guten Kerle der städtischen Polizei gelegentlich einer Haussuchung bei dem Mörder Jules Favre gefunden haben? Ja, zum Donnerwetter! ganz einfach zwei Millionen in Werthpapieren au porteur; und dies Alles zwischen dem 4. September und 20. Februar gekauft! Was für gute Augen der »Père Duchêne« hatte, als er sagte, daß das alles Gauner seien, welche nur mit dem Gelde des Volkes wuchern wollten und sich bereichern. Ah! dieses Lumpenvolk! Deswegen also war es nothwendig, falsche Bankscheine anzufertigen!"

Es ist zweifellos, daß bereits zu dieser Zeit der Gedanke aufkeimte, Paris in Brand zu stecken, um sich gegen die Versailler zu vertheidigen. Alle Bürger, welchen die Niederlagen von chemischen Produkten bekannt seien, sollten der Kommune Mittheilung machen. Den Besitzern von Petroleum wurde aufgegeben, den in ihren Lagern befindlichen Bestand durch schriftliche Erklärung binnen drei Tagen anzumelden.

Die Freimaurer von Paris hatten sich nach Versailles gewendet, um durch Thiers einen Waffenstillstand im Interesse der Bewohner von Neuilly zu erreichen. Derselbe wurde, wie wir wissen, zugestanden, Thiers hatte jedoch geantwortet, daß er nur

---

*) Maxime du Camp, a. a. O., IV, 162, 182.

in eine Unterbrechung des Feuers willigen könne, da die Regierung mit Insurgenten keinen Waffenstillstand abzuschließen vermöge. Die Unterredung erstreckte sich dann auf die Forderungen der Kommune, und auch hier verhält sich Thiers ablehnend, indem er auf seine früheren Auslassungen hinwies. Nun erklärten die Freimaurer, daß sie angesichts der Unversöhnlichkeit in Versailles ihre Fahnen auf den Mauern und Forts von Paris aufpflanzen würden und, wenn nur eine Kugel dieselben berühre, sie gegen den gemeinsamen Feind zu marschiren bereit seien. Die Anhänger der Kommune versprachen sich hiervon goldene Tage. In der ganzen Welt würden diese Worte der Freimaurer wiederhallen; jeder Freimaurer werde von jetzt ab auch ein Feind von Versailles sein; die Armee müsse jenen entfalteten Fahnen gegenüber noch mehr als bisher zu kämpfen zögern; die Offiziere unter ihr, welche selbst Freimaurer seien, dürften auf die Symbole ihres Bundes nicht schießen lassen; die Kugeln aber, welche die Banner der Freimaurer auf den Wällen dennoch treffen sollten, würden zurückprallen und die Regierung zu Versailles ins Herz treffen.*) Wirklich wurden an der Porte Maillot einige Fahnen durch die Freimaurer auf den Wällen aufgepflanzt und zwei Granatsplitter, welche am 3. Mai eine dieser Fahnen durchlöchert hatten, „zum Andenken an das durch die Versailler verletzte Recht" in der Loge „Grand Orient" niedergelegt.

Wie sah es nun mit dem Kampf gegen Versailles in Paris selbst aus?

Die Zeitungen bringen ihren Lesern Berichte über nie stattgefundene Gefechte, erfundene Siege, welche bald bei Issy, bald bei Neuilly erstritten sein sollten. Allen Offizieren oder bei der Kriegsverwaltung angestellten Beamten ist es streng untersagt, irgend welche Mittheilungen über militärische Bewegungen oder über amtliche Schriftstücke zu machen, welche dem Publikum über die militärischen Hülfsquellen der Kommune und die Art ihrer Verwendung Auskunft geben könnten; die Betreffenden sollen bei Nichtbefolgung dieses Verbotes sofort abgesetzt und mit einem

*) „La Commune", 28. April.

Monat Gefängniß bestraft werden. Man beklagt sich in Paris über die Unklarheit der militärischen Berichte, meint, die jetzigen erweckten fast den Glauben, als habe man auf dem Kriegsministerium keine Ahnung von dem, was bei den Vorposten sich ereigne. Und welchen Unsinn zeitigen die Herren Pariser Civilstrategen! Man müsse aus dem Triumphbogen eine Art von Festung schaffen, um den Mont Valérien in Schach zu halten. Dieser liegt 104 m hoch, die Stelle, auf welcher der Triumphbogen stehe, auf + 58. Dieser selbst sei 45 m 33 cm hoch, die Spitze erreiche also eine Höhe von + 103 m 33 cm, mithin sei gegen den Mont Valérien nur ein Unterschied von 67 cm. Man solle schwere Geschütze auf die Plattform des Bogens schaffen, es wäre leicht, dann von dort aus die Geschütze des Forts zum Schweigen zu bringen. Man richtet in den Zeitungen an den Kriegsdelegirten die Frage, aus welchem Grunde man auf dem Montmartre keine Batterien von schweren Geschützen errichtet habe. Im Wesentlichen soll jedoch diese Frage zu einer Verdächtigung der Regierung zu Versailles dienen: „Man hat diese famose Batterie der Regierung der nationalen Vertheidigung wohl nicht vergessen, welche diese auf dem Montmartre scheinbar errichtete, aber sorgfältig im Januar wieder aufgeben ließ, acht Tage vor der Beschießung von St. Denis, um ja nicht das Werk ihrer Alliirten, der Prussiens, zu stören!" Warum bedient man sich nicht der Kriegsraketen, nicht des Torpedos, haben wir kein griechisches Feuer? „Gegen diese Feinde ist Alles gut!" Bataillonsführer, Kapitäne, ja einfache Nationalgarden belästigten den Kriegsdelegirten mit ihren Besuchen. Ohne jede Kenntniß von militärischen Dingen maßten sie sich das Recht an, demselben ihre Hirngespinste vorzutragen, welche in einer übelwollenden Presse ein beifälliges Echo fanden.*)

Und wie sah es bei den Gefechten selbst aus?

Der „Cri du peuple" vom 23. April theilt mit, daß das 220. und 261. Bataillon ihren Posten in Neuilly, ohne angegriffen zu sein, verlassen hätten. Am 24. erklärt das Blatt, es

---

*) Cluseret, a. a. O., I, 223.

habe diese Nachricht mit tiefem Schmerz bringen müssen, das 261. Bataillon habe aber durch Abgesandte mit Entrüstung gegen diese Anklage Protest erhoben; ein Gleiches sei von Seiten des 220. Bataillons erfolgt. Am 26. sieht sich das Blatt gezwungen, einen Brief Dombrowskis zu veröffentlichen: „Ihre gestrige Nummer bringt einen Protest des 220. und 261. Bataillons, welcher den Zweck hat, die durch die Haltung der Bataillone in Neuilly hervorgerufenen Folgen abzuschwächen. Diese Verwahrung ist um so unzeitiger, als ich mich gezwungen gesehen habe, die betreffenden Kommandanten wegen Fahnenflucht vor dem Feinde in Anklagezustand zu setzen. Ihre Desertion brachte das Korps in Neuilly in Gefahr, die glücklicherweise durch das tapfere Verhalten des 74. Bataillons, welches die verlassenen Barrikaden und Kanonen wiedernahm, unter großen Opfern abgewendet worden ist."

Die Munition wird in fast unglaublichen Massen verbraucht, „das Geld des Volkes wird vergeudet, Unruhe hervorgerufen, das Vorkommniß scheint mehr für unnöthige Aufregung als für kaltes Blut zu sprechen".

Der Delegirte des Krieges, Rossel, verbietet, das Feuer während eines Gefechts selbst in dem Fall zu unterbrechen, daß der Feind die Kolben in die Höhe hielte oder die Parlementärflagge zeige. Es sei aber auch untersagt, und zwar bei Todesstrafe, weiter zu feuern, wenn der Befehl zum Einstellen des Feuers gegeben sei, oder vorzugehen, wenn Halten befohlen sei. Flüchtige oder Zurückbleibende seien von der Kavallerie mit Säbeln, bei großer Zahl aber durch Geschützfeuer nieder zu machen.

Und neben dieser Haltung der Nationalgarde die unverantwortliche Aufreizung derselben durch die öffentlichen Blätter! Das Wetter war in der letzten Zeit schlecht. Es regnete viel, dabei war es jedoch warm und windstill. Auch die Pariser Zeitungen wiesen auf das Wetter hin und machten der Kommune den Vorwurf, nicht besser für die kämpfende Nationalgarde auf Posten zu sorgen. Sie könne bei dem sintfluthartigen Regen kaum ihre Gewehre und Patronentaschen schützen und werde täglich bis auf die Haut naß. Sie habe zum Schutz nur die von den Generalen und Intendanten des Kaiserreichs oder des „Gouvernements der nationalen Ohnmacht" erfundenen Mittel, leinene Decken, welche das Regenwasser wie Schwämme aufsögen: „Zucke die Achseln, braver Soldat, wenn Dich keine feindliche Kugel trifft, so wirst Du jedenfalls einem guten Rheumatismus nicht aus dem Wege gehen!"

Bis wohin mußte die Begriffsverwirrung sich aber steigern, wenn neben diesem Hetzen gegen die Kommune die lobhudelnde Schmeichelei der Männer im Stadthause ertönte! Vier Mitglieder des 11. Stadtbezirkes, unter ihnen Delescluze, rufen in dem Amtsblatt der Kommune vom 7. Mai den Bataillonen der 11. Legion zu: „Ihr seid Helden gewesen! Schon ist Verwirrung in Versailles, Mac Mahon verzweifelt daran, die Schande von Sedan in dem Blute der Pariser auszuwaschen; er und Ducrot, »lebend und besiegt«, wollen ausscheiden. Ohne diese Leute des Unglücks hätten wir die Fremden besiegt, die Prussiens, unseren Voreltern von 1793 gleich, über den Rhein zurückgeworfen. Der Fälscher Jules Favre sagte: »Après nos forts nos remparts, après nos remparts nos barricades, après nos barricades nos poitrines!« Bürger, dieser Ausruf sei unsere Devise, welcher wir hinzufügen: Nach unseren Barrikaden unsere Häuser, nach unseren Häusern unsere Minen!"

Bereits seit dem 20. April war dem General Eudes durch Cluseret das Kommando bei Issy genommen und einem Oberst Wetzel übergeben worden. Cluseret hoffte durch diesen Wechsel die lockere Disziplin der dortigen Truppen zu bessern. Er täuschte sich. Sein Nachfolger enthob den Oberst Wetzel von seinem Kommando, weil er sich zu wiederholten Malen um Verstärkung direkt an den Kommandanten im Stadthause gewendet habe, ohne die Vermittelung seines Vorgesetzten, des Generals La Cecilia, ja selbst ohne die des Kriegsdelegirten in Anspruch zu nehmen.

Ungehorsam auf Seiten der Untergebenen, Willkür auf Seiten der Generale. Ein höherer Offizier der Nationalgarde war am 11. April durch Dombrowski verhaftet worden. In das Gefängniß von Mazas gesteckt, saß er dort über drei Wochen, ohne den Grund zu seiner Verhaftung zu kennen, ja, ohne auch nur verhört zu werden. Am 3. Mai veröffentlicht der Gefangene im „National" einen Brief, in welchem er mittheilt, daß er nach vergeblichen Schritten bei verschiedenen „Autoritäten", um entlassen oder wenigstens vernommen zu werden, nunmehr an die Oeffentlichkeit appellire. Offiziere eines Nationalgarden-Bataillons protestiren in einem Schreiben an die Kommune gegen die ungesetzliche Verhaftung ihres Kommandanten und mehrerer Offiziere; sie unterzeichnen diese Erklärung mit: „Die nicht verhafteten Offiziere."

Man begann mit dem Bau von Barrikaden in größerem Umfange. Es zeigte dies, daß die Herren im Stadthause hinter den Wällen von Paris allein sich nicht mehr sicher fühlten, daß man aber den Kampf im Innern der Stadt weiter fortsetzen wolle, einen Kampf, der den Aufständischen allerdings mehr Aussichten auf Verlängerung des Widerstandes bot, als im freien Felde. Nicht umsonst hatte man seiner Zeit während unserer Einschließung die Köpfe der Bevölkerung durch Proklamationen erhitzt, indem man ihr zurief, daß die Prussiens hinter den Wällen die Barrikaden finden würden. Freilich haben die Männer des 4. September es derzeit sich nicht träumen lassen, daß nicht wir, sondern sie selbst auf Barrikaden stoßen und dieselben zu stürmen haben würden. Am 30. April machte Rossel bekannt, daß der Bürger Gaillard mit dem Bau von Barrikaden, welche hinter den Wällen eine zweite Vertheidigungslinie bilden sollten, beauftragt worden sei.*) Bürger Gaillard war ein Schuhmacher, „von akutem Barrikadismus befallen".**)

Maxime du Camp theilt mit, daß diese Barrikaden zuerst als Hintergrund und Staffage für photographische Aufnahmen benutzt worden seien. Nationalgarden ließen sich auf denselben in drohender Stellung, mit der Hand am Revolver oder den Säbel schwingend, photographiren.**) Spaßhafte, eitle Kerle! Diese Photographien haben später, wie man sagt, als eine Art Ver-

---

*) „Documents publics", II, 100. — **) Maxime du Camp, a. a. O., IV, 299, 327, 329.

brecheralbum gedient, indem viele jener Aufnahmen zur Feststellung von „gesuchten“ Persönlichkeiten benutzt worden seien.

Nach Fertigstellung der zweiten Vertheidigungslinie schritt man an die Aufführung einer dritten.

Die Stimmung in Paris war eine getheilte. Seitdem die Versailler Ernst gemacht hatten, die Forts Vanves und Issy nachdrücklich beschossen wurden, faßten die Leute der Ordnung wieder einigen Muth, während die Anhänger der Kommune sich niedergedrückt zeigten; mit einer fast fieberhaften Dringlichkeit betreibt die Kommune die gewaltsame Einstellung in die Nationalgarde. Auf die Dienstpflichtigen, welche sich dem Dienst zu entziehen suchen, wird mit allen Mitteln gefahndet; das Comité central tritt wieder mehr hervor. Das leichtlebige, neugierige Paris jedoch pilgert in jenen Stunden einer Waffenruhe für Neuilly nach diesem Ort, um die Verwüstungen daselbst in Augenschein zu nehmen. Die persönliche Freiheit, die Freiheit der Presse, die Freiheit des Gewissens, sie alle werden von den Aposteln einer falschen Freiheit immer heftiger mit Füßen getreten.

Wer hätte sich in Paris zu dieser Zeit sicher gefühlt, nicht jeden Augenblick verhaftet werden zu können? Nach den ersten Tagen des Monats Mai findet man in Paris nur noch Blätter des Aufstandes, Zeitungen, welche schon Mord und Brand verkünden, Schandschriften, welche den Odem des Pfuhls der Gemeinheit, dem sie wie Giftpflanzen entsprossen, ausathmen. „Der »Père Duchêne« that sich durch Bösartigkeit, Cynismus und eine wohlüberlegte tückische Grausamkeit hervor, er hörte nicht auf, die niedrigsten und schlechtesten Leidenschaften aufzuregen, Raub und Mord zu predigen. Er wurde benutzt, um zu erproben, wie weit man wohl mit einem Verbrechen gehen könne. Wenn die Kommune einen Anschlag plante, der gar zu entsetzlich war, und durch dessen Ausführung eine Revolte alles desjenigen, was noch an Anstand und Ordnungssinn in dem öffentlichen Bewußtsein vorhanden war, befürchtete, so mußte der »Père Duchêne« durch einige insinuante und perfide Artikel die Idee unter der Masse des Volkes verbreiten.“*)

*) L. Énault, „Paris brûlé par la Commune“, S. 55.

Und die Schandbuben einiger Zeitungen zogen ihr eigenes Vaterland in den Staub. Noch dazu in unserer Anwesenheit benutzten sie das Unglück, welches über Frankreich gekommen war, dazu, ihre verwundeten Generale und braven Soldaten lächerlich zu machen:

„Mac Mahon, le vaincu, qu'une erreur fait célèbre,
Portant encore au flanc la marque de Sedan,
Vient commander en chef la besogne funèbre
Et du petit Thiers-Moltke exécuter le plan.

Les vieux prétoriens, que Berlin nous renvoie,
Le visage encore chaud du soufflet allemand,
Pour marcher sur Paris, s'enrôlent avec joie,
Espérant cette fois vaincre facilement."

Pfui!!

Bereits am 2. April hatte die Kommune die Trennung der Kirche vom Staat angeordnet, das Budget für den Kultus unterdrückt und alle den geistlichen Ordensgesellschaften zugehörenden Güter für Staatseigenthum erklärt. Sie begründete ihr Dekret damit, daß der erste Grundsatz der französischen Republik die Freiheit, die Gewissensfreiheit aber die erste aller Freiheiten sei. Das Budget für den Kultus entspreche diesem Grundsatz nicht, weil es den Bürger gegen seinen Glauben belaste; auch sei die Geistlichkeit die Mitschuldige an allen Verbrechen der Monarchie gegen die Freiheit gewesen. Jetzt wurden die Kirchen geschändet und beraubt, zu Orten der Völlerei, Religionsspötterei und anderer Laster gemacht. An Stelle der Predigt, der Verkündung von Gottes Wort, ertönte das wüste Geschrei der Klubs oder der Gesang der Marseillaise. Mitten darunter Mitglieder der Kommune, an ihrer rothen Schärpe erkenntlich. Eines derselben, der Hutmacher Amouroux, rief in einer solchen Klubsitzung: „Paris muß in dem immerhin möglichen Fall, daß die Versailler eindringen, in die Luft gesprengt und in Brand gesteckt werden. Seid Ihr entschlossen, Euch bis auf das Aeußerste zu vertheidigen?" — „Ja! Ja!" — „Nun gut! Wenn wir besiegt sind, so möge Paris untergehen! Es soll viel eher verbrennen, als in die Gewalt unserer Feinde fallen!"*)

*) Maxime du Camp, a. a. O., IV, 251.

Wer Priester hieß, war verfehmt, wurde verfolgt und eingekerkert. Der Religionsunterricht wurde beseitigt, Gottesdienst in den Kirchen, Gebete in den Schulen vor dem Unterricht verboten. Im fünften Stadtbezirk untersagte ein Dekret, daß die Kinder in eine Kirche oder Synagoge geführt oder ihnen der Katechismus gelehrt werde. „Die Menschheit wird erst aufathmen, wenn keine Religion mehr bestehen wird", rief „Père Duchêne". Vom 1. bis 18. April schloß man 26 Kirchen. An der Kirchthür von Saint Laurent war angeschrieben: „Pferdestall zu vermiethen", an der von Saint Pierre: „Da die Priester Banditen und die Kirchen ihre Höhlen sind, in denen sie die Masse moralisch gemordet haben, indem sie Frankreich unter die Klauen der Schurken Bonaparte, Favre und Trochu beugten, befiehlt der Delegirte bei der Polizei, daß die Kirche Saint Pierre zu schließen ist, und die Einkerkerung der Priester zu erfolgen hat."*)

„In den Stadtbezirken jedoch, welche noch nicht vergiftet waren, begriff das Volk auf ein Mal sowohl den Einbruch in seine Rechte wie die Schädigung seiner Interessen; es schickte seine Kinder nicht mehr in verdächtige Schulen, Lehrer und Lehrerinnen der Kommune sprachen vor leeren Bänken."**)

In einem Nonnenkloster sollten schreckliche Entdeckungen gemacht worden sein. Man habe jahrelang eingesperrte Nonnen in einem Entsetzen erregenden Zustande, Gerippe von Kindern unter den Fußböden der Zimmer, Bücher über geheime und unsittliche Arzneimittel gefunden. In dem Jesuitenkloster sei eine Haussuchung vorgenommen worden. Hierbei sei man merkwürdigerweise auf eine Menge von Maskenanzügen gestoßen. Insbesondere die von Pierrots seien im Ueberfluß vorhanden gewesen. „Diese ehrwürdigen Väter amüsirten sich also auf den Bällen der Oper und denen der Vorstädte."

Wie schon zur Kaiserzeit und während unserer Einschließung wurde Paris mit Karikaturen überschwemmt, von denen auch etliche ihren Weg nach St. Denis fanden. Nichts war heilig mehr. So sahen wir mit Ekel „die Flucht nach Versailles",

---

*) „Histoire illustrée de la guerre civile à Paris", S. 38. — **) L. Énault, a. a. O., S. 50.

welche die bekannte „Flucht nach Aegypten von Murillo" mit Jules Favre als Joseph, den Esel am Zaum führend, wiedergab; das Andere ist zu gemein, um hier aufgezeichnet zu werden.*)

Zu Versailles sehen wir die Nationalversammlung in täglichen Sitzungen Gesetze berathen, unter diesen das für die Rekrutirung und die Zusammensetzung der Armee. Selten unterbrechen Mittheilungen des Chefs der Regierung, Thiers, oder eines der Minister über Vorgänge in und vor Paris, über Verhandlungen mit den Deutschen oder Nachrichten aus der Provinz, die Besprechungen. Diese Unterbrechungen waren jedoch von Bedeutung; gaben sie doch erst volle Klarheit über die Haltung und Stimmung dem Aufstande gegenüber. Zu wiederholten Malen sprechen Mitglieder der Versammlung von einem Ausgleich mit Paris, die große Mehrheit des gesetzgebenden Körpers aber zeigt sich unversöhnlich, fordert die unbedingte Unterwerfung des Aufstandes, welche jedem Ausgleich vorangehen müsse.

In der Sitzung vom 27. April theilte Thiers mit, daß nunmehr die Armee ihre Einschließung von Paris beendigt und den Angriff begonnen habe. Unter anhaltendem Beifall führt er weiter aus, daß die Regierung und Nationalversammlung nicht den Bürgerkrieg hervorgerufen habe, daß der Angriff auf Paris eine Vertheidigung des Rechts und der Ordnung sei. Nicht Frankreich allein, nein, der ganzen civilisirten Welt würde ein Dienst erwiesen, wenn die Grundsätze des Rechts, welche gleichzeitig die der Freiheit seien, triumphirten. Wenn man der Regierung zurufe, duldsam, zur Versöhnung geneigt zu sein, so könne er nur das sagen, was er bereits genügend ausgeführt habe: „Mögen die ruchlosen Waffen den Händen derer, die sie halten, entfallen, sofort wird die Züchtigung vor diesem Friedenszeichen Halt machen mit Ausnahme der Strafe für Verbrechen, welche jedoch, Gott sei Dank, nicht zahlreich sind." In der nämlichen Sitzung zeigte eine weitere Besprechung, wie heikel die Frage der Regierungsform für Frankreich war, daß an ihr jetzt zu rühren ein Fehler sein würde; Republikaner und Monarchisten mußten zur Zeit, im Hinblick auf Paris, in Eintracht arbeiten.

*) Vergl. Mendès, „73 Tage der Kommune", S. 206.

Die Unversöhnlichkeit zu Versailles begegnete in Paris gleichen Gefühlen. Wenn auch unter den Anhängern der Ordnung daselbst der Wunsch nach einem Ausgleich sich gesteigert, Vorschläge für den Frieden mehr an Boden gewonnen, ja sogar Nationalgarden hierzu Anregung gegeben hatten, so waren und blieben die Kommune und ihre Anhänger allein die maßgebende Partei. Vermittlungsvorschläge einer Deputation der Nachbargemeinden von Paris wurde von den Männern im Stadthause abgelehnt. Paschal Grousset beantragte noch in einer Sitzung vom 3. Mai, daß man endlich den unnützen Vermittlungsversuchen ein Ende machen solle; in einem sich durch heftige, maßlose Ausdrücke auszeichnenden Manifest weist das „Centralkomitee der Vereinigung der Frauen" jeden Ausgleich mit den „Henkern des Volks" entrüstet zurück: „Der Freiheitsbaum wächst, mit dem Blute seiner Feinde begossen."

Die Munizipalwahlen fanden auf Grund des von der Nationalversammlung angenommenen Gesetzes statt. Sie vollzogen sich in ganz Frankreich mit der größten Regelmäßigkeit; mit Ausnahme von Lyon und dem Städtchen Thiers, wo revolutionäre Bewegungen stattfanden, siegte überall die Ordnungspartei. Das Ergebniß der Wahlen, die Ruhe, mit der sie auch in den anderen großen Städten vor sich gingen, hatten bewiesen, daß die Provinz zur Regierung in Versailles hielt und den Aufstand in Paris nach wie vor verurtheilte.

In einem Rundschreiben vom 25. April bestimmte Thiers, daß alle Zufuhren an Lebensmitteln nach Paris aufhören sollten. Da sämmtliche über St. Denis gehenden Depeschen zur Kontrole von uns mitgelesen wurden, erhielten wir auf diesem Wege von einer Maßregel die erste Kunde, welche unsererseits längst für zweckmäßig gehalten wurde. Die Franzosen hielten nun aber in ihrem Eifer auch Züge an, welche für unsere Verpflegung bestimmt waren. Auf das Verlangen hin, diese Unordnung abzustellen, widrigenfalls wir unsere bisher gewährleistete Unterstützung bei dem Anhalten der Züge zurückziehen würden, erfolgte unter höflichen Versicherungen des Bedauerns über den Irrthum sofort Abhülfe. Das Mitlesen aller die Stadt berührenden Telegramme war nicht allein dienstlich nothwendig, sondern auch sachlich belehrend. Offiziere und Einjährig-Freiwillige, welche der französischen Sprache mächtig waren, übten die Kontrole aus und fertigten die nothwendigen Abschriften der Depeschen an. So erfuhren wir, daß die französische Polizei in St. Denis ihre guten Verbindungen in Paris hatte, welche auch Nachrichten über militärische Vorgänge daselbst, so über den Zustand des Forts Issy am 1. Mai, vermittelten. Zur Verbindung zwischen St. Germain und Soisy war von der Division in Vesinet, gegenüber St. Germain, ein Husarenrelais aufgestellt, welches zur schnelleren Verständigung in dringenden Fällen zwischen Versailles und Soisy gute Dienste leistete. Am 7. Mai ließ die Regierung eine neue Proklamation an die Bevölkerung in Paris verbreiten. Sie wies darauf hin, daß das allgemeine Wahlrecht Frankreich eine Regierung gegeben habe, welche die einzige gesetzmäßige sei, die alleinige, welche Gehorsam fordern könne, wenn das allgemeine Wahlrecht nicht ein leeres Wort sein solle. Diese Regierung habe Paris die gleichen Rechte zugesprochen, welche Lyon, Marseille, Toulouse und Bordeaux genössen. Ohne einen Verstoß gegen den Grundsatz der Gleichheit könne Paris nicht mehr Rechte als alle anderen Städte des Landes beanspruchen. Angesichts einer solchen Regierung unterdrücke die Kommune die Bürgerschaft, sie sei so anmaßend, Frankreich ihrer Gewalt unterwerfen zu wollen. Sie verletze das Eigenthum, werfe Bürger in das Gefängniß, um Geiseln aus ihnen zu machen, verwandle die Straßen und Plätze in eine Wüste, schädige Handel und Arbeit, verzögere die Befreiung des Landes von den deutschen Truppen; sie setze Paris einem neuen Angriff der Letzteren aus, welche sich bereit erklärt hätten, einen solchen ohne Barmherzigkeit auszuführen, wenn Frankreich nicht selbst den Aufstand unterdrücke.

Die Regierung — so fährt das Manifest fort — habe alle die Abgesandten, welche eine Verständigung herbeiführen sollten, angehört, aber nicht ein Einziger habe Bedingungen angeboten, welche nicht einer Demüthigung der nationalen Souveränität vor der Revolte gleich zu achten gewesen sei. Es sei den Vermittlern versprochen worden, daß allen denen, welche die Waffen niederlegen würden, das Leben geschenkt sei und die Unterstützungen an die armen Arbeiter weiter gezahlt werden sollten, dies sei versprochen, aber der Aufstand müsse aufhören. Die Regierung habe gewünscht, daß Paris sich selbst der Tyrannen entledigen möge; da es dies nicht könne, habe man eine Armee unter seinen Mauern vereinigt, welche es nicht erobern, sondern befreien solle. — Bis jetzt habe es sich um einen Angriff auf die Außenwerke gehandelt, der Augenblick sei aber gekommen, in welchem man die Umwallung selbst angreifen müsse. Nicht um ein Bombardement von Paris handle es sich, wie die Leute der Kommune und des Wohlfahrtsausschusses der Bevölkerung vorhielten, die Regierung verwende ihr Geschütz vielmehr nur dazu, um sich den Eingang in Paris zu erzwingen, und werde sich bemühen, die Verwüstungen dieses Kampfes einzuschränken, eines Kampfes, welchen sie nicht hervorgerufen habe. Sie wisse und es verstehe sich von selbst, daß sich die Bürgerschaft mit der Armee vereinigen werde, sobald diese die Umwallung durchbrochen habe. Von den gutgesinnten Bürgern hänge es jedoch ab, dem von einem Sturm unzertrennlichen Schrecken zuvorzukommen. Sie seien hundert Mal zahlreicher als die Anhänger der Kommune. Sie möchten sich daher vereinigen und die Thore öffnen, welche jetzt dem Gesetz, der Ordnung und einer glücklichen Zukunft Frankreichs verschlossen seien. Wenn aber die Pariser Bürgerschaft nicht handeln sollte, so sei die Regierung gezwungen, ernste Mittel zu ergreifen, da dies Uebel, welches die Bevölkerung von Paris schwer bedrücke, auch auf ganz Frankreich schwer laste. Frankreich habe das Recht, sich zu retten, wenn die Pariser nicht sich selbst zu helfen wüßten.

Das Comité central hatte bei Einsetzung der Kommune seine Gewalt dieser feierlich übertragen:

„Unsere Sendung ist beendigt, wir treten die Stelle im Stadthause Euren neuen Gewählten, Euren gesetzlichen Mandataren ab.“ Wir wissen bereits, wie dieses Versprechen gehalten wurde. Die Mitglieder des Komitees müssen aber auch ein gewisses Schuldbewußtsein empfunden oder in einer unglaublich kindlichen

Auffassung übersehen haben, wie schädigend ihre Thätigkeit in den Geschäftsbetrieb der Kommune eingriff. Sie erklärten am 5. April zum letzten Male, wie sie schrieben, daß sie niemals irgend eine politische Macht hätten sein wollen, denn eine Theilung der Gewalt müsse zum Bürgerkrieg innerhalb der Stadt führen. Sie seien am 28. März das wieder geworden, was sie durch Auftrag ihrer Wähler vor dem 17. gewesen, das brüderliche Band zwischen allen Mitgliedern der Bürgergarde, eine vorgeschobene und bewaffnete Schildwache gegen die Elenden, welche Uneinigkeit in die Reihen der Nationalgarde bringen wollten, eine Art von Familienrath, welcher über die Behauptung der Rechte, die Erfüllung der Pflichten und die Organisation der Nationalgarde zu wachen habe.*) Aber wiederholt hatte das Comité central sich in militärische Dinge gemischt, welche nach Einsetzung der Kommune und eines Delegirten des Krieges zu deren Geschäftsbereich unbedingt gehörten. „Die Mitglieder des Komitees berathen wie die Kommune, sie tragen die nämlichen Abzeichen, sie besichtigen die Bataillone auf den Wällen, sie lassen Maueranschläge auf weißem Papier erscheinen, sie bedrohen Leute, welche sich dem Dienst entziehen wollen, veranlassen die Wahl von Delegirten der Kompagnien und der Bataillone. Man gehorcht kaum den Dekreten der Kommune, aber alle Welt empfängt die Befehle des Komitees. Dieses geht eines Tages so weit, dem General Wroblewski Befehle zu ertheilen.“**)

Mitte April brachte das amtliche Blatt zu Paris Folgendes: „Die Kommune hat mit ebenso viel Bedauern wie Ueberraschung eine auf weißem Papier gedruckte, von einem Bürger Lacord unterzeichnete Aufforderung gelesen, welche im Namen des Comité central an die Nationalgarde des sechsten Bezirks gerichtet ist. Ein besonderer Befehl hat die Benutzung von weißem Papier zu Anschlagszetteln der Kommune allein vorbehalten, und werden sich hoffentlich solche Ungehörigkeiten nicht wiederholen. Anderenfalls werden die Betreffenden gesetzlich verfolgt werden. Der Bürger Lacord hat aber außerdem geglaubt, allen National-

---

*) „Documents publics“, II, 53. — **) Jules Simon, a. a. O., I, 417.

garden, welche sich dem Dienst entziehen, mit Verweisung vor ein Kriegsgericht drohen zu dürfen, und erinnert die Exekutivkommission daher die Nationalgarden wie Bürger daran, daß der Kommune und ihren Delegirten allein das Recht zusteht, die Verweisung an ein Militärgericht zu verfügen." Der Bürger Lacord, ein Koch, welcher dem Comité central als Mitglied angehörte, hatte in der That im Namen dieses Komitees gehandelt; in einem anderen Schreiben an die Bürger des sechsten Bezirks unterzeichnete er sich: „Pour le Comité central. Le chargé des pouvoirs. Lacord."

Der Zwiespalt war zu Tage getreten.

Die Commission de la guerre der Kommune hielt es für angezeigt, durch einen Rapport vom 26. April*) hervorzuheben, daß die Reorganisation der Nationalgarde seit der Errichtung der Kommune auf Schwierigkeiten gestoßen sei, welche sofortige Abhülfe verlangten. Zu diesem Zweck sei es unumgänglich nothwendig, die Thätigkeit und die Befugniß der verschiedenen Kräfte, welche bei der Reorganisation Mitarbeiter seien, abzugrenzen und festzustellen. Diese Kräfte seien: der Gemeinderath eines jeden Stadtbezirkes, die durch das Comité central vertretene Fédération de la garde nationale und die Kommandanten der Legionen. Die Kommission erklärt, daß das Comité central der Vermittler zwischen dem Kriegsministerium und den verschiedenen Theilen der Nationalgarde sei und eine Kontrole auszuüben habe. An dem nämlichen Tage nahm die Kommune in einer geheimen Sitzung folgenden Antrag an: Im Hinblick darauf, daß verschiedene unverantwortliche Komitees die Ausführung der Anordnungen der Kommune hemmen, daß es Sache der Gemeinderäthe, der Kommission für die allgemeine Sicherheit und anderer Delegirter ist, hiergegen Maßregeln zu ergreifen, verläßt sich die Kommune auf diese, daß in Zukunft sich solche Fälle nicht wiederholen oder streng geahndet werden, und geht zur Tagesordnung über. Kurz vor der Errichtung des Wohlfahrtsausschusses läßt das Comité central seine Macht die Kommune fühlen, indem es

---

*) „Documents publics", II, 90.

an dieselbe schreibt: „Die größte Entmuthigung herrscht in der Nationalgarde, unerbittlicher Zorn hat die Herzen ergriffen. Die Führer Dombrowski, Okolowitz 2c. sind verlassen und fast ohne Menschen. Die Stellung ist für sie nicht mehr haltbar, wenn nicht energische und sofortige Maßregeln ergriffen werden. Man muß Cluseret verhaften, Dombrowski zum Oberbefehlshaber machen, alle Militärs zu einem Kriegsrath vereinigen, um unter den Augen eines Kommissars der Kommune zu berathen. Es bedarf verantwortlicher Männer »et cela vite, vite, vite, ou tout est perdu«." „Cluseret wurde, wie oben erzählt, verhaftet, Rossel an seine Stelle gesetzt. Die Delegirten ließ man auf ihren Posten, unterdrückte die Kommissionen und rief eine Diktatur ins Leben unter dem Titel Wohlfahrtsausschuß. Nunmehr war die Spaltung in der Kommune eine endgültige, Sozialisten und Jakobiner standen sich gegenüber."*)

Unter dem 4. Mai bestimmte der Wohlfahrtsausschuß:

> „Die Delegation des Krieges umfaßt zwei Abtheilungen. Der Oberst Rossel wird mit dem Antragsrecht und der Leitung der militärischen Operationen beauftragt. Das Comité central der Nationalgarde wird unter der unmittelbaren Aufsicht der Kriegskommission mit der Kriegsverwaltung betraut."

Rossel theilte an demselben Tage allen Generalen, Obersten und Kommandanten, welche ihm unterstellt waren, mit, daß er in Uebereinstimmung mit dem Wohlfahrtsausschusse in die Betheiligung des Comité central an der Verwaltung gewilligt habe. Er begründete seinen Entschluß mit der Nothwendigkeit, nicht allein den guten Willen, sondern auch die große revolutionäre Autorität des Comité central zu verwenden. Hiernach läge mithin eine Uebereinstimmung mit dem Wohlfahrtsausschusse und dem Comité central vor. Jedenfalls scheint Rossel, dessen ehrgeizige Pläne weit über die Ziele der Kommune und in ganz anderer Richtung gegangen sein müssen, in seiner Stellung als Kriegsdelegirter Stützen in dem Komitee und jenem Ausschuß

*) Maxime du Camp, a. a. O., IV, 65, 67.

gesucht zu haben. Gefunden hat er sie nicht, da der Erlaß des Wohlfahrtsausschusses ihn in seiner amtlichen Gewalt beschränkte. Und daß man eine solche Einschränkung beabsichtigte, zeigt der weitere Erlaß, daß man ihm, dem Kriegsdelegirten, einige Tage später den Bürger Moreau, eines der fähigsten Mitglieder des Comité central, als Civilkommissar beigab.*)

Die Kommune war über die Einmischung des Comité central sehr erregt. Eine heftige Debatte erfolgte in der Sitzung vom 8. Mai infolge der Verfügung des Wohlfahrtsausschusses vom 4.

Der Finanzdelegirte der Kommune, Jourde, theilt der Versammlung mit, daß er eine von vier Mitgliedern des Comité central unterzeichnete Aufforderung zur Zahlung von Geldern empfangen habe, und fragt, ob die Regierung in Paris sich Comité central oder Kommune nenne. Ein Mitglied der Finanzkommission äußert, er habe mit großem Erstaunen gelesen, daß das Comité central mit der gesammten Kriegsverwaltung betraut worden sei. Auch bei ihm wären vier Mitglieder des Komitees erschienen und hätten ihm erklärt, sie würden seine Arbeit unter sich theilen, er für seine Person könne gehen. Es geht dann weiter aus dem Sitzungsbericht hervor, daß das Comité central die Initiative zu jener Verfügung des Wohlfahrtsausschusses ergriffen, seine angeblichen Ansprüche Rossel gegenüber geltend gemacht und dieser dieselben dann anerkannt habe. Nachdem Jourde noch hingeworfen, daß das Comité central seine Befugnisse überschritten habe, weist der Architekt Arnold darauf hin, daß er mit dem Erlaß des Wohlfahrtsausschusses nicht einverstanden sein könne, daß dieser Ausschuß mindestens vor Herausgabe desselben sich mit der Kommune zu verständigen gehabt habe und jetzt nur noch zu versuchen sei, jenen Fehler wieder gut zu machen. Auf seinen Antrag beschließt die Kommune: „Die Kriegskommission regelt in Uebereinstimmung mit dem Kriegsdelegirten die Beziehungen des Comité central zu der Kriegsverwaltung," und: „Das Comité central kann kein Amt besetzen; es schlägt die Anwärter der Kriegskommission vor, welche entscheidet. Ueber die

---

*) Jules Simon, a. a. O., I, 366, 367.

Verwaltung in jedem Dienstzweig ist dieser Kommission täglich Rechnung zu legen."

Es war ein Schlag ins Wasser.

Gespannten Blickes, mit großer Aufmerksamkeit beobachtete und verfolgte die deutsche Heeresleitung die Vorgänge in und vor Paris. Nicht nur Zuschauerin der Ereignisse aber war sie, sorgfältige Erwägung und Vorbereitung der nothwendigen Entschlüsse gab sich überall kund. Unter dem 20. April bereits legte General Graf Moltke in einer Denkschrift dar, daß die völlige Absperrung von Paris mehr als die bisher angewendeten, schwächlichen Mittel zur Unterwerfung der Kommune führen würde. Die Absperrung gegen Norden würde die Zustände in der Stadt unhaltbar machen. Diese Maßregel liege in unserer Hand und würde ohne noch längeren Verzug von uns selbständig und ohne Anfrage in Versailles anzuordnen sein. Beschwerden seitens der Kommune seien an die Regierung in Versailles zu verweisen, Reklamationen von dort aber durch Hinweis auf Nichterfüllung der eingegangenen Verpflichtungen und das eigene Interesse der Regierung zu beantworten. Aus diesem Grunde rechtfertige sich auch ferner die Sistirung der Transporte der noch vorhandenen Gefangenen. Beide Maßregeln würden in Versailles bekannt zu machen sein. Neben diesen Anordnungen könne das Okkupationsheer etwas vermindert werden, was in finanzieller und volkswirthschaftlicher Hinsicht geboten, in politischer wie militärischer aber ungefährlich sei. Ein Bombardement von Paris, für welches zwar alle Mittel bereit ständen, dürfe nur im Einverständniß mit der Regierung zu Versailles erfolgen. Schritten wir dazu, so müßten gleichzeitig die nordöstliche Enceinte und die innerhalb derselben liegenden Höhenstellungen durch Ueberraschung genommen werden. Die wirkliche Einnahme führe zu blutigen Straßenkämpfen und Festlegung von 100 000 Mann. Sie könne aber dann nothwendig werden, wenn die Nationalversammlung sich gegen uns erkläre oder, bei neuer Revolution, durch eine Regierung ersetzt werde, welche die Friedensbedingungen nicht anerkenne, dann aber sei der Krieg mit allen Mitteln wieder aufzunehmen.

Am 23. April beobachtete der Artillerieoffizier der von dem bayerischen I. Korps besetzten Redoute de la Faisanderie bei einer vormittags unternommenen Rekognoszirung, daß im Schloß von Vincennes drei Bastione mit Geschützen armirt worden waren. Auf die Meldung des Generals v. der Tann hierüber befahl das Oberkommando der Dritten Armee, daß der Kommune durch Parlementär die sofortige Entwaffnung des Forts aufzugeben sei. Gleichzeitig wurde dem Oberst Bartsch, Kommandeur der Artillerie in Villiers le Bel, telegraphirt: „General v. der Tann hat Befehl erhalten, morgen der Kommune mitzutheilen, daß, wenn Fort Vincennes nicht binnen 24 Stunden desarmirt wird, wir das Feuer auf dasselbe beginnen werden. Sie wollen die nöthigen Vorbereitungen treffen, daß diese Drohung erforderlichenfalls kräftigst ausgeführt werden kann." Infolgedessen erhielt die Ausrüstung des Forts Nogent sowie der Redouten Gravelle und Faisanderie eine Verstärkung an Geschützen und Munition. Die befohlene Sommation an die Kommune von Paris ging am 24. ab, und wurde eine Frist bis zum 25. mittags 12 Uhr gegeben. Der als Parlementär abgesandte Offizier brachte eine Zuschrift von zwei Mitgliedern der Kommune, unter diesen Delescluze, mit, welche die sofortige Erfüllung des Verlangens des Generals v. der Tann in Aussicht stellte. Da am 25. morgens der bayerische Vorpostenkommandeur meldete, daß sämmtliche Geschütze auf den Wällen von Vincennes verschwunden seien, auch ein Schreiben des Delegirten für das Aeußere, Paschal Grousset, über den Vollzug der Entwaffnung einlief, wurde die Schießbereitschaft der Forts Nogent und der beiden Redouten aufgegeben.

Nachrichten aus Paris bestätigten die Anlagen von Minen und das Legen von Torpedos an verschiedenen Stellen der Stadt, sogar das Vorhandensein langer, mit Petroleum gefüllter Gräben in den Vertheidigungslinien wurde gemeldet. Die Zügellosigkeit der Nationalgarde kam nicht allein durch die Zeitungen zu unserer Kenntniß, sie trat in unserem Bereich uns vor die Augen. So schossen in einer Nacht betrunkene Nationalgarden gegen die Demarkationslinie von Charenton, sie wurden auf Verlangen des bayerischen Korps verhaftet, worauf ein Entschuldigungsschreiben des Kommandanten des Forts Vincennes einging. In St. Ouen zeigte sich die Nationalgarde aus Paris fast immer betrunken, in einem Schreiben von dort wurde sie, da sie Niemandem mehr gehorchte, auch als eine Gefahr für uns Deutsche bezeichnet; die Bewohner von St. Ouen seien jener trunkenen Horde gegenüber machtlos und würden glücklich sein, wenn sie durch deutschen Einfluß von diesen Leuten befreit werden könnten. Am Nachmittag des 26. fand im Fort Aubervilliers die Besprechung eines dem General v. Fabrice zugetheilten Vertreters des Auswärtigen Amtes mit Cluseret statt. Der Letztere war von einem Offizier der Kommune begleitet. Die Rettung des Bischofs von Paris, Darboy, war der Beweggrund für das deutsche Auswärtige Amt, sich in Unterhandlungen mit der Kommune einzulassen. Cluseret berichtete über diese Besprechung an die Exekutivkommission. Er stieß bei dieser in Betreff der Freilassung des Bischofs Darboy auf entschiedenes Uebelwollen und blieb bei Stimmenabgabe mit seinem Votum allein.*) In Paris wurde die Vermuthung ausgesprochen, Cluseret sei abgesetzt worden, weil er aus eigener Initiative den Deutschen die Befreiung des Bischofs Darboy versprochen habe. Jedenfalls hatte die Männer der Kommune tiefes Mißtrauen gegen Cluseret ergriffen, ein Streben desselben nach der Diktatur wurde vermuthet. Daß Cluseret, von Argwohn umgeben, beaufsichtigt wurde, war zweifellos; der ihn nach Fort Aubervilliers begleitende Offizier machte viel mehr den Eindruck eines Spions als den eines Adjutanten.

Eine abermalige, bereits zugesagte Besprechung, auch über Herausgabe deutscher Gefangener, wurde durch die Verhaftung Cluserets verhindert.

Wenn schon die Herren im Stadthause zu Paris bei allen an sie herantretenden Forderungen der Deutschen sofortige Erfüllung zusagten, welche dem Verlangen meist auf dem Fuße folgte, wenn sie auch die Bestimmungen des vorläufigen Friedens einzuhalten bestrebt waren und wohl nur mit Rücksicht auf diese

*) Cluseret, a. a. O., II, 1—18.

vor Kurzem noch den Ausschluß aller Elsaß-Lothringer von dem Dienst in der Nationalgarde angeordnet hatten, so war doch der Geist des Ungehorsams ein so großer, die Willkür eine so maßlose, daß immer und immer wieder ein scharfer Druck unsererseits ausgeübt werden mußte. Derselbe erfolgte stets nur in unserem Interesse, in diesem lag aber auch die Unterstützung der Regierung zu Versailles, sobald eine solche von uns erbeten wurde. So schrieb der Minister Favre Ende April an den General v. Fabrice, daß die Einwohner von Vincennes sich über das Eindringen aufständischer Bataillone in ihren Ort beklagten. Das Fort von Vincennes habe 1800 Mann Besatzung erhalten, Geschütze seien noch auf den Wällen. Die Nationalgardisten des Ortes sollten gezwungen werden, in die Bataillone der Kommune sich einreihen zu lassen. Das Gebiet von Vincennes sei infolge der Konventionen für den Präliminarfrieden neutrales Gelände und dennoch durch eine große Zahl Bewaffneter besetzt. Die Bevölkerung habe nur den Wunsch, sich dieser Tyrannei zu entziehen und habe ihn, Favre, gebeten, sich an die deutschen Militärbehörden zu wenden, um den Konventionen Achtung zu verschaffen. General v. Fabrice gab dem Oberkommando der Armee Kenntniß von dieser Zuschrift des französischen Ministers, und erhielt infolgedessen das I. Bayerische Korps die nothwendigen Anweisungen. Ein Generalstabsoffizier nahm die in Frage kommenden Oertlichkeiten in Augenschein, während ein zweiter Offizier nach Paris als Parlementär entsendet wurde. Die Kommune bestritt die Uebertretung der Konvention, auch fand man im Ort Vincennes nur angesessene Nationalgarden zur Handhabung des Polizeidienstes.

Der Maire daselbst schien sich des Druckes von Paris noch zu erwehren, wenn er auch die rothe Fahne hatte aufziehen lassen müssen. Das nach Versailles gelangte Bittgesuch schien sich also weniger auf Thatsachen als auf Befürchtungen zu gründen. Das Fort selbst war mit kaum 200 Mann Pariser Nationalgarden besetzt. Der Kommandant gab jedoch zu, daß zeitweise mehr Truppen sich im Fort befunden hätten, auf den Wällen lagen Geschützrohre, deren Laffeten neben einigen montirten Geschützen sich im Hofe befanden. „Die verbindliche Art der Aufnahme der beiden deutschen Offiziere, manche Aeußerungen, die sie zu hören bekamen, beweisen, abgesehen von der Bereitwilligkeit, mit welcher die materielle Seite der gestellten Forderungen von den Revolutionären erledigt worden, neuerdings das ängstliche Bemühen, jedem Konflikt mit den Deutschen auszuweichen."*)

Der Bericht des nach Paris entsandten bayerischen Offiziers, eines Landwehr-Unterlieutenants Haindl, ist von Interesse, da er zur Charakteristik der Zustände in Paris einen Beitrag liefert. Nachdem der Offizier über seinen Eintritt in die Stadt, den höflichen Empfang des wachthabenden Nationalgarden-Offiziers am Thor, den daselbst stehenden Doppelposten, bestehend aus einem alten Mann von ungefähr 60 Jahren, in Civilkleidern und mit einer Patronentasche versehen, und einem Liniensoldaten, beide mit Perkussionsgewehren bewaffnet, berichtet hat, fährt er fort: „In einem geschlossenen Einspänner passirten wir die bis zur alten Porte de Charenton ziemlich ansteigende Rue de Charenton. Hier nahm der Kutscher irrthümlicherweise die Rue de Mazas; durch eine Seitenstraße gelangten wir demnächst auf die Hauptstraße. Nachdem ich mich dem dortigen Major vom Generalstabe vorgestellt und demselben bemerkt hatte, daß ich meine Depesche nur an einen Delegirten abgeben werde, ließ mich dieser durch den Hauptmann, in dessen Begleitung ich gekommen, weiter nach dem Hotel de Ville bringen. Auf der Place de la Bastille sah ich nichts Bemerkenswerthes. Die Julisäule ist reich mit Kränzen verziert, und war überall reges Leben und Treiben. Man konnte Nationalgarden in großer Menge beobachten, welche theils mit Sack und Pack, theils nur mit Seitengewehr bewaffnet, ihre Wege verfolgten. Unter ihnen bemerkte ich auch einzelne junge Leute, kaum fähig Waffen zu tragen. Die Uniformirung ist im Allgemeinen gut, die Ausrüstungsgegenstände, soviel ich beobachten konnte, sind neu, und sah ich von den Gewehrmodellen das Chassepot, den einfachen Vorderlader und ein, wie mir schien, auf Rückladung abgeändertes Gewehr, dessen Verschluß jedoch ähnlich wie bei dem Tabatière-System, aus Messing gegossen war.

*) Handschriftliches Kriegstagebuch des I. Bayerischen Armeekorps 1870/71. Kriegsarchiv des großen Generalstabes.

Auf der Place de l'Hotel de Ville waren in nordwestlicher Richtung Geschütze ohne Deckung aufgefahren. Ich bemerkte darunter meistens schwere Geschütze. Am Ausgang der Rue de Rivoli befand sich eine ungefähr fünf Fuß hohe, sieben Fuß dicke, halbgeöffnete Barrikade aus Steinwürfeln. Die Quaiseite schien befestigt zu sein, der Eingang zum Quai de Peltier und der Rue Victoria war mit Barrikaden geschlossen, an einer derselben drei Geschütze. Nirgends sah ich konzentrirte Truppen und Biwaks. Die Wache salutirte bei meinem Eintritt in das Hotel de Ville, und wurde ich über zwei Treppen in das Sitzungszimmer geführt. Im großen Sitzungssaale befanden sich Ordonnanzoffiziere, und waren mehrere Vorzimmer mit Civilbeamten besetzt. Der Empfang von Seiten der Delegirten war ein ernst höflicher. Drei Delegirte in Civilkleidern und ein Generalstabsoffizier waren anwesend und erfolgte nach meiner Vorstellung die Eröffnung der Depesche, deren Inhalt laut verlesen wurde. In einem Gespräch, welches ich mit dem Offizier unterhielt, bemerkte dieser, daß unsererseits sehr genau auf Beobachtung der Bedingungen gesehen werde, und er wünsche, daß auch wir die Neutralitätsfrage ebenso streng einhalten möchten. Ein Mitglied der Kommune entschuldigte sich über Vorkommnisse, die von mangelhafter Disziplin ihrer Soldaten herrührten, welche in dieser Richtung nicht mit unseren Truppen zu vergleichen wären. Ich wurde befragt, ob ich eine schriftliche Antwort entgegenzunehmen habe, was ich bejahte. Während dieses Manuskript ausgefertigt wurde, unterhielt ich mich mit einem Mitgliede, welches mich in deutscher Sprache angesprochen hatte. Dasselbe gab an, während der Belagerung einen verwundeten bayerischen Soldaten in seinem Hause verpflegt zu haben, den unglücklichen Ausgang der Kämpfe schrieb er dem Umstande zu, daß die Armee verkauft und verrathen sei .... Bei meinem Fortgehen erhoben sich sämmtliche Mitglieder der Kommune und wurde ich im Vorzimmer von dem mich begleitenden Hauptmann in Empfang genommen. Die Rückkehr zur Enceinte erfolgte auf demselben Wege, wie ich gekommen, und konnte ich bei eingebrochener Dunkelheit die vollkommene

Herstellung der Gasbeleuchtung beobachten. In den Straßen war vollkommene Ruhe, die Magazine waren theilweise geöffnet, Kaffeehäuser mit Besuchern besetzt. Die vielen Bewaffneten und die schon erwähnten Vertheidigungsmaßregeln ausgenommen, zeigte die Stadt keine auffällige Physiognomie."

Aber der schriftliche Beweis des zu Paris herrschenden Größenwahnsinns folgte dem Parlementär. Paschal Groussct schrieb an General v. der Tann: „In Betreff der Mittheilung, welche unter dem gestrigen Datum der Kommune von Paris seitens des Generals v. der Tann zuging, beehrt sich der Unterzeichnete zu bemerken, daß es richtiger sein würde, wenn die von den deutschen Militärbehörden herrührenden Depeschen an den Delegirten der Kommune für den Krieg, die der deutschen Zivilverwaltung an den Délégué de la commune aux relations extérieures gerichtet würden. Die Kommune kann, als gesetzgebende und souveräne Macht der Stadt Paris, nur durch ihren Delegirten für das Aeußere mit anderen Völkern in Verbindung treten."

Nach den aus Versailles eingegangenen Nachrichten hatte der General v. Fabrice nach Berlin berichtet, daß Thiers den militärischen Operationen jetzt sein Hauptinteresse widme. Sozialistische Verschwörungen an anderen Orten befürchtend, drängten die Präfekten zu beschleunigtem Vorgehen gegen Paris. Obschon der Geist der Truppen gut sei, wünschten auch sie ein baldiges Ende, und glaubte man, daß bei dem Einzug der Truppen in Paris sich die Mehrzahl der Bevölkerung und Nationalgarden zu diesen halten werde; Kadres für die aus solchen Elementen neu zu bildenden Bataillone in Paris seien eingerichtet. Von Versailles seien alle Zuaven nach Algier gesendet, um den dort ausgebrochenen Aufstand zu unterdrücken.

Verbindungen, welche Thiers zweifellos in Paris besaß, ließen ihn hoffen, durch regierungstreue Nationalgarden daselbst unterstützt, in die Stadtumwallung unversehens eindringen zu können. Für den 2. Mai abends war Alles vorgesehen, um schnell Truppenmassen durch die Porte Dauphin nach Paris hineinzuwerfen. Die Nacht verlief jedoch, ohne daß das verabredete Signal gegeben ward, die Operation scheiterte.*)

Bereits am 2. Mai morgens war vom I. bayerischen Korps Geschütz- und Gewehrfeuer in der Gegend von Villejuif gemeldet worden, ein Angriff der Versailler auf die dortigen Werke war mißlungen. Dagegen nahmen Theile der 3. französischen Division in der Nacht vom 3. zum 4. mittelst Handstreichs die Redoute von Moulin Saquet bei Villejuif. 150 Aufständische fanden dort ihren Tod, 300 Gefangene und 8 Geschütze wurden zurückgeführt, als das Werk demnächst wieder verlassen wurde. Pariser Zeitungen sagten, daß die durch zu langes Lagerleben ermüdeten, durch eine ungenügende Ernährung schlecht gehaltenen, durch häufige Alarmirungen abgehetzten Nationalgarden im Schlaf überrascht und niedergemacht worden seien. Verrätherei des Kommandanten sollte natürlich wieder im Spiel sein, die Nachricht von dem Ueberfall habe große Unruhe in der Bevölkerung hervorgerufen. Thiers gab der Provinz von dieser Waffenthat mit dem Zusatz Kenntniß: „Telle est la victoire, que la Commune pourra célébrer demain dans ses bulletins.“

Sowohl im Süden wie im Westen war starkes Artilleriefeuer zu dieser Zeit fast täglich zu hören. Gewehrfeuer deutete stets auf kleine Unternehmungen hin, welche theils von den Linientruppen, theils von den Aufständischen ausgeführt wurden. Am 4. Mai gingen in Paris, anscheinend in den Stadtvierteln von Passy und Auteuil neue Brände auf; auch auf Seiten der Versailler wurden durch Geschosse Brände verursacht, so in Courbevoie und Asnières.

In ähnlicher Lage, wie zur Zeit der Belagerung durch uns, abgeschlossen von der Außenwelt, bediente sich die Kommune jetzt auch des Luftballons, um die Landbevölkerung, beziehungsweise die Departements zum Aufstand gegen die Regierung in Versailles zu reizen. In der Nähe des Forts Romainville wurde von uns einem daselbst gesunkenen Ballon eine Menge solcher Brandschriften entnommen. Am Morgen des 8. Mai eröffneten acht

*) „Guerre des communeux de Paris, par un officier supérieur de l'armée de Versailles“, S. 167.

neue, bei Montretout in der Nähe von St. Cloud errichtete Batterien ihr Feuer gegen die Stadtumwallung zu beiden Seiten des Angriffspunktes Point du Jour. „Die Enceinte blieb lange Zeit stumm und wie erstaunt über das furchtbare Konzert der krepirenden Geschosse“ schildert ein französischer Schriftsteller.*) Nach unseren Beobachtungen erwiderten die Aufständischen das Feuer schnell und kräftig; stark armirt, hatten sie bereits in den Tagen vorher die Arbeiten der Versailler und die schon im Feuer stehenden Batterien derselben mit Energie beschossen. Um 12½ Uhr mittags wurde eine starke Explosion im Fort Issy wahrgenommen, im Fort Vanves brannte die westlich gelegene Kaserne. Das 5. französische Korps, Clinchant, war neben und hinter dem Korps Cissey in die Linie gerückt und nahm an den Belagerungsarbeiten theil. Truppen des 4. Korps, Douay, welches gegen Point du Jour in Verwendung treten sollte, überschritten in der Nacht vom 8. zum 9. in Gemeinschaft mit einer Division der Reservearmee die Seine und hoben eine Parallele in der Richtung Billancourt—Boulogne aus.

Fort Issy schwieg fast völlig, schon seit längerer Zeit war unsererseits eine Abnahme seines Widerstandes beobachtet worden. Als am 9. in der Frühe Patrouillen gegen dasselbe vorgingen, wurde es verlassen gefunden und von den Linientruppen besetzt. Zu der nämlichen Zeit fand im Stadthause eine Sitzung der Kommune statt. Sie hatte mit gleichgültigen Dingen begonnen, als Delescluze plötzlich dazwischen ruft: „Ihr verhandelt, während die Trikolore auf dem Fort Issy weht; ohne Zögern müssen wir hierauf zuerst Bedacht nehmen. Ich habe Rossel gesehen, er gab seine Entlassung und ist entschlossen, sein Amt nicht wieder zu übernehmen. Allen seinen Maßnahmen sind durch das Comité central Schwierigkeiten in den Weg gelegt worden. Man muß das Land retten. Der Wohlfahrtsausschuß hat den Erwartungen nicht entsprochen. Er war ein Hinderniß an Stelle einer bewegenden Kraft. Er muß verschwinden; sofortige, entscheidende Maßregeln sind zu ergreifen. Was macht der Wohlfahrtsaus-

*) „Guerre des communeux“, S. 167.

schuß? Eigenthümliche Ernennungen an Stelle von Handlungen! Die Kriegsverwaltung ist dem Comité central anvertraut. Qu'en a-t-il fait? Je n'en sais rien! Wenn es sich jetzt aber an der Sammlung aller zerstreuten Elemente zur Vertheidigung von Paris betheiligen will, so sei es willkommen! Euer Wohlfahrtsausschuß ist null und nichtig, unter dem Gewicht der ihn belastenden Erinnerungen zermalmt, und vermag nicht einmal das zu thun, was eine gute Exekutivkommission leisten könnte."

Aber auch diese wie ein Blitz in die Versammlung einer geistesträgen, eitlen, unfähigen Menge schlagende Wahrheit wirkt nicht reinigend; sie zeigt nur, daß die Erkenntniß eines bösen Ausganges des Aufstandes wächst, das Gefühl der Unsicherheit sich steigert. Eine geheime Sitzung folgt; man beschließt: Neuwahl der Mitglieder des Wohlfahrtsausschusses; die Ernennung eines Civildelegirten des Krieges; die Wahl einer Kommission zur Anfertigung einer Proklamation; sich nur dreimal in der Woche zur Berathung zu versammeln; die Mairien der Stadtbezirke fortwährend durch Mitglieder der Kommune besetzt zu halten, um sofort allen Anforderungen entsprechen zu können; einen Kriegsgerichtshof zu ernennen; den Wohlfahrtsausschuß im Stadthause stets anwesend sein zu lassen.*) Der bekannte General Eudes und ein früherer Richter Gambon wurden in den Ausschuß gewählt, Gérardin, Meillet und Pyat schieden aus. Der Maler Billioray trat einige Tage später hinzu, das böse Element hatte die Oberhand.

Es erschien ein Erlaß, welcher staunenswerth ist: „Die Nachricht, daß die dreifarbige Fahne auf Fort Issy wehe, ist falsch. Die Versailler haben dasselbe nicht besetzt und werden es nie besetzen. Die Kommune ergreift die energischsten Mittel, welche die Lage erfordert. Stadthaus, 9. Mai, 8 Uhr abends." So zu lesen in den Documents publics pour servir à l'histoire de la Commune de 1871, Seite 65. Fort Issy kostete Thiers sein Haus in Paris. Am 10. vormittags meldete die 1. Garde-Division an das Oberkommando: „Nachdem gestern Fort Issy

*) „Les 31 Séances officielles de la Commune", S. 207.

durch das 36. Linien-Regiment*) genommen worden, hat Rossel das Kommando in Paris niedergelegt, angeblich wegen Streitigkeiten in der Kommune, und weil seine Befehle nicht ausgeführt werden."

Auch Rossel hatte Besserung der militärischen Verhältnisse angestrebt. Er versuchte, durch die Eintheilung der Nationalgarde in Regimenter eine handlichere Formation für die Gefechte zu schaffen. Ein Examen für die Besetzung der Generalstabsstellen wurde vorgeschrieben, wobei es nur fraglich blieb, woher man die Examinatoren nehmen sollte.

„Arbeitsam und unerschrocken, verstand Rossel seinen Beruf. Nicht weniger stolz und hochmüthig wie Cluseret, unterlag er, wie dieser, der Mitwirkung Unfähiger und dem Vorwiegen des Civils."**) Er hatte es versucht, die Truppen in Versailles zur Kommune herüber zu ziehen. Auf seine Anregung dekretirte die Kommune, daß die Offiziere, Unteroffiziere und Gemeinen der Armee von Versailles, welche bereit seien, das soziale Prinzip der Kommune zu vertheidigen, mit gleichem Range in die Nationalgarde eingestellt werden, auch in den Genuß aller Vortheile, welche ihnen durch frühere Anordnungen zugebilligt worden seien, treten sollten. Selbst ein Verräther seiner Fahne, suchte Rossel seine früheren Kameraden zum Verrath zu verleiten.

Er, welcher das Volk von Paris nach Fortgang der Regierung nach Versailles mit einem Blinden vergleicht, der seinen Hund verloren hat, sagt in seinen nachgelassenen Papieren: „Ich suchte Patrioten und fand Menschen, welche die Forts lieber den Prussiens als der Nationalversammlung übergeben hätten; ich suchte die Freiheit und fand Bevorzugung an allen Straßenecken eingenistet; ich suchte Gleichheit und fand die Herrschaft der Fédération, der Aristokratie, der alten politischen Verbannten, die Lehnspflicht unwissender Beamter, welche alle lebenden Kräfte von Paris fesselten. Die Offiziere der Kommune, als Soldaten verkleidete Lumpen, mit irgend einem Sergeanten im Bureau trinkend, waren lächerliche Menschen, welche vorgaben, das Land

*) Nach französischen Quellen das 38. — **) Jules Simon, a. a. O., I, 363.

vom Säbelregiment befreien zu wollen, und dafür keinen anderen Ersatz hatten als das Regiment des delirium tremens.“*)

An der Spitze seines Schreibens vom 9. Mai, in welchem er seine Entlassung fordert, standen die Worte: „Mit der Delegation des Krieges durch Euch provisorisch betraut, fühle ich mich unfähig, länger die Verantwortlichkeit eines Kommandos zu tragen, bei welchem Alles berathschlagt und Niemand gehorcht.“ Es schließt mit: „Ich ziehe mich zurück und habe die Ehre, von Ihnen eine Zelle in Mazas (dem Gefängniß) zu fordern.“ Wie bereits erwähnt, liefen bei dem Oberkommando der Dritten deutschen Armee zu bestimmten Zeiten Berichte über die Stimmung der Bevölkerung aus den von uns besetzten Theilen des Landes ein. So berichtete General v. Alvensleben, kommandirender General des IV. Armeekorps, aus Clermont: „Wenn bisher die Stimmung der Bevölkerung als eine schwankende sich charakterisirte, das Urtheil über die Verhältnisse in Paris sich änderte, je nachdem die eine oder die andere Seite einen Vortheil errungen hatte, so scheint es, als ob jetzt endlich eine größere Stetigkeit und Einhelligkeit der Ansichten Platz zu greifen beginne. Jedoch ist es dabei weniger eine Regung des patriotischen Gefühls und des Sinnes für Ordnung, als vielmehr die zunehmende und fühlbarer werdende Schädigung der materiellen Interessen, die steigende Niedergeschlagenheit und Entmuthigung angesichts der gegenwärtigen Lage, welche die Menge mehr und mehr einem gemeinsamen Standpunkt der Beurtheilung zuführt und gegenüber den Pariser Zuständen selbst die Parteien einander nähert. Insoweit in Betreff der späteren Regierungsform Ansichten zu Tage treten, scheint auch unter diesem Gesichtspunkte der lebhafte Wunsch nach materiellem Wohlergehen die Einigung der verschiedenen Parteien zu fördern. Man fürchtet theilweise, daß eine Wiederherstellung der Monarchie neue Keime des Unfriedens in sich tragen könnte, und hat zu der republikanischen als der einmal bestehenden Form das Zutrauen, daß sie die vorhandenen Gegensätze leichter ausgleichen werde.“

---

*) Rossel, „Papiers posthumes“, S. 185.

Im Allgemeinen trat aus allen Berichten hervor,*) daß die Bevölkerung sich nach einer festen Regierungsgewalt sehnte, welcher Art sie auch sei, die Regierung zu Versailles Sympathie erweckt hatte, daß jedoch zu einer thatkräftigen Unterstützung derselben keine rechte Neigung vorhanden war. Ja selbst das Vertrauen auf einen Sieg über die aufständische Bewegung in Paris war nur ein sehr bedingtes. Das Verhältniß zu unseren Truppen war fast an allen Orten ein sehr gutes, die Einwohner fühlten sich durchaus vor dem Sozialismus gesichert. Wohl waren Umtriebe der Kommune für ihre Zwecke zu bemerken gewesen, sie hatten sich jedoch im Sande verlaufen. Nur zwei Ulanen polnischer Nationalität waren verschwunden und voraussichtlich zur Kommune desertirt.

General v. Pape schrieb am 26. April nach Berlin: „Die Lage hier ist so gespannt, daß jeden Augenblick sonderbare Dinge passiren können. Gerüchte jagen sich über Gerüchte. Die Frequenz ist ungeheuer, von allen Ecken und Enden kommt Alles zusammen, um zu sehen, zu hören. Mein Posten ist sehr interessant und die Beobachtung der Gefechte zwischen Parisern und Versaillern in ziemlicher Nähe macht uns außerdem viel Spaß. Wenn man ihnen nicht hilft, scheinen die Letzteren mit den Parisern nicht fertig zu werden, welche jedenfalls die Energie für sich haben. Es ist kein Ende abzusehen. Die Franzosen ruiniren sich untereinander der Art, daß lange Jahre dazu gehören werden, um wieder emporzukommen, außerdem ist es himmlisch, daß sie nun selbst das heilige Paris zu bombardiren anfingen. 500 000 Pariser einschl. Frauen und Kinder haben Paris bereits verlassen, hier allein sind jetzt 15 000 Flüchtlinge, von denen ich vorgestern 9000 habe ausweisen lassen müssen, weil es zu eng wurde. Diese Leute, auch die meisten Einwohner von St. Denis, beten uns förmlich an, als ihre Schützer in der Noth; sie wollen mit uns ziehen, wenn wir abmarschiren, weil sie sich nur bei uns sicher fühlen. Die Mittheilung von Zeitungen, daß die Pariser auch gegen Norden und Osten vorgingen, ist nicht wahr; denn

*) Generalstabsakten.

sowie ein Bewaffneter aus Paris herauskommen würde, in demselben Moment krachen alle Geschütze von den Forts auf Paris los. Das habe ich gestern einem Obersten vom Generalstabe des Pariser Generals Bergeret auch erklärt, der zu einer Verhandlung bei mir war. Es sollen nämlich Nationalgarden zwischen Paris und St. Denis sich haben sehen lassen, was sie nach der Konvention nicht dürfen. Leider hatte ich es zu spät erfahren. Alle Augenblicke kommen dergleichen Kerls zu uns, eine absonderliche Sorte von Offizieren. Sie kommen in fabelhaften Kostümen; dieser war begleitet von vier Garibaldinern in Rothhemden zu Pferde. Neulich waren die Begleiter zu Pferde in blauen Blusen mit rothen phrygischen Mützen, auf dicken Bauernpferden mit Sätteln aus dem vorigen Jahrhundert; statt des Zaumes hatten die Pferde einen Strick im Maul. Ich glaube, sie wollen uns mit ihren Aufzügen imponiren, diese Strolche. In Paris muß es sonderbar hergehen; jetzt haben sie die Pfaffen vor. Einem derselben haben sie einen Passirschein gegeben, derselbe lautet: Pour M ......, qui se nomme serviteur d'un certain nommé Dieu! Weiber mit Gewehren stehen auf der Stadtmauer und weisen die aus den Gefechten kommenden Nationalgarden mit Hohn zurück."

Gute Nachrichten vom heimischen Herde erfreuten unsere Herzen in der Ferne. Mit einem gewissen, wohl nicht unberechtigten Stolze lasen wir in unseren deutschen Zeitungen von der gehobenen Stimmung in unserem Vaterlande, unserem nunmehr ja geeinten Deutschland. Wohl lasen wir auch im Amtsblatt der Kommune vom 2. Mai unter der Zuschrift „Die deutschen Sozialisten fahren in ihren Glückwünschen und Aufmunterungen für die Kommune fort" eine Adresse an die französischen Arbeiter, welche der „Sozialdemokrat" in Berlin veröffentlichte und die von einer Versammlung von 3000 Personen in Hannover ausging; „auch diese armen, irregeleiteten Menschen könnten uns leid thun, wenn ihre Unkenntniß dessen, was sich hier ereignet, nicht eine so arge wäre", schrieb ein Offizier nach Hause; „noch sind solche Auslassungen keine Rostflecke auf dem glänzenden Schilde der Germania, und treten solche wirklich einmal hervor, nun, so können sie ja — abgeputzt werden!"

Kleine Niederträchtigkeiten mußten wir uns ruhig gefallen lassen, aber immer sind sie in Paris mit offenen oder versteckten Schmähungen auf die Regierung zu Versailles, frühere Regierungen oder auf Offiziere des Kaiserreichs verknüpft: „Der einzige Ort, welchen die Preußen verschont haben, ist Herines, das Dorf, welches die besondere Ehre hat, Geburtsort des Helden Bazaine zu sein. Sollte dies nicht ein Akt der Anerkennung sein?“ In Versailles zeigte sich der Haß auf uns natürlich jetzt nicht öffentlich, glühte aber verdeckt unter der Asche. Ein Mitglied der Kommune, Leon Franckel, ein geborener Ungar, wird zum „Prussien“ gestempelt, damit man sagen kann, daß auch Deutschland sein Kontingent für die Kommune gestellt habe.

„Nach einer größeren Pause, welche uns viel Regen und Wind gebracht hat“, heißt es in dem Privatbriefe eines deutschen Offiziers vom 3. Mai, „haben wir heute einen so schönen Sommertag mit einer Wärme, wie bei uns in den Augusttagen. Ich kann Dir gar keine Beschreibung von der herrlichen Landschaft hier machen. Die nächste Umgebung von St. Denis ist nicht schön, von Epinay und Montmorency an aber ein einziger Garten. Hunderte von Nachtigallen lassen ihr Lied erschallen, und eigen kontrastirt dieser Ton des Friedens mit dem dumpfen, heute wiederum so heftigen Kanonendonner des Bürgerkrieges. Ich bin heute früh bald nach 10 Uhr durch Pierrefitte nach der Höhe von Pierrefitte geritten; von dort nach Montmagny, um einmal wieder die Stellen zu besuchen, wo wir unsere Postenstellungen hatten. Wie hat sich Alles verändert! Die Einwohner, die zurückgekehrt sind, haben überaus fleißig gearbeitet, nur wenige und zwar die größten Anlagen für unsere Vertheidigung und den Angriff auf St. Denis sind noch zu sehen. Mit welchen verschiedenen Gefühlen habe ich schon da oben auf der Butte Pinçon gestanden! Heute hielten wir ruhig zu Pferde da, wo wir sonst nur mit der größten Vorsicht uns zu Fuß bewegen konnten. Damals hörten wir den Donner unserer Geschütze und derer der Franzosen gegen uns, heute war es fast das nämliche Bild im Süden von Paris, nur andere Akteure.“

Der 4. Mai brachte uns einen besonders interessanten Zwischenfall. Hören wir über denselben den General v. Pape selbst: „So weit war ich gestern Abend 1/27 Uhr mit dem Brief gekommen, als mir die Ordonnanz Herrn Minister Jules Favre anmeldete, der mich schleunigst zu sprechen wünschte. Ich dachte, der Kerl wäre verrückt geworden — denn Jules Favre in St. Denis — das schien mir ein Unsinn. Aber es war so. Herr Jules Favre war im Begriff, sich nach Frankfurt a. M. zu begeben, zur Zusammenkunft mit Bismarck, war auf dem Wege von Soisy bei General v. Fabrice über St. Denis erkannt und bedroht und ihm in Pantin, wo man seine bevorstehende Ankunft wisse, Gewaltthätigkeiten in Aussicht gestellt worden. Er verlangte nun von mir Schutz und Eskorte. Es war 1/27 Uhr vorbei, um 7 Uhr 5 Minuten geht der Zug von Pantin ab, es war also keine Minute zu versäumen. Zufällig war keiner meiner Offiziere zu Hause; ich befahl also, daß meine sieben Ordonnanzhusaren sowie die Stabsordonnanzen sofort satteln und über Aubervilliers nach Bahnhof Pantin reiten sollten, während ich selbst zu Jules Favre mich in den Wagen setzte, um ihm mit meiner Person Schutz zu gewähren. So langten wir dann über Aubervilliers in Pantin an (bei dem Bahnhof ist die Stelle, wo damals Traupmann seine sechs Opfer ermordete; der Ort ist mit einigen weißen Steinen, die als Kreuze auf die Erde gelegt sind, bezeichnet).*) Ganz kurz nach uns kamen auch die, vom Generalstabsoffizier der Division geführten, Husaren und Stabsordonnanzen auf dem Bahnhof an. Es war eine ziemliche Menschenmenge versammelt, die auseinander getrieben wurde. Herr Jules Favre aber erreichte ungehindert seinen Zug, traf dort auch seinen Genossen, den Finanzminister Pouyer-Quertier, und so dampften die Beiden, denen ich noch meinen Schutz gewähren mußte, nach Deutschland ab. Ob sie nicht unterwegs etwa noch den Hals gebrochen haben, weiß ich nicht. Ich aber verlor auf diese Weise den Abend und kann nun erst heute Nachmittag, ebenfalls wieder unter tausend Störungen, schreiben."

Unterdessen logen die Pariser Zeitungen ruhig fort, auch

*) Ein Mörder, der Pantin zum Schauplatz seiner Unthat gemacht hatte, welche noch in Aller Gedächtniß war.

andere Zeitungen brachten Wundergeschichten über uns. So wollte der Korrespondent einer englischen Zeitung mit General v. Pape ein längeres Gespräch in St. Denis gehabt haben, in welchem ihm dieser sekrete Abmachungen mit Versailles mitgetheilt und über eine Menge Vorkommnisse zwischen den Deutschen und der Kommune, deren Requisitionen in St. Denis, Verhaftungen von Geistlichen, Plünderung der Kathedrale durch die Pariser Nationalgarde sich länger ausgelassen habe. Auch mit „einem Generalstabsoffizier zu St. Denis“ wollte ein anderer Korrespondent gesprochen und interessante Mittheilungen über einen Angriff der Versailler von Norden her erhalten haben. An der ganzen Sache war kein wahres Wort. Ein Engländer hatte sich dem General vorgestellt, war jedoch von diesem sehr kurz abgewiesen worden. Es war eine Lehre und Warnung, solche Leute überhaupt nicht vorzulassen. Als die Division Kenntniß von diesen Lügen erhielt, ordnete General v. Pape an, daß alle Zeitungskorrespondenten aus St. Denis und den von den Truppen der Division besetzten Ortschaften auszuweisen seien.

Unter dem 10. Mai theilte das „Journal Officiel“ von Versailles folgende Proklamation der Kommune mit:

„Man täuscht Dich, den Landarbeiter, indem man Dir sagt, daß der Besitz eine Frucht der Arbeit und Sparsamkeit sei. Arbeit schafft keinen Besitz. Dieser wird durch Zufall von einem Menschen auf den anderen übertragen oder durch Ränke gewonnen. Die Reichen sind Müßiggänger, die Arbeiter sind Arme und bleiben arm. Das ist Unrecht, Bruder Landmann, fühlst Du es nicht? Paris hat die Bewegung vom 18. März ganz besonders hervorgerufen, um diesen Zustand abzuändern. Paris will keinen König, der 30 Millionen empfängt. Die Ersparung von 30 Millionen wird all unser Elend beendigen; sie wird den Bruder Landmann in bequeme Lage setzen und verhindern, daß der Arme arm bleibt. Paris will — höre dies wohl, Du Arbeiter auf dem Lande, Du armer Schriftsteller, Du kleiner Besitzer, den der Wucher ausbeutet, Ihr Halbbauern, Pächter, Ihr, die da säen, ernten, Schweiß vergießen, um den Haupttheil Eurer Produkte Jemandem zu geben, welcher nichts thut! — das, was Paris will, ist schließlich:

der Acker dem Landmann, die Werkstatt dem Arbeiter, die Arbeit selbst für Alle! Höre, Arbeiter! Setze die alten Bedenken bei Seite! Bezahle die Schulden nicht, weder Deine Pacht noch Deine Miethe. Nimm die Werkzeuge und Sämereien, welche Dir passen. Chikanirt man Dich, so nimm Zuflucht zu Deinem Gewehr! Dein Korn wird besser wachsen, wenn es keine Gräben, Grenzsteine und Besitzurkunden giebt, wenn der Acker dem Ersten gehört, welcher ihn in Besitz nimmt. Du wirst Deinen Kindern nichts hinterlassen, aber sie sind von der Erbschaft befreit, wie Du selbst von den Verfallsterminen! — Das ist es, was Paris will, das kommunistische Paris."

---

## Sechstes Kapitel.

### Der Wahnsinn siegt in Paris. Die Regierungstruppen dringen in die Stadt ein.

Nach mündlichen Verabredungen beim Abschluß des Friedens zu Frankfurt sollte zur schnellen Herbeiführung der Ordnung in Paris der Durchmarsch französischer Truppen durch unsere Linien zugelassen und die Absperrung von Paris auf unserer Seite bewirkt werden. Der Kommune war noch einmal zu eröffnen, daß eine Armirung der uns zugewendeten Front der Enceinte als Angriff auf unsere Sicherheit unter keinen Umständen geduldet werden würde. Die vorläufige Truppenkonzentration und artilleristische Vorbereitung war vom Oberkommando anzuordnen. Infolge dieser durch eine Chiffredepesche übermittelten Direktiven meldete das Oberkommando der Dritten Armee am 10. Mai nach Berlin, daß die Truppenkonzentration und artilleristische Vorbereitung sofort ausgeführt, für Sperre und Eröffnung an die Kommune aber, wie in jener Depesche vorgeschrieben war, Befehl noch abgewartet werden würde. Die Munition reiche für eine längere Beschießung nicht aus. Ein jedes der 12= und 24pfündigen Geschütze war mit 250 Schuß ausgerüstet, für jeden schweren Mörser waren 175 Schuß vorhanden.

Am 11. Mai erging aus dem Hauptquartier Berlin das nachstehende Schreiben an den Oberbefehlshaber der Dritten Armee in Compiègne:

„Euer Königlichen Hoheit verfehle ich nicht, in Ergänzung des vorgestern an das Königliche Oberkommando der Dritten Armee erlassenen chiffrirten Telegramms auf Allerhöchsten Befehl noch das Nachstehende unterthänigst mitzutheilen.

Seine Majestät der Kaiser und König wünschen, daß, sofern es zu einer Operation der französischen Regierungstruppen durch unsere Linien hindurch käme, eine Berührung zwischen den deutschen und französischen Truppen, namentlich in St. Denis, soweit als angängig vermieden und überhaupt alle durch die Lage gebotenen Vorsichtsmaßregeln getroffen würden, welche geeignet sind, uns in dem Besitz unserer zeitigen militärischen Position zu sichern. Keinenfalls wird eine Ansammlung starker französischer Reserven in jenem Ort zu gestatten sein.

Wie schon in dem Telegramm vom 9. d. Mts. angedeutet, soll, sofern ein Angriff französischer Regierungstruppen durch unsere Linien hindurch gegen die vor letzteren liegenden Theile der Enceinte mißlingt, eine Verfolgung durch das neutrale Gebiet nicht geduldet, sondern unter Anwendung aller zur Verfügung stehenden Mittel abgewiesen werden. An Ort und Stelle wird zu beurtheilen sein, wie weit ein solches Gefecht ohne erheblichen Verlust von unserer Seite fortgeführt werden kann, jedoch wollen Seine Majestät nicht, daß deutsche Truppen in Straßenkämpfe in Paris verwickelt werden.

Für den Fall, daß seitens der französischen Regierung (nicht eines Militärbefehlshabers) die Eröffnung des Artilleriefeuers gegen die Stadtenceinte gewünscht werden sollte, so ist solches vorerst nur gegen letztere, behufs Oeffnung derselben, nicht absichtlich gegen die dahinter liegenden Stadttheile zu richten, sofern nicht etwa innerhalb derselben errichtete Batterien eine Bekämpfung erfordern. Graf Moltke."

Nach den diesseitigen Beobachtungen waren durch die Kommune seit einiger Zeit Vertheidigungsanstalten auf der Linie St. Ouen—Pantin getroffen und nach guten Nachrichten Geschütze, wenn auch versteckt, auf der Umwallung aufgestellt worden. In Berlin war bekannt, daß Thiers die Durchführung des gewaltsamen Angriffs mittelst der in Paris unterhaltenen Verbindungen und anderer unter der Hand geführten Verhandlungen zu umgehen trachtete. Am 11. Mai fand zu Soisy eine Konferenz statt. Nach dem Ergebniß derselben wollten die Franzosen einen Handstreich gegen die Nordfront über St. Denis und Aubervilliers gleichzeitig mit dem Hauptangriff vom Bois de Boulogne her spätestens in acht Tagen ausführen. Vorher sei ihnen weder eine Absperrung noch Aufforderung zur Entwaffnung der Umwallung von Paris erwünscht, eine thätige Betheiligung unsererseits möchte die französische Regierung durchaus vermeiden.

Es ging ein Telegramm über diese Konferenz nach Berlin, welches gleichzeitig die Meldung enthielt, daß unter diesen Umständen eine Konzentration der Truppen aufgeschoben werde.

General Graf Moltke brachte diese Meldung zur Kenntniß des Reichskanzlers, Fürsten Bismarck, und ersuchte denselben, sich darüber äußern zu wollen, ob es vom politischen Standpunkte aus erwünscht sei, die augenblicklich verhinderte engste Truppenkonzentration wieder aufzunehmen. Er bemerke hierzu, daß die Armee vor Paris in ihren seit längerer Zeit eingenommenen Kantonnements stets bereit sei, nach Ablauf von zwei Tagen ihre gesammten Kräfte in der Linie der Nord- und Ostfront entfalten zu können, daß eine dauernde engere Konzentration mit manchen Inkonveniezen für die Truppen verbunden sei, daß die Herbeiführung einer solchen die Aufmerksamkeit der Kommune erregen und hierdurch das Gelingen des seitens der französischen Regierungstruppen beabsichtigten Handstreichs in Frage stellen könne. Wenn hiernach die engere Versammlung der Dritten Armee in der nächsten Umgebung von Paris zur Zeit weder dem Interesse unserer Truppen noch dem der Versailler Regierung zu entsprechen scheine, so dürfe seines Erachtens ein Druck auf letztere behufs Sicherstellung der Bestätigung des Friedens vielleicht dadurch ausgeübt werden können, wenn eins des der Ersten Armee angehörenden, im Nordwesten Frankreichs dislozirten Armeekorps näher an Paris herangezogen würde.

Das Oberkommando der Dritten Armee berichtet demnächst in Ergänzung seiner Meldungen vom 9. und 11. d. Mts. sowie in Erwiderung der Zuschrift vom 11. Mai am 14. dem Chef des Generalstabes der Armee:

„Am 11. Mai hat zu Soisy eine Konferenz zwischen dem diesseitigen Generalstabschef, Generalmajor v. Schlotheim, und dem Stabschef des Marschalls Mac Mahon, General Borel, stattgefunden. Letztgenannter General hat zunächst einen Ueberblick über die augenblickliche Stellung der gegen Paris operirenden Armee gegeben und hieran die Mittheilungen über den projektirten Hauptangriff und die, durch unsere Linien hindurch, gegen die Nordfront beabsichtigte »surprise« geknüpft.

Der Marschall Mac Mahon hat den Plan, den Hauptangriff und Sturm gegen die Enceinte auf deren Westfront, und zwar vom Bois de Boulogne aus, eventuell auch von Villancourt aus gegen die Bastionen von Point du Jour zu führen. Nachdem man sich durch die Besitznahme von Fort Issy in den Stand gesetzt hat, gegen Flanke und Rücken der anzugreifenden Front eine starke Feuerwirkung zu entwickeln, glaubt man durch die bereits im Bau begriffenen Breschbatterien, welche nur etwa 300 m von dem Hauptwall entfernt sind, rasch zu einer gangbaren Bresche auf einem oder mehreren Punkten zu gelangen, so daß General Borel die Hoffnung aussprach, der beregte Hauptangriff werde innerhalb der nächsten acht Tage — also bis zum 18. Mai — erfolgen können.

Um nun aber der Insurrektion die Möglichkeit abzuschneiden, den Widerstand im Innern der Stadt von Abschnitt zu Abschnitt fortzusetzen, wozu ja täglich neue Arbeiten ausgeführt werden, wünscht Marschall Mac Mahon gleichzeitig, d. i. in derselben Nacht, wo der Hauptangriff unternommen wird, auch einen Ueberfall gegen die Nordfront auszuführen, um sich schnell in Besitz einiger wichtigen Punkte des nördlichen Theiles von Paris zu setzen.

Es sollen hierzu 10 000 bis 20 000 Mann verwendet werden, welche des Abends von der Halbinsel von Gennevilliers abmarschiren und über Villeneuve la Garenne, St. Denis bezw. über Epinay, St. Denis, Aubervilliers gegen die Thore von La Chapelle und La Villette und die zwischenliegenden etwa offenen

Eingänge vorrücken und durch dieselben noch in der Nacht eindringen. Man rechnet hierbei ganz besonders auf das bereits angebahnte Einverständniß und die Beihülfe einzelner Nationalgarden-Kommandeure ꝛc. und glaubt mit Hülfe der Eisenbahn und des noch immer lebhaften Verkehrs von Fuhrwerken auf den Hauptstraßen kleine Detachements zuverlässiger Truppen in die Stadt bringen zu können. Man erwartet das Meiste von der Ueberraschung, und sprach daher General Borel wiederholt die Bitte aus, daß unsererseits Alles unterlassen werden möchte, was die Insurgenten für ihre Nordfront besorgt machen könnte. Speziell bat derselbe, daß die in Vorschlag gebrachte gänzliche Absperrung der Stadt nicht vor dem Ueberfall ins Werk gesetzt werde.

General Borel theilte ferner mit, daß im Falle des Gelingens die französischen Truppen sämmtlich in die Stadt hineinrücken und daher keine Theile derselben innerhalb unserer Kantonnements verbleiben würden. Für den Fall, daß der Angriff abgeschlagen würde, verpflichtete er sich ganz ausdrücklich, sämmtliche Angriffskolonnen auf den Anmarschwegen zurückzunehmen und noch an demselben Tage gänzlich wieder aus dem diesseitigen Rayon, also vom rechten Seine-Ufer, wegzuziehen. Hiermit dürfte einem längeren Zusammenstehen und Berühren deutscher und französischer Truppen vorgebeugt sein; es erscheint aber unvermeidlich, den französischen Kolonnen den Durchmarsch durch St. Denis zu gestatten, wenn dieselben auch keinesfalls sich daselbst verweilen oder Reserven aufstellen dürfen.

General Borel war sichtlich bemüht, jedwede aktive Mitwirkung seitens der deutschen Truppen bezw. der von uns besetzten Forts fern zu halten, und gab deutlich zu verstehen, wie aus politischen Gründen eine derartige direkte Unterstützung ihnen nicht erwünscht sein könnte. Er glaube nicht, daß die Insurgenten es wagen würden, die stürmenden Truppen, falls sie nicht reüssirten, zu verfolgen — eine Ansicht, die auch hier getheilt wird — und verneinte bestimmt, daß das französische Oberkommando beabsichtige, nach mißlungenem Ueberfall zu einer Beschießung der Nordfront oder zu einem förmlichen Angriff gegen dieselbe überzugehen.

Zu bemerken dürfte allerdings sein, daß der französische Generalstabschef über den Zustand, in welchem sich augenblicklich die Bastionen und Thore der Nordfront befinden und über die ununterbrochenen Arbeiten zur Verstärkung derselben, sehr wenig informirt war, so daß die ihm von General v. Schlotheim hierüber mitgetheilten, sehr speziellen und zuverlässigen Nachrichten ihn sichtlich überraschten und zu der Aeußerung veranlaßten: »Infolge dieser Nachrichten müßte der Angriffsplan wohl einige Modifikationen erleiden.«

Da nach den vorstehenden Eröffnungen die französische Regierung auf unsere Kooperation verzichtet, die diesseitigen, in und hinter den Forts liegenden Streitkräfte aber vollständig genügen, um einen ersten Ausfall der Insurgenten oder die Verfolgung der zurückgehenden französischen Angriffskolonnen abzuschlagen, so habe ich, wie im Telegramm vom 14. d. Mts. bereits gemeldet, von einer Konzentration weiterer Truppen vor Paris abgesehen.

Den Wünschen der französischen Regierung entsprechend, glaube ich zunächst Alles vermeiden zu müssen, was die Insurgenten auf die Nordfront aufmerksam machen und das Gelingen des Ueberfalles gefährden könnte. Gleichzeitig scheint es aber auch geboten, unseren Truppen möglichst alle zufälligen Verluste zu ersparen, welche eintreten können, wenn die Insurgenten nach abgeschlagenem Angriff Geschützfeuer gegen die abziehenden französischen Kolonnen eröffnen. In dieser Beziehung scheint namentlich das Dorf Aubervilliers, welches jetzt mit zwei Bataillonen belegt ist, gefährdet. Ich werde deshalb dahin Anordnung treffen, daß mit Beginn des Gefechtes an der Enceinte, die diesseitigen Truppen Aubervilliers räumen und eine rückwärtige konzentrirte Aufstellung nehmen. Ebenso wird die Garnison von St. Denis zu demselben Zeitpunkt bereit sein, diese Stadt erforderlichenfalls bis auf diejenigen Truppen zu räumen, welche zur Vertheidigung unserer an der Südseite der Stadt gelegenen Zernirungslinie und zur Festhaltung der Stadt bestimmt sind. Die 1. Garde-Infanterie-Division hat gegenwärtig den Abschnitt von St. Denis bis zum Ourcq-Kanal, mit den Forts von St. Denis, de l'Est und Aubervilliers besetzt, und dürften deren Kräfte vollständig zu dem genannten Zweck ausreichen.

Euere Excellenz wollen überzeugt sein, daß die Sicherung der eigenen Truppen und unsere jetzigen Positionen, allen Eventualitäten gegenüber, meiner Fürsorge nicht entgeht und daß die hierzu erforderlichen Vorkehrungen getroffen werden. Ich glaube jedoch hiermit die Rücksicht vereinigen zu müssen, uns empfindliche Verluste möglichst zu ersparen und uns nicht wider Willen in einen Kampf verwickeln zu lassen, der den Allerhöchsten Intentionen nicht entsprechen dürfte. Sollte aber Seine Majestät der Kaiser und König später ausdrücklich befehlen, daß die deutschen Truppen sich bei dem Angriff auf Paris betheiligen, so gestatte ich mir, die unmaßgebliche Ansicht auszusprechen, daß bei der augenblicklichen Sachlage, wo der Widerstand bereits organisirt ist und die Insurgenten ans Feuer gewöhnt sind, eine bloße Beschießung der Enceinte uns schwerlich zum Ziele führen dürfte. Es möchte sich dann empfehlen, vom Plateau von Romainville aus mit Breschbatterien gegen die nächstliegenden Thore und Bastionen vorzugehen und dürfte eine Besetzung der Enceinte erst dann von durchgreifendem Erfolge sein, wenn wir bis zu den Buttes Chaumont vordringen, da diese Position den größeren Theil der nördlichen Hälfte von Paris beherrscht.

Schließlich beehre ich mich, noch ebenmäßig zu bemerken, daß General Borel versprochen hat, durch Vermittelung des Generallieutenants v. Fabrice dem diesseitigen Oberkommando rechtzeitig vorher alle Nachweise über den durch unsere Linien hindurch auszuführenden Angriff, als: Truppenstärken, Anmarschwege, Anmarschzeiten rc. mitzutheilen, und glaube ich durch Euer Excellenz schriftliche Verfügung Nr. 715 vom 11. d. Mts. die nach Telegramm vom 9. d. Mts. noch in Aussicht gestellte Ermächtigung erhalten zu haben, die Ausführung des mehrgedachten Angriffs, sobald hierzu der Antrag kommt, zu gestatten.

gez. Albert, Kronprinz von Sachsen,
General der Infanterie."

Der Minister Jules Favre traf, von Frankfurt zurückkehrend, am 12. Mai mit Extrazug in Pontoise ein, passirte ohne jegliche

Bedrohung seitens der Bevölkerung den Bezirk, welchen die Truppen des IV. Armeekorps innehatten, setzte über die Seine und wurde von dort durch eine französische Kavallerie-Abtheilung weiter geleitet. Der Frieden mit Frankreich war unter der Bedingung beiderseitiger Bestätigung innerhalb von zehn Tagen am 10. unterschrieben worden. Daß die Verhandlungen durch die persönliche Leitung Bismarcks ein schnelles Tempo angenommen hatten, ist bekannt. Wir fühlten das nahende Ende des Kommuneaufstandes, da ein telegraphischer Befehl aus dem Großen Hauptquartier einen Generalstabsoffizier des Korps zum 16. nach Ludwigshafen berief, um mit der dortigen Linienkommission für den etwaigen Rücktransport des Gardekorps nach erfolgter Bestätigung des Friedens Anordnungen zu treffen.

Der Vormittag des 11. Mai zeichnete sich durch eine bisher noch nicht von uns bemerkte Heftigkeit des Kampfes zwischen den Batterien der Versailler auf der ganzen Linie von Asnières bis Montretout und den Geschützen der Stadtumwallung besonders aus. Beim Point du Jour entstand ein starker Brand. Die uns an diesem Tage zugehenden Nachrichten aus Paris besagten, daß die sämmtlichen Eisengitter in Gießereien geschafft würden, und man Rossel, der sich versteckt halte, suche, um ihn zu erschießen.

Die Mehrzahl der Pariser und Versailler Journale wies darauf hin, daß eine Ernennung Delescluzes zum Delegirten des Krieges heftige Kämpfe zwischen der Kommune und dem Comité central herbeiführen würde, Kämpfe, deren Ausgang nicht zu übersehen sei. Die Persönlichkeit dieses alten Revolutionärs ließ aber auch auf erbitterte Kämpfe gegen die Versailler schließen. Jeder militärischen Kenntniß bar, schreckte Delescluze vor keiner Maßregel zurück. Trotz einer großen körperlichen Hinfälligkeit zeigte er Energie, welche ihn bis zu seinen letzten Stunden nicht verließ.*) Erkundungen auf Seiten der Versailler stellten fest, daß das Fort Vanves noch besetzt sei; nach einem amtlichen Bericht Delescluzes wären Linientruppen zwar in das Fort ein-

---

*) Maxime du Camp, a. a. O., I, 355, 395.

gedrungen, jedoch mit dem Bajonett von dem General Wroblewski herausgeworfen worden. Jedenfalls hatten sich die Versailler des Dorfes Vanves bemächtigt und kämpften um die im Ort Issy noch in den Händen des Aufstandes befindlichen Baulichkeiten mit wachsendem Erfolg. Sie errichteten auf der Seine-Insel südöstlich Billancourt eine Batterie und zwangen durch deren Feuer Kanonenboote der Kommune zum Rückzuge nach Paris. Auch am Abend des 12. waren Truppen, mit Leitern zum Ueberschreiten der Wälle ausgerüstet, bereit gestellt worden, um in Paris unter Hülfe des Einverständnisses mit dortigen regierungstreuen Bürgern einzudringen. Die vorgehenden Versailler stießen jedoch auf Widerstand und traten den Rückzug an.*) In der Nacht des 13. wurde das Fort Vanves verlassen gefunden und besetzt.

Neue Batterien traten auf beiden Seiten in den Kampf. So wurden am 14. von uns zwei Batterien auf dem Montmartre und eine südlich von St. Ouen im Feuer beobachtet. Auch an diesem Tage brannte es beim Point du Jour. Granaten der Versailler schlugen hinter dem Triumphbogen ein und schienen selbst den Industriepalast zu erreichen.

Die Linientruppen in Versailles zeigten nach dem Bericht eines deutschen Offiziers eine gute, ruhige und ernste Haltung sowohl in dem Lager von Satory, in welchem sie standen, als auch auf den Straßen. Die Verpflegung war reichlich und gut, die Bekleidung meist neu, nur der Mangel an wirklich kriegsbrauchbaren Pferden in der Bespannung der Geschütze bemerklich. Die Stimmung war eine zuversichtliche, wenn auch die zu lösende Aufgabe nicht unterschätzt wurde.

Auch das 5. französische Korps, Clinchant, hatte die Seine überschritten, Longchamp besetzt und eine Infanteriestellung in Richtung auf Porte Muette ausgeworfen. Angriffsbatterien gegen die Stadtumwallung waren an verschiedenen Stellen des Bois de Boulogne und bei Billancourt im Bau. Die Arbeiten schritten erheblich schneller als bisher vor; nach einer Mittheilung des

---

*) „Guerre des Communeux“, S. 192, 196.

General v. Fabrice vom 15. waren die Linientruppen nur noch 150 m von dem Graben der Stadtumwallung entfernt, die Porte d'Auteuil vollkommen zerstört. Jules Favre schrieb an General v. Fabrice: „Wir denken, daß viele der Insurgenten den Versuch machen, zu fliehen, und wir werden sie deshalb so weit als möglich überwachen lassen. Die Absperrung muß seitens der deutschen Armee eine vollständige sein. Daß die Spitzen dieses verbrecherischen Unternehmens sich dem Arme des Gesetzes nicht entziehen können, ist wesentlich."

In Berlin hatte man sich dahin entschieden, daß zur Unterstützung der diplomatischen Thätigkeit bis zur erfolgten Bestätigung des Friedens ein engeres Heranrücken der Dritten Armee an Paris erforderlich sei, so daß nöthigenfalls selbst Operationen gegen Versailles eröffnet werden könnten. Ein Telegramm des Generals Graf Moltke vom 14. verständigte das Oberkommando von dieser Auffassung; gleichzeitig wurde das Heranrücken einer Division der Ersten Armee in dem Bezirk des IV. Armeekorps in Aussicht gestellt. Ein Armeebefehl vom 14. bestimmte infolgedessen, daß die Dritte Armee sich sofort gegen Paris und Versailles zu konzentriren habe und daß die Bewegungen am 17. beendigt sein sollten. Bedeutende Truppenverschiebungen rief diese Maßnahme bei dem Garde-, XI. und I. Bayerischen Korps vor Paris nicht hervor. Da diese Maßregel jedoch eine Art von Bereitschaft auch gegen die französischen Kräfte um Versailles schuf, so fragte das Oberkommando in Berlin an, ob unter diesen Umständen ein Durchmarsch der Franzosen durch St. Denis auch jetzt noch gestattet werden solle, worauf die Antwort einging, daß infolge der gemachten Zusage dieser Durchmarsch den Versailler Truppen auf Verlangen auch jetzt noch zu gestatten sei. Fast gleichzeitig theilte die französische Regierung mit, daß sie zur Vereinbarung über die Abschließung, das Ueberschreiten unserer Linien, sowie die Aufforderung zur Entwaffnung der Stadtumwallung sofort einen Offizier nach Soisy senden werde.

In Paris war Delescluze an Stelle von Rossel zum Delegirten des Krieges ernannt worden. Das amtliche Blatt der Kommune brachte am 11. Mai die folgende Ansprache des neuen

Delegirten an die Nationalgarde: „Bürger! Die Kommune hat mich in das Kriegsministerium gewählt; sie war der Ansicht, daß ihr Vertreter in der Militärverwaltung dem Civil angehören müsse. Wenn ich nur auf meine Kräfte zu rechnen hätte, würde ich das gefahrvolle Amt ablehnen. Ich zähle aber auf Euere Vaterlandsliebe, welche mir die Führung desselben leicht machen wird. Die Lage ist ernst, Ihr wißt es. Der schreckliche Krieg, welchen Euch die freiheitsfeindlichen Verschworenen mit dem Rest der monarchischen Regimenter gebracht haben, hat Euch schon viel edles Blut gekostet. Wenn ich aber bei der Klage um diese schmerzlichen Verluste die herrliche Zukunft ins Auge fasse, die sich unseren Kindern eröffnet, so werde ich auch dann den Aufstand vom 18. März, der Frankreich und Europa Aussichten bietet, welche Niemand von uns vor drei Monaten auch nur zu hoffen wagte, mit Jubel begrüßen, wenn es uns selbst auch nicht gegeben sein wird, das zu ernten, was wir säeten. Darum an Euere Plätze, Bürger, und bleibt geschlossen vor dem Feinde! Unsere Mauern sind fest, wie Euere Arme, Euere Herzen! Ihr wißt es sehr wohl, daß Ihr für die Freiheit und soziale Gleichheit kämpft, Verheißungen, welche Euch bisher gemieden haben. Ihr wißt, daß Euere Brust zwar den Kugeln und Granaten der Versailler Preis gegeben ist, aber auch, daß die Befreiung Frankreichs und der Welt, die Sicherheit Eueres Herdes wie des Lebens Euerer Frauen und Kinder Euch als Lohn werden muß! Ihr werdet siegen, die Welt aber, welche auf Euch schaut und Euerer großherzigen That Beifall zollt, bereitet sich vor, Eueren Triumph, welcher die Rettung aller Völker sein wird, zu feiern. Es lebe die allgemeine Republik! Es lebe die Kommune!"

Der Fall des Forts Issy und die Entlassung Rossels warf tiefe Erregung in die Gemüther: „Wenn man in einen Beamten kein Vertrauen hat, verhafte oder erschieße man ihn im Nothfall", schrieb der „Père Duchêne" am 20. Floréal an 79 (9. Mai). „Der »Père Duchêne« hatte die Mitglieder der Kommune darauf hingewiesen, die Augen aufzumachen, auf das Comité central und die Führer der Legionen aufzupassen, er hatte nicht Unrecht, zu verlangen, daß man alle diese Schurken erschießen solle." (10. Mai.)

„Krieg, Krieg, Krieg! nur dies Eine giebt es! Ebenso wie wir nach einer herzlichen Uebereinstimmung mit der Provinz streben, ebenso weisen wir jede Versöhnung mit Versailles, mit den Lumpen, Feiglingen, Gauklern, Elenden und Mördern, welche sich Nationalversammlung nennen, zurück. Ja, den Krieg! Aber der mit der Führung betraute Mann muß unumschränkte Vollmacht besitzen. Die Kommune hat die Pflicht, zu siegen. Wenn sie die Bürger, welche ihr vertrauen, jedoch hintergeht, so ist es unbedingt Pflicht für alle Patrioten, sie (die Kommunemitglieder) ohne Unterschied der Person erschießen zu lassen." (11. Mai.)

Und wieder und wieder spricht dieses in vielen Tausenden von Exemplaren verbreitete Blatt von der Nothwendigkeit, alle Feinde zu füsilieren, lasen Tausende diese gefährlichen Hetzereien, sogen sie tropfenweise Gift ein; die Folgen konnten nicht ausbleiben!

Das Mißtrauen wächst: „Das Stadthaus mißtraut dem Ministerium des Krieges, dieses dem Ministerium der Marine; das Fort Vanves mißtraut dem Fort Montrouge und dieses dem Fort Bicêtre; Raoul Rigault mißtraute Rossel und Vesinier mißtraut mir", sagt Rochefort in seinem „Mot d'ordre". Man sucht nach Verdächtigen, man denunzirt, man ruft in der Furcht vor dem Kommenden nach einer Diktatur, die Zeichen der Auflösung mehren sich. Die „Epidémie du soupçon beunruhigt Alles und entnervt jeden Muth", ein unerträglicher Zustand, welcher das Erscheinen der Truppen in Paris immer heißer ersehnen läßt.

Gelegentlich einer Neuwahl für ein Mitglied des Wohlfahrtsausschusses erkennt die Kommune ausdrücklich an, daß dieser Ausschuß volle Gewalt über sämmtliche Delegationen und Kommissionen habe. Sie übertrug demselben hierdurch alle Verantwortung, legte mithin ihre Gewalt in die Hände einer Art von Diktatur. Einundzwanzig Mitglieder erheben hiergegen Einspruch, erklären, den Sitzungen der Kommune nicht mehr beiwohnen zu wollen. Trotz dieser Erklärung erschienen sie zwar wieder, aber der Riß blieb, „gemeinsame Handlüngen waren unmöglich".*)

*) Jules Simon, a. a. O., I, 423.

Die Gewalt des Comité central über die Kommune war immer unbeschränkter geworden. Die Stellung desselben zur Kommune kennzeichnet am besten die Mittheilung, daß der zum Civilkommissar seiner Zeit bei Rossel ernannte Bürger Moreau, anscheinend die Seele des Komitees, es wagen durfte, den Leuten der Kommune zu drohen. Als diese einmal von seiner Verhaftung sprachen, entgegnete er ihnen: „Wenn Ihr zu Eurem Unglück es wagt, Hand an ein Mitglied des Comité central zu legen, so werden wir uns in unsere Bezirke begeben, aber mit den Nationalgarden-Bataillonen, die nur uns gehorchen, zurückkehren und Euch in das Gefängniß schicken."*) Der Mangel fachmännischer Vorbildung für Militär- und Civilstellen in den Reihen der Kommune wie in denen des Comité central wird auch von untergeordneter Stelle begriffen und Schmähung über Schmähung nun auf die Leute gehäuft, „welche nur im Stande seien, zu berathen, um zu desorganisiren". Der Wohlfahrtsausschuß hält es für nothwendig, dem Volk von Paris in einer Proklamation zuzurufen, daß die Kommune und Republik einer Todesgefahr entgangen seien. Wiederum muß der Verrath herhalten. An der Möglichkeit, Paris mit der Waffe zu besiegen, verzweifelnd, habe die Reaktion ihre Zuflucht zur Bestechung genommen, um die Kräfte der Kommune zu schwächen. Die Aufgabe des Forts Issy sei der erste Akt in dem Drama gewesen. Die Mehrzahl der Schuldigen sei verhaftet, und da ihr Verbrechen ein schreckenerregendes sei, so solle auch die Strafe eine exemplarische sein. Die Bevölkerung wisse, daß von ihr allein, von ihrer Aufsicht, Energie und Einigkeit der Erfolg abhänge. Der Wohlfahrtsausschuß hetzt. Man solle wachsam und bereit sein, ohne Erbarmen Verräther niederzuschlagen. Was war natürlicher, als daß das erregte Volk, argwöhnisch und mißtrauisch, nach Verräthern suchte und Unschuldige für solche nahm, daß der Schrecken in den letzten Tagen der Kommune vorbereitet wurde und die Aufforderung des Wohlfahrtsausschusses, die Verräther niederzuschlagen, zur Ermordung jener Unschuldigen mit führen mußte!

*) Maxime du Camp, a. a. O., IV, 135.

Aber es ist auch sicher, daß „die aufgeregte, überspannte Art der Besprechungen in Sitzungen und in Blättern der Kommune, die sich steigernde Brutalität die Drohungen erkennen ließen, wie die Leute der Kommune das Gefühl bewegte, daß die Macht ihren Händen entschlüpfe".*)

Die Zerstörung beginnt. Der Wohlfahrtsausschuß bestimmt unter dem 21. Floréal (10. Mai), daß das bewegliche Mobiliar in dem Thiers zugehörigen Hause in Paris mit Beschlag zu belegen, das Haus selbst aber dem Grund und Boden gleich zu machen sei.

Thiers sandte zu dieser Zeit Agenten nach Paris, um für die Regierung zu wirken; auch Verhandlungen mit den Generalen des Aufstandes sollen angeknüpft worden sein, Unterhandlungen, welche durch die Ereignisse des 21. Mai hinfällig wurden.**) Es war dies ein öffentliches Geheimniß. „La Commune" vom 13. schrieb: „Die Griechen von Versailles versuchen ihr hölzernes Pferd von Troja in der Gestalt von einigen Tausend Gendarmen, welche einer nach dem anderen durch alle zugänglichen Thore eintreten, einzuführen. Zweitausend dieser Polizisten sind bereits in Paris. Ihr Auftrag ist, auf ein gegebenes Signal die Nationalgarde im Rücken anzugreifen und mit Revolvern wie Todtschlägern Unordnung unter den Vertheidigern hervorzurufen. Mögen die Bataillone sich in Acht nehmen, die Artilleristen ihre Geschütze behüten, ein solches ist schnell zu vernageln. Die Geistlichen, Gefängnißwärter und Polizisten, das ist die heilige Dreieinigkeit, auf welche die Versailler rechnen. Und die Probe auf das Exempel liegt bereits vor. Gestern sind drei Artilleristen von der Batterie Bastion 73 ermordet worden. Die Mörder waren drei Nationalgarden, welche als drei verkleidete Geistliche erkannt sind."

Der Wohlfahrtsausschuß ordnete an, daß ein jeder Bürger stets mit einer Karte versehen sein müsse, welche seinen Namen, Vornamen, Gewerbe, Alter, Wohnsitz und die Nummern der Legion, des Bataillons und der Kompagnie, denen er angehöre,

*) „Enquête parlementaire", S. 32. — **) Jules Simon, a. a. O., I, 433.

zu enthalten habe. Wer ohne eine solche, von dem Polizeikommissar ausgestellte Beglaubigung seiner Person angetroffen werde, sei sofort zu verhaften. Der Père Duchêne aber forderte wiederum Blut: „Wie die Hunde müssen diese Feigen, Schufte, Diebe und Verräther erschossen werden! Aber das wagt Ihr ja nicht, Bürgermitglieder der Kommune! Ihr habt Furcht, Ihr wollt Euren Kopf retten! Deshalb handelt Ihr nicht! Na! Euer Kopf, was ist der für uns? Füsiliert! Guillotinirt! Auf daß die Revolution gerettet werde! Dann sei »der Schrecken« sagt man? Ja wohl, der Schrecken! Dummköpfe, die Ihr seid. Wer das Ende will, der will auch die Mittel. Und 500 Köpfe genügen, um 500 000 Seelen zu retten!" Und weiter wird requirirt, aber nicht auf Grund der von der Kommune vorgeschriebenen Bescheinigungen, sondern mit dem Revolver in der Hand; die Verhaftung sämmtlicher Geistlichen, welche noch in Paris seien, wird verlangt.

Am 16. Mai kurz nach 5 Uhr fiel die Säule auf dem Vendômeplatz. „Preußische Offiziere wohnten diesem Schauspiele bei", schreibt ein französischer Schriftsteller. Die Wiedergabe dieser Bemerkung, wie die einer anderen desselben Verfassers darf hier nicht fehlen:

„Die Preußen verzichteten ersichtlich auf die Idee, ein zweites Mal in Paris einzudringen; es genügte ihnen, sich an der Zerstörung der Vendômesäule zu erfreuen. Wir werden zweifellos einmal später den Preis kennen lernen, welchen sie für die Bronze, die sie nie erhalten werden, geboten haben."*)

Die Bemerkungen sind nicht hübsch, sie richten sich jedoch selbst und sind gleichzeitig ein Beitrag für Beurtheilung französischer Charakterschwächen.

Ja! Deutsche Offiziere sahen von den umliegenden Höhen

---

*) „Guerre des communeux de Paris, par un officier supérieur de l'armée de Versailles", S. 200, 188. „Les Prussiens renonçaient ostensiblement à l'idée de pénétrer une seconde fois dans Paris; il suffisait à leur joie de voir commencer la démolition de la colonne Vendôme. Nous saurons sans doute plus tard le prix qu'ils ont offert de ce bronze qu'ils n'auront pas."

auf Paris und die fallende Säule! Sie sahen es als Soldaten mit Bedauern, wenn auch in ihren Augen durch diesen kindischen Vandalismus dem Ruhmeskranze der tapferen einstigen Napoleonischen Armee nicht ein einziges Lorbeerblatt entfiel.

„Es war der Gipfel des Schwachsinns! Die einfältigen Menschen glaubten durch den Brand der Tuilerien das Königthum zu vernichten, durch die Plünderung der Kirchen die Religion zu beseitigen und durch die Zerstörung der mit den Kanonen von Austerlitz verzierten Säule die Kaiserlegende für nichtig zu erklären.“*) Mac Mahon aber theilte seinen Truppen mittelst Tagesbefehl vom 18. Mai mit: „Die Vendômesäule ist gefallen. Der Fremde hat sie respektirt, die Kommune warf sie in Trümmer!“

An dem Tage des Falles jener Säule erfuhren wir durch eine an die Daily News durch St. Denis gehende Depesche aus Paris, daß Paschal Grousset an die großen Städte Frankreichs geschrieben hatte: „Wollt Ihr warten, bis Paris ein Kirchhof und ein jedes seiner Häuser ein Grab ist? Ihr habt uns Eure Zuneigung versichert und ausgesprochen, daß Ihr im Herzen mit uns wäret. Es ist aber jetzt keine Zeit mehr zu Kundgebungen, sie gehört dem Handeln, denn die Kanonen haben das Wort! Zu den Waffen, Ihr Städte! .... Aber denkt daran: Wenn Paris für die Freiheit der Welt unterliegt, wird die rächende Geschichte mit Recht sagen können, daß Paris erwürgt sei, weil Ihr den Mord zugelassen!“ Die innere Unruhe, Ungeduld und Sorge für das Kommende, auch bei den Mitgliedern der Kommune selbst, spricht aus dieser Zuschrift.

Drohend ruft der durch den Antrag zur Einsetzung eines Wohlfahrtsausschusses schon bekannte Apotheker Miot den Versaillern gelegentlich der Zerstörung der Vendômesäule zu, daß bisher der Zorn der Kommune sich nur an Sachen gezeigt habe, der Tag jedoch kommen werde, an welchem die Wiedervergeltung fürchterlich sein und alle Leute der infamen Reaktion treffen würde. Sein würdiger Genosse Ranvier unterstützt diese Ansicht

*) Maxime du Camp, a. a. O., II, 254.

mit dem Ausspruch, daß die Zerstörung der Vendômesäule, des Hauses Thiers' und der Gedächtnißkirche nur Exekutionen an Sachen seien, nun würde aber die Reihe an die Verräther und Royalisten selbst kommen.

Am 17. erschien in dem „Journal officiel" zu Paris die folgende Entscheidung des Wohlfahrtsausschusses:

„Den Generalen der drei Armeen der Kommune werden Civilkommissare als Vertreter der Kommune beigegeben. Es werden hierzu bestimmt: Beim General Dombrowski der Bürger Dereure, bei dem General la Cecilia der Bürger Johannard, bei dem General Wroblewski der Bürger Léo Meillet."

Ein Schuhmacher, ein Blumenfabrikant und ein Anwaltsschreiber waren ernannt. Die Begründung dieser Maßregel ist bezeichnend: „Zum Schutze der Interessen der Revolution ist es unumgänglich, das militärische Element mit dem bürgerlichen zu vereinigen. Unsere Väter haben es wohl gewußt, daß diese Maßregel allein das Land vor einer Militärdiktatur, die früher oder später unausbleiblich zur Begründung einer Dynastie führen muß, bewahren kann."

Es war hierdurch einem jeden der drei Führer ein Spion, wie zur Zeit der alten Revolution, zur Seite gestellt worden: „C'est la folie de la défiance arrivée à son paroxysme."*)

Und wie sah es in den Köpfen der Herren Pariser Kommunards aus? Was dachten sie sich über die Aufgaben dieser Civilkommissare?

„Wie könnte man sich besser für die Kämpfer interessiren", schrieb die Zeitung „La Commune", „als daß man stets an ihrer Seite ist, die Lebensmittel, Kleidung, Munition und die Sorge für die Verwundeten überwacht, darauf achtet, ob die Arbeiten der Genietruppe auch wirklich ausgeführt werden, ob kurz gesagt nichts zu wünschen übrig bleibt. Wer könnte besser wie ein Mitglied der Kommune sich mit diesen Details beschäftigen? besser als ein Erwählter des Volkes dieses zum Kampfe ermuthigen? gegen Ueberraschungen oder Verrath schützen, es vor

*) „Journal officiel (de Versailles)", 18. Mai.

der Gefahr eines panischen Schreckens, welchem alle Armeen ausgesetzt sind, bewahren? Nichts ist anstößiger, als wenn beispielsweise der Befehl gegeben wird: General X. und Oberst Z. werden sich in der Stellung halten!

»Das ist ganz schön«, sagt die Truppe, »aber wir möchten sie selbst dort sehen.«

Nehmen wir nun einmal eine solche bedrohte Stellung und einen ähnlichen Befehl an. Ein neuer Versuch ist gemacht, das Feuer des Feindes ist so heftig, so mörderisch, daß man endlich daran denken muß, sich zurückzuziehen, und man geht zurück. In diesem Augenblick erscheint der Civilkommissar. Er trägt die rothe Schärpe. Sein ruhiger Blick steht im Widerspruch mit dem muthlosen der Nationalgarde, seine ganze Haltung athmet Kaltblütigkeit, Muth und Zuversicht. »Bürger«, sagt er zu den Soldaten, »wir müssen die Stellung halten. Vorwärts, noch einen einzigen Stoß, eine einzige Anstrengung, gehen wir zum Angriff über; wir kämpfen für die Unabhängigkeit der Welt; vorwärts, es lebe die Republik!« — Und er setzt sich an die Spitze der Bataillone, man folgt ihm, man stürzt sich auf den Feind, man verdoppelt seine Kräfte, der Feind wird verwirrt, er stutzt, er fluthet unter den Geschossen, welche ihn zerschmettern, zurück. Viktoria! Er bläst zum Rückzug!"

Es kann kaum etwas Charakteristischeres für den Hang nach der Phrase, die Verwirrung in den Köpfen und die Irreleitung der Massen geben als diese — Phrase. Und welches Verlangen an den Schuhmacher Dereure! So rief die Lage bei allem Ernst auch Erscheinungen zu ungetrübter Heiterkeit hervor.

Am 17. Mai findet eine Sitzung der Kommune statt, in welcher der Lehrer Urbain für die angeblichen Ermordungen einer Marketenderin und eines Parlementärs durch die Versailler die Erschießung von zehn Geiseln verlangt. Er beantragt, daß deren fünf bei den Vorposten in Gegenwart der Zeugen jener Morde erschossen werden sollten. Raoul Rigault fordert die Errichtung eines Tribunals zur Aburtheilung derartiger Verbrechen der Versailler. Der Hutmacher Amouroux äußert: „Wir müssen Wiedervergeltung üben! Handeln und antworten wir auf einen jeden Mord, der an einem unserer Brüder verübt wird, durch eine dreifache Hinrichtung. Wir haben Geiseln, unter ihnen Geistliche; laßt diese uns zuerst strafen, denn sie gelten mehr als die Soldaten!“ Die Kommune beschließt infolgedessen, daß ihr Dekret vom 5. April, dessen Artikel 5 dem Antrage Amouroux auch entspreche, sofort zur Ausführung kommen solle. Es ist bemerkenswerth, daß nur 66 Mitglieder beim Namensaufruf zugegen waren und es für nöthig gehalten worden war, durch das amtliche Blatt bekannt machen zu lassen, daß die Namen der Mitglieder der Kommune, welche dieser Sitzung beiwohnen würden, bekannt gemacht werden sollten. Es galt mithin, Säumige zu zwingen; die Fehlenden waren aber wohl mehr Vorsichtige und solche, welche jetzt erst die nothwendigen Folgen der Unthaten, die sie mit herauf beschworen hatten, erkannten und vor denselben zurückschreckten.

An dem nämlichen Tage gegen 5½ Uhr war eine starke Explosion hörbar, Rauchwolken, welche einem riesigen Pilze glichen, stiegen über dem südwestlichen Theil von Paris auf. Die in der Avenue Rapp gelegene Patronenfabrik war in die Luft gegangen. Die Verderbtheit jener Männer des Stadthauses ließ sie auch diesen Unglücksfall gegen Versailles ausbeuten. Die Regierung daselbst sei die Urheberin des Verbrechens. Man verhaftete sogar einige ganz unschuldige Persönlichkeiten, welche als Agenten der Regierung zu Versailles bezeichnet wurden. Die Bevölkerung mußte ja zum Glauben an eine Unthat der Versailler gezwungen werden. Es war nur natürlich, daß dann angesichts der Verunglückten, der Todten und Verwundeten, ein Racheschrei gen Himmel stieg. Aber die zum Wahnsinn überspannte Erregung ließ den gegen Versailles abgeschossenen Giftpfeil zum Theil auf die Urheber der Verleumdung zurückprallen. „Verrath an dem Moulin Saquet, Verrath beim Fort Issy, Verrath bei der Patronenfabrik Avenue Rapp! Die Verräther sind nicht die Agenten der Versailler, diese warten einfach ihres Amtes, und wären wir glücklich, ihnen mit gleicher Münze zahlen zu können. Die Verräther sind die Albernheit, die Einfalt der Lumpen, welche ihre Hand auf öffentliche Dienste legen, von denen sie keine Ahnung haben. Wenn eine Verwaltung in kaum 14 Tagen durch zwei Niederlagen wie die von Moulin Saquet und die Explosion der Patronenfabrik überrascht wird, so muß die Unfähigen Todesstrafe treffen!"

In der Sitzung der Kommune vom 19. Mai äußert sich der Bürger Mortier, commis architecte, folgendermaßen: „Wenn durch den Wohlfahrtsausschuß alle Kirchen von Paris ausgeräumt oder geschlossen werden, so entspricht dies nur meinen Wünschen. Am liebsten wäre mir die vollständige Schließung dieser Häuser, denn ich hoffe, sie wieder geöffnet zu sehen, um dort dem Atheismus zu huldigen und durch die Wissenschaft die alten Vorurtheile sowie die Keime auszurotten, welche die Sippschaft der Jesuiten dem Gehirn Geistesarmer einzupflanzen gewußt hat."

Der dem General la Cecilia beigegebene Civilkommissar Johannard theilt mit, daß man bei den Vorposten einen Mann verhaftet habe, welcher Briefe nach Versailles bei sich führte, mithin ein Verräther, ein Spion gewesen sein müsse. Auf seine Veranlassung habe man denselben sofort erschossen. Ob aber diese Briefe nicht ganz unschuldige Korrespondenzen enthielten, darum hat sich Niemand gekümmert. Eine weitere Verfügung wird beantragt und angenommen: „Jeder Beamte oder Lieferant, welcher während des Krieges der Veruntreuung öffentlicher Gelder, der Erpressung, des Diebstahls beschuldigt wird, soll vor ein Kriegsgericht gestellt und, schuldig befunden, mit dem Tode bestraft werden." Welche Erfahrungen müssen dieser Anordnung zu Grunde liegen! So theilt ein Mitglied der Kommune die Erklärung des Direktors der Intendantur mit, daß er sich anheischig mache, jeden Tag 200 000 bis 300 000 Frcs. zu sparen, wenn man ihm die Mittel gäbe, die Diebstähle zu unterdrücken. Daß man aber, im Haß gegen Versailles, auch ein Strafgericht über die Beamten dieser Regierung ausüben wollte, sie somit schon indirekt jener Verbrechen zieh, ging aus dem Artikel 2 des Dekrets hervor: „Sobald die Versailler Banden besiegt sein werden, wird eine Untersuchung gegen alle diejenigen eröffnet werden, welche in der Nähe oder Ferne die Verwaltung öffentlicher Gelder zu führen hatten. Mort aux voleurs!"*)

Am 20. wurde Cluseret über die ihm zur Last gelegten Vergehen in einer Sitzung der Kommune vernommen. Nicht weniger als elf Anklagepunkte waren aufgestellt worden. Vorwürfe über seine Thätigkeit als Delegirter bei der Vertheidigung von Issy und Neuilly, über seine Organisation der Nationalgarde, über Mangel an Munition und Lebensmitteln bei den Vorposten, über Verbindungen mit Versailles behufs Bestechung seiner Person, kamen zur Verhandlung. Die Kenntniß dieser Anklagepunkte ist nur insofern von Werth, als sie Zeugniß für das Mißtrauen und das Unverständniß innerhalb der Kommune ablegen. Für uns war die Vernehmung Cluserets über den weiteren Vorwurf, „auch mit uns in Verbindung getreten zu sein", von Interesse. Cluseret sagte aus: „Der Bürger Beslay hatte mich aufgefordert, bezüglich der Frage von 500 Millionen Schadloshaltung mit dem preußischen Bevollmächtigten in Verhandlung zu treten. Ich suchte diesen auf, und sprachen wir sowohl über jene 500 Millionen, wie die Neutralität und die Versorgung mit Lebensmitteln. Der preußische Vertreter sagte zu mir: »In diesem Augenblick entsteht eine große Bewegung zu Gunsten des Erzbischofs.« Ich theilte dies der Exekutivkommission mit, welche sie prüfte und den Beschluß faßte, daß die Freilassung nicht statthaben könne. Von mir ist der erste Anstoß zu diesem Vorschlage nicht ausgegangen; ich habe letzteren nur als eine ernste Nachricht übermittelt. Mit den preußischen Behörden unterhielt ich niemals anderen Verkehr. Was die von mir wegen der Freilassung des Erzbischofs Darboy gemachten Bemerkungen anbetrifft, so hebe ich hervor, wie es mir als vielleicht klug erschien, ihn in Freiheit zu setzen, weil zu befürchten stand, daß seine Verhaftung uns Verlegenheiten seitens der Preußen bereiten konnte."

Nach längerer Verhandlung, in welcher Jourde erklärte, daß der Bürger Cluseret wegen Issy nicht verhaftet, seine Arretirung vielmehr bereits früher aus anderen Gründen, welche jedoch nicht

---

*) „Documents publics", I, 39.

angegeben werden, beschlossene Sache gewesen sei, ersucht Cluseret, ihn bis zur Beendigung des Kampfes in Haft zu belassen. Sein Antrag wird jedoch verworfen und seine Freilassung mit 28 gegen 7 Stimmen ausgesprochen. Beachtenswerth hierbei ist nur die Begründung des Anwaltsschreibers Meillet: „Da man ihn nicht schon erschossen hat, ist es unnütz, ihn noch im Gefängniß zu behalten. Die Verhaftung hat doch nur eine Vorsichtsmaßregel sein können."*)

Ein französischer Schriftsteller, welcher die Zeit der Herrschaft der Kommune in Paris mit durchlebte und mit dem edlen Schmerz eines Patrioten, aber auch mit der Entrüstung eines gebildeten Mannes sich äußert, schildert die Zustände von Paris als Augenzeuge in packender und beherzigenswerther Weise: „Im Mai war Paris so traurig, jämmerlich und bestürzt, daß man auf die Straße zu gehen zögerte; es glich einer Stadt, welche durch die Pest heimgesucht wurde! .... Nur bei den Mairien in den Bezirken war eine lebhafte Bewegung, da eine trunkene und bettelnde Menge die Delegirten fortgesetzt belagerte. Das ganze Leben und Treiben, fieberhaft und maßlos, schien sich in die Nähe des Stadthauses geflüchtet zu haben. Ueber den Platz, auf welchem die Trains der Artillerie leuchteten, Gewehre in Pyramiden standen, folgte ein Bataillon dem anderen. Posten bewachten alle Thüren, Vedetten in rothen Mänteln mit einer Pfauenfeder am Hut, theatralische Stellungen annehmend, ließen ihre Pferde stolz auf der Stelle treten. Die Kommune war nichts als eine unerträglich lange Schaustellung trunkener Schauspieler, deren Trunkenheit die natürliche Erregung vermehrte."**) Den Männern der Kommune, welche die Geister gerufen, wird angst und bange vor der Verwilderung der Sitten. Sie verbieten, auf öffentlicher Straße Hazard zu spielen. Der Delegirte bei der Mairie des 11. Stadtbezirks hält es für nöthig, daß dem schamlosen öffentlichen Treiben von Dirnen und dem Aergerniß, welches durch die zahlreichen Betrunkenen auf der Straße verursacht werde, ein Ende zu machen sei. Der Wohlfahrtsausschuß

*) „Les 31 Séances officielles de la Commune", Sitzung vom 1. Prairial an 79. — **) Maxime du Camp, a. a. O., II, 309 und 311.

veröffentlicht: „Offiziere des Generalstabs der Nationalgarde, welche ihren Dienst vernachlässigten, um mit Mädchen von schlechtem Lebenswandel beim Restaurateur Peters zu tafeln, sind gestern auf Befehl des Wohlfahrtsausschusses verhaftet worden. Sie wurden mit Schaufel und Hacke nach Bicêtre gebracht, um in den Laufgräben zu arbeiten. Die Frauenzimmer sind nach Saint Lazare zur Anfertigung von Sandsäcken geschickt."

Auch der Blödsinn steigert sich in Paris! Menschliche Gebeine, welche man in einigen Kirchen beim Graben gefunden hatte, werden ausgestellt. Betrunkene Nationalgarden reden der Menge mit Erfolg ein, daß die Funde von geheimnißvollen, durch die Geistlichen veranlaßten Verbrechen herrühren. Kirchen werden geschändet, indem sie geplündert oder zu Bacchanalien verwendet werden. Am 13. Mai erläßt die Kommune die Bekanntmachung: „Der Religionsunterricht wird nun aus den Pariser Schulen bald verschwunden sein. Die Lehrer und Lehrerinnen werden alle Kruzifixe, Madonnen und anderen Symbole, deren Vorhandensein eine Verletzung der Gewissensfreiheit ist, fortzunehmen haben. Alle aus edlem Metall gefertigten Gegenstände religiöser Art sollen genau verzeichnet und in die Münze geschickt werden."

Ein großer Theil der Bevölkerung glaubt nicht mehr an die erlogenen Siege. Schnell daher nur etwas Begeisterung erwecken, man kennt ja die Schwächen des Pariser Volks! „Morgen wird das Bataillon der Kinder des »Père Duchêne« in das Feuer gehen!" — „Am 15. fand in dem Hofe der Tuilerien die Parade eines Bataillons Frauen vor einem Delegirten der Kommune statt."

Die Männer im Stadthause hatten seiner Zeit frevelhaft zum Ungehorsam gereizt. Und Ungehorsam mußte Ungehorsam erzeugen: „Von dem Wohlfahrtsausschuß erlassene Befehle sind nicht befolgt worden, weil diese oder jene Unterschrift fehlte. Der Ausschuß benachrichtigt die Offiziere jeden Ranges, welchem Korps sie auch angehören, und sämmtliche Bürger, daß die Verweigerung der Ausführung eines gegebenen Befehls sofort die Stellung des Schuldigen vor das Kriegsgericht, unter der Anklage schweren Verraths, nach sich zieht. Stadthaus, 28 Floréal an 79 (17. Mai).

Der Wohlfahrts-Ausschuß
Arnaud, Billioray, Eudes, Gambon,
Ranvier."*)

Delescluze verbietet den Offizieren aller Grade, bei ihren Bataillonen mit Gewehren zu erscheinen. „Um das Vergnügen zu genießen, auf die Versailler zu schießen, vernachlässigen diese Bürger ihre Pflichten als Führer den ihnen unterstellten Leuten gegenüber."

Und dabei steigt die Breite der Tressen an den Uniformen, die Käpis werden immer höher.

Am 15. verausgabt das Proviantamt 160 000 Rationen. Die wirkliche Stärke der jeden Tag unter den Waffen gehaltenen Kombattanten überschritt die Zahl 70 000 zu dieser Zeit nicht. Delescluze beklagt sich über diese furchtbare Vergeudung. „Dies war eine der Ursachen des Unterliegens des Aufstandes", sagt der Rapport der Untersuchung über die Revolution vom 18. März.**)

„Die Forts sind genommen, aber es sind doch Franzosen gewesen, die sie genommen haben; Moltke konnte sie nicht nehmen", stand an den Mauern von Paris. Oh! diese Kinder!

Auch die letzten der unabhängigen Zeitungen werden unterdrückt. Kurz vor dem Eintritt der Truppen von Versailles ruft ein dem Aufstande zugethanes Blatt unter der Ueberschrift „Agissez!": „Wir wissen nicht, was sich die Kommune denkt, noch welches ihre Absichten sind, aber das ist für die ganze Welt klar, daß sie nicht das geringste Bewußtsein ihrer Aufgabe hat und weit davon entfernt ist, den dringenden Anforderungen des Augenblicks zu entsprechen. Man könnte sagen, daß ein unheilvolles Element ihre Berathungen beherrscht. Männer, in sich selbst vernarrt, ohne Ueberzeugung, die auf ihnen in Folge der angenommenen Wahl ruhenden, heiligen Pflichten völlig vergessend, denken, anstatt für Paris zu arbeiten,

*) „Documents publics", I, 102. — **) „Enquête parlementaire", S. 84.

nur daran, ihre Person zur Geltung zu bringen und sich in der Versammlung eine besondere Stellung zu schaffen. Das sind die zersetzenden Kräfte. Ohne klare Begriffe, ohne ein bestimmtes Programm, schaffen sie sich nicht einmal ein Verständniß der Lage, in welcher sich Frankreich befindet, noch des Charakters des Aufstandes vom 18. März. Sie wissen weder, wo sie Halt machen, noch bis wieweit sie gehen sollen; sie wollen gesetzlich handeln und verletzen das Gesetz; sie nennen sich Revolutionäre und hemmen die Revolution, da sie es weder wagen, die volle Freiheit schalten und walten zu lassen, noch den Stier bei den Hörnern zu packen, um ihn zu zähmen. Sie rufen hierdurch in der Kommune einen abscheulichen Wirrwarr hervor. Und während sie die kostbarste Zeit verlieren, geht eine heldenhafte Bevölkerung in den Tod mit einem Glauben und einem Muth, welcher die Bewunderung von ganz Europa erregt. Das darf keine drei Tage mehr so gehen! Sechs Wochen sind es, daß die Schwätzer, Phrasenmacher, Aufschneider und Neulinge den Hemmschuh anlegen und weder einen Verwaltungsmann, noch einen Tribunen, General oder Politiker, ja nicht einmal eine praktische Idee hervorgerufen haben. Man macht sich über die Kommune lustig, lacht über ihre Dekrete, zerreißt ihre Proklamationen. Und weshalb? Weil die Dekrete nicht zeitgemäß und unausführbar, die Proklamationen hochtrabend, aber nicht bestimmt sind, weil sie, man muß es auszusprechen wagen, nicht immer die Wahrheit sagen.“*)

Aber, wer das Feuer mit geschürt hat, der darf sich nicht wundern, wenn er des Brandes nicht mehr Herr wird. Und schon waren die Sturmvögel des nahenden Orkans zu sehen, mehrten sich die Anzeichen der Lust, Brand zu stiften, roch es nach Rauch.

Das amtliche Blatt der Kommune veröffentlicht: „Die Besitzer von Phosphor und chemischen Produkten, welche auf die Aufforderung des »Journal officiel« noch nicht geantwortet haben, setzen sich einer Einziehung ihrer Produkte aus.“ Der „Cri du

*) „La Commune“ vom 15. Mai.

Peuple“ schreibt hierzu: „Man hat alle Maßregeln getroffen, daß nicht ein feindlicher Soldat Paris betreten wird. Die Forts können eines nach dem andern genommen werden, die Umwallung der Stadt kann fallen: Kein Soldat wird in Paris eindringen. Wenn Herr Thiers Chemiker ist, so wird er uns verstehen! Die Armee zu Versailles möge wissen, daß Paris zu Allem eher entschlossen ist, als sich zu ergeben!“ und fügt am nächsten Tage hinzu: „Paris wird siegen oder im Unterliegen die Sieger in einer furchtbaren Katastrophe verschlingen!“

Ein besonderes Komitee wird eingesetzt, um Versuche mit allen brennbaren Stoffen anzustellen, welche zum Inbrandsetzen von Häusern in Frage kommen könnten. Die Brandstifter wurden sogar als ein Korps zusammengestellt und erhielten eine Uniform. Die Bevölkerung von Paris wird in den Theatern und den Klubs mit dem Gedanken vertraut gemacht, Paris lieber den Flammen preiszugeben, als den Versaillern. Bei den Versuchen mit brennbaren Stoffen, welche in den Jardins de Luxembourg unter den Augen Raoul Rigaults stattfinden, wird ein Verfahren als annehmbar bezeichnet „comme moyen d'incendie dans le cas où il faudrait rostopchiner Paris“.*)

Als bei der Untersuchung über den Aufstand des 18. März einem Zeugen, einem Oberst de Montaud, welcher während des Krieges gegen uns eine Legion Elsaß-Lothringer kommandirt hatte, die Frage vorgelegt wurde, von wem die Idee, Paris anzuzünden, stamme, erwiderte der Zeuge, welcher sich in der Kommunezeit wiederholt in Paris befunden: „Am 20. Mai ist in einer abends 10 Uhr abgehaltenen Sitzung von Bränden die Rede gewesen.“ — Ein Wäschebleicher, Grélier, Mitglied des Comité central, schlägt vor, beim Zurückweichen der Kommunekämpfer die Herren in Versailles darauf aufmerksam zu machen, daß alle Akten der Notare, Anwälte, Exekutoren, die Besitztitel über Einkommen, die Urkunden über die öffentliche Schuld sich in den Händen der Kommune befänden, und man entschlossen sei, sie sämmtlich zu zerstören und mit Petroleum zu verbrennen.

---

*) Maxime du Camp, a. a. O., IV, 307.

Abgesandte aus Versailles könnten sich in Paris persönlich von den getroffenen Vorkehrungen überzeugen. Wenn man denselben dann noch an Ort und Stelle zeige, daß unter allen wichtigen Gebäuden und Stadtvierteln Nitroglycerin und Pulver niedergelegt sei, so könne man sicher sein, daß jene Abgesandten in Versailles auf Frieden dringen würden.*)

Am 11. hatte Thiers der Nationalversammlung mitgetheilt, daß der Friede mit Deutschland unterzeichnet sei. Es wurde ihm in dieser Sitzung von einem Mitgliede der Rechten vorgeworfen, in seinen Ausgleichsversuchen mit Paris zu weit gegangen zu sein. Thiers beantragte eine motivirte Tagesordnung, daß er das Vertrauen der Nationalversammlung besitze, andernfalls aber seine Entlassung nehmen werde. Er war unentbehrlich, auch der einzige Mann in Frankreich zur Zeit, welcher zur Ueberwindung der schwierigen Verhältnisse befähigt war. Die Versammlung entschied zu seinen Gunsten. In der Sitzung vom 18. Mai kam die Ratifikation des Friedens mit Deutschland zur Verhandlung. Es entspann sich eine sehr erregte Besprechung, Royalisten und Republikaner platzten auf einander. „Diese Unglücksfälle sind das Werk des zweiten Kaiserreichs, das Werk der republikanischen Diktatur und der Kommune von Paris“, ruft ein Mitglied der Rechten. „Die Verantwortung für diesen Krieg trägt Preußen!“ bemerkt ein anderes Mitglied.

Eine sehr eingehende Ueberwachung der über St. Denis noch nach Paris hineingehenden Personenzüge fand seitens der französischen Polizei statt. Zu wiederholten Malen gingen Depeschen ein, welche Reisende nach Paris, unter Angabe des Signalements, ja des Koupees, in welchem sie saßen, betrafen, deren Verhaftung in St. Denis erfolgen sollte. Die Maßregel des Mitlesens der aus Paris durch St. Denis gehenden Depeschen schien auch in Versailles für zweckmäßig erachtet zu werden. Es ging eines Tages dem Unterpräfekten von St. Denis die Anweisung zu, Abschriften aller englischen Depeschen, welche seitens eines Herrn Dallas an die Times und Daily News

*) Maxime du Camp, a. a. O., II, 147.

gingen, nach Versailles einzusenden. Es waren dies Berichte von größerem oder geringerem Interesse, boten jedoch, wie auch anderweitige Depeschen, einen Einblick in die Verhältnisse zu Paris.

So gaben zu dieser Zeit durchgehende Depeschen Kunde, daß in Paris eine Legion „Tyrannenmörder" in der Bildung begriffen sei; daß 200 000 Frcs. ein Pariser demjenigen zugesichert habe, welcher Thiers nach Paris brächte; daß die Gewalthaber in der Stadt im Falle einer Beschießung durch uns alle öffentlichen Gebäude in die Luft zu sprengen drohten. Bestellungen, welche bei Kaufleuten in Paris gemacht wurden, gingen meist über St. Denis. So forderte man aus Versailles am 20. Mai 100 Exemplare eines Plans von Paris mit seinen Befestigungen und der Numerirung der Bastione; sie waren zweifellos für französische Offiziere zum Gebrauch bei einem Straßenkampf bestimmt.

Chiffredepeschen an Privatleute wurden von uns nicht geduldet; chiffrirte Telegramme an den französischen Vertreter bei General v. Fabrice, den Oberst de la Haye, gingen dagegen ungehindert nach Soisy.

Die Versailler hatten in der Nacht vom 17. zum 18. wiederum einen Versuch gemacht, überraschend in Paris einzudringen. Bürger wollten 1 Uhr nachts das Thor am Point du Jour öffnen. Die Sache wurde jedoch bekannt, und die Linientruppen, welche für den Ueberfall bestimmt waren, mußten sich unter heftigem Feuer zurückziehen;*) ein Verlust von mehreren Todten und vielen Verwundeten soll die Folge gewesen sein. Im Dorf Issy fanden die Truppen Gräber und Särge von Nonnen zerstört, die Kirchen entweiht, Schmutz aller Art selbst auf dem Altar und in dem Tabernakel.**)

Die Korps Douay und Clinchant gingen dazu über, den gedeckten Weg zu krönen und Bresch-Batterien anzulegen. Heftiges Feuer der Pariser gegen diese Arbeiten, insbesondere in der Nacht vom 18. zum 19., erschwerte das Vordringen. Wie bei unserer Einschließung sahen wir die Pariser mit elektrischem Licht das

*) „Guerre des communeux", S. 204. — **) „Journal officiel (de Versailles)" vom 21. Mai.

Vorgelände beleuchten. Am 20. standen die Bresch-Batterien und eröffneten ihr Feuer. Die gleichzeitig von den Geschützen des Mont Valérien und den Batterien von Montretout bis Vanves mit Geschossen überschüttete Stadtumwallung erlahmte in ihrem Feuer. Die französische Regierung hatte die Genehmigung nachgesucht, von Besançon und Cambrai her noch eine Infanterie-Division in der Stärke von 10000 Mann heranziehen zu dürfen. Die Kadres waren bereits vorhanden, und sollten die nächsten zuerst eintreffenden Transporte Kriegsgefangener zu deren Kompletirung dienen. Als Grund für ihre Bitte hatte die Regierung die bedeutende Ausdehnung der Angriffsfront angegeben. Nachdem am 16. die Ratifikation des Friedens von Seiten Deutschlands, am 18. die von Frankreich durch Annahme in der Nationalversammlung mit 440 gegen 98 Stimmen erfolgt war, theilte Graf Moltke dem Fürsten Bismarck mit, daß Seine Majestät der Kaiser seine Zustimmung dazu erklärt habe, wenn die Armee von Versailles noch um eine Infanterie-Division in genannter Stärke vermehrt werde. Unerwünscht würde es dagegen sein, wenn der mit der Neuformation der Truppen nothwendig verbundene Zeitaufenthalt den Termin für den ernsthaften Angriff gegen die Stadtumwallung noch weiter hinausrücken sollte. Die Truppentheile der Dritten Armee erhielten hiervon mit der Weisung Mittheilung, dem Durchmarsch jener Truppen kein Hinderniß in den Weg zu legen. Am 18. stellte die französische Regierung die weitere Bitte, daß die deutsche Heeresleitung die Kommune zur Entwaffnung der Nord- und Ostfront sowie zur gänzlichen Räumung von St. Ouen auffordern solle. Es war zu bedenken, daß St. Ouen nicht zur neutralen Zone gehörte. Das Oberkommando war daher der Ansicht, daß zunächst mit gänzlicher Absperrung geantwortet werden müsse, falls die Kommune jener Aufforderung nicht entsprechen sollte. Auf eine bezügliche Anfrage antwortete Graf Moltke, daß auch der Wunsch der Regierung zu Versailles zur Aufforderung an die Kommune, St. Ouen gänzlich zu räumen, zu erfüllen sei, sobald die Ratifikation des Friedens erfolgt sei. Nach einer Mittheilung des französischen Generals Borel vom 16. Mai sollte der nächtliche Hauptangriff erst in

5 Tagen ausgeführt werden, dem Oberkommando erschien es als sehr zweifelhaft, daß derselbe die Unterwerfung der ganzen Stadt zur sofortigen Folge haben werde. Am 19. passirte eine Depesche aus Paris die Station St. Denis, welche an die Stationschefs zu Sevran und Bourget gerichtet war und diese seitens der Kommune beauftragte, alle Maßnahmen zu ergreifen, daß jeder auf Paris gehende Eisenbahnzug 100 m vor der Stadtumwallung anzuhalten und erst auf Befehl der Kommune weiter vorzulassen sei. Wir ersahen hieraus, daß auch über den erst kürzlich geplanten und vereinbarten überraschenden Angriff einer französischen Division auf Nordfront und den Bahnhof der Nordbahn zu Versailles nicht reiner Mund gehalten, beziehungsweise das Mißtrauen der Pariser, über unsere Stellung her angegriffen zu werden, noch nicht geschwunden war.

Der Marschall Mac Mahon hatte bereits eine Disposition für den in den nächsten Tagen auszuführenden Sturm ausgegeben, als die Meldung des General Douay am 21. nachmittags einging, daß die Truppen in die Porte de St. Cloud*) eingedrungen seien. Ein Bauaufseher Ducatel zu Paris hatte bemerkt, daß die Nationalgarde den Point du Jour verlassen hatte, mithin jenes Thor frei sei, und unter Lebensgefahr den Linientruppen hiervon Kenntniß gegeben.

Um 1½ Uhr mittags war von unseren Posten eine bedeutende Explosion bei der Brücke von Asnières gemeldet worden, kurze Zeit darauf wurde in der Nähe des Invalidendoms ein starker Brand sichtbar. Um 7 Uhr abends erhielt die Division durch eine durchgehende französische Depesche Kunde von dem Eindringen der Versailler Truppen in Paris durch die Thore von St. Cloud, Auteuil und Passy. Nachts 11 Uhr vom 21. zum 22. ging telegraphisch der Befehl ein, die vollständige Absperrung von Paris sofort auszuführen. Die Vorposten vom Ourcq-Kanal bis Epinay wurden angemessen verstärkt. Um 12 Uhr nachts trat die Sperre ein. Um ein plötzliches Herausfahren von Eisenbahnzügen aus Paris zu verhindern, wurden westlich von Pantin

*) Vergl. von nun ab den Stadtplan nach den auf demselben eingetragenen Namen und den dem renvoi entsprechenden Ziffern.

und auf der Linie Le Bourget—Paris die Schienen aufgerissen, auf der Linie Paris—St. Denis ein leicht zu beseitigender Erdwall über die Schienen gelegt. Eine bereits zur Uebergabe an die Kommune in den Händen der Division befindliche Sommation zur Desarmirung der Nord- und Ostfront, Räumung des Schlosses und der Befestigungen von Vincennes sowie des Dorfes St. Ouen wurde nicht abgegeben. Das Eindringen der Regierungstruppen in Paris ließ die Forderung hinfällig erscheinen, eine Depesche des Oberkommandos bestimmte, daß vorläufig von der Uebergabe abgesehen werden solle.

Die Absperrung war eine derartige, daß aller Transport-, Personen- wie Telegraphenverkehr sowohl zu Lande als zu Wasser aufhörte. Die während des Waffenstillstandes innegehabte Cernirungslinie mit ihren Vorposten wurde wieder besetzt, auch die bisher neutrale Zone bis zur Stadtumwallung durfte von uns mitbenutzt werden. Von St. Denis lief unsere Sperre längs der Seine bis einschließlich der Brücke von Argenteuil. Von dort aus übernahmen französische Truppen die Sperrung auf dem linken Seine-Ufer. In ähnlicher Weise wurde die Absperrung beim XI. und I. bayerischen Korps ausgeführt, alle in deren Bereich auf Paris führenden Eisenbahn- und Telegraphenlinien gesperrt, der Verkehr auf der Seine und Marne von den Bayern verhindert.

Die Versailler Truppen nahmen noch am 21. Mai, die Nationalgarde leicht vor sich her treibend, einen großen Theil von Paris. Sie erreichten bis zum Morgen des 22. am rechten Seine-Ufer den Trocadero und besetzten die Bezirke von Passy und Auteuil. Auf dem linken Ufer waren Truppen des Korps Cissey durch die Porte de Sèvres, Porte de Versailles und den Eisenbahndurchlaß eingedrungen und hatten sich zu Herren von Grenelle sowie eines Theiles von Vaugirard gemacht.

Am 22. beim Grauen des Tages wurde von den Linientruppen die Ecole militaire am Champ de Mars besetzt, bei welcher Gelegenheit ein Theil der daselbst stehenden Baracken in Flammen aufging. Die Kavallerie des Korps du Barail hatte am 21. Bataillone der Aufständischen, welche gegen Orleans durchbrechen wollten, zurückgeworfen.

„Die Versailler morden in Paris, und Paris weiß nichts davon. Die Nacht ist blau, sternhell, warm und mit Frühlingsdüften gewürzt. Die Theater sind gedrängt voll. Die Boulevards strömen über von Leben und Fröhlichkeit, die strahlenden Cafés vermögen die Gäste kaum zu fassen. Ringsum schweigen die Kanonen, es herrscht eine seit drei Wochen unbekannte Stille. Wenn die Armee geradeaus durch die Quais und die Boulevards, die von Barrikaden frei sind, vorwärts rückt, so könnte sie ohne einen Schuß mit einem einzigen Griff die Kommune von Paris erwürgen." *)

*) Lissagaray, „Geschichte der Kommune 1871", Uebersetzung. Stuttgart 1891, S. 286.

# Siebentes Kapitel.

## Sieg der Versailler Armee im brennenden Paris.

Der größere Theil der Bewohner von Paris hatte noch am Abend des 21. Mai keine Kenntniß davon, daß die Truppen der Regierung bereits die Umwallung überschritten hatten und sich innerhalb der Stadt befanden.*) Sie erwachten in der Nacht durch das Sturmläuten aller Glocken und den Generalmarsch, um in sieben Tagen eine Katastrophe von Mord, Brand und anderen Schrecken in wahrhaft Entsetzen erregender Weise zu durchleben.

Die Kommune hatte am 21. noch eine Sitzung abgehalten, welche durch die Meldung des Generals Dombrowski, daß die Versailler in Paris eingedrungen seien, unterbrochen wurde. Man beschloß, daß die Mitglieder sich in ihre Bezirke begeben sollten, um dort die Vertheidigung zu betreiben. „Ein Theil ging, um zu kämpfen, ein anderer, um sich zu verstecken oder zu flüchten."*) Gefälschte Pässe sollten zur Flucht verhelfen. Als einige Mitglieder der Kommune in Ballons fliehen wollten, wurden diese durch Nationalgarden mit dem Ruf zerstört: „Ihr habt uns in diese erbärmliche Lage gebracht, nun werdet Ihr auch bei uns bleiben!"**) „Delescluze, entschlossen zu kämpfen, weil er entschlossen war zu sterben, schlug sein Hauptquartier in der Mairie des 11. Bezirks auf,"*) dort lag auch das Gefängniß la Roquette. Der Wohlfahrtsausschuß hatte sich noch einmal mit einer Pro-

*) Jules Simon, a. a. O., I, 438, 442. — **) L. Énault, a. a. O., S. 107.

klamation an die Pariser gewendet. Voller Phrasen hätte dieselbe insbesondere durch die Behauptung, daß Paris mit seinen Barrikaden unüberwindlich sei, zu dieser Zeit Lachen erwecken müssen, wenn der Ernst der Lage nicht gar so furchtbar gewesen wäre. Und Delescluze rief am 22.: „Genug des Militarismus, keinen galonirten, an allen Nähten mit Stickerei geschmückten Generalstab mehr. Platz für das Volk, für die Kämpfer mit nackten Armen, die Stunde des Revolutionskrieges hat geschlagen! Das Volk versteht nichts von klugen Manövern, wenn es aber ein Gewehr in der Hand, Pflaster unter den Füßen hat, so fürchtet es keinen einzigen Strategen der monarchischen Schule. Zu den Waffen, Bürger, zu den Waffen! . . . Eure Gewählten werden mit Euch kämpfen und sterben, wenn es sein muß. Aber im Namen des glorreichen Frankreich, der Mutter aller volksthümlichen Revolutionen, der dauernden Heimath der Gerechtigkeit und gegenseitigen Verantwortlichkeit, welche die Gesetze der Welt sein müssen und sein werden, marschirt gegen den Feind! Möge Eure revolutionäre Energie ihm zeigen, daß man Paris wohl verkaufen, aber nicht übergeben oder besiegen kann." Der Wohlfahrtsausschuß schloß sich dieser Veröffentlichung mit den Worten an: „Mögen die guten Bürger sich erheben! Auf die Barrikaden, der Feind ist in unseren Mauern! Kein Zögern. Vorwärts für Republik, Kommune und Freiheit!

Paris den 22. Mai 1871.

Arnaud. Billioray. Eudes. Gambon. Ranvier."

Das Oberkommando der Dritten Armee hatte befohlen, daß die jetzt bei den Vorposten sich meldenden, zahlreichen Flüchtlinge aus Paris zurückzuweisen seien. Um auch jeden gewaltsamen Durchbruch zu verhindern, wurden die Vorposten noch mehr verstärkt. Am Morgen des 22. spielten sich infolgedessen bedauernswerthe Scenen an unserer Absperrungslinie ab. Leute, welche sich außerhalb Paris befunden hatten, wollten hinein, Leute, welche sich drinnen befanden, wieder heraus. Um 7 Uhr früh erschien ein Generalstabsoffizier mit einem Schreiben des Generals Dombrowski, in welchem dieser um Mittheilung bat, ob er, schwerverwundet, mit dem Ueberbringer des Briefes St. Denis passiren dürfe, um nach Belgien zu gehen. General v. Pape beschied den Offizier mit Zustimmung des Oberkommandos abschlägig.

Am nächsten Tage soll Dombrowski an einer Barrikade des Boulevard Ornano gefallen sein.*) Da er nach seinem Schreiben verwundet war, scheint er den Tod gesucht zu haben.

Die von Cluseret geplanten Vertheidigungsanstalten in Paris, welche einzelne feste Punkte in der Stadt schaffen, dem Vordringen der Versailler eine zwei- bis dreifache Reihe von Barrikaden entgegensetzen sollten, waren unvollständig zur Ausführung gebracht. Nunmehr wurde mit großem Eifer an dem Ausbau der Weghindernisse und Deckungsmittel gearbeitet, der größte Theil der Barrikaden entstand am 22. und 23. Nach kurzer Ruhe beginnen die Vorwärtsbewegungen der Versailler am 22. gegen 6 Uhr morgens. Mac Mahon verlegte sein Hauptquartier nach dem Trocadero in Paris. Unter dem Feuer von Batterien der Aufständischen auf dem Montmartre wurden auf dem rechten Seine-Ufer von den Truppen der Generale Douay und Clinchant sowie der Division Vergé vom Reservekorps der Arc de Triomphe und der Industriepalast genommen, die Porte Dauphine geöffnet. Weiter nach Norden schreitend, erreicht der linke Flügel unter Clinchant, unterstützt durch das Korps Ladmirault, bei lebhaftem, energischem Widerstand der Nationalgarde die Gare de l'Ouest, Parc Monceaux und die Porte d'Asnières, die Mitte unter Douay die Kaserne de la Pépinière und die Kirche St. Augustin, südwestlich der Gare de l'Ouest, während der rechte Flügel, die Division Vergé, der starken Stellung der Aufständischen an den Tuilerien gegenüber Halt gemacht hatte. Diese Stellung

*) Trochu spricht in seinen Aussagen über den 18. März von Dombrowski als einem preußischen Agenten. Von anderer Seite wird behauptet, D. sei ein Verräther an der von ihm vertheidigten, wenn auch schlechten Sache gewesen; er habe mit Versailles in Unterhandlungen über Verhaftung der Kommunemitglieder und Freigebung der Thore gestanden. Die oben mitgetheilten Thatsachen sind geeignet, Uebelwollen und Unkenntniß zu beseitigen. Ueber seine vermeintliche preußische Agentur kann man nur die Achseln zucken. Und wäre er ein Verräther gewesen, so hätte er die Bestechungsgelder nehmen und über Versailles fliehen können. Die Thore unbesetzt zu halten, war für ihn eine Kleinigkeit.

wurde auch durch die an dem Pont Royal liegenden vier Kanonenboote der Kommune auf der Seine unterstützt. Die noch bei Neuilly und Asnières zurückgehaltene dritte Division des Korps Ladmirault bemächtigte sich des Ortes Le Vallois, erbeutete 105 Geschütze, welche in den Außenbatterien der Aufständischen sich befanden, und besetzten die Porte Maillot. Auf dem linken Seine-Ufer wurde bis zum Abend eine Linie erreicht, welche von der Seine-Brücke an der Place de la Concorde über das Hotel des Invalides, den Bahnhof und längs der Eisenbahn bis zur Stadtumwallung bei Vanves lief. Heftige Straßenkämpfe, insbesondere die Erstürmung starker Barrikaden, hatten nicht unbedeutende Verluste verursacht. Das „Journal officiel" der Kommune theilte mit, daß Bataillone aufgelöst worden seien, welche sich geweigert hätten, an der weiteren Vertheidigung theilzunehmen. Der Chef der 3. Legion giebt an, daß eine große Zahl von Gardisten sich nicht mehr bei ihren Kompagnien einfände; es sei dies mehr Gleichgültigkeit als Mangel an Vaterlandsliebe, zur Zeit sei erstere aber ein Verbrechen. Nach den Listen hatte die aufständische Nationalgarde in Paris noch Mitte Mai eine Stärke von 182 000 Mann.*) Um 12½ Uhr mittags erfolgte eine heftige Explosion, und entstand gleich darauf ein gewaltiger Brand in der Nähe der Place de la Concorde. Ein Munitionsdepot bei der Esplanade des Invalides war in die Luft geflogen. Wie bei uns im Norden, so hatten sich auch im Osten die deutschen Vorposten des Andrängens von Flüchtigen zu erwehren; so wurde von den Bayern die Bitte um Freigabe der Passage über die Seine-Brücke bei Alfort heute abgeschlagen. Depeschen aus Versailles bekundeten, wie man dort darauf bedacht war, die Flucht bekannter Führer der Kommune zu verhindern, beziehungsweise deren Verfolgung in die Wege zu leiten.

Bei dem Stabe der 1. Garde-Division ging ein Schreiben folgenden Inhalts ein: „Soisy den 21. Mai 1871. Von Seiner Königlichen Hoheit dem Kronprinzen von Sachsen habe ich mir diesen Abend die Erlaubniß erbeten, die hier beifolgende Depesche

---

*) „Enquête parlementaire", S. 84.

an Euere Excellenz unter dem ergebenen Ersuchen senden zu dürfen, selbige durch Parlementär an die Kommune von Paris befördern zu lassen.

Das Schriftstück enthält eine Reklamation zu Gunsten des amerikanischen Gesandten, dessen Wohnung von Nationalgarden verletzt, und dessen diplomatischer Charakter nicht beachtet und respektirt worden ist. Ob Dieselben die Note an der Enceinte einfach abgeben lassen oder den Parlementär mit Abgabe an eine Behörde beauftragen wollen, überlasse ich völlig Euerer Excellenz geneigtem Ermessen. Sollte jedoch auf diesem oder anderem Wege sich Gelegenheit bieten, irgend einigermaßen Zuverlässiges über die augenblickliche Lage des Erzbischofs Darboy zu erfahren, sowie namentlich darüber, ob derselbe augenblicklich besonderer Bedrohung und Lebensgefahr unterliegt, so könnte ich eine desfallsige Auskunft nur sehr dankbar erkennen. Bei Einziehung von Nachrichten in der hier fraglichen Richtung ist jedoch Vorsicht durchaus geboten, um den Erzbischof nicht in Gefahr zu bringen, anstatt ihm zu nützen.

v. Fabrice."

Die Depesche selbst enthielt die Mittheilung, wie der deutsche Vertreter Kenntniß davon erhalten habe, daß Nationalgardisten das Haus des Gesandten der Vereinigten Staaten von Amerika gestürmt hätten. Diese gegen alles Völkerrecht erfolgte Handlung fordere Genugthuung. Eine solche Forderung sei das Recht aller Regierungen, sei aber für die Deutschen eine Pflicht, weil der amerikanische Gesandte den Schutz der deutschen Interessen in Paris zu übernehmen die Güte gehabt habe. Infolgedessen verlange der Vertreter Deutschlands sofort die Auslieferung der schuldigen Leute. Für den Fall, daß diese Genugthuung nicht binnen 24 Stunden gegeben, die Schuldigen den Vorposten in St. Denis übergeben würden, behielte man sich die weiteren sofortigen Maßnahmen vor. Paschal Grousset antwortete noch unter dem 22., daß die Schuldigen die Flucht ergriffen hätten, als sie verhaftet werden sollten. Er vermöge mithin dieselben nicht für die von ihm selbst verdammte Handlung zu bestrafen. Nur sein Bedauern und seinen Unwillen habe er M. Washburne aussprechen können, was er hiermit auch dem deutschen Vertreter gegenüber wiederhole.

Die Depesche war am 22. morgens 6 Uhr durch einen Adjutanten der Division an der Porte de la Chapelle abgegeben worden; über den Erzbischof Darboy hatte nichts festgestellt werden können.

In Paris fand die erste Hinrichtung statt. Ferré, der würdige Nachfolger Raoul Rigaults im Polizeiamt, eine Bestie, welche sich am 18. März an der Ermordung der Generale Lecomte und Thomas betheiligt hatte, ließ einen Nationalgardisten Jean Baillot, welcher ihm als „individu pris les armes à la main dans l'affaire du 22. Mai“ bezeichnet wurde, ohne weitere Untersuchung erschießen.*) Außerdem ordnete er an, daß alle im Gefängniß La Santé eingekerkerten Gendarmen, Stadtpolizisten und als geheime bonapartistische Agenten bezeichneten Personen zu erschießen seien, sobald die Versailler den Versuch zur Fortnahme des Gefängnisses machen sollten.*)

Der Wohlfahrtsausschuß rief den Soldaten der Armee von Versailles zu: „Die Bevölkerung von Paris vermag es nicht zu glauben, daß Ihr Euere Waffen gegen sie richten könnt; Euere Hände werden vor einer Handlung, welche ein wahrhaftiger Brudermord sein würde, zurückschrecken. Ihr seid, wie wir, Proletarier; Ihr habt, wie wir, ein Interesse daran, den monarchischen Verschwörern nicht das Recht zu lassen, Euer Blut zu trinken, wie sie unseren Schweiß für sich ausnutzen. Was Ihr am 18. März schon thatet, Ihr werdet es wieder thun! Das Volk wird nicht den Schmerz haben, gegen Menschen zu kämpfen, welche es als seine Brüder ansieht, und welche mit ihm gemeinsam Freiheit und Gleichheit genießen sollen. Kommt zu uns, Brüder, unsere Arme sind für Euch offen!“ Der letzte noch im Stadthause zu gleicher Zeit mit jener Proklamation gegebene Befehl zeigt aber, daß der Wohlfahrtsausschuß selbst nicht an jene von ihm vorgeschlagene Verbrüderung glaubte: „Die Läden und Jalousien sämmtlicher Fenster müssen offen bleiben. Jedes Haus,

*) Maxime du Camp, a. a. O., I, 129, 272.

aus welchem ein einziger Schuß oder irgend ein Angriff gegen die Nationalgarde erfolgt, ist sofort in Brand zu stecken. Die Nationalgarde wird beauftragt, die genaue Ausführung dieses Befehls zu überwachen." Demnächst finden wir die Mitglieder des Wohlfahrtsausschusses bei Delescluze im 11. Bezirk. Bei ihnen, sehr zusammengeschmolzen, den Rest der Kommune. Ranvier, Mitglied des Ausschusses, verlangt, daß ein Beispiel statuirt werde; es ist kein Zweifel, daß die Hinrichtung der Geiseln nunmehr beschlossen wurde.*) „In dieser Mairie, überfüllt mit Offizieren, die Geld verlangten, mit Verwundeten, welche hineingetragen wurden, mit überall aufgestapelter Munition, Tonnen mit Wein an der Seite von Tonnen mit Petroleum oder Schießpulver, unter dem betäubenden Getöse des Kampfes und dem Ausrufen von hundert zu gleicher Zeit schreienden Personen, hier errichtete man ein Kriegsgericht."**) Mehr und mehr waren die noch einigermaßen gemäßigten Leute, aber auch die Feiglinge verschwunden. Die Männer der Brutalität, der äußersten Gewissenlosigkeit und — des Wahnsinns blieben übrig. Das Stadthaus war von den Mitgliedern der Kommune verlassen worden, das Comité central nahm sofort wiederum Besitz von demselben.

Am 23. war von früh 5 Uhr ab heftiger Kampf in der Richtung des Montmartre bei unseren Vorposten vernehmbar. Die Fortnahme dieses wichtigen Punktes wurde das Ziel des Tages für den Marschall Mac Mahon. Truppen des Korps Ladmirault waren längs der Umwallung vorgegangen, hatten die Bastione von der Porte d'Asnières an von den Aufständischen gesäubert, schritten über die Porte St. Ouen nach der Porte Clignancourt vor und erreichten die Nordbahn. Sie wendeten sich dann gegen die Höhe des Montmartre, um die Stellung vom Norden anzugreifen, während andere Theile des Korps von Westen, Truppen des Korps Clinchant von Südwesten her dem gemeinsamen Ziele zustrebten. Um 8½ Uhr sahen wir Linientruppen des Generals Montaudon, welcher den Bewegungen in Paris außerhalb der Umwallung folgte, St. Ouen besetzen.

*) Maxime du Camp, a. a. O., I, 355. — **) Ebenda I, 356.

Um 12½ Uhr erstiegen mehrere Kolonnen den Montmartre. Auf der daselbst befindlichen Mühle wehte bald darauf die dreifarbige Fahne. Der umfassende Angriff hatte die Vertheidigung lahm gelegt. War der Kampf um Barrikaden am Fuße des Montmartre noch ein erheblicher, so erwies sich der Widerstand beim Ersteigen der Höhe als ein um so geringerer. Auch an mehreren Stellen in den südlich des Montmartre gelegenen Straßen ergaben sich die Aufständischen, als die Stellung auf der Höhe genommen war. Ueber 100 Geschütze, eine Menge Lebensmittel, Waffen und Munition fielen in die Hände der Versailler. Bald nach 3 Uhr passirte eine Depesche die Station St. Denis, welche Thiers an alle französischen Civil- und Militärbehörden abgesandt hatte. Von 2 Uhr datirt, vervollständigte sie unsere Kenntniß der Vorgänge des letzten Tages, bekundete, daß 90000 Mann sich bereits in Paris befänden, und daß die Generale Douay und Vinoy die Tuilerien, den Louvre und den Vendômeplatz umfassen sollten, um sich gegen das Stadthaus zu wenden. Wir erfuhren fernerhin, daß bereits an 6000 Gefangene den Versaillern in die Hände gefallen, die Verluste der Aufständischen bedeutend, die der Armee gering seien. Die Korps Ladmirault und Clinchant gingen nach der Erstürmung des Montmartre weiter nach Osten und Südosten vor. Barrikaden, mit Artillerie ausgerüstet, fallen in ihre Hände, der Güterbahnhof der Nordbahn und die Notre Dame de Lorette werden erreicht. General Douay ist in dieser Zeit mit seinem linken Flügel bis zur Oper und der Mairie des 9. Bezirks, mit dem rechten unter großen Mühen bis zur Madeleine vorgedrungen. Auf dem linken Seine-Ufer kämpfte man bis zum Anbruch der Nacht gegen beträchtliche Kräfte. Die Linientruppen schritten, Barrikade auf Barrikade nehmend, in dem 7. und 14. Bezirke vor. Der Kirchhof Montparnasse und der in der Nähe desselben liegende Bahnhof werden erreicht, die Nationalgarde in der Rue d'Orleans vertrieben und eine große Barrikade an der Kirche Saint Pierre wird genommen. „Von hier aus lag der Weg gegen die Butte aux Cailles, welche Wrobleski mit starker Artillerie besetzt hielt, offen. Die Aufständischen schlugen sich hier jedoch mit großer Hartnäckigkeit, gingen sogar zeitweise zum Gegenangriff über. Wäre die Stellung genommen worden, so waren die Versailler bereits an diesem Tage, den 23., Herren des ganzen linken Seine-Ufers."*) Am Abend standen die vordersten Theile der Versailler in einer Linie, welche von dem Güterbahnhof an der Umwallung östlich der Porte Clignancourt aus über die Place de la Concorde, den Montparnasse und die Bahnlinie auf Sceaux bis zur südlichen Enceinte lief. 5000 Versailler etwa biwakirten vor uns auf dem Montmartre selbst. Um das Unternehmen über St. Denis konnte es sich nun nicht mehr handeln, und ging auch die Nachricht ein, daß ein französischer Offizier zur Rücksprache in Margency nicht zu erwarten sei. Eine größere Anzahl der regierungsfreundlichen Nationalgarden hatten sich den Linientruppen angeschlossen. Jules Favre richtete an Fabrice die Bitte, anordnen zu wollen, daß die fünf französischen Kanonenboote von Chatou aus nach dem Innern von Paris dampfen könnten, wo die Flotille der Insurgenten die Truppen am Trocadero und bei dem Hotel des Invalides sehr belästigten. Die Erlaubniß wurde ertheilt.

Die angekündigte Anwendung der „äußersten Mittel" nahm greifbare Gestalt an. Der Wohlfahrtsausschuß verfügte die Brandstiftungen.**) Er befahl am 23., alle zum Anzünden und Sprengen vorhandenen Stoffe in den Bezirken mit Beschlag zu belegen und nach dem 11. Bezirk zu schaffen. Weitere Anordnungen wurden bekannt: „Faites brûler les maisons assaillies par les Versaillais ou la réaction."***) Paris, den 3 prairial an 79: „Der Bürger Millière wird an der Spitze von 150 Raketenwerfern alle verdächtigen Häuser und die Monumente des linken Ufers anzünden. Der Bürger Dereure ist mit 100 Mann für den 1. und 2. Bezirk bestimmt. Dem Bürger Vésinier sind im Besonderen die Boulevards von der Madeleine bis zur Bastille überwiesen. Diese Bürger haben sich mit den Chefs der Barrikaden zu verständigen, um die Ausführung dieser Befehle sicher zu stellen." Ein großer Theil derartiger Anordnungen, manchmal nur auf Zettel geschrieben, trug keine Unterschrift, ein

*) Maxime du Camp, a. a. O., I, 275. — **) Jules Simon, a. a. O., I, 445, 446. — ***) Ebenda S. 447.

Stempel des Wohlfahrtsausschusses mußte genügen.*) Die Morde nahmen ihren Fortgang. Werkzeuge waren ja geschaffen und vorbereitet worden, Helfer an den Mordthaten unter Männern und Frauen vorhanden: „18. Bezirk, Mairie der Butte Montmartre. Wenden Sie, Assi, sich schnell an den Bürger Boisson, er wird Ihnen nützlich sein, er ist ein alter Kämpfer und Todtschläger vom Montmartre. Das sagt genug. J. B. Clément." „Ich empfehle ebenfalls meinen Freund Boisson meinem Freunde und Kollegen Assi. Th. Ferré."**) Ein Befehl Raoul Rigaults von diesem Tage ordnete an, 34 Gendarmen, welche verhaftet waren, zu erschießen. Ein braver, unerschrockener Beamter, dessen Name auch hier genannt zu werden verdient, Durlin, rettete sie jedoch unter eigener Lebensgefahr. Spät am Abend erschien Rigault in dem Gefängniß Sainte Pélagie, theilte mit, daß er den Auftrag habe, die Geiseln hinrichten zu lassen, und ließ einen Advokaten Chaudey nebst drei Gendarmen füsiliren. Persönlicher Haß gegen Chaudey war die Triebfeder zu dessen Ermordung. Der „Père Duchêne" vom 22. Germinal Seite 8 hatte die Denunziantenrolle übernehmen müssen.

Am Abend zeigten weit ausgedehnte Rauchwolken, welche mit der sinkenden Nacht in blutigem Schein leuchteten, große Brände in Paris an. Die Tuilerien, das Finanzministerium, das Palais du Quai d'Orsay, in welchem sich der Staatsrath und der Rechnungshof befanden, die Ehrenlegion und andere Gebäude waren in Brand gesteckt worden. Das Louvre war bedroht; die Bücher und Schriften der Bibliothek daselbst waren mit Petroleum getränkt worden und verbrannten. Paris stand in Flammen!

Ergreifend ist die Schilderung der von eingekerkerten Geiseln durchlebten Nacht zum 24. „79 Personen waren am 22. Mai in das Gefängniß bei der Polizeipräfektur eingebracht worden. Die Gründe für die Verhaftungen sind stets die nämlichen. Man fühlt, daß die Gefahr für die Kommune wächst, und diese, nicht mit Unrecht, sich von Feinden umgeben glaubt. Beleidigungen

---

*) Maxime du Camp, a. a. O., IV, 322. — **) Ebenda II, 100.

der Nationalgarde, gegenrevolutionäre Umtriebe, Verweigerung der Arbeit an den Barrikaden, Freude über das Erscheinen der Versailler in Paris, Verbindung mit den »Jesuiten zu Versailles« führten in das Gefängniß; von zwei oder drei Personen war behauptet worden, daß sie auf die Nationalgarde geschossen hätten. Diese neu Verhafteten brachten den bereits früher überwiesenen Gefangenen die Neuigkeiten über den Fortgang des Kampfes. Der Tag des 23. verlief verhältnißmäßig ruhig; 11 Geiseln wurden hereingeschleppt, eine sehr kleine Zahl, da Ferré und Rigault mit anderen Sorgen zu thun hatten. Stille herrschte in dem Gefängniß; in den gemeinschaftlichen Sälen sprach man nur mit leiser Stimme, kein Lärm war in den Zellen hörbar. Die Aufseher, unruhig, aber entschlossen, wandeln in den Gängen auf und ab. Bisweilen entfernt sich einer der Schließer, geht bis zum Quai de l'Horloge, horcht und vernimmt in weiter Ferne noch Gewehrfeuer. Er kehrt zurück. Man fragt ihn: »Wie steht es?« Er antwortet: »Man schlägt sich noch immer.« Als die Nacht kommt, bemerken die Gefangenen in den gemeinschaftlichen Sälen, welche maschinenmäßig nach den Fenstern blicken, blutigen Schein in den vorüberziehenden Wolken: »Paris brennt! Paris brennt!« schreien sie. Man drängt sich näher an die Fensterkreuze, um besser zu sehen, Aufseher und Schließer begeben sich bis zum Pont Neuf und sind erstarrt über das schreckliche Bild, welches ihre Augen blendet. Die Seine, einem Purpurstrome gleich, fließt zwischen zwei ungeheueren Bränden dahin. Zur Rechten stehen die Tuilerien, deren Kuppel soeben einstürzt, in Flammen; zur Linken brennen der Palast der Ehrenlegion, der Rechnungshof, das Kassengebäude für Depositen und gerichtliche Hinterlegungen, die Rue de Lille und die Rue du Bac. Auf der Place Dauphine, den Trottoirs der Straßen, dem Pont Neuf schlafen die Aufständischen, bunt durcheinander liegend. Mitten in der durch die Flammen erhellten Finsterniß ruht der Kampf; hier und da tönt ein Schuß durch die Nacht, sonst hört man nur das Geräusch der großen, durch den Ostwind aufgeregten Brände."*)

*) Maxime du Camp, a. a. O., I, 131.

Der Morgen des 24. bricht an. Um 10 Uhr schlagen die Flammen aus dem Innern des Stadthauses hervor. In den Kellern verbrennen Gefangene, welche man dort beim Verlassen und Anzünden vergessen hatte.*) Der Mordbrenner, General Eudes war es, auf dessen Befehl die Légion d'honneur in Brand gesteckt worden war: „Faites sauter les maisons, incendiez les monuments, brûlez tout!“ rief er in einer Sitzung des Wohlfahrtsausschusses.**) Das Palais Royal, die Polizeipräfektur, der Justizpalast, das Théâtre Lyrique und Théâtre Porte Saint-Martin, die Rue de Rivoli, zahlreiche Häuser der Rue de Bondy, der Place du Château d'Eau und der Boulevard Voltaire gehen in Flammen auf. Ein Pulvermagazin beim Luxembourg wird kurz nach 11 Uhr gesprengt. Der Brand bedroht die Häuser der Bank, zum Glück werden sie vom Feuer nicht ergriffen. Die Feuerwehr darf auf Befehl der Kommune nicht löschen;*) sie bereitet im Gegentheil die Häuser zum Anzünden durch Begießen mit Petroleum vor.*) Weiber und Marinesoldaten führen eine mit Petroleum gefüllte Spritze heran und überschütten ganze Häuser mit dem brennbaren Stoff.***) Von der Brandstätte des Finanzministeriums flogen Unmassen brennenden Papiers in die Luft und wurden vom Winde weit bis in, ja über unsere Linien vor Paris fortgetragen. Starke Detonationen sprachen von der Zerstörung durch Sprengungen, welche dem Schall nach in der Mitte von Paris stattfanden.

Die Entrüstung über die Brandstiftungen war unter den Truppen der Regierung groß. Der Wunsch, zu retten, was noch zu retten war, vor Allem den Louvre mit seinen Kunstschätzen den Flammen zu entreißen, gab den Anordnungen des Marschalls für diesen Tag die Richtung. Auf dem linken Seine-Ufer geht die Mitte der Truppen gegen den Luxembourg im sechsten Bezirk vor. Mit heftigem Geschütz- und Gewehrfeuer empfangen, bemächtigen sie sich der Stellung und vertreiben die Aufständischen auch aus den nächstliegenden Straßen. Der rechte Flügel nimmt den Park

---

*) L. Énault, a. a. O., S. 199, 116. — **) Maxime du Camp, a. a. O., II, 115. IV, 316. — ***) Graf Hérisson, „Neues Tagebuch“, S. 360.

von Montsouris, die Irrenanstalt im 14. Bezirk und wendet sich gegen Nordosten, um die Stellung der Aufständischen am Panthéon von Westen her anzugreifen. Der linke Flügel erreicht den Boulevard St. Germain, bringt die aufständische Artillerie an dem Pont St. Michel zum Schweigen, überschreitet den Boulevard und erreicht die Seine. Nunmehr wenden sich die drei Theile des Korps Cissey gegen das Panthéon. Von allen Seiten bedroht, ergreifen die Nationalgarden unter großen Verlusten die Flucht. Auf dem rechten Ufer nimmt Douay mit einer Division die Place Vendôme und das Palais Royal; von seinen Truppen werden Anstrengungen gemacht, den Bränden hier in den Tuilerien und in dem Louvre Einhalt zu thun. Die andere Division wirft sich auf die Bank und schreitet weiter gegen die Börse, Post und Kirche St. Eustache vor. Die Division Bergé des Korps Vinoy erreicht gegen Abend das Stadthaus und besetzt die neben demselben liegende Kaserne Lobau. Im Norden der Stadt erreicht Clinchant die Boulevards von Straßburg und Magenta, nimmt Ladmirault unter Schwierigkeiten den durch Mitrailleusenfeuer vertheidigten Nordbahnhof. Auf dem Montmartre werden Batterien errichtet, um die Stellung der Aufständischen auf den Buttes Chaumont unter Feuer nehmen zu können. Der Widerstand der Insurgenten war hartnäckiger als an den vorhergehenden Tagen gewesen; glaubwürdige Nachrichten, welche uns in St. Denis zugingen, bezeichneten denselben als einen ganz verzweifelten. Erbitterung der Linientruppen begann sich zu zeigen, die Kämpfe nahmen infolgedessen einen blutigeren Ausgang an, schon hatten sich einzelne Frauen an den Kämpfen betheiligt. An 2000 Aufständische wurden am Nordbahnhof gefangen, erst um Mitternacht verstummte das Gewehrfeuer. Dagegen hatte sich das Geschützfeuer gegen Abend erheblich verstärkt; die Batterien des Montmartre beschossen die gegnerischen Stellungen La Chapelle, La Villette und Buttes Chaumont. Die Posten der Versailler standen in der Nacht zum 25. in einer fast geraden Linie von den Bahnhöfen du Nord und de l'Est bis zum Park von Montsouris.

Am Morgen desselben Tages wurde ein Graf Beaufort,

Offizier im früheren Stabe des Generals Cluseret, welcher sich nach der Mairie des elften Bezirks zu einer Meldung begeben wollte, als Verräther bezeichnet und durch Gewehrschüsse ermordet. Ferré holte einen Bürger Veyssct aus dem Gefängniß und ließ ihn erschießen; bei der Exekution gab er selbst das Kommando.*) Am 22. hatte man die wichtigsten Geiseln, 101 Personen, aus dem Gefängniß Mazas nach La Roquette übergeführt. Es hatte dies seinen Grund in der örtlichen Lage des Letzteren, welches von den Versaillern nicht sobald erreicht werden konnte. Unter diesen Geiseln befanden sich der Erzbischof Darboy, der Präsident Bonjeau, verschiedene Geistliche, einige als verdächtig denunzirte Bürger und Andere.

Die Kommune hatte seiner Zeit einen Gerichtshof zur Aburtheilung der Geiseln zusammentreten lassen. Rigault, der in Nachäffung von 1792 hierbei als procureur général de la Commune in Thätigkeit war, verhinderte alle beabsichtigten Verhöre von Zeugen oder Beweisaufnahmen. Er erklärte, es handle sich einfach darum, zu bestätigen, ob die vorgeführten Persönlichkeiten die Eigenschaften von Geiseln hätten oder nicht. Da der Wohlfahrtsausschuß das Dekret erlassen hatte, nach welchem Geiseln in Wiedervergeltung von Hinrichtungen in Versailles umzubringen seien, so war die Anerkennung als Geiseln für jene Unglücklichen nichts Anderes als ihr Todesurtheil.**) Am Abend des 24. fielen der Erzbischof Darboy, der Präsident Bonjeau nebst vier Geistlichen unter den Kugeln einer zu ihrer Hinrichtung kommandirten Abtheilung Nationalgarden. Raoul Rigault gerieth noch an diesem Tage in die Hände der Truppen und wurde von ihnen an Ort und Stelle erschossen. Es war ein glücklicher Zufall, daß dieser Mann so frühzeitig vom Schauplatz verschwand. Im Verein mit seinen Komplicen, insbesondere Ferré, würde seine Mordgier sicherlich keinen Einzigen der Geiseln im Gefängniß La Roquette mit dem Leben haben davon kommen lassen.***)

Der Herr Minister der Kommune für das Aeußere schien das Weite gesucht zu haben, eine durch St. Denis gehende

*) Maxime du Camp, a. a. O., I, 355, 135 — **) Ebenda, S. 325. — ***) Ebenda, S. 235.

Depesche theilte mit, daß ein Brief an seinen Vater mit Beschlag belegt worden sei, in welchem der ungenannte Schreiber seine glückliche Ankunft in Genf melde. Der Kommandant der französischen Flottille auf der Seine hatte am Morgen Erkundigungen über den Wasserstand des Flusses bei St. Denis eingezogen. Mittags 1 Uhr passirten drei, um 1¼ Uhr noch zwei französische Kanonenboote unsere Vorposten. Bei dem Oberkommando ging gegen Abend aus Berlin das folgende Telegramm ein: „Seine Majestät genehmigen, daß, sobald Regierungsgewalt in Paris hergestellt, nach dem Ermessen Seiner Königlichen Hoheit des Oberbefehlshabers die enge Konzentrirung der Armee vor Paris aufgehoben werde; das Gardekorps ist dann in Besetzung der Forts abzulösen und in Richtung auf Einschiffungspunkt zu verlegen. Division der ersten Armee verbleibt möglichst in ihrem zeitigen Rayon. Artikel VII des Friedensvertrages vom 10. Mai gewährt uns das Recht, im Interesse unserer Sicherheit die neutrale Zone vor Paris zu besetzen. Ausübung dieses Rechts dem dortigen Ermessen anheimgestellt. Graf Moltke."

Noch am 24. veröffentlichte das amtliche Blatt der Kommune einen Aufruf voll von Lüge und Hetzerei der Bevölkerung: „Heute, wo alle großen Gemeinden von ganz Frankreich zur Rückforderung ihrer Freiheit schreiten, um sich untereinander und mit Paris zu verbünden, hat das heilige Paris, der Herd der Revolution und Civilisation, nichts zu fürchten. Der Kampf ist hart, vergessen wir jedoch nicht, daß er der letzte, die äußerste Anstrengung unserer Feinde ist. Wir wollen diesen Leuten, welche nicht zu belehren und sich über die Bedeutung der großen Revolution sowie deren von 1830 nicht klar geworden sind, welche die Kämpfe von 1848, die Schmach des Dezember 1851 und die von Sedan vergessen haben, welche sich nicht einmal des 4. September erinnern mögen, wir wollen ihnen die großen Lehren des Prairial vom Jahre 79 geben! Oeffnen wir unsere Reihen für alle diejenigen, welche die Versailler mit Gewalt eingestellt haben und sich mit uns vereinigen wollen, um die Kommune, die Republik und Frankreich zu vertheidigen. Aber keine Schonung für die Verräther, für die Mitschuldigen des Bonaparte, des Favre, des Thiers. Alle Welt auf die Barrikaden! Auch die Frauen mögen sich mit uns vereinigen!“

Während die Flammen des brennenden Paris zum Himmel loderten, während man mit der Ermordung der Geiseln begonnen hatte, Proklamationen wie die vorstehende die Gemüther zum Kampf aufs Messer weiter reizen sollten, in der letzten Stunde, macht das Comité central einen Vermittelungsvorschlag! Die Nationalversammlung in Versailles sowie die Kommune in Paris solle sich auflösen, die Armee Paris verlassen, eine vorläufige, aus Delegirten aller Städte von 50 000 Einwohnern gebildete Versammlung aus ihren Mitgliedern eine Regierung wählen, welche dann ihrerseits die Wahlen für einen gesetzgebenden Körper sowie eine Kommune von Paris zu veranlassen habe. Irgend welche Repressalien für alle Handlungen, welche seit dem 26. März eingetreten seien, dürften nicht erfolgen. Es ist wirklich zweifelhaft, über was man sich mehr wundern soll: ob über die Frechheit, derartige Vorschläge in dieser Stunde der siegreich in Paris eingedrungenen und fortschreitenden Ordnungspartei zu machen, oder über die Harmlosigkeit, jetzt noch an die Durchführung solcher Vorschläge zu glauben, deren Annahme seitens der Regierung zu Versailles diese ein Unrecht eingestehen hieß, welches nicht vorlag und den Aufstand gewissermaßen rechtfertigte. Den Höhepunkt des Lächerlichen erreichte diese Erklärung, welche an die Mauern von Paris geschlagen wurde, aber darin, daß auch gegen die Mitglieder der Nationalversammlung keine Wiedervergeltung für ihre Handlungen erfolgen solle! Diese Erklärung ist vom 4. Prairial, also 23. Mai, datirt. Eine an demselben Tage verfaßte Proklamation des Comité central wendete sich an die Soldaten der Armee von Versailles. Sie sprach die Erwartung aus, daß dieselben nicht weiter gegen Paris kämpfen würden, und gipfelte in den Worten: „Wenn die Euch ertheilten Befehle niederträchtige sind, so ist der Ungehorsam Eure Pflicht!“

In Versailles äußerte Thiers in einer Sitzung der Nationalversammlung an diesem Tage unter allseitigem, anhaltendem Beifall: „Augenblicklich haben wir den Sieg zu vollenden.

Nach dem Siege müssen wir strafen, gesetzmäßig, aber unversöhnlich!"

Jules Favre telegraphirte an dem nämlichen 24. Mai abends, 5 Uhr 50 Minuten, an General v. Fabrice: „Euere Excellenz haben einen furchtbaren Widerstand vorausgesehen. Unsere Soldaten sind auf denselben gestoßen und haben ihn mit ihrer Hingebung und ihrem Muth gebrochen, aber Niemand konnte die Frevelthaten ohne Beispiele in der Geschichte voraussehen, welche die von uns bekämpften Bösewichter anhäufen. Von den Höhen des Montmartre vertrieben, haben sie sich an der Place de la Concorde und dem Tuileriengarten verschanzt. Seit gestern Abend brennt das Palais. Sie haben daselbst Tonnen mit Petroleum aufgeschichtet, so daß Alles in Flammen aufging. Sämmtliche öffentlichen Gebäude waren dem Feuer geweiht, und nur der überraschende Einbruch unserer Armee hat deren einige gerettet. Der Rechnungshof, die Ehrenlegion, die Kaserne am Quai d'Orsay, das Finanzministerium, das Stadthaus, Luxembourg sind ein Raub der Flammen. Ich vermag den Umfang dieses Schreckens ohne Gleichen noch nicht zu übersehen. Die Depeschen bringen überall Explosionen und Brände. Es ist der letzte Akt dieser Elenden. Ich hoffe, daß ihrer widerwärtigen Existenz heute Abend, spätestens morgen ein Ziel gesetzt werden wird. Wir sind sehr unglücklich, aber durch den Wunsch gehoben, unsere Pflicht zu erfüllen und jenen entsetzlichen Verbrechern eine Züchtigung zu Theil werden zu lassen, welche ihren Frevelthaten entspricht." *)

Man kann es tief bedauern, daß es den Regierungstruppen nicht gelungen ist, zeitiger die Gefängnisse auf dem rechten Seine-Ufer zu erreichen. Man muß aber auch die Unausführbarkeit eines solchen Wunsches anerkennen. Es war zweifellos richtig, daß die Führung der Versailler Paris Schritt für Schritt dem Aufstande entriß und eine möglichst niedrige Zahl an Verlusten im Straßenkampf erstrebte. Umgehungen von Stellungen, welche, in der Front angegriffen, viel Blut kosten mußten, das Durch-

*) Kriegsakten der 1. Garde-Division.

brechen der die Häuser trennenden Mauern an vielen Stellen, um gedeckt in den Straßen vorwärts zu kommen, verursachte Zeitaufwand. Ein Straßenkampf, wie hier, im Großen wird infolge der Unsicherheit über das, was man vor sich hat, was in der Seite, ja im Rücken vor sich geht, stets zu einem sehr methodischen, zeitraubenden Vorschreiten nöthigen. Es dürfte aber auch fraglich sein, ob ein schnelleres Erreichen der Orte, an denen sich Geiseln befanden, diesen in der That die Rettung gebracht hätte.

Der Marschall Mac Mahon hatte beschlossen, am 25. die Aufständischen nach Ménilmontant und Belleville hineinzuwerfen. Am Morgen wurden die Forts Montrouge und Bicêtre besetzt. Kavallerie des Korps du Barail bemächtigte sich später der Redouten bei Villejuif. Die durch eine Explosion im Fort Ivry am Nachmittage entstandene Unordnung ausnutzend, setzte sich die Kavallerie sogar in den Besitz dieses Forts. Die Butte aux Cailles wird genommen, siegreich dringen die Linientruppen in dem 5. und 13. Bezirk weiter vor. Der Jardin des Plantes und der Bahnhof von Orléans fallen in ihre Hände, viele Gefangene werden gemacht, bis die Seine erreicht wurde. Die Aufständischen zünden die Gobelins an, als sie dieselben verlassen müssen; kostbare, nicht zu ersetzende Schätze der Tapisserie gehen durch diese Unthat zu Grunde.

Auf dem rechten Seine-Ufer wird der Grenier d'Abondance erreicht, auch er wird von den Aufständischen vor dem Rückzug in Flammen gesetzt. Geschützfeuer der Nationalgarde aus der Richtung der Place de la Bastille und der Barrikaden an der Brücke von Austerlitz gebietet den Linientruppen Halt. Endlich ist auch hier, unter dem Beistande der Kanonenboote, der Widerstand gebrochen. Der Bahnhof von Lyon und das Gefängniß von Mazas werden beim Einbruch der Nacht genommen, gefangene Geiseln in letzterem durch die Truppen befreit. Es gelang jedoch auf dem rechten Ufer nicht, bis zur Place de la Bastille vorzudringen; auch Douay und Clinchant hatten nur langsam in den Bezirken 3 und 10, Ladmirault im 18. und längs der Umwallung Terrain gewonnen.

An der Place du Château d'Eau befand sich eine starke Vertheidigungslinie der Aufständischen, welche gemeinsam mit der der Place de la Bastille die letzten in den Händen des Aufstandes befindlichen Bezirke der Stadt deckte. In der Nähe des erstgenommenen Platzes fiel Delescluze in der Nacht vom 25. zum 26. Von Mißtrauen umgeben, suchte er den Tod und fand ihn, als die Linientruppen die Place du Château d'Eau erreicht hatten. Sein Nachfolger als Delegirter des Krieges wurde der Oberst der Nationalgarde Parent. Ein Hutmacher, wegen Betruges, Fälschung und anderer Missethaten wiederholt bestraft, gehörte er zu den Mordbrennern, welche das Stadthaus angezündet hatten.*)

Das Fortschreiten des Kampfes zu Gunsten der Versailler war von den hochgelegenen Theilen unserer Stellungen zu übersehen. Von Zeit zu Zeit emporwirbelnde Dampfwolken von Explosionen und neu auflodernde Flammen bezeichneten den Weg, welchen der Kampf nahm; näher und näher ertönte der Schall des Kanonendonners und des Gewehrfeuers; hin und wieder verirrten sich hochgehende Geschosse schon in den Bereich der neutralen Zone außerhalb der Umwallung. Die Lage in Paris wurde uns als fürchterlich geschildert. Todte, Sterbende und Verwundete lagen in den Straßen umher, ohne daß irgend Jemand sich um sie kümmern konnte. Einige Telegramme dieses Tages, welche persönliche Eindrücke schildern, sind von Interesse:

„Gros Bois, 25. 5. 11 Uhr 15 Min. vormittags.

Oberkommando der Dritten Armee.

Margency.

Habe auf Ansuchen des Präfekten gestern 50 Pompiers und Feuerspritzen von Melun nach Paris passiren lassen, um die brennenden Tuilerien zu löschen; desgleichen dem französischen Offizier Pavillon gestattet, sich nach Schloß Vincennes zu begeben, um dasselbe zur Uebergabe an die Nationalgarde des gleichnamigen Städtchens im Auftrage der französischen Regierung aufzufordern. Noch keine Nachricht über den Erfolg erhalten. Wenn es gelingt,

*) Maxime du Camp, a. a. O., I, 409.

werde ich dieses Städtchen sogleich mit 2 Bataillonen besetzen lassen. Gestern Nachmittag wollte sich der Kavalleriechef der Insurgenten mit seinem Stabe unseren Truppen gefangen geben, wurde zurückgewiesen. Wenn sich aber solche Insurgentenchefs der französischen Gendarmerie vor unseren Linien ergeben wollen, so werde ich diesen Gefangentransporten den Durchlaß gestatten, wenn nicht anders befohlen wird. Abends der verlangte Durchmarsch von 3000 Weibern, Kindern und Greisen vom linken Ufer dem Kommandanten von Ivry abgeschlagen. Bis nachts 11 Uhr heftiges Feuer auf dem Plateau von Haute Bruyères und Villejuif. Von da an vollständige Ruhe am linken Ufer. Heute Morgen Moulin Saquet und Fort Bicêtre geräumt; vom Dorf Bicêtre zogen 3—4 Bataillone mit 8 Geschützen und 7 Wagen gegen Paris ab, ferner 2—3 Bataillone vom Glacis Ivry dahin verlaufen, doch Fort Ivry von Insurgenten noch besetzt. Um 10 Uhr flaggte die Tricolore auf Fort Bicêtre. Linienkavallerie streift zwischen diesem Fort und Fort Ivry, welches kräftig gegen Thiais und Moulin Saquet noch feuert. Paris nachts mehrere Brände beobachtet. Morgens seit 4 Uhr heftiges Geschütz- und Gewehrfeuer in der Gegend des Bastilleplatzes vernehmbar, wo sich gegenwärtig der Hauptstützpunkt des aufständischen Widerstandes befinden soll.

v. der Tann."

General v. Fabrice meldete abends 8 Uhr nach Berlin: „Kehre soeben von äußersten Vorposten am Canal de St. Denis dicht vor der Enceinte in der Nähe des Thors von La Villette zurück; Insurgenten noch im Besitz eines Theils von Villette; im Inneren der Vorstadt lebhaftes Gefecht, an der Enceinte nur schwächere Patrouillen. Das nach Aubervilliers führende Thor ist erst in heutiger Mittagstunde nach gut geführter Vertheidigung von den Truppen genommen worden; die auf dem Montmartre und der Butte Chaumont befindlichen Batterien unterhielten ein mäßiges Feuer. Marinegeschütze sind von Montretout nach den Batterien auf dem Montmartre gebracht worden. Im Innern von Villette eine seit dem Morgen bestehende Feuersbrunst, auf der Höhe von Belleville in der Richtung von Ménilmontant eine

Art Explosion von bedeutendem Umfange, infolge derselben ein großes Feuer. Als sicher ist anzunehmen, daß die Truppen auf dieser Seite seit gestern nur langsam vorgeschritten sind, und daß, da sie diesen Abend wohl kaum noch in den Besitz des Thores von Pantin gelangen dürften, die heute beabsichtigte Offensive auf Belleville wahrscheinlich erst an dem morgenden Tage zur Ausführung gelangen wird." Das Oberkommando meldete telegraphisch nach Berlin, daß die französische Regierung an diesem Tage früh beantragt habe, den Angriff auf Belleville vom Plateau von Romainville aus durch Truppen unterstützen zu dürfen. Es sei hierzu die Genehmigung ertheilt und seien auch die nöthigen Vorbereitungen getroffen, um andererseits Verluste zu vermeiden; bis zum Abgang der Meldung, 9 Uhr 30 abends, sei dieser Angriff noch nicht ausgeführt worden. Infolge dieser Zustimmung des deutschen Oberkommandos telegraphirte Mac Mahon an Thiers: „Veuillez faire connaître au général Fabrice, que les troupes destinées à soutenir la batterie à établir près du Pré Saint Gervais contre les buttes Chaumont sortiront par la porte de Clignancourt et qu'un officier d'état major du général Ladmirault se rendra aujourd'hui à Romainville pour faire connaître le plan d'attaque au général prussien."

Aber weder der angemeldete Offizier, noch die zur Unterstützung einer Batterie bestimmte Truppe erschien; die Lage in Paris am Abend ließ wohl auch von diesem Plan Abstand nehmen. Seine Kenntniß ist aber von Werth, um auch unsere damaligen Gegner darüber aktenmäßig aufzuklären, in welch loyaler Weise wir die Interessen der Regierung der Versailler vor Paris stets vertreten haben.

Seitens dieser Regierung war ausdrücklich befohlen worden, daß alle Aufständischen, welche die Waffen streckten, nur gefangen genommen werden sollten.*) In den beiden ersten Tagen hatten die Truppen sich im Kampfe ruhig und gemäßigt gehalten. Aber der hartnäckige Straßenkampf, die Schandthaten der Kommune, die sich mehrenden Brände regten sie mehr und mehr auf. Je

*) Jules Simon, a. a. O., I, 472.

erbitterter sie kämpften, um so grausamer wurden sie gegen alle mit der Waffe in der Hand gemachten Gefangenen oder bei Brandstiftungen betroffenen Männer und Weiber. „Der Aufstand war ohne Erbarmen, die Unterdrückung desselben kannte keine Gnade. Sieger wie Besiegte gaben gegenseitig keinen Pardon. Die Blutgesetze, welche die Kommune gegeben und zur Ausführung gebracht hatte, fielen auf sie selbst zurück: à son tour, elle allait mourir égorgée.“*)

Die Kommune und die sie verherrlichenden Schriftsteller sprachen von Repressalien, welche durch die Thaten der Versailler den Herren von Paris aufgezwungen worden seien. Lange vor der Eröffnung der Feindseligkeiten haben jedoch die Kommunards mit ihren sogenannten Repressalien begonnen. Freilich hat die Armee Wiedervergeltung geübt! Aber sie war, wenn auch bedauerlich, verständlich und entschuldbar. Die Linientruppen waren durch eine Reihe von Verbrechen, von der Ermordung der Generale Lecomte und Thomas an, zu derselben gereizt worden. „Sobald die aufgehenden Brände den Charakter des Kampfes, wie die Kommune denselben führen wollte, erkennen ließen, erhielten alle Befehlshaber Ordre, sofort alle Kommunekämpfer erschießen zu lassen.“**) Die Massenexekutionen auf Seiten der Versailler waren eine weitere traurige, aber gleichfalls zubegreifende Folge der ganzen Erhebung. Lächerlich war es, daß die Pariser Zeitungen der Kommune von der Beachtung der Genfer Konvention seitens der Nationalgarde den Versaillern gegenüber sprachen. Auch der in Paris lebende bessere Theil der Bevölkerung war durch den langen, unerträglichen Druck der Kommune in hohem Grade aufgebracht. Er zeigte sich den gefangenen Aufständischen gegenüber brutaler und mitleidsloser, als dies sonst der Fall gewesen sein würde. Es ist dies nicht zu entschuldigen: „Die Civilisation straft wohl, aber rächt sich nicht.“***)

Sehr bezeichnend ist die Aeußerung des Kommuneschriftstellers Lissagaray: „Die völlig thierische Rohheit der Soldaten

*) Maxime du Camp, a. a. O., I, 392. — **) Ebenda II, 421. — ***) Ebenda II, 420.

war weit minder gräßlich. Diese Unglücklichen glaubten fest, daß die Föderirten Räuber oder Preußen seien, und mordeten ihre Gefangenen.“ Um der Sache des Aufstandes zu nützen, versuchten Frauen aus dem Pöbel Liniensoldaten mittelst vergifteter Liqueure zu tödten, indem sie diese den Versaillern angeblich zur Stärkung verabreichten.*) Es wurde von Frauen und Kindern berichtet, daß sie Petroleum in die Keller durch die auf die Straße hinausführenden Kellerlöcher gegossen hätten, um die Brandlegungen zu erleichtern.*) „In der letzten Zeit machte die Presse sich zum Echo beharrlicher Gerüchte, welche den Preußen einen großen Antheil der Verantwortung für diese entsetzlichen Vorgänge zuschreiben. Wir enthalten uns, irgend eine Meinung über diese delikate Frage zu äußern, aber wir müssen doch die Aufmerksamkeit darauf lenken, daß die Brandstifter von Paris mit Petroleum operirt haben .... genau der Methode der preußischen Offiziere folgend, welche unsere Dörfer in Brand setzten.“**) Hat Haß diese Zeilen nicht diktirt, so bieten auch sie ein Beispiel für die Leichtgläubigkeit und die Sucht, die Schuld auf Andere zu wälzen. Diese Charakterschwächen verdunkeln fast völlig die sonst so vielen guten Eigenschaften bei einem Volke, welches, zu seinem eigenen Schaden allein, eben — nicht lernen will! Wir entsprachen selbstverständlich allen Wünschen zum Durchlaß von Feuerwehren durch unsere Linien zur Rettung bei den Bränden. Schon befanden sich die Pompiers von Rouen in Paris, um zu retten, was noch zu retten war. Auch von anderen Orten verschiedener Departements eilten die Feuerwehren herbei; so die von Aubervilliers, Creil, Compiègne und andere.

Am Nachmittag besetzte die 2. bayerische Infanterie-Brigade mit 2 Bataillonen, 1 Batterie, etwas Kavallerie und einigen Pionieren den Ort Vincennes. Sie schloß sich hier an die schon am 22. vom XI. Armeekorps nach Montreuil vorgeschobenen Truppen an. Auch der 25. sollte in Paris nicht ohne Mordthaten vorübergehen. Einer der Geiseln, Bankier Jecker, wurde

*) „Journal officiel (de Versailles)“ vom 25. Mai 1871 und Depesche Thiers' vom 27. Mai. — **) „Guerre des communeux de Paris“, S. 245. Siehe auch „Enquête parlementaire“, S. 284.

erschossen. Es war dies eine gemeine, ursprünglich nur auf Erpressung an dem für noch reich gehaltenen, aber ruinirten Manne zielende That. Lissagaray schreibt,*), daß die Kommune Jecker „ungestraft“ (!?) gelassen habe, das Volk habe an ihm Gerechtigkeit geübt. Als wenn hierdurch die Schuld der Kommune in irgend einer Weise verringert würde? Das Volk irre leiten, es zu solchen Schandthaten durch Lüge und Hetzereien erregen, das ist erlaubt. Wenn dann aber derartige Thaten die Folgen sind, dann heißt es: „Ja, das haben wir nicht gewollt, das waren wir nicht, das war das Volk!“ Am 19. Mai, berichtet Maxime du Camp, hatte man die Dominikaner von Arcueil, welche in der Nähe des Forts Bicêtre eine Schule hielten, verhaftet. Diese Verhaftung war durch den Chef der 13. Legion, Sérizier, einen Gerber, nur aus persönlichem Haß gegen Alles, was zur Geistlichkeit gehörte, erfolgt. Die Dominikaner hatten sich nicht allein nichts zu schulden kommen lassen, sondern sogar in ihrer, bereits während der deutschen Einschließung zu einem Lazareth umgewandelten Schule die verwundeten Aufständischen gepflegt. Sérizier ließ sie am 25. Mai erschießen, wobei sich mehrere Weiber betheiligten. „Eine der Frauen, die jüngste, eine kleine hübsche Blondine, warf sich auf die Gefahr hin, selbst durch Kugeln getroffen zu werden, mitten auf die Straße, lud ihren Chassepot und feuerte ihn ab mit dem Rufe: „Ah! die Feigen, sie retten sich!“**)

Dieser Sérizier hatte „sein Privatgefängniß“ in der Avenue d'Italie. Alle dort Eingekerkerten nannte er seine Gefangenen; dorthin waren auch die Dominikaner gebracht worden. An diesem Tage leerte er das Gefängniß durch Niedermetzelung der Verhafteten.***)

Der Montmartre beschoß während der Nacht zum 26. und im Laufe des ganzen Tages aus 4 Batterien die Buttes Chaumont und den Père Lachaise. Die Aufständischen antworteten von den Buttes Chaumont und vom Eintritt des Canal de Saint Denis in die Stadtumwallung, wo sie am 25. eine Batterie aufgestellt

*) Lissagaray, a. a. O., S. 341. — **) Maxime du Camp, a. a. O., I, 302. — ***) Ebenda, S. 286.

hatten. Dieselbe wurde heute durch eine an der Porte d'Aubervilliers stehende Batterie der Versailler bekämpft, deren Geschosse den Bahnhof von Pantin beunruhigten, so daß die Vorposten der 1. Garde-Division etwas zurückgenommen werden mußten. Die Feuersbrünste in Paris schienen gegen Morgen erloschen zu sein. Eine Batterie der Versailler Truppen erhielt die Erlaubniß, von der Porte Clignancourt aus nach Pré Saint Gervais durch unsere Vorpostenlinie zu marschiren. Sie machte jedoch von dieser Erlaubniß keinen Gebrauch. Die Reserve-Armee unter Vinoy bemächtigte sich der Place de la Bastille. Die nicht getödteten oder gefangenen Aufständischen flohen nach der Place du Trône. Auch diese wird bis zum Abend von den Aufständischen gesäubert und die Porte de Vincennes besetzt. In der Nähe der Place du Trône befand sich das Waisenhaus für Mädchen Eugénie-Napoléon. Die Feder sträubt sich, die gemeinen Handlungen, welche daselbst verübt wurden, zu Papier zu bringen. Es genügt zu sagen, daß die mit der Erziehung betrauten Nonnen ohne die Kinder aus dem Hause fortgejagt wurden, „qui allait devenir une porcherie“. Ein Beigeordneter des 12. Bezirks, Lyaz, war, umgeben von seinen Freunden, der Pascha in diesem Harem. Als die Nonnen, nachdem das Gebäude von den Kommunards beim Vordringen der Truppen verlassen war, zurückkehrten, fanden sie die unglücklichen Kinder in Entsetzen erregendem Zustand.*)

Douay überschreitet den von der Place du Château d'Eau nach der Place de la Bastille führenden Boulevard und setzt sich in heftigem Gefecht im 11. Bezirk fest. Clinchant nimmt unter starkem Geschützfeuer der aufständischen Artillerie an den Buttes Chaumont und Père Lachaise längs des Kanals St. Martin Stellung. Auf dem äußersten linken Flügel im Norden umfaßte Ladmirault die Stellung an den Buttes Chaumont von der Place de la Rotonde bis zur Porte du Canal de l'Ourcq. Hier wird die Porte de la Villette gegen 6½ Uhr abends genommen, die Linieninfanterie dringt innerhalb der Umwallung bis zur Eisenbahn vor. Bald nach Fortnahme des Thores

*) Maxime du Camp, a. a. O., IV, 286.

la Villette drängte ein dichter Knäuel Kommunards aus dem Bahneinschnitt südöstlich jenes Thores heraus. Sie stießen zwischen der Bahn und dem Kanal auf die 11. Kompagnie des 2. Garde-Regiments. Als die Vordersten der Aufständischen sich hinwarfen und auf drei- bis vierhundert Meter gegen unsere Füsiliere Feuer eröffneten, erwiderten die beiden dort ausgeschwärmten Züge das Feuer. Die Insurgenten gingen unter dem Verlust mehrerer Todten und Verwundeten nach Paris zurück. Einige Leute der 11. Kompagnie waren verwundet. Um 9½ Uhr abends war in den dicht vor uns liegenden großen Schlachthäusern noch Gefecht hörbar. In dem von uns besetzten Dorfe Aubervilliers wurde ein Einwohner durch ein Geschoß getödtet, jedoch kein Soldat verletzt.

Von dem hochgelegenen Dache eines unmittelbar an der Porte de la Villette liegenden Hauses vermochte man in die Stadt hineinzusehen und das Vorschreiten des Gefechtes zu verfolgen. General v. Pape schrieb an diesem Tage nach Berlin: „Das Strafgericht, welches sich über Paris vollzieht, ist ein furchtbares. Die Einwohner hielten den französischen Boden von uns für besudelt, unser Bombardement der „heiligen Stadt" war der Gipfelpunkt der Barbarei, wir sollten Paris unter keinen Umständen betreten, trotz der dringenden Warnung Bismarcks durfte die Nationalgarde nicht entwaffnet werden. Und jetzt jauchzen sie bei dem Gedanken, daß wir die Ordnung in Paris und in ganz Frankreich herstellen könnten, jetzt ist die heilige Stadt dem furchtbarsten Bombardement durch die eigenen Truppen unterworfen, jetzt vollziehen sich dort Greuel, die über alles menschliche Denken hinausgehen, jetzt ist es die nicht entwaffnete Nationalgarde, die alles dies Elend über Paris hervorbringt. Ja, Gott ist gerecht, aber furchtbar in seiner Strafe! Von Montag Abend Feuersbrunst über Feuersbrunst, eine immer großartiger als die andere, und wenn auch nur die größten Gebäude in Flammen standen, so schien doch halb Paris zu brennen. Ungeheuere Explosionen folgen sich mit furchtbarem Gekrache, dicke Rauch- und Dampfwolken bezeichnen die Stellen der Explosionen, dazu der rasende Donner der Geschütze, das

Krachen der krepirenden Granaten und Shrapnels, das fast unausgesetzt rollende Gewehrfeuer, bei Tag und Nacht — es ist eine Herzenslust, die Herren Pariser so gezüchtigt zu sehen. Die Versailler Truppen geben keinen Pardon, und da auch Weiber sich am Kampfe betheiligen, so werden auch diese auf der Straße ohne Barmherzigkeit niedergeschossen. Was beim Durchsuchen der Häuser vorgeht, darüber mag Gott richten; ich glaube, daß wenigstens die Hälfte der Einwohnerschaft ausgerottet wird. Auf der anderen Seite sind die Insurgenten wie die Wüthenden, und die Weiber die schlimmsten. Diese laufen mit Revolver und Messer in den Händen in den Stadttheilen umher, die noch in ihrem Besitz sind, rauben in den Häusern, was sie können, und morden, was sie Lust haben, und sie haben viel Lust. Auf den Buttes Chaumont, wo die Insurgenten ihre letzten Batterien haben, sah ich gestern selbst Weiber die Geschütze bedienen. Zweimal war ich in Aubervilliers, dort liegt in der Route de Lille ein hohes vierstöckiges Haus, von dessen Dach man weit in die Stadt hineinsehen kann, namentlich die Rue de Flandre entlang. Das Haus liegt höchstens 300 Schritte vom Thore ab. Uebrigens ist der Posten nicht ganz ungefährlich, da Granatstücke und Chassepotkugeln dort umherfliegen. Aber er ist höchst interessant. Dort sieht man nun das Detail der Kämpfe und kann namentlich das Gebahren der Rebellen und ihrer Weiber beobachten. Mit einem Worte: Ueber alle Begriffe scheußlich. Auf dem Wege dahin sah ich gestern Abend 6 Uhr Fort Ivry in die Luft fliegen. Ich habe leider nur zu wenig Zeit, um Alles sehen zu können. Nach Aubervilliers, d. h. an die große Straße hin, fährt oder reitet man von hier dreiviertel Stunden; wenn man also nur etwas sehen will, so braucht man doch zwei Stunden, und ich kann mich von hier kaum hinwegrühren. Das Laufen bei mir geht unausgesetzt, Depeschen jagen sich mit Depeschen. Ich bekomme jede hier durchgehende französische, englische ꝛc. zur Kontrole. Ich lerne dabei die Sprachen. Ich kann übrigens von dem flachen Dache meines Hauses fast Alles ganz ausgezeichnet übersehen. Neulich war ich über St. Ouen vorgeritten; aber in aller Höflichkeit ließen mich die französischen Offiziere nicht hindurch, vorgebend, es sei zu gefährlich. Von dort hat man nämlich die schönste Uebersicht über ganz Paris, während man sonst nur immer einen Theil übersieht. Uebrigens ist der ganze Montmartre unterminirt, und wenn nicht alle Leitungsdrähte durchschnitten sind, kann er jeden Augenblick in die Luft gehen. Die Versailler haben Batterien darauf und feuern kräftig in die Stadt, was die Rebellen freundlichst erwiedern. Eben telegraphirt mir Puttkamer (2. Garde-Regiment), daß an der Porte la Villette jetzt eine Insurgenten-Batterie steht und längs der Enceinte gegen Westen feuert; eine Versailler Batterie bei Porte d'Aubervilliers antwortet. Die Granaten fliegen ihm, bei Bahnhof Pantin namentlich, um den Kopf herum, ich will ihm wünschen, daß er nicht nochmals angeschossen wird. Verlassen darf der Posten nicht werden, denn gestern wollten wiederholt Insurgentenschaaren auf der Eisenbahn sich aus Paris retten. Sie wurden zurückgejagt. — Bis gestern Abend furchtbare Hitze und Sonnengluth, heute endlich Regen nach gewiß sechs Wochen. Aber — man kann nichts sehen. Vorgestern ging doch das Gefecht für die Versailler rückwärts, gestern stand es, abends wurde es besser.

Heute sehr heftiges Gefecht, anscheinend günstig. Versailler Truppen kommen bei uns durch und greifen La Villette und die Buttes Chaumont von hinten an, d. h. über Le Prè St. Gervais. Morgen oder übermorgen wird es wohl vorbei sein.

Soeben 12 Uhr mittags geht wieder ein kolossales Feuer auf, eigentlich drei himmelhohe Flammen. Weiß noch nicht genau wo; taxire es auf die großen Schlachthäuser, abattoirs généraux, wo der Kanal St. Denis in die Stadt tritt, oder die dicht dabei gelegene große Gasanstalt."

Am Abend stand Paris wiederum an 4 bis 5 Stellen in Flammen. Gewaltige Feuersbrünste in La Villette bildeten von 10 Uhr abends ab ein unermeßliches Feuermeer vor unsern Augen. Dasselbe mußte von den Docks von La Villette herrühren, welche für 20 Millionen Waare enthielten und dem Wahnsinn der Pariser zum Opfer fielen.

„Die Speicher von La Villette und ein Wagendepot daselbst

brannten. 772 maisons enflammées. 754 autres attaquées par l'incendie faisaient de Paris un horrible brasier."*)

Bei den Straßenkämpfen stießen die französischen Soldaten an vielen Stellen, in brennenden Kirchen und Häusern, auf Pulverfässer, Patronenkasten, Petroleummengen, Pechfackeln, Dynamit, loses Pulver und Schwefel. Hätte das Feuer diese Masse an Sprengstoffen erreicht, so wären die Verwüstungen noch größere gewesen.**) Eine Art Wunder ist es, daß mitten in diesen Mord- und Brandthaten, Plünderungen und Requisitionen die Bank von Frankreich mit ihren Schätzen gerettet wurde. Der Ergebenheit ihrer Beamten, welche sich bewaffneten, sowie dem Auftreten der Kommunemitglieder Beslay und Jourde gebührt der Dank. Von drei Milliarden in realisirbaren Werthen, Staats- wie Privatvermögen, sind der Kommune nur einige Millionen, welche zum größten Theil noch dazu der Stadt Paris gehörten, überliefert worden.

Der Minister Jules Favre theilte mit, daß London seine Feuerwehr zur Löschung der Brände in Paris zur Verfügung gestellt habe.***) Der Durchlaß wurde für dieselbe gestattet, sie kam jedoch nicht. Ein Gleiches spielte sich mit zwei Dampfspritzen aus Antwerpen ab. In Versailles nahm die Nationalversammlung einen Antrag an, nach welchem das Thiers'sche Haus auf Staatskosten wieder aufgebaut werden sollte. Der Tag sollte nicht endigen, ohne eine der größten Schandthaten dieses „rothen Quartals"†) zu zeitigen. Zweiundfünfzig Geiseln, Gendarmen, Polizeisoldaten, Geistliche und einige andere Bürger, wurden aus dem Gefängniß von La Roquette in den 20. Bezirk geführt und daselbst in der Rue Haxo von dem Abschaum der Bevölkerung in grausamster Weise ermordet. Wir erinnern uns, daß das Kommunemitglied Ranvier bei seiner Entlassung aus dem Gefängniß gelegentlich des 31. Oktober 1870 geäußert hatte, „daß die Regierung nicht den Muth gehabt habe, ihn füsiliren zu lassen, er, Ranvier, aber den Muth haben würde, die Männer der Regierung erschießen zu lassen". Der Zug der Geiseln begegnete

*) Maxime du Camp, a. a. O., I, 390. — **) Ebenda IV, 296. — ***) Akten der 1. Garde-Division. — †) So nennt es Scherr.

auf seinem langen und qualvollen Wege Ranvier. Derselbe rief: „Allez les fusiller!“ und man gehorchte. Die Leichtgläubigkeit der Pariser machte natürlich aus diesem französischen Schandbuben einen preußischen Spion.

An demselben Tage wurde Moreau von den Linientruppen verhaftet und in der Kaserne Lobau, woselbst die Exekutionen der von dem Kriegsgericht Verurtheilten stattfanden, erschossen.

In dem Städtchen Vincennes wurde die Besatzung noch um ein Bataillon verstärkt, gleichzeitig hiermit das Dorf Mandé mit einem Bataillon besetzt, während rückwärtig gelegene Truppen des I. bayerischen Korps in den Kantonnements entsprechend vorrückten. So sehen wir an allen Orten die Durchführung von Maßregeln, um zu Gunsten der Regierung in Versailles ein Durchbrechen der Aufständischen zu verhindern.*) Auch an diesem Tage wurden bewaffnete Nationalgarden, welche aus dem Eisenbahnthor bei Saint Mandé flüchteten, zurückgewiesen. Mit Freuden aber begrüßten die Einwohner von Vincennes die bayerischen Bataillone. Wurden sie ihnen doch Befreier von schweren Sorgen, Befürchtungen und von dem lähmenden Drucke der Kommune von Paris. Den Vertretern Frankreichs bei den fremden Staaten ging an diesem Tage das folgende Schreiben des Ministers Jules Favre zu:

„Das abscheuliche Werk der Verbrecher, welche den heldenmüthigen Anstrengungen unserer Armee unterliegen, darf mit keiner politischen Handlung verwechselt werden. Dasselbe bildet eine Reihe von Schandthaten, welche in den Gesetzen aller civilisirten Völkerschaften vorgesehen sind und zur Bestrafung gezogen werden. Für die Urheber und deren Mitschuldige an

*) Der Sozialist Friedrich Engels schrieb in seiner Einleitung zu der Adresse des Generalrathes der Internationalen Arbeiter-Association, „Der Bürgerkrieg in Frankreich“: „Die preußischen Truppen, die die Nordosthälfte von Paris umlagerten, hatten Befehl, keine Flüchtlinge durchzulassen, doch drückten die Offiziere oft ein Auge zu, wenn die Soldaten dem Gebot der Menschlichkeit mehr gehorchten als dem des Oberkommandos; namentlich aber gebührt dem sächsischen Armeekorps der Ruhm, daß es sehr human verfuhr und Viele durchließ, deren Eigenschaft als Kommunekämpfer augenscheinlich war.“ — Das sächsische Armeekorps befand sich überhaupt nicht vor Paris.

den mit teuflicher Geschicklichkeit vorbereiteten Morden, Diebstählen und Brandstiftungen darf es keine andere Zuflucht geben als die der gesetzlichen Sühne. Kein Volk vermag seine Freiheit zu schützen, in allen Ländern würde ihre Anwesenheit eine Schande und eine Gefahr sein. Wenn Sie daher hören, daß eine durch die Vorgänge in Paris bloßgestellte Persönlichkeit die Grenzen des Landes, bei dessen Regierung Sie beglaubigt sind, überschritten hat, so ersuche ich Sie, die sofortige Verhaftung derselben bei den Ortsbehörden anzuregen und mir umgehend darüber zu berichten, damit ich die Angelegenheit durch ein Auslieferungsgesuch zu ordnen im Stande bin."

Auch in der Nacht zum 27. war ununterbrochenes Geschützfeuer vom Montmartre gegen Belleville hörbar. Um 5 Uhr am Morgen des 27. passirte ein Zug französischer Feuerwehr St. Denis. Es brannte noch immer in Paris, jedoch schienen sich die Feuer nicht weiter auszubreiten. Bei dem Brande des Finanzministeriums waren durch die Unerschrockenheit und Ergebenheit mehrerer, auch durch Liniensoldaten unterstützter Beamten, das „grand livre de la dette publique", die Renteneinschreibung und andere Werthe von großer Bedeutung, wie wir hörten, gerettet worden. Es ist zu bedauern, daß nicht die Namen von vielen braven und heldenmüthigen Einwohnern der Stadt Paris, welche Mitmenschen aus Gefangenschaft und vom Tode erretteten, Brände auch von fremdem Eigenthum trotz der Gefahr, füsilirt zu werden, löschten oder sich als Samariter bewährten, der Geschichte aufbewahrt worden sind.

Aber auch noch an diesem Tage wurden unschuldig denunzirte Bürger auf der Straße ergriffen und von den Handlangern der Kommune erschossen, „la foule, absolument enivrée, était parvenue à cet état de paroxysme, qui enlève la conscience de soi-même et des actes, que l'on va commettre".*)

Schon im April hatte das amtliche „Journal officiel" die Heldinnen der Revolution von 1789 in einem längeren Artikel gefeiert und darauf hingewiesen, daß bei allen Volksbewegungen die Frauen eine große Rolle gespielt hätten. So wären auch jetzt Frauen

*) Maxime du Camp, a. a. O., I, 424.

heldenmüthige Mitkämpfer und seien mehrere derselben durch das Feuer der Versailler bereits gefallen. Lissagaray versteigt sich sogar zu einem charakteristischen Hochgesang: „Die Frau, welche die ins Feuer ziehenden oder zurückkehrenden Nationalgarden begrüßt oder begleitet, ist die echte Pariserin. Das unreine Zwittergeschöpf, welches im kaiserlichen Schlamm geboren ist, die Madonna der Prostitutions-Schriftsteller, der Dumas und Feydeau, ist ihrer Kundschaft nach Versailles gefolgt oder beutet in St. Denis die preußische Goldgrube aus. Die Frau, welche jetzt das Pflaster einnimmt, ist die starke, die hingebende, die tragische Pariserin, welche zu sterben wie zu lieben weiß, die Pariserin von jener reinen, edlen Ader, welche als unsere höchste Revolutionshoffnung seit 89 lebendig in den Tiefen der Volksschichten rinnt."*) Nun wir haben sie selbst gesehen, jene Heroinen, bewaffnet, halb nackt, Megären, schlimmer, bösartiger und grausamer als die Männer. Daß die in erster Linie vom Amtsblatt der Kommune genannte Théroigne de Méricourt eine Courtisane war und 1792 von dem Pöbel selbst im Tuileriengarten ausgepeitscht wurde, wird verschwiegen. Bei vielen der Exekutionen der Gefangenen haben Weiber, Furien gleichend, die schlimmste Rolle gespielt und in bestialischer Weise gemordet.

Den Kriegsgerichten sind 1051 Frauen, unter welchen „5 Prussiennes", überwiesen worden. Mehr oder weniger waren fast alle, auch die verheiratheten Frauen unter ihnen, sittenlose Personen. Man hatte ihnen eine Zukunft ohne Sorge, Geld als glänzenden Köder in Aussicht gestellt. Viele von ihnen, durch die sozialistischen Theorien verführt, glaubten an eine neue Aera. Faulheit, Mißgunst, der Durst nach unbekannten und doch heiß ersehnten Genüssen trugen weiter zu ihrer Verblendung bei, und so warfen sie sich mit Ungestüm in die revolutionäre Bewegung, welche sie dahinraffen mußte.**) Sie dienten in großer Zahl als Marketenderinnen bei der Nationalgarde, als Pflegerinnen in den Feldlazarethen, in den Hospitälern und in öffentlichen Kochanstalten oder bauten Barrikaden. Viele übten das Amt

*) Lissagaray, a. a. O., S. 193. — **) „Enquête parlementaire", S. 549.

von Spionen aus, um Leute, welche sich dem Dienst in der Nationalgarde entzogen, aufzusuchen und zur Anzeige zu bringen. Alle diese Frauen waren durch Ueberwachungskomitees in den einzelnen Bezirken zu ihren Diensten berufen worden und gehorchten dem Comité central de l'union des femmes.*) „Was die Rolle der Frauen während der Kommune anbetrifft, so müßte eine Abhandlung über die begangenen Gemeinheiten einen Moralisten oder Irrenarzt reizen, ihren Scharfsinn darzuthun."**) Aber auch Kinder haben eine für die Charakteristik der Kommunezeit bemerkenswerthe Rolle gespielt. Nach den ersten Kämpfen ändert sich das Aussehen der Nationalgarde. Eine Menge der in derselben dienenden Leute entzogen sich dem Dienst, die im Alter von 25—35 Jahren Stehenden wurden seltener. An ihre Stelle traten viele im Alter von 40—50 Jahren, sowie Kinder. Ueber 600 Straßenjungen ergriffen die Waffen und kämpften wie die Dämonen. Ohne Gnade dem Gegner gegenüber, übten sie Schandthaten aus, nur um sich zu belustigen!***)

Nach der „Enquête parlementaire sur l'insurrection du 18 Mars" sind 651 arretirte, im Alter von 7 bis 16 Jahren stehende Kinder nach Versailles gebracht worden. Von diesen sind 87 den Gerichten zur Aburtheilung übergeben, der Prozeß gegen die Mehrzahl aber ist niedergeschlagen worden. Die amtlichen Untersuchungen über die Erziehung, Familienverhältnisse und Schulkenntnisse dieser Kinder ergaben in der Mehrheit ein schreckenerregendes Resultat. Die Verführung durch einzelne, gänzlich verdorbene und schlechte, oft selbst bestrafte Subjekte hat eine große Rolle gespielt. Jene 87 vor Gericht gestellten Kinder befanden sich fast ausnahmslos in einem Zustande völliger Unwissenheit, waren sich selbst überlassen und stammten von übel beleumdeten Eltern ab. Ihre frühreife Verderbtheit rührte sowohl von ihren schlechten Instinkten wie von den gefährlichen Beispielen her, welche sie umgaben. Auch Kinder anständiger Leute befanden sich unter den Verhafteten, schlecht überwacht, waren auch sie zu schlechten Subjekten geworden.†)

*) „Enquête parlementaire", S. 549. — **) Maxime du Camp, II, 86. ***) Ebenda, S. 84, 85. — †) „Enquête parlementaire", S. 549 u. ff.

In Paris hatte das Comité central am 27. die Diktatur ergriffen. Bei den Kämpfen des Tages handelte es sich um die letzten Zufluchtsstätten der Kommune. Während die Korps Douay und Clinchant in ihren Stellungen verblieben, griffen Vinoy und Ladmirault die Buttes Chaumont und den Père Lachaise an. Mit je einem Flügel längs der Umwallung vorgehend, sollten die Korps an dieser Fühlung nehmen und sich dann gegen die somit eingeschlossenen Vertheidiger wenden. Jene Stellungen werden nach heftigen Kämpfen genommen, aber erst der 28. sollte die völlige Unterwerfung der Kommune bringen. In diesen letzten Kämpfen erreichten die Linientruppen das Gefängniß La Roquette. Den daselbst noch befindlichen Gefangenen war es geglückt, wie Maxime du Camp berichtet, sich in dem Hause gemeinschaftlich zu verbarrikadiren. Sie waren hierzu durch einen Aufseher Pinet, einen alten braven Soldaten, der sich bereits längere Zeit mit dem Gedanken trug, den Gefangenen zu helfen und sie zu befreien, angefeuert worden. Dem an diesem Tage zur Tödtung von Geiseln mit Nationalgarden eintreffenden Ferré gelang es nicht, bis zu den mit Utensilien des Hauses, Hämmern, Meißeln, Pfriemen 2c. bewaffneten Gefangenen vorzudringen. Bei Tagesanbruch am 28. erreichte eine Kompagnie Marinefüsiliere La Roquette. Leider hatten sich einige der Geiseln verleiten lassen, zu frühzeitig das Gefängniß zu verlassen, und waren in den angrenzenden Straßen ermordet worden. Die Mehrzahl der Gefangenen war gerettet.

Um 4 Uhr nachmittags fiel die letzte Barrikade; der Kampf war mit völliger Niederwerfung der Kommune beendet. Die Aufständischen hatten ihre letzte Patronenfabrik zerstört. 400 000 Gewehre, 2500 Geschütze und 35 000 Gefangene waren in die Hände der Versailler gefallen.*) Ein Erlaß Mac Mahons an die Einwohner von Paris erschien: „Die Armee von Frankreich ist gekommen, um Euch zu retten. Paris ist befreit. Unsere Soldaten haben um 4 Uhr die letzten Stellungen, welche die Aufständischen noch innehatten, genommen. Der Kampf ist

*) „Enquête parlementaire", S. 85.

heute beendigt; Ordnung, Arbeit und Sicherheit können wieder aufblühen.“ Leider waren an diesem Tage durch Geschosse, welche in unserem Bereich einschlugen, einige Soldaten des bayerischen Korps verwundet worden. General Vinoy hatte telegraphisch um Erlaubniß gebeten, die Besetzung von Vincennes mit 200 Mann seiner Truppen übernehmen zu dürfen. Die Genehmigung wurde ertheilt, Vincennes und Mandé von den deutschen Truppen am 29. geräumt. Die Nationalgarde von Vincennes unter dem Kommandanten Pavillon rückte in das Schloß, verhaftete dort einige verdächtige Offiziere, zog die Trikolore auf und erwartete den Einmarsch der Linienbesatzung. In dem Maße, als die französischen Truppen neben und vor dem I. bayerischen Korps an Terrain gewannen, waren die deutschen Vorposten vermindert worden. Auch der Verkehr der von der Regierung eingenommenen Theile von Paris mit der Außenwelt wurde nicht behindert, die Wiederherstellung der telegraphischen Verbindungen nach Paris anheimgestellt. Eine um so schärfere Ueberwachung trat durch die französischen Linientruppen ein. Die Erlaubniß, Verpflegungszüge wieder nach Paris hineinzuführen, mußte jedoch von einer amtlichen Bitte der französischen Regierung, deren Interesse wir ja hierbei vertraten, abhängig gemacht werden. Dieselbe erfolgte auch. Noch am 28. ging ein Schreiben des Ministers Jules Favre in Soisy ein, in welchem derselbe mittheilte, daß die beträchtlichen, durch die Insurgenten verübten Zerstörungen der für den Unterhalt nothwendigen Lebensmittel die Versorgung der Stadt Paris schwer bedrohe, es fehle auch vollständig an Kohlen, und sei die Stadt ohne Gas der Dunkelheit ausgesetzt. Die französische Regierung bäte, daß das Oberkommando der Dritten Armee seine Befehle für die Absperrung dahin abändern möchte, daß die Zufuhr wieder stattfinden könne, jedes Auspassiren von Zügen aber nach wie vor streng verboten bleibe.

Belgische Feuerwehr und französische Pompiers aus dem Norden wurden angemeldet und sollten über St. Denis nach Paris hineingelassen werden.

Nach den eingehenden Nachrichten bot Paris einen traurigen Anblick. Der Weg vom Point du Jour bis La Villette war an den Spuren erbitterter Kämpfe, der Mordlust und der Brandstiftung zu erkennen. Noch in der Nacht vom 28. zum 29. waren zwei Feuer sichtbar.

Die französische Regierung ordnete am 29. an, daß sämmtliche Waffen in Paris abgegeben werden sollten, und löste die Nationalgarde von Paris sowie die des Departements der Seine auf. Eine St. Denis passirende Depesche des Marschalls Mac Mahon an den Oberst de la Haye in Soisy theilte die erfolgte Besetzung des Schlosses von Vincennes durch die Linientruppen mit.

Die Verluste in diesem unglücklichen Kampfe waren auf beiden Seiten beträchtliche gewesen. Die Zahlenangaben sind sehr verschiedene; es erscheint auch im Hinblick auf den ganzen Verlauf der Kämpfe, Exekutionen und Mordthaten als völlig ausgeschlossen, jemals ganz sichere Zahlen aufzustellen. Maxime du Camp giebt an, daß im Laufe des 20. bis 30. Mai an 6500 Aufständische im Kampf gefallen oder füsilirt worden seien. Demgegenüber beziffert er die Verluste der Armee auf 7414 Todte, Verwundete und Vermißte. Für das Urtheil über die ganze Erhebung selbst sind die Zahlen belanglos. Selbst viel niedrigere Ziffern könnten die schwere Schuld nicht abschwächen, höhere dieselbe nicht vergrößern. Zahlreiche Verhaftungen erfolgten. Der genannte Schriftsteller giebt — wie auch Thiers in der „Enquête parlementaire" — die Zahl von 36 309 an, von denen nur eine sehr kleine Zahl dem Todesurtheil verfiel, 23 727 in Freiheit gesetzt, der Rest mit Freiheitsstrafen belegt wurde. Es waren der Hauptsache nach die Verführten, die minder Schuldigen, welche zu büßen hatten, die Führer hatten sich zum großen Theil rechtzeitig der Bestrafung für ihre Schandthaten zu entziehen gewußt.

„Nur 27 Mitglieder der Kommune, 45 des Comité central, 2 Generale, 46 Obersten und Oberstlieutenants, 11 Intendanten und 57 Aerzte wurden von den Truppen ergriffen und verhaftet, les autres n'étaient que le troupeau."*)

Der Rückkehr des größten Theiles der deutschen Truppen in die Heimath stand nichts mehr im Wege.

*) Jules Simon, a. a. O., I, 473.

# Rückblick und Lehren.

Les autres peuples ont eu des révolutions plus ou moins fréquentes, nous, nous sommes la révolution en permanence. Infatigables dans notre manie de changements, nous acceptons le gouvernement, que la première émeute nous impose, heißt es in dem Rapport der mit der Untersuchung über die Ursachen zu dem Aufstande im März 1871 beauftragten Kommission.*) Wenn auch vielleicht nicht das ganze französische Volk, so hat jedenfalls die Pariser Bevölkerung von jeher die Neigung zur Auflehnung gegen die herrschende Gewalt gezeigt. Aufständische Bewegungen in Paris mit dem Zweck der Erlangung kommunaler Selbständigkeit lassen sich bis auf das Mittelalter zurückführen.

Aber zu keiner Zeit wohl haben die Führer des Umsturzes einen besser vorbereiteten Boden vorgefunden als im März 1871.

Frankreich ging in den Krieg 1870 mit einer Regierung, unter der das Volk die Achtung vor der Autorität verloren hatte und unter der Glaube wie Religion in den unteren Volksschichten der Städte mehr und mehr geschwunden waren.**) Die Demoralisation hatte sich in erschreckender Weise gesteigert. Die Beispiele von Sittenverderbniß und Gewissenlosigkeit, welche auch

*) „Enquête parlementaire", S. 40. — **) Ebenda, S. 153.

Persönlichkeiten am kaiserlichen Hofe oder aus den höheren Gesellschaftskreisen gaben, hatten vergiftend auf die weitesten Kreise eingewirkt. Scham- und gewissenlose Spekulationen und Börsenspiele schufen auf der einen Seite plötzlichen Reichthum, auf der anderen verderbliche Bankerotte. Das Geld verlor an Werth, die anscheinende Leichtigkeit des Erwerbes rief Luxus nach allen Richtungen hervor. Die Frauen trieben Thorheiten in Kleidung und extravaganten Wohnungseinrichtungen; den Männern öffnete das Gold die Boudoirs der demi-monde, welche letztere eine wahrhaft schimpfliche Beachtung selbst bei Damen der gebildeten Welt sich zu erobern wußte. Der Werth und der hohe sittliche Einfluß der Familie sanken. Mann und Frau gingen in Tausenden von Fällen nicht mehr gemeinsam durch das Leben, sondern kaum nebeneinander her. Sie gewöhnten sich, ohne Kenntniß, ja ohne Interesse für das gegenseitige Thun und Treiben zu leben.*) „Die Presse, das Theater, die Rednerbühnen der Klubs vergifteten die Geister, während der Grad der höheren Bildung sank.“**)

Mangelhafter Volksunterricht that ebenfalls das Seinige. Man erstaunte förmlich, wenn man in dieser Beziehung unsere Soldaten mit den französischen verglich. Eine Menge vortrefflicher Eigenschaften zieren ja ohne Zweifel im Allgemeinen die Franzosen. Sparsamkeit, Nüchternheit und Fleiß zeichnen die Mehrheit unter ihnen aus. Die Revolution fand aber auch fördernd für ihre Zwecke die Schwächen des französischen Volkscharakters: Egoismus, Leichtsinn, Eitelkeit, Frivolität und unverbesserliche Leichtgläubigkeit. Jedem Gerücht zugänglich, jedem phantastischen Aufputz geneigt, berauscht von Redensarten, übersah dieses Volk den Ernst der Lage, überhörte den Ruf der Pflicht, verlor die Herrschaft über das eigene Denken. „Leichtgläubig bis zur Albernheit, abergläubisch, glaubt der Pariser vielleicht nicht an Gott, aber an Ammenmärchen, die fast erblich, unausrottbar sind.“***) Es trat die große Anhäufung von Arbeitern in Paris und die unberechtigte Unzufriedenheit eines

*) „Histoire illustrée de la guerre civile à Paris“, S. 98. — **) „Enquête parlementaire“, S. 153. — ***) Maxime du Camp, a. a. O., II, 194.

Theiles derselben, dem auch gesteigerte Löhne nicht genügten, hinzu. Sie verlangten eine unmittelbare und vollständige Theilnahme an den materiellen Genüssen, deren neidische Zeugen sie täglich waren.*)

Die Mittheilung in dem Rapport der Untersuchungskommission über die Ursachen der Erhebung am 18. März 1871, daß die übertriebene Anhäufung von Arbeitern in Paris mit eine der Ursachen gewesen sei, ist von Interesse. Das Kaiserreich habe im Uebermaße Bauten aufführen lassen, welche eine Menge Arbeiter herbeigezogen hätten. Diese seien in dem Leben der großen Stadt verdorben, hätten ihre guten häuslichen und ländlichen Sitten sowie das Bewußtsein ihrer Pflichten als Bürger verloren. Früher habe man in Paris im Winter nicht gebaut, die Arbeiter seien in ihre Heimath zurückgekehrt, die meisten hätten dort ein Stück Feld schon besessen oder angekauft. Mitten in einer gesunden, stärkenden Luft hätten sie sich sowohl moralisch wie körperlich gekräftigt. Jetzt hätte Alles überhastet werden sollen. Man habe im Winter, man habe in der Nacht gearbeitet. Die Arbeiter seien gezwungen gewesen, in Paris zu bleiben, und hätten dort, allen verderblichen Einflüssen einer Großstadt ausgesetzt, die üblen Gewohnheiten eines Lebens ohne Familie angenommen.*)

Plötzlich traf nun Schlag auf Schlag das französische Volk in dem durch die Gewissenlosigkeit Einzelner seiner sogenannten Führer herausgeforderten Kriege. Diese Schicksalsschläge waren um so furchtbarer, als man es für eine reine Unmöglichkeit gehalten hatte, daß die „grande nation“, die Sieger von Sebastopol, Magenta und Solferino, überhaupt je geschlagen werden könnten. Die Niederlage bei Sedan und die Gefangennahme des Kaisers mit seiner Armee ruft in Paris eine unbeschreibliche Erregung hervor. Das Verhalten der Regierung hierbei muß Erbitterung auch in dem besseren Theil der Bevölkerung erwecken. Sie verheimlicht die Nachrichten über den 1. September nicht allein, ja sie schweigt sogar noch, als das Unglück im vollen Umfange

*) „Enquête parlementaire“, S. 37.

bekannt wurde. Die Kaiserin flüchtet, und hinter ihr fällt das Kartenhaus der Dynastie Bonaparte zusammen. Der Pöbel stürmt das Palais Bourbon, schon jetzt ist die Gefahr einer Pöbelherrschaft nahe. Nur die unter den zukünftigen Kommunards herrschende Disziplinlosigkeit verhilft Gambetta zum Siege. Aber auch die Sieger, die der Regierung Napoleons gegenüber auf den Rechten des Volkes bestehen zu müssen glaubten, kümmern sich, selbst zur Herrschaft gelangt, nicht um diese Rechte. Die Republik wird erklärt ohne Beschluß eines gesetzgebenden Körpers. Obwohl die Nationalgarde bei diesen Vorgängen schon ihre Unbotmäßigkeit gezeigt hatte, wird ihr von der neuen Regierung geschmeichelt, ihr Hang zur Ueberhebung noch gefördert, weil man sie an ein Recht mitzuregieren glauben ließ.

Die Herrschaft der Phrase greift um sich. Favre, Trochu, Victor Hugo mußten den schon vorhandenen Hochmuth der Bevölkerung zum Größenwahnsinn steigern.

Wie ein Lichtblick in dem schon jetzt herrschenden Chaos erscheint allein die Einigkeit aller Parteien in dem glühenden Wunsch, Paris bis zum letzten Blutstropfen zu vertheidigen. Aber auch hier zeigte sich ein Fehler; man glaubte mit der Rettung von Paris auch Frankreich zu retten. Diese überschwengliche Bedeutung der Stadt war jedem Pariser schon von Kindesbeinen an eingeprägt worden. Es war das „heilige" Paris, die wahre Stätte der Civilisation. Ganz Europa sei gewöhnt, nach Paris zu eilen, ganz Europa würde es nicht dulden, daß man Paris feindselig behandeln, ja sogar beschießen und aushungern werde. „Les barbares s'arrêtent aux portes de la ville sainte", heißt es in einer Proklamation. Dieser Wahn mußte böse Folgen haben.

War man in Paris berechtigt, sich zu vertheidigen? Ganz gewiß! Man mußte sich aber über die Faktoren, welche dabei mit in Rechnung zu ziehen waren, klar sein; vor Allem aber der Bevölkerung von Paris mit unumwundener Wahrheit entgegenkommen. Die Gefahren für die öffentliche Ordnung, welche die Nationalgarde in sich barg, mußten den Leuten des 4. September klar sein. Der geringe Werth derselben für die Vertheidigung mußte insbesondere Trochu, einem alten Soldaten, bekannt sein.

Trotzdessen wurde der Nationalgarde allerorten und jederzeit gesagt, welch vortreffliche Soldaten sie seien. Sie waren es aber nicht, werden geschlagen und schreien nun über Verrath. „Daß die Pariser Bevölkerung in Masse bewaffnet wurde, war von bösen Folgen. Man hätte viel Unglück abgewendet, wenn man diese Maßregel unterlassen hätte. General Trochu konnte den Versuch machen, die reguläre Armee nach dem 4. September zu verstärken, indem er die kräftigen und gesunden Theile der Bevölkerung heranzog.“*) Nichtsthun, Trunksucht, Eitelkeit und Ungehorsam zeigen sich mehr und mehr als die Elemente dieser bewaffneten Haufen.

Die Männer des 4. September verfallen in die nämlichen Fehler, wie die der gestürzten Regierung; die Bevölkerung erhält keine Nachricht über den Ausfall des Kampfes am 19. September.

Das Vertrauen schwindet.

Der Ruf „La Commune!“ erschallt. Man fordert Wahlen für eine Kommune. Die Regierung ist so schwach, auf diese Forderung einzugehen, statt dieselbe scharf zurückzuweisen. Dann aber hält sie ihr Versprechen nicht, Erbitterung und Erregung wachsen.

Kundgebungen der Nationalgarde erfolgen über die Friedensverhandlungen; Offiziere geben der Regierung ihr Mißfallen kund. Statt dieselben sofort vor ein Kriegsgericht zu stellen, schweigt die Regierung. Die revolutionäre Presse hatte schon in den letzten Jahren des Kaiserreichs mehr und mehr an Zügellosigkeit zugenommen. Auch während unserer Einschließung erschienen Schandschriften. Von gewissenlosen Leuten geschrieben, dienten sie nur dazu, die Gegensätze allseitig zu vertiefen, insbesondere das Ansehen der Regierung zu schädigen. Diese Presse mischt sich in die inneren Dienstverhältnisse der Nationalgarde, stärkt damit ihre Unbotmäßigkeit, indem sie öffentlich auf energische, thatkräftige Offiziere schimpft und hierdurch die Nationalgarde immer unfähiger zum ernsten Kampf macht. Die Presse bringt aber auch Lügen über Lügen über Erfolge gegen die „Prussiens“

*) Aussage des Generals Ducrot „Enquête parlementaire“, S. 454.

oder Nachrichten über Kundgebungen zu Gunsten Frankreichs, und die Regierung schweigt zu diesen Lügen. Infolge von Ueberwachungskomitees bei jeder Munizipalität der verschiedenen Stadtbezirke stand neben jeder derselben eine ungesetzliche, jedenfalls unverantwortliche Munizipalität, welche kontrolirte, wahrscheinlich auch befahl. Da diese Ueberwachungskomitees in dem „Comité central der 20 Bezirke" gipfelten, so hatte dieses die Gewalt und übte eine Art Diktatur aus, war eine offiziöse Macht, welcher Niemand nahe zu treten wagte.*) Am 5. und 8. Oktober ertönt der Ruf: „La Commune!" Pöbelmassen meutern, und den Schreiern wird nicht energisch Einhalt gethan, ihre Führer werden nicht verhaftet. Noch sind gut gesinnte Nationalgarden-Bataillone zur Rettung der Autorität vorhanden und unterdrücken die Tumulte. Die bösen Elemente aber hetzen das Volk mehr und mehr auf, machen ihm weis, daß die Gemeindewahlen die Rettung von Paris, ja von Frankreich seien, daß die Kommune die Deutschen schon vertreiben werde, und der große, unverständige Haufe glaubt ihnen, die Schwäche der Regierung aber leistet dem Treiben Vorschub. Bei dem Aufstande Ende Oktober mischen sich schon die zur Wiederherstellung der Ordnung bestimmten Bataillone der Nationalgarde unter die Meuterer. Noch einmal gelingt es der Regierung, zu siegen, statt aber die Führer der Meuterei verhaften und erschießen zu lassen, da sie das todeswürdige Verbrechen begangen hatten, im Kriege, angesichts des Feindes, zu meutern — Schwäche, nichts als Schwäche! Nicht einmal jene unsicheren Bataillone werden aufgelöst, noch ihnen die Waffen abgenommen.

Aber diese Schwäche entstand ja eben auf dem nämlichen revolutionären Boden wie die Aufstände selbst. Waren die Männer des 4. September doch selbst Revolutionäre, sie hatten die Geister gerufen, deren sie nun nicht Herr wurden. „Eine Revolution hat Euch gebracht, eine andere wird Euch fortwehen!" hatte Bismarck geäußert.

Es werden Versuche gemacht, die Disziplin in der National-

---

*) „Enquête parlementaire", S. 10.

garde zu bessern, Spuren von Energie zeigen sich, verlaufen aber theils im Sande, theils kommen sie zu spät.

Nach den erfolgten Kämpfen an der Marne wagt Trochu nicht in Verhandlungen über eine Kapitulation zu treten, da dieselben einen Aufstand hervorrufen können. Zu der Schwäche gegen die Meuterer tritt die Furcht vor der öffentlichen Meinung. Die von der Regierung hervorgerufenen irrthümlichen Vorstellungen über die Vorgänge an der Marne lassen, im Bunde mit kindlicher Leichtgläubigkeit und dem maßlos eitlen Wahn: „daß Europa, ja die ganze Welt bewundernd auf Paris sähe", ein Selbstgefühl entstehen, welches die Wünsche nach Frieden zurückdrängt und Paris immer tiefer und tiefer in Noth und Elend, aber auch hiermit immer mehr den meuternden Geistern in die Arme treibt. Und während die Regierung nichts thut, um die Nationalgarde einerseits zu einem tüchtigen Kampfmittel, andererseits zu einer festen Stütze für sich zu machen, beginnt die Meuterei sich selbst dieser Masse von Bewaffneten zu bemächtigen. Vor den sehenden Augen der Männer des 4. September gelingt ihr dies nur zu gut. Das Vertrauen hatte die Regierung verloren, zu Ende des Jahres verfällt sie der Spottlust. Eine Regierung, über welche man lacht, ist aber in erregten Zeiten verloren. Und zum Spott trat die Frechheit: „Die Bande muß vernichtet werden!" hieß es. Nichts geschieht. Die Noth läßt den Unterschied zwischen „Mein" und „Dein" schwinden. Marodirende Pariser dringen in die von ihren Bewohnern verlassenen Häuser vor den Wällen ein. „Unter einem ausnehmend kalten Winter leidend," giebt Jules Favre zu Protokoll, „sei von der Bevölkerung Holz, wo sie es fand, genommen worden, wodurch die Neigung zur Disziplinlosigkeit sich gesteigert habe. Man sei ohnmächtig gegenüber den Plünderungen gewesen, und diese Toleranz habe die Bevölkerung daran gewöhnt, überhaupt Niemand zu gehorchen;"*) immer geeigneter wird der Boden für den von den Leuten der kommenden Kommune mit Beharrlichkeit und Geschick ausgestreuten Samen.

*) „Enquête parlementaire", S. 190.

Kurz vor dem großen Ausfall am 19. Januar entblödete man sich nicht in Paris zu schreiben, daß der Bürger, welcher Trochu, Favre und Andere beseitige, kein Verbrechen beginge, sondern sich sogar verdient mache. So wird im Januar der Mord nur vorgeschlagen, im Mai mordet man wirklich.

Die Delegirten der 20 Stadtbezirke fordern öffentlich am 6. Januar zum Bürgerkriege auf. Nichts erfolgt hiergegen, als Antwort fällt nur das Wort: „Der Gouverneur wird nicht kapituliren", wiederum eine Phrase. Man könnte sagen, daß zu dieser Zeit die Regierung nicht mehr im Stande war, einen Aufruhr niederzuschlagen. Das ist nicht der Fall. Energie, Zielbewußtsein, Thatkraft nur eines einzigen Mannes hätte die Anhänger der Ordnung sicher mit fortgerissen. Bei dem Aufruhr am 22. Januar zeigte es sich ja, was die Unterstützung treuer Bataillone vermochte.

Paris kapitulirt. Eine neue Regierung mit Thiers an der Spitze folgt der der nationalen Vertheidigung.

Es ist bedauerlich, daß ein Mann von der Bedeutung des Generals Trochu*) „die Schwächlichkeit seiner Vertheidigung von Paris" damit entschuldigt, „daß ein gewisser Theil der Presse in Paris für Rechnung der Preußen operirt habe". Er sagt wörtlich: „Quand pendant le siège, j'ai vu une partie de la presse attaquer avec la dernière violence les personnes et les actes de la défense, sous les yeux de l'ennemi, portant dans les esprits la défiance, le trouble et la haine, j'ai compris, que l'ennemi avait, par continuation, des représentants parmi nous." Er wirft fernerhin Bismarck vor, daß er beim Ende des Krieges in Frankreich die Anarchie habe schaffen und damit den Ruin des Landes vollenden wollen. Die Beziehungen zwischen uns und der Kommune seien herzliche gewesen. Der Brief des Oberkommandos der Dritten Armee vom 21. März an den damaligen Kommandanten von Paris, dieses Zeichen unseres neutralen Verhaltens, habe sein Erstaunen und seine Entrüstung hervorgerufen.**) Er bezeichnet

*) „Enquête parlementaire", S. 184 ff. Aussage des Generals Trochu. — **) Wohl infolge der Fälschung durch die Kommune, das Wort friedlich mit amicale zu übersetzen.

Dombrowski als preußischen Agenten. Zehntausend Polizisten des Kaiserreichs habe die Regierung des 4. September aus Paris hinausführen und bei den Vorposten als Soldaten verwenden lassen, um ihnen das Leben vor den Parisern zu retten! Er habe nur eine moralische, aber keine materielle Macht gehabt! Auf die Frage, weshalb Flourens und seine Genossen wegen des 31. Oktober unbestraft geblieben seien, hat er eine nichtssagende Antwort. Er giebt an, daß nach der Revolution vom 4. September die Regierung alle politischen Gefangenen, unter ihnen Eudes und Megy, von denen der eine einen Feuerwehrmann, der andere einen Polizeiagenten ermordet hätte, in Freiheit gesetzt habe, „dominé par les circonstances“. Das war es ja eben, daß die ersten Handlungen jener Regierung schon eine unverzeihliche Schwäche zeigten. Natürlich soll auch Bismarck schuld sein, daß die Nationalgarde nicht entwaffnet wurde; er, der Favre auf die Gefahren einer Belassung der Waffen aufmerksam gemacht hatte.

Daß Trochu, ein braver Soldat und rechtlich denkender Mann, diese Vorwürfe wenigstens andeuten zu müssen glaubt, ist ein Beweis seiner Unklarheit über die Thatsachen, hervorgerufen durch einen bedauerlichen Mangel an Objektivität. An keiner ihrer Niederlagen, weder materieller noch moralischer Art, wollen die Machthaber schuld gewesen sein! Mußte das Volk nicht bei einem solchen Mangel an Objektivität, unfähig die Wahrheit selbst zu erkennen, an allen Orten über „Verrath“ schreien? Es war ein Mangel, welcher bedauerlicherweise weit über die Grenze jenes Krieges hinausgegangen ist und der Ueberbrückung der Kluft, welche zwischen Deutschland und Frankreich sich aufthat, noch heute hindernd in den Weg tritt.

Und wäre es wirklich wahr, was durch nichts bewiesen wird,*) daß es der Regierung der nationalen Vertheidigung an der materiellen Macht zur Aufrechthaltung der Ordnung gefehlt hat, so hatte diese Regierung schon vom 4. September ab keine Existenzberechtigung, denn ohne diese Macht war auch keine gute

*) Auch nicht durch Jules Simon, „Le gouvernement de la défense nationale“, S. 36, 37, 179 bis 183.

Vertheidigung möglich. Dann mußte sie im Interesse des Vaterlandes anderen Männern die Zügel überlassen. Man hätte dann fünf Monate früher die Kommune gehabt, wird behauptet. Möglich, aber nicht wahrscheinlich, da zu der Zeit die große Zahl vernünftiger, der Ordnung ergebener Bürger, gestützt auf die noch nicht durch die Belagerung mürbe gewordenen Linientruppen unter Vinoy und Ducrot, zweifellos, und zwar mit Erfolg, Leuten, wie sie später im Stadthause wirthschafteten, entgegen getreten sein würde. Es ist hierbei zu bedenken, daß an der Seite der beiden Linien-Armeekorps eine nicht zu unterschätzende Zahl von gutgesinnten Nationalgarde-Bataillonen gestanden haben würde. Thiers sagte selbst aus, daß die gemäßigten Leute erst nach der Kapitulation Paris verließen; mit ihnen an 100 000 Mann wahrscheinlich gutgesinnter Nationalgarden. Daß die Linie zu jener Zeit noch völlig zuverlässig war, geht aber aus dem Entschluß des Generals Ducrot hervor, welcher mit seinen Truppen am 31. Oktober energisch einschreiten, die Aufrührer niederschlagen und die Ruhe herstellen wollte.

Trochu verbot dieses bewaffnete Einschreiten, er hatte wiederholt geäußert, daß an dem Tage Alles verloren sein werde, an welchem die moralische Macht nicht mehr hinreiche.

War in Trochu so recht der Fehler der „Phrase" verkörpert, so sehen wir in ihm auch die weiteren Fehler: Die Leichtgläubigkeit, Voreingenommenheit, Verurtheilung ohne Kenntniß der Thatsachen, Beschuldigung Anderer, natürlich möglichst der „bösen Prussiens" und ihres „bösesten" Bismarck.

Die neue französische Regierung befand sich in einer der schwierigsten Lagen, als sie das Ruder des Staates ergriff. Mitten in dem meuternden Paris tritt ihr in dem Comité central eine Nebenregierung entgegen. Dieser feindlichen, sich auf die Bajonette der Nationalgarde stützenden Macht steht die rechtliche Regierung fast ohnmächtig gegenüber. Der Einmarsch der Deutschen in Paris erfolgt.

Es ist unbestritten, daß derselbe die Erregung in Paris vermehrt hat. „Das Betreten der Stadt durch die Prussiens ist eine der hauptsächlichsten Ursachen zur Insurrektion gewesen", sagt Thiers. Freilich schwächt er selbst diese Behauptung ab, indem er hinzufügt: „Ich will nicht sagen, daß ohne diesen Umstand der Aufstand nicht erfolgt sein würde, das Betreten von Paris durch die Prussiens hat ihm aber einen besonderen Antrieb gegeben.“ Auch dieser noch immerhin hochbedeutende Mann kann als Franzose eben nicht objektiv sein. Es klingt aber für das Ohr seiner Landsleute so schön, so befreiend von der Schuld: „Die Prussiens sind die hauptsächlichste Ursache gewesen.“ Diese Macht der Gewohnheit der Schönfärberei, wie sie aus den ganzen Vorgängen während der Einschließung in so auffallender Weise hervorgetreten ist, sie war mit eine der vielen Ursachen des Kommuneaufstandes. Als gelegentlich der Unterhandlungen über den Frieden der Einzug der Deutschen zwischen Kaiser Wilhelm, Bismarck und Thiers*) zur Besprechung gelangte, äußerte sich Thiers dahin, daß man es sich wohl überlegen solle, ob auf dieser Forderung zu bestehen sei. An allen Stellen in Paris würde das Volk Barrikaden errichten, welche genommen werden müßten. Es würde einen Kampf geben, in welchem Paris verwüstet werden könne: „Pour nous ce serait un malheur, mais pour vous une honte éternelle.“

Auch eine Phrase! Will man diesen Ausspruch jedoch nicht als solche erkennen, so fällt er auf diejenigen zurück, welche Paris wirklich zerstörten.

Und diese Zerstörer sind und bleiben, wenn auch untermischt mit fremden Elementen, Franzosen. Für sie also die „honte éternelle“. Es ist eine Phrase, denn nur kindischer Hochmuth, Verblendung über die „Heiligkeit“ ihrer Stadt Paris ließ sie es nicht einsehen, daß doch in erster Linie sie, die um Frieden Bittenden, auch dafür zu sorgen hatten, daß den Deutschen beim Einzug kein Hinderniß in den Weg gelegt würde, und daß im entgegengesetzten Fall einfach Kriegsrecht zu üben gewesen wäre. Wurde dann hierbei Paris verwüstet, so waren die Deutschen nicht daran schuld, sondern die Pariser. Dem Sieger aber zu rathen, ja nicht das „heilige“ Paris zu betreten, dort würde man

*) „Enquête parlementaire“, S. 175. Aussage Thiers'.

auf schwere Kämpfe stoßen, von denen nur Gott den Ausgang wissen könne, das kann nur der Furcht oder einem für andere Völker unverständlichen Dünkel entspringen. Da Herr Thiers aber Muth hatte, viel Muth, so bleibt nur der Dünkel übrig. „Damit werden wir auch noch fertig werden", habe ihm Bismarck auf jenen Rath erwidert. Vielleicht hat Thiers an diese Antwort gedacht, als er später — auch mit Paris fertig wurde!

Der Versuch, die Geschütze fortzunehmen, hat den 18. März hervorgerufen. Bei den schwachen militärischen Kräften der Regierung war der Versuch ein Fehler. Es muß aber auch den Männern der Ordnungspartei, welche den gutgesinnten Nationalgarden-Bataillonen angehörten, der Vorwurf gemacht werden, nicht rücksichtslos für die Regierung an die Seite der Linientruppen getreten zu sein. Und so kam es, daß die Männer des Comité central am Abend des 18. erstaunt waren, so leicht Herren der Stadt geworden zu sein. Die Zeit unserer Einschließung mag die gutgesinnten Bürger so entnervt haben, daß sie die moralische Kraft zur thätigen Hülfe verloren hatten. Diese Einschließung änderte ja alle Lebensgewohnheiten. Leute, welche Arbeiter waren, mußten plötzlich Soldaten sein. Fünf Monate eines ununterbrochenen Kampfes waren dazu getreten: „Aus allen ihren Himmeln über die Uneinnehmbarkeit von Paris stürzend, zu einer Wirklichkeit erwachend, die sie vor kurzer Zeit noch für völlig unmöglich gehalten hatten, ergriff die Pariser „la folie du siège".*)

Regierung und Armee flüchten aus Paris; die Herrschaft des Pöbels beginnt! Hypnotisirt steht ganz Paris der brutalen Gewalt der Kommunards gegenüber!

Was wollte die Kommune?

Das Comité central hatte in Paris die Regierungsgewalt ergriffen. Es ordnete am 22. März die Wahlen für die Kommune an. Der Aufstand forderte diese. Das Komitee hatte jedoch mehr als die Selbstverwaltung, es hatte die Herrschaft in Paris vor Augen. Es fürchtete das Zugeständniß sofortiger Muni-

*) „Enquête parlementaire", S. 198. Aussage Ferrys.

zipalwahlen seitens der gesetzmäßigen Regierung. Hätte die Nationalversammlung diese Wahlen ohne Weiteres zugestanden, so verlor das Comité central das Recht der Existenz.*)

Ohne Rücksicht darauf, daß es die Gewalt in die Hände der Kommune gelegt hatte, erläßt das Komitee am 5. April einen Aufruf an die Bürger von Paris. Derselbe warf das erste Licht auf das vorgesteckte Ziel. Es heißt dort: „Arbeiter! Es ist der Kampf zwischen Schmarotzerthum und Arbeit, Ausbeutung des Menschen und Fertigstellung der Waare."

Erst am 19. April, also einen Monat nach ihrer Einsetzung, giebt die Kommune in einer „Erklärung an das französische Volk" Kunde von dem, was sie will. Eine unbedingte Selbstherrschaft aller Kommunen in sämmtlichen Orten Frankreichs, dieses selbst ein Staatenbund aller jener selbständigen Verwaltungen, ist das gesteckte Ziel. Daß die Kommune zu Paris an die Stelle der Regierung treten, Paris das Oberhaupt dieses Bündnisses sein sollte, war der zweifellose Hintergedanke.**) Mehr und mehr tritt hervor, daß die Kommune nicht nur die Selbstverwaltung der Gemeinden vertheidigen, sondern soziale Reformen einführen will. Das Kommunemitglied Franckel weist darauf hin, daß sein Mandat lediglich dahin gehe, das Proletariat zu vertheidigen. Sozialistische Bestrebungen beherrschten die Mehrzahl der Kommunemitglieder. Die Proklamation vom 10. Mai an die Arbeiter auf dem Lande wirft endlich volles Licht auf die Bestrebungen. Paris habe sich zum Kampf für die unterdrückten Arbeiter gegen die reichen Müßiggänger erhoben; in der krassesten Form wird der Kommunismus als Ziel aufgestellt. Keine Schuld, keine Pacht, keine Miethe soll gezahlt werden, der Acker dem Ersten gehören, welcher ihn in Besitz nimmt. Würden die Arbeiter hierbei belästigt, so sollen sie zum Gewehr greifen: „Das ist es, was das kommunistische Paris will."

Zu der Proklamation vom 19. April hatte das englische Blatt „Standard" geäußert, daß die Kommune das Prinzip „der Verallgemeinerung des Eigenthums und der Macht" ver-

*) „Enquête parlementaire", S. 23. Aussage Ferrys. — **) Jules Simon, „Le gouvernement de Mr. Thiers", I, 380.

kündet habe, und sagt wörtlich: „Wir, die wir die armen Unwissenden sind, nennen dies hier zu Lande „stehlen".

Am Tage nach dem Erscheinen der Proklamation an die Arbeiter auf dem Lande, am 22. Floréal (11. Mai), schrieb der „Père Duchêne": „Wir haben keine instinktmäßige Revolution, sondern eine beabsichtigte, durchdachte, von langer Hand her vorbereitete, in ihren Zielen wie in ihren Mitteln sichere, dem Prinzip nach soziale Revolution gemacht."

Ihrer inneren Zusammensetzung nach folgten die Mitglieder zwei in der Kommune vorhandenen Hauptströmungen. Die der Jakobiner oder Blanquisten und die der Sozialisten der Internationale. Die Ersteren waren die Vertreter des Atheismus und der rohen Gewalt, sie eiferten der Kommune des Jahres 1792 nach. Ihr Ideal war das Regiment eines Wohlfahrtsausschusses. Die Sozialisten hatten ein beschränkteres Programm, sie wollten nicht selbst herrschen, sie wollten aber die vollständige Zerstörung der Gesellschaft und einen Proletarierstaat. Die inneren Widersprüche zwischen den beiden Parteien mußten zu den Spaltungen führen, welche die Kommuneherrschaft zeitigte. Das Comité central war zum größten Theil aus Männern zusammengesetzt, welche dem Proletariat angehörten. Es hatte bei den ersten Wahlen 13 Mitglieder für die Kommune geliefert.*)

Vertreter für einen Ausgleich mit Versailles, wenigstens in den ersten Tagen nach dem 18. März, waren sowohl in der Kommune wie in dem Comité central vorhanden. Sie wurden aber von den gewaltthätigen Charakteren beider Vereinigungen, welche glücklich waren, während einiger Tage regieren zu können und durch Schrecken zu regieren, mit Gefangenschaft und Tod bedroht. Und so übten am Ende der Kommunezeit die Terroristen gegenseitig eine entsetzliche Schreckensherrschaft aus, derartig, daß diejenigen, welche zu einer Unterwerfung bereit waren, unter den Augen der Anderen sich den Anstrich völliger Unversöhnlichkeit gaben.**)

Wenn ein französischer Schriftsteller sagt, die Führer der

*) „Enquête parlementaire", S. 26. — **) Ebenda S. 449. Aussage des Maires Corbon.

Kommune seien von einer derartigen Bedeutungslosigkeit gewesen, daß es unmöglich gewesen sei, diese Leute, trotz des vergossenen Blutes und Petroleums, ernsthaft zu nehmen, so erscheint dies als nicht richtig. Es ist im Gegentheil ungemein ernst, sich darüber klar zu werden, wie es denn überhaupt möglich war, daß solche „bedeutungslosen Menschen" monatelang die Bevölkerung von Paris irre leiten, ja knechten konnten. Sank diese Bevölkerung damals denn nicht noch unter jene Bedeutungslosigkeit herab? Wie werden die Erfahrungen und Lehren jener Zeit des Blutes und Petroleums, „des rothen Quartals", wie Johannes Scherr es nennt, in der Zukunft von uns verwerthet werden? Kann es sich nicht ereignen, daß Leute wie Ferré, Lullier, Pyat und Rigault ebenso gut wie Marat und Danton ihre Nachfolger erhalten? Und solche Leute sollten nicht ernsthaft zu nehmen sein?

In den Untersuchungen über die Ursachen zu dem Kommuneaufstand hat die Frage des Theilnehmens beziehungsweise des Einflusses der Internationale eine Rolle gespielt. Jeden Einfluß dieser Vereinigung auf die Bewegung zu verneinen, ist nicht richtig, wenn derselbe auch vielleicht überschätzt werden mag. Während der Einschließung durch uns und der Belagerung durch die Versailler fanden Sitzungen der Pariser Sektion der Internationale statt, deren Berichte heute vorliegen. Sie haben wenig Bedeutung, zeigen jedoch den Zusammenhang mit der Kommune und dem Comité central. So wird ein Manifest an die Arbeiter am 22. März erlassen, welches die Forderung enthält, sich an den Wahlen zur Kommune zu betheiligen, und am 20. Mai wird beschlossen, Anstrengungen zu machen, um die Einigkeit innerhalb der Kommune aufrecht zu erhalten. So gelangt in der Kommunesitzung am 28. April eine Adresse der Vereinigten Staaten Europas (republikanische Sektion Belgien) zur Verlesung, in welcher der Kommune von Paris die besondere Hochachtung ausgesprochen wird. Jedenfalls haben „Männer, welche der Internationale angehörten, sowie die Ideen der Internationale eine große Rolle gespielt".*)

*) Villetard, „Histoire de l'Internationale", S. 255.

Während der Einschließung sieht man ihre Anhänger in Stellen bei verschiedenen sich bildenden Komitees eintreten; wir finden späterhin unter den Erlassen des Comité central sechs Namen von Männern der Internationale. Unter ihnen von Bedeutung: Lacord, Pindy und Varlin.

Nach der „Enquête sur le 18 mars“ haben die Führer der Internationale in Paris alles Mögliche gethan, um die Arbeiter vom Kampf gegen uns zurückzuhalten, indem sie ihnen riethen, ihre Kräfte gegen die „Prussiens de Paris“ aufzusparen.*) Die betreffenden Zeugenaussagen werden, der Sache nach, jedenfalls durch den in dem ersten Kapitel wiedergegebenen Aufruf des Comité central vom 28. Februar unterstützt.

Was die Presse während der Kommune anbetrifft, so verschwanden die anständigen monarchischen und republikanischen Blätter, da sie unterdrückt wurden, „an ihrer Stelle machte sich eine wirkliche und wahrhafte Kanaillen-Presse schamlos breit; das lumpigste litterarische Zigeunerthum von Paris kam aus seinen Schlupfwinkeln hervor und tanzte auf den Straßen seine journalistische Carmagnole.“**)

Was that die Kommune?

Mit den Morden der Generale Thomas und Lecomte hatte der Aufstand begonnen und mit Mord sollte er endigen. Die Unthat auf dem Vendômeplatz am 22. März folgt und erregt selbst den Unwillen vieler Anhänger des Comité central. Der Sieg der Meuterer zieht eine Menge von unruhigen Köpfen, Revolutionären, meist dunkle Gestalten, aus aller Herren Länder herbei. Die Bewegung findet eine Unterstützung in der Indolenz der Männer der Ordnung. Es war deren Pflicht, ihre Kräfte dem Gemeindewohl zu widmen. Viele klare, einsichtsvolle Franzosen waren der Ansicht, daß die Kommune nicht zur Herrschaft gekommen wäre, wenn die Partei der Ordnung am 26. März sich nicht der Abstimmung bei den, wenn auch ungesetzlichen, durch das Comité central angeordneten Wahlen zum Gemeinderath enthalten hätte.

*) Maxime du Camp, a. a. O., IV, 325. — **) Johannes Scherr, „Das rothe Quartal“, S. 56.

Auch die Revolution greift zur Lüge, um falsche Nachrichten über die Stimmung in der Provinz zu bringen. Sie sendet aufhetzerische Worte nach Deutschland, welche sie mit dem Wunsche begleitet, daß die fünf Milliarden Kriegsentschädigung Deutschland zu einer neuen sozialen Ordnung verhelfen möchten. Das amtliche Blatt empfiehlt am 28. März den Mord des Herzogs von Aumale, und welche Verkommenheit zeigen die Worte: „wie der Umstand, daß jener noch lebe, ein Beweis dafür sei, wie tief die Moral gesunken wäre".

Uebergriffe aller Orten zeigen sich, die Unsicherheit des Eigenthums, ja des Lebens wächst. Die Stimme des „Père Duchêne" ertönt aus dem Pfuhl der Gemeinheit und ruft: „Hängt sie, die Versailler!" Die Blätter der Kommune schreiben Tag für Tag: „A Versailles", und die aufgeregten Massen des Pöbels rufen ihnen nach: „A Versailles!" Ohne Wissen der Executivkommission geben die „Generale" dem Geschrei nach. Blindheit schlägt die Anhänger der Kommune; sie sehen nicht den Unsinn, mit ihren bewaffneten Haufen die Linie im freien Felde schlagen zu wollen; auch die Lüge muß helfen: „Die Linie schlägt sich nicht, die Artillerie auf dem Mont Valérien schießt nicht." Die Linie schlug sich aber, und der Mont Valérien schoß. Da rief man: Verrath! Man greift zur Verleumdung, man sagt, Versailles habe angegriffen; Nationalgarden, Weiber und Kinder seien gemordet worden; Thiers und die Minister werden in Anklagezustand versetzt.

Am 5. April lügt die Kommune der Bevölkerung vor, daß die Versailler ihre Gefangenen erdrosselten und füsilierten. Das schimpfliche Dekret Geiseln zu schaffen*) erscheint. Schon herrscht eine Minderheit durch Schrecken. Die Lügen über neue Mord-

*) Der Sozialist Friedrich Engels brachte in der schon erwähnten Adresse des Generalrathes der Internationalen Arbeiterassociation: „Andererseits hatten die Preußen in Frankreich die Sitte wieder ins Leben gerufen, Geiseln zu nehmen. Es blieb der Kommune nichts übrig zum Schutz des Lebens kommunalistischer Gefangenen, als zur preußischen Sitte des Geiselngreifens ihre Zuflucht zu nehmen." Lissagaray aber nennt als die wahren Geiseln: Die Bank, das Eintragungsamt, das Domäneamt, die Depositen- und Sparkasse. Hier hätte man den Lebensnerv des Bürgerthums getroffen.

thaten der Linientruppen mußten das Blut der leichtgläubigen Pariser zur Siedehitze bringen. Selbst wenn in vielen Fällen ohne Vorwissen der Männer im Stadthause gelogen wurde, so verbleibt diesen die Verantwortung. Sieg über Sieg wird dem leichtgläubigen Volke verkündet, mochte sich die Lage noch so sehr verschlimmern. Es war dies nur die logische Folge des Lügens vom Beginn des Aufstandes an; vom Standpunkte der Kommune aus war es nothwendig, um den Muth der irregeleiteten Massen aufrecht zu erhalten. Der Mörder des Generals Bréa wird amnestirt und seine That als eine Exekution bezeichnet. Wie bei allen auf Umsturz der heutigen Gesellschaft hinarbeitenden Vereinigungen, so gewannen auch in der Kommune die radikalen Elemente mehr und mehr Macht; Miot begründet seinen Antrag auf Einsetzung eines Wohlfahrtsausschusses mit den Worten: „Wir brauchen ein Komitee, welches den Muth hat, Verräthern die Köpfe abzuschlagen.“ Beschränkungen auf Beschränkungen der persönlichen Freiheit, der Freiheit des Gewissens, der Freiheit der Presse folgen. Willkür erklärt Kontrakte zwischen Arbeitgebern und Arbeitnehmern für ungültig, trotz gegenseitiger freiwilliger Zustimmung. „Um die munizipale Freiheit, die Selbstverwaltung der Städte kümmern die Herren der Kommune sich nicht. Jetzt heißt es, die Arbeiter zu emanzipiren. Was kümmert sie die Gewaltthätigkeit der Mittel, was die geschädigten Interessen, was der ruinirte Kredit, was das scheu gewordene Kapital, wenn nur die Theorien der Internationale triumphiren.“*) Die Kommune spricht von Gewissensfreiheit, hetzt aber auf Alles, was zur Geistlichkeit gehört. Daß das rohe Volk die Kirchen schändete und beraubte, daß Religionsspötterei sich ausbreitete, war die Folge. Man schließt die Kirchen und verbietet den Gottesdienst in denselben sowie das Gebet in den Schulen.

Ein Thierarzt Régère, welcher im 5. Bezirk nach Gutdünken schaltete und waltete, verbietet, die Kinder in die Kirchen oder Synagogen zu schicken, ihnen den Katechismus zu lehren.**)

---

*) „Journal officiel (de Versailles)“ vom 1. Mai. — **) Maxime du Camp, a. a. O., IV, 267.

Märchen über entdeckte Verbrechen entstehen und werden verbreitet, um das Volk gegen Geistliche und Nonnen zu hetzen.

In seiner Leichtgläubigkeit nimmt das Volk die Mittheilungen für bare Münze; der Boden für die späteren Morde wird vorbereitet. Und von der Religionsspötterei kam man zur Gotteslästerung. Die Abschaffung des Eides war nur eine Konsequenz des Unglaubens; wie konnte die Kommune Gott anrufen lassen, wenn sie seine Existenz leugnete.

Welche Begriffe die Kommune von der „Gleichheit" hatte, kennzeichnet ihre Anordnung eines besonderen Gerichtsstandes für ihre Mitglieder. Es war nur eine logische Folge der von den Führern der Kommune vertretenen Grundsätze über Freiheit, daß alle Welt mit in die Räder der Regierungsmaschine einzugreifen sich erlaubte. Das Comité central betrachtete sich, trotz feierlicher Niederlegung seiner Gewalt, als eine Nebenregierung. In ihm verkörperte sich die Unbotmäßigkeit der von ihm geleiteten Nationalgarde, welche Maxime du Camp zu dieser Zeit mit den Worten schildert: „Boire de l'absinthe, manger du cervelas, piller des maisons particulières, dévaliser les caisses publiques, fermer les églises, supprimer le service des mœurs, incarcérer les honnêtes gens et être gouverné par des idiots enragés."*)

Aus dem durch den Aufstand, das schlechte Beispiel, die Verhöhnung aller ideellen Güter der Menschheit, das Nähren des Hasses und der Rachsucht mehr und mehr gelockerten und versumpfenden Boden stiegen immer größere Giftblasen ans Tageslicht. Das bei den bösen Elementen der Kommune vorhandene Bewußtsein, verbrecherische Wünsche im eigenen Herzen zu tragen, läßt gleiche Wünsche bei anderen ihrer Genossen voraussetzen. Argwöhnisch sieht der Eine auf das Gebahren des Anderen. Man stellt an die Seite der Generale Civilkommissare als Spione. Alle durch Gesetz, Sitte, Erziehung und Religion aufgerichteten, nicht allein zur Erhaltung des Staates, sondern auch für den ruhigen Verkehr der Menschen erforderlichen Schranken sind

---

*) Maxime du Camp, a. a. O., IV, 335.

durchbrochen. Das Mißtrauen in der Bevölkerung wächst auf dem Boden des durch die Dekrete der Kommune großgezogenen Denunziantenthums und schafft unerträgliche Zustände. Ordnung und Gesetz werden heiß ersehnt. Dieses Sehnen findet in dem enthusiastischen Empfang der Linientruppen seinen Ausdruck.

Der Wahnsinn beginnt; als erstes Zeichen desselben tritt die Zerstörungswuth auf: „Man zerstörte, um zu zerstören, voll Haß gegen eine Civilisation, welche man nicht nach Gefallen vernichten konnte; man machte es wie die Kinder, welche ein Spielzeug zerbrechen, welches man ihnen nicht lassen will.“*)

Mord und Brand folgen — das Chaos!

Das Feuer, welches geschürt war, loderte in mächtigen Flammen zum Himmel; „im Kriege ist Feuer eine vollständig rechtmäßige Waffe“, schreibt ein Mitglied des Generalraths der Internationalen Arbeiterassociation.**) Geleitet von einigen Bluthunden der Kommune, stürzt sich die entfesselte Mordlust der Menge auf die unglücklichen Gefangenen und mordet, mordet als die Bestie, welche in ihr geweckt worden war.

In einem Manifest, vom Juni 1874 aus London datirt, mit der Zuschrift: „aux Communeux“, sagt die nach England geflüchtete „Gruppe der revolutionären Kommune“: „Wir nehmen unsererseits die Verantwortung für die richterlichen Handlungen in Anspruch, welche die Feinde des Volkes getroffen haben; von Clément Thomas und Lecomte bis zu den Dominikanern von Arceuil, von Bonjean bis zu den Gendarmen der Rue Haxo, von Darboy bis Chaudey! Wir beanspruchen die Verantwortlichkeit für die Brände, welche Mittel der monarchischen und bürgerlichen Bedrückung des Volkes zerstörten oder unsere Kämpfe schützten!“

Und was haben die Herren der Kommune erreicht?

Sie hatten ein Verbrechen sondergleichen in der Geschichte der Völker begangen, während der Feind noch vor den Thoren

---

*) Maxime du Camp, II, 134. — **) Friedrich Engels, „Der Bürgerkrieg in Frankreich“, S. 64. Adresse des Generalrathes der Internationalen Arbeiterassociation, deren Verfasser Karl Marx war.

der von ihm eingeschlossenen Stadt lag, die Vertheidigung durch Meuterei zu lähmen. Sie hatten die Schmach eines Bruderkampfes angesichts des feindlichen Siegers über Frankreich gebracht.

Sie hatten einen großen Theil der Truppen des bisherigen Feindes noch für längere Zeit innerhalb des Vaterlandes gefesselt. Sie hatten Tausende von Familien, deren Mitglieder, verführt und irregeleitet, sich der Bewegung angeschlossen, oder, der Ordnungspartei zugehörend, unter den Schrecken der Kommune gelitten haben, in schweres Unglück gestürzt. Sie hatten die eine Hälfte von Paris in Trauer gesetzt, die andere in einen Schutthaufen verwandelt. Sie hatten nur zerstört und nichts geschaffen.

Und was wollen sie und ihre Gesinnungsgenossen noch heute?

Am 3. Oktober 1871 erschien in London die erste Nummer einer von flüchtigen Kommunemitgliedern gegründeten Zeitung „Qui vive, Organ de la démocratie universelle".

Die maßlosen Auslassungen dieses Blattes erweisen, daß nicht allein die dem Kommuneaufstande zu Grunde liegenden Ideen und Ziele, sondern auch der Haß, die Rachsucht, ja die nämliche Mordlust und Fähigkeit zu Schandthaten, eine Art Größenwahnsinn, bestehen geblieben waren. Wenn dieselben sich auch in erster Linie gegen Frankreich richteten, so ist die Thatsache doch von allgemeiner Bedeutung für alle Länder, in denen die Bevölkerung den Wunsch nach Frieden, Schutz der Arbeit, Blühen von Handel und Wandel, Kunst und Wissenschaft hegt, der Sinn für Recht, Ordnung und Religion besteht. Waren die Flüchtlinge der Kommune die nämlichen in ihren Ansprüchen, so zeigte das genannte Blatt und viele andere von ihnen gegründete, wie sie davon überzeugt waren, daß einst der Tag kommen werde, „an welchem sie von Neuem die Herren seien, das Bürgerthum aber, seine Laster und Verbrechen mit sich reißend, fallen würde".

Der Generalrath der Internationalen Arbeiterassoziation schrieb unmittelbar nach dem Falle der Kommune, am 30. Mai, aus London: „Nach Pfingstsonntag 1871 kann es keinen Frieden und keine Waffenruhe mehr geben zwischen den Arbeitern Frankreichs und den Aneignern ihrer Arbeitserzeugnisse. Die eiserne Hand einer gemietheten Soldateska mag beide Klassen für eine Zeit lang in gemeinsamer Unterdrückung niederhalten. Aber der Kampf muß aber- und abermals ausbrechen, in stets wachsender Ausbreitung, und es kann kein Zweifel sein, wer der endliche Sieger sein wird — die wenigen Aneigner, oder die ungeheuere arbeitende Majorität. Und die französischen Arbeiter bilden nur die Vorhut des ganzen modernen Proletariats."*)

Wer aber mit offenen Augen durch die Welt geht, muß sehen, daß die Kommunards und ihre Freunde immer zuversichtlicher die Häupter seit jenen Tagen erheben, ihre Gegner aber den Lehren der Kommunezeit noch wenig Beachtung geschenkt haben.

Gesinnungsgenossen, bezw. Freunde der französischen Kommune im Frühjahr 1871, sind in allen Ländern Europas verbreitet. Was Deutschland anbetrifft, so wissen wir, daß einer der sozialistischen Führer im Reichstage seinerzeit als Vertheidiger der Kommune aufgetreten ist. Französische Kommunezeitungen veröffentlichen eine Adresse an die französischen Arbeiter, welche mit Einstimmigkeit in einer großen Versammlung zu Hannover durch mehr als 3000 deutsche Arbeiter beschlossen wurde. Sie verkündete, daß die deutsche Sozialdemokratie mit Ungeduld den Augenblick erwarte, in welchem es ihr möglich sein werde, dem Beispiel der Pariser Arbeiter zu folgen. „Ihr seid keine Bande von Räubern, Mördern und Dieben. Wir sehen in Euch das für die Menschenrechte kämpfende Proletariat. Französische Arbeiter! Ihr seid die Vorhut des Heeres, das sich zur Befreiung der ganzen Welt in Bewegung setzt, welche auf Euch schwört, Sympathie für Euch hegt und auf Euch rechnet!" Und bei dieser Demonstration zu Gunsten der Kommune verblieb es nicht; noch andere folgten in unserem Vaterlande. Die Internationale Arbeiterassoziation verschwand, ihr Generalrath ging 1872 nach New York. An seine Stelle sehen wir die Internationalen Arbeiterkongresse treten. In der Sitzung eines solchen in der Queens

*) Friedrich Engels, a. a. O., S. 67

Hall zu London am 30. Juli 1896 wurden fünf Resolutionen angenommen, aus denen hervorgeht, welche Ziele die Gesinnungsgenossen der französischen Kommune 1871 im Großen und Ganzen ihrem politischen Auftreten stecken:

„1. Dieser Kongreß versteht unter politischer Aktion alle Formen des organisirten Kampfes zur Eroberung der politischen Macht und die Ausnutzung der Gesetzgebungs- und Verwaltungseinrichtungen in Staat und Gemeinde durch die Arbeiterklasse zum Zwecke ihrer Emanzipation.

2. Der Kongreß erklärt, daß das wichtigste Mittel zum Zwecke der Emanzipation der Arbeiter als Menschen und Bürger und der Aufrichtung der internationalen sozialistischen Republik die Eroberung der politischen Macht ist, und er fordert die Arbeiter aller Länder auf, sich zu vereinigen und unabhängig von allen bürgerlichen Parteien zu fordern: a) das allgemeine Stimmrecht für alle Erwachsenen; b) das gleiche Stimmrecht für jeden Erwachsenen; c) die Stichwahl; d) Initiative und Referendum in Staat und Gemeinde.

3. Der Kongreß erklärt, daß er für volles Selbstbestimmungsrecht aller Nationen eintritt und mit den Arbeitern jedes Landes sympathisirt, das gegenwärtig unter dem Joch des militärischen, nationalen oder anderen Despotismus leidet; er fordert die Arbeiter aller dieser Länder auf, in die Reihen der klassenbewußten Arbeiter der ganzen Welt zu treten, um mit ihnen gemeinsam für die Ueberwindung des internationalen Kapitalismus und die Durchsetzung der Ziele der internationalen Sozialdemokratie zu kämpfen.

4. Der Kongreß erklärt, daß die Emanzipation der Frau untrennbar ist von der Befreiung der Arbeiterklasse, und fordert darum die Frauen in allen Ländern auf, Seite an Seite mit den Arbeitern zu kämpfen und sich mit ihnen gemeinsam politisch zu organisiren.

5. Der Kongreß erklärt: Was immer die religiösen oder civilisatorischen Vorwände der Kolonialpolitik sein mögen, sie hat stets nur die Erweiterung des Gebietes der kapi-

talistischen Ausbeutung im ausschließenden Interesse der Kapitalistenklasse zum Zwecke."

Mit großem Selbstgefühl äußerte der Redner für die französischen Delegirten bei diesem Kongreß, „daß die französischen Arbeiter immer bewußter und klarer ihre Macht im Klassenkampfe auf politischem Gebiet bethätigten. Die Masse des Proletariats hinter sich, fühlten sie die Kraft zum Kampfe. Die politische Macht dürfe nicht mehr eine gefährliche Waffe in der Hand der ausbeutenden Klassen bleiben, sondern müsse ein Mittel zur Befreiung des Proletariats werden". Bezeichnend ist, daß der deutsche Sozialist Bebel von „der Furcht der herrschenden Klasse vor der Sozialdemokratie" sprach. Die Eröffnung dieses Kongresses hatte am 27. Juli stattgefunden; auf der Orgel war hierzu die Marseillaise gespielt worden. Ein früheres Mitglied der Kommune, der Civilingenieur Vaillant, ein seinerzeit in Abwesenheit Verurtheilter und Mitunterzeichner des im Juni 1874 herausgegebenen Aufrufs: „Aux Communeux", sprach auch, und seine Rede wurde mit stürmischem Beifall aufgenommen. Es war derselbe Vaillant, welcher am 28. März 1871 in einem Artikel des amtlichen Blattes der Kommune geschrieben hatte: „Die Gesellschaft hat gegen die Fürsten nur eine Pflicht: den Tod. Sie ist hierbei nur an eine Formalität gebunden: die Feststellung der Identität."

Der deutsche Sozialist Singer schloß eine von ihm an diesem 27. Juli gehaltene Rede mit den Worten: „Immer machtvoller werden unsere internationalen Kongresse. Dieser imposante Kongreß, der größte, der je zusammengetreten ist, er bedeutet einen Markstein für das Wachsen unserer Macht, er soll die Bahn frei machen für unsere weitere Arbeit zur Befreiung der Arbeiterklassen."

Was haben wir zu thun?

Das amtliche Blatt der Kommune hatte, wie wir wissen, die Mittheilung gebracht, daß im Deutschen Reichstage ein Vertheidiger der Kommune, in der Person des Sozialisten Bebel aufgetreten sei. Derselbe hatte in der Sitzung des Deutschen Reichstages am 24. April geäußert, daß seine Partei von ihrem sozial-republikanischen Standpunkte aus die deutsche Politik nicht habe billigen können, da diese wesentlich die Ursache für den Ausbruch des Krieges gewesen sei. Die Sozialdemokratie habe sich aber über den Sturz des Kaiserreichs in Frankreich gefreut, da derselbe auch Wendungen in den Nachbarländern herbeizuführen versprochen habe. Die so viel verleumdete und angegriffene Kommune von Paris sei es, die mit der größten Mäßigung vorgehe.*)

*) Vergl. Kapitel 5, S. 167. Der stenographische Wortlaut der bezüglichen Stellen aus der Rede des Abgeordneten Bebel ist folgender: „Meine Herren, als der Krieg im Juli vorigen Jahres ausbrach, da war ja bei uns nicht der mindeste Zweifel, und wir haben es mit keinem Worte bestritten, daß der Kaiser Napoleon diesen Krieg in höchst brutaler Weise provozirt hatte. Aber wir sagten uns, daß wir von unserem sozial-republikanischen Standpunkte aus nicht in der Lage seien, unsere Zustimmung zu einer Politik zu geben, die nach unserer Auffassung wesentlich die Ursache zu jenem brutalen Auftreten Bonapartes gewesen ist. Wir sahen uns einer Sache gegenüber, wo wir uns einfach neutral zu verhalten hatten, wo wir weder für noch gegen Partei zu ergreifen hatten, und wir haben uns der Abstimmung über die 120 Millionenanleihe aus diesem Grunde enthalten. Gleichwohl, meine Herren, muß ich Ihnen ganz offen gestehen, daß, als wenige Wochen danach das französische Kaiserreich mit wenigen mächtigen Schlägen zu Grunde gerichtet war, wir uns recht herzlich darüber gefreut haben, und zwar deswegen, weil wir uns sagen mußten, daß mit der Vernichtung des Kaiserreichs in Frankreich die Dinge dort und auch in den Nachbarländern, ja vielleicht in ganz Europa, eine wesentlich andere Wendung einnehmen würden." Und weiterhin: „Die so viel verleumdete und angegriffene Kommune in Paris ist es, die mit der größten Mäßigung vorgeht. Meine Herren, das werden Sie allerdings nicht wahr haben wollen, das weiß ich recht wohl; indessen ich muß doch zunächst hier konstatiren, daß die meisten Thatsachen, die in Ihren Augen so staats- und gesellschaftsgefährlich sind und sein sollen, von der liberalen Presse, einige Tage, nachdem sie sie als richtig veröffentlicht hat, in den meisten Fällen wieder haben dementirt werden müssen. Ich bin durchaus nicht in der Lage, alle Maßregeln, die die Kommune ergriffen hat, zu billigen, und zwar aus Zweckmäßigkeitsgründen; aber ich behaupte doch, daß im Allgemeinen die Pariser Kommune gerade in Bezug auf diejenigen Kreise, welche vorzugsweise daran schuld sind, daß Frankreich in diese gefährliche und verderbliche Lage gekommen ist, z. B. die Kreise der hohen Finanz, mit einer Mäßigung verfahren ist, die wir vielleicht in einem ähnlichen Falle in Deutschland schwerlich anwenden würden. — Und wenn Sie jetzt vielleicht meine Ausführungen mit Heiterkeit und einer gewissen Geringschätzung aufgenommen haben und sie als solche betrachten möchten, die hier gar nicht in das Gewicht fallen, so habe ich die feste Ueberzeugung, daß die Ereignisse vielleicht schon in der allernächsten Zeit mir vollständig Recht geben werden, ja zum großen Theil schon jetzt mir Recht gegeben haben, und dann klagen Sie nicht Andere, dann klagen Sie nicht die Verhältnisse an, wenn es gegen Ihren Willen in der Welt schlimm zugeht, sondern Ihre eigene Kurzsichtigkeit."

Diese Auslassung war eine Kriegserklärung an alle diejenigen Deutschen, welche die französische Kommune des Jahres 1871, ihre Ziele und Mittel nicht billigen können. Unsere Sozialisten können und werden nicht leugnen, daß sie sich 1871 auf die Seite jener Kommune gestellt haben. Noch heute feiern ihre Blätter jene Kommunezeit; das sollten wir Deutsche nie vergessen.

Unsere Sozialisten kennen aber auch die von jener Kommune begangenen Fehler, welche zu ihrem Sturze führten, und haben aus denselben gelernt.

Wir wollen ihnen glauben, daß sie Feinde der Anarchie sind; wurden doch auf dem Arbeiterkongreß zu London im Jahre 1896 die Anarchisten von den Sitzungen ausgeschlossen. Wir wollen ihnen glauben, daß sie nicht die Taktik der Anarchisten befolgen wollen, glauben, daß sie nur mit Waffen des Geistes bezw. mit Arbeitseinstellung ihren Kampf durchkämpfen wollen.

Aber Kampf wollen sie. „Der Krieg darf kein Ausgleich sein“ und „wir sind erst am Anfang unserer sozialen Kriege“, schrieb das frühere Kommunemitglied Malon. Der deutsche Sozialist Bebel nannte die Kämpfe der Kommune ein Vorpostengefecht.*)

Wer aber von Kämpfen und Gefechten redet, der darf sich nicht wundern, als Feind angesehen zu werden. Und da sie bei ihren Kämpfen die höchsten Güter unseres Vaterlandes, mithin dieses selbst bedrohen, so dürfen sie sich auch nicht wundern, für Feinde des Vaterlandes gehalten zu werden.

Und vaterlandslos sind ja auch ihre Agitatoren. Der deutsche Sozialist Friedrich Engels schrieb in seiner Einleitung zu „Der Bürgerkrieg in Frankreich“: „Sie, die Sieger selbst, wagten nicht, in Paris im Triumph einzuziehen. Nur ein kleines, obendrein theilweise aus öffentlichen Parks bestehendes Eckchen von Paris wagten sie zu besetzen, und auch dies nur für ein paar Tage! Und während dieser Zeit waren sie, die Paris 131 Tage lang umzingelt gehalten hatten, selbst umzingelt von den bewaffneten Pariser Arbeitern, die sorgsam wachten, daß kein „Preuße“ die

*) Villetard, „Die Kommune von Paris“, S. 118, 119.

engen Grenzen des dem fremden Eroberer überlassenen Winkels überschritt. Solchen Respekt flößten die Pariser Arbeiter dem Heere ein, vor welchem sämmtliche Armeen des Kaiserreichs die Waffen gestreckt; und die preußischen Junker, die hergekommen waren, um Rache zu nehmen am Herd der Revolution, mußten ehrerbietig stehen bleiben und salutiren vor eben dieser bewaffneten Revolution!"

Wer solches zu schreiben und zu lügen sich nicht schämt, ist kein Deutscher.

Mögen die Männer der Ordnung in unserem Vaterlande aus den Folgen der Indolenz jener Anhänger der Regierung zu Versailles die Lehre ziehen, zusammen zu stehen im Kampfe gegen die Sozialdemokratie. Möge man niemals auch ihnen den Vorwurf machen können, zu spät gekommen zu sein! Es leisten aber auch viele Unzufriedene, die entrüstet sein würden, wenn man sie als im Bunde mit jenen Männern des Umsturzes bezeichnete — wenn auch unbewußt — der Sozialdemokratie Vorschub.

Mit geistigen Waffen gegen Leute, die nicht belehrt sein wollen, zu kämpfen, ist vergebliche Mühe. Thaten allein belehren, nicht Worte! Mögen uns die vielen Lehren, welche die Zeiten der Einschließung von Paris und des Kommuneaufstandes bieten, zu Nutze kommen. Der Absicht der Sozialisten, ihre politische Macht zu vergrößern, muß mit allen Kräften entgegengetreten werden, wenn wir eine deutsche Nation bleiben, das Wohl unseres Vaterlandes wahren und, unserem Nationalgeist entsprechend, nach Idealen auch fernerhin streben wollen.

Der Sozialist Friedrich Engels beendigte seine Einleitung zu einer Adresse des Generalraths der Internationalen Arbeiterassociation über den Bürgerkrieg in Frankreich mit den Worten:

„Der deutsche Philister ist neuerdings wieder in heilsamen Schrecken gerathen bei dem Wort: Diktatur des Proletariats. Nun gut, Ihr Herren, wollt Ihr wissen, wie diese Diktatur aussieht? Seht Euch die Pariser Kommune an! Das war die Diktatur des Proletariats!

London, am 20. Jahrestage der Pariser Kommune,
18. März 1891."

Nun, zu fürchten brauchen wir sie nicht; noch brauchen wir ihretwegen unser kaltes Blut zu verlieren. Aber fest im Auge müssen wir sie behalten — wie jeden Feind des Vaterlandes! Und hierzu ist es gut, wenn wir sie selbst, ihre Zwecke und Ziele, ihre Fähigkeit, Stärke, Waffen und Taktik sowie ihre Oberleitung kennen lernen und studiren. Nur ein solches Studium bewahrt uns vor Niederlagen, sichert uns den Sieg!

Und was lehrt uns die Kommunezeit noch? Fehler und Uebergriffe stürzen selten eine Regierung. Schwächen und hohles Phrasenthum immer!

Der Weg einer Regierungs- oder anderen Gewalt, die nur zeitweilig mit Recht über Leben und Tod ausgerüstet ist, braucht keine Blutspuren zu zeigen. Wahre Energie, durch Gerechtigkeitssinn, Wahrheit und Offenheit, auch bei Fehlern, unterstützt, wird in den seltensten Fällen zum Schwert, selbst den Männern des Umsturzes gegenüber, zu greifen haben, aber Empörungen mit roher Gewalt sind auch mit Gewalt niederzuschlagen! That dies Trochu am 31. Oktober? Nein! und was geschah mit den Leuten, welche die Anstifter der Meuterei waren? Auf dem Papier wurden sie zum Tode verurtheilt!

Wenn derartige finstere Gestalten, welche der wahren Freiheit, dem geordneten Weiterschreiten der Menschheit auf der Bahn der Erkenntniß, dem Wachsen der Civilisation und Kultur, der Ordnung, Sitte und Religion entgegen sind, welche die idealen und realen Güter der Menschheit mit offener Gewalt angreifen, zerschlagen werden, so wird jeder Mann der Ordnung es mit Freuden begrüßen.

Die blutigen Tage vom 21. bis 29. Mai 1871, das brennende, verwüstete Paris waren unbedingt zu vermeiden, wenn die Regierung des 4. September zu ihrer Zeit eben mit Kraft eingeschritten wäre!

Aber auch furchtlos!

Jene Mächte der Finsterniß, des Umsturzes, der Zerstörung, der Glaubenslosigkeit, des schlimmsten Realismus und Materialismus bekämpfen jede geordnete Staatsform, Monarchien wie Republiken. Jedermann, dem Religion, Sitte, Kunst, Wissenschaft, Gedeihen in Handel und Wandel, Frieden am Herzen liegt, der Ideale noch hochhalten will, soll daher mit seinesgleichen zusammenstehen gegen jene Leute des Umsturzes, die Feinde auch jedes naturgemäßen, vernünftigen Fortschreitens der Entwickelung der Menschheit auf allen Gebieten der Kultur.

# Anlage.

COMMUNE
de
PARIS

GÉNERAL
COMMANDANT EN CHEF
~~la 1re Armée~~

RÉPUBLIQUE FRANÇAISE

Quartier Général de Paris

le 22 Mai 1871

à

Monsieur le Général

Commandant les Armées Impériales

Allemandes.

Monsieur le Général,

Me trouvant gravement contusionné, je viens à vous, Monsieur le Général, avec prière de vouloir bien me dire, si dans le cas que forcé de quitter Paris, pour éviter d'être pris par les Versaillais, je puis, comptant sur Votre parole de militaire passer avec mon Etat-Major, par St. Denis, pour de là me rendre en Belgique.

Comptant sur Votre obligeance Monsieur le Général, je vous prie d'agréer avec mes remerciments, l'expression de mon estime profonde

Le Général, Commandant la 1re Armée

J. Dombrowski

GARDE NATIONALE DE LA SEINE
LE GAL COMMT LA PREMIÈRE ARMÉE

durch einen Generalstabsoffizier
Morgens 7 Uhr vom 22. 5. 71. überbracht, und sofort mündlich ab-
schläglich beschieden. Mag er hängen.

[illegible]

Zeitfracht Medien GmbH
Ferdinand-Jühlke-Straße 7
99095 Erfurt, Deutschland
produktsicherheit@kolibri360.de